★ 고등 8종 한국사 교과서
필수 학습 내용 반영!

중간고사 기말고사 고득점을 예약하자!

시험적중

내신전략

고등 한국사

BOOK 1

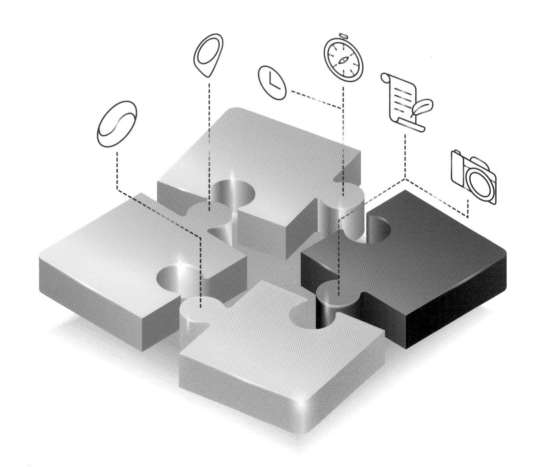

천재교육

언제나 만점이고 싶은 친구들

Welcome!

숨 돌릴 틈 없이 찾아오는 시험과 평가,
성적과 입시 그리고 미래에 대한 걱정.
중·고등학교에서 보내는 6년이란 시간은
때때로 힘들고, 버겁게 느껴지곤 해요.

그런데 여러분, 그거 아세요?
지금 이 시기가 노력의 대가를
가장 잘 확인할 수 있는 시간이라는 걸요.

안 돼, 못하겠어, 해도 안 될 텐데–
어렵게 생각하지 말아요. 천재교육이 있잖아요.
첫 시작의 두려움을 첫 마무리의 뿌듯함으로 바꿔 줄게요.

펜을 쥐고 이 책을 펼친 순간
여러분 앞에 무한한 가능성의 길이 열렸어요.

우리와 함께 꽃길을 향해 걸어가 볼까요?

#실력향상
#고특점

내신전략
고등 한국사

Chunjae
Makes
Chunjae

▼

[내신전략] 고등 한국사

개발총괄	김우진
편집개발	이지훈, 최윤자
디자인총괄	김희정
표지디자인	윤순미, 권오현
내지디자인	박희춘, 한유정
조판	어시스트하모니
제작	황성진, 조규영

발행일	2022년 10월 1일 초판 2022년 10월 1일 1쇄
발행인	(주)천재교육
주소	서울시 금천구 가산로9길 54
신고번호	제2001-000018호
고객센터	1577-0902
교재 내용문의	(02)6333-1885

시험적중
내신전략

고등 한국사

BOOK 1

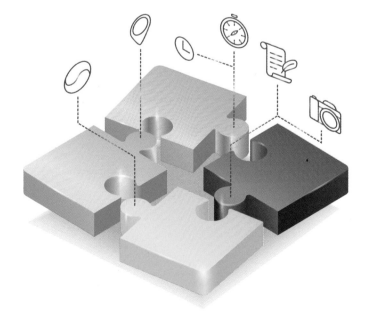

이 책의
구성과 활용

이 책은 3권으로 이루어져 있는데 본책인 BOOK 1·2의 구성은 아래와 같아.

주 도입

본격적인 본문 학습에 앞서, 재미있는 학습 만화를 살펴보며 이번 주에 공부할 내용을 확인할 수 있도록 하였습니다.

1일 개념 돌파 전략

내신을 대비하기 위해 반드시 알아야 할 기본 개념을 익힌 뒤, 확인 문제를 풀며 개념을 확실히 이해했는지 확인할 수 있도록 하였습니다.

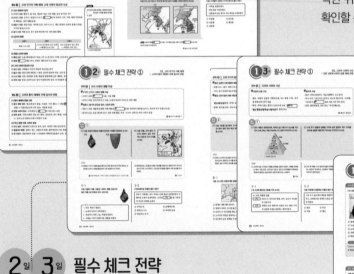

2일 3일 필수 체크 전략

실제 내신 시험에 자주 출제되는 유형의 필수 예제와 유제를 풀어 보면서 문제 풀이 과정과 해결 전략을 이해할 수 있도록 하였습니다.

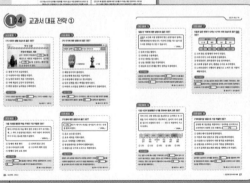

4일 교과서 대표 전략

교과서에서 다루고 있는 주제를 대표 예제로 엄선하여 수록하였으며, 많은 문제를 풀어 봄으로써 문제에 대한 적응력을 높일 수 있도록 하였습니다.

주 마무리와 권 마무리의 특별 코너들로 한국사 실력이 더 탄탄해질 거야!

주 마무리 코너

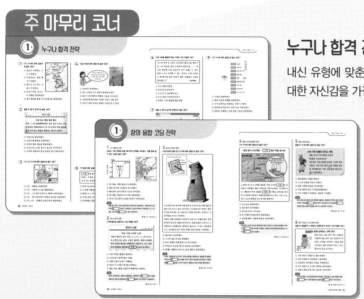

누구나 합격 전략

내신 유형에 맞춘 기본 연습 문제를 풀어 보면서 학습에
대한 자신감을 가질 수 있도록 하였습니다.

창의 · 융합 · 코딩 전략

융합적 사고력과 창의력을 키우는 문제를
풀어 보면서 다양한 문제에 대한 적응력을
높일 수 있도록 하였습니다.

권 마무리 코너

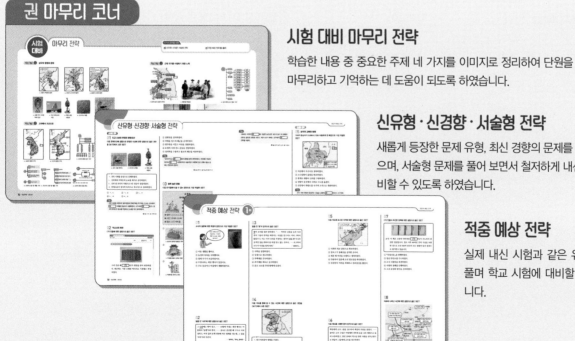

시험 대비 마무리 전략

학습한 내용 중 중요한 주제 네 가지를 이미지로 정리하여 단원을
마무리하고 기억하는 데 도움이 되도록 하였습니다.

신유형 · 신경향 · 서술형 전략

새롭게 등장한 문제 유형, 최신 경향의 문제를 다루었
으며, 서술형 문제를 풀어 보면서 철저하게 내신을 대
비할 수 있도록 하였습니다.

적중 예상 전략

실제 내신 시험과 같은 유형의 모의고사를
풀며 학교 시험에 대비할 수 있도록 하였습
니다.

이 책의
차례

BOOK 1

BOOK 2

I. 전근대 한국사의 이해

1강 고대 국가의 지배 체제 ~ 고려의 통치 체제와 국제 질서의 변동

2강 고려의 사회와 사상 ~ 양반 신분제 사회와 상품 화폐 경제

불교는 고려 시대에 국가의 지원을 받으며 발전하여 화려하게 꽃을 피웠어요.

외적이 침입하였을 때는 부처의 힘으로 나라를 지키려는 소망으로 대장경을 만들기도 하였지요.

아~ 팔만대장경이 그래서 고려 시대에 나온 거구요.

그건 조선 왕조의 지배 사상이 성리학이었기 때문이야.

참, 조선 시대에 들어서는 불교의 영향력이 약해졌다고 하던데 왜 그런 건가요?

맞아요. 조선은 고려 말에 들어온 성리학을 기초로 건국되었어요.

사림 세력은 서원을 세워 선배 유학자를 기리며 후배를 교육하기도 하였어요.

임진왜란과 병자호란을 거친 조선 후기에는 성리학적 질서가 무너지면서 새로운 사상들이 등장했어요.

조선 후기에 현실 문제에 관심을 가지고 해결하려고 했던 학문을 무엇이라고 할까요? 또 대표적인 인물은 누가 있을까요?

실학입니다.

정약용, 박지원, 박제가 등이 있습니다.

1주 1일 개념 돌파 전략 ①

개념 ① | 고대 국가의 지배 체제, 고대 사회의 종교와 사상

(1) 선사 문화의 전개

① 구석기 시대: 뗀석기, 불 사용, 채집과 사냥, 이동 생활, 동굴 및 막집 거주

② 신석기 시대: 간석기, 빗살무늬 토기, ❶_____와/과 목축의 시작, 의복 제작(가락바퀴와 뼈바늘), 정착 생활(움집)

③ 청동기 시대: 반달 돌칼, 비파형 동검, 민무늬 토기, 계급 발생과 군장의 출현(고인돌), 국가의 형성(고조선)

④ 철기 시대: 세형 동검, 철기 문화 확산에 이은 정복 활동 활발

(2) 삼국의 항쟁

4세기	5세기	6세기
백제 근초고왕	고구려 장수왕의 남진 정책 ➡ 백제의 웅진 천도	신라 진흥왕의 영토 확장 ➡ 백제의 사비 천도

(3) 통일 신라와 발해

① 통일 신라: 녹읍 폐지(관료전 지급), 9주 5소경 설치, 9서당 10정 편성, 골품제 유지

② 발해: ❷_____ 계승 의식, 당에서 '해동성국'으로 불림.

(4) 고대 사회의 종교와 사상

① 천신 신앙: 지배층은 자신이 하늘의 자손임을 과시

② 불교 수용: 왕권 강화 뒷받침 ➡ 통일 신라의 원효와 의상, 신라 말 선종의 유행

③ 도교 유행: 귀족 사회에서 유행, 예술에 영향(백제 금동 대향로, 강서 고분 현무도 등)

④ 유학 수용: 통일 신라의 유교 정치 이념화(국학 설치, 독서삼품과 실시)

답 ❶ 농경 ❷ 고구려

Quiz

고조선의 문화 범위는 비파형 동검과 (_____)의 분포 지역을 통해 짐작할 수 있다.

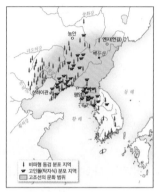

▲ 고조선의 문화 범위

개념 ② | 고려의 통치 체제와 국제 질서의 변동

(1) 통치 체제와 문벌 사회

① 통치 체제 정비: 태조(후삼국 통일, 사심관·기인 제도) ➡ 광종(❶_____ 실시, 노비안검법) ➡ 성종(최승로의 시무 28조, 지방관 파견)

② 문벌 사회의 동요: 이자겸의 난, ❷_____의 서경 천도 운동

③ 대외 관계: 거란(서희의 강동 6주 회복, 강감찬의 귀주 대첩), 여진(윤관의 동북 9성 축조, 금의 군신 관계 요구를 이자겸이 수용)

(2) 무신 정권 이후 고려의 정세

① 무신 정권: 최충헌의 교정도감 설치, 농민·천민의 저항 운동(만적, 망이·망소이)

② 몽골과의 항쟁: 강화도 천도, 삼별초의 항쟁, 팔만대장경 조판, 황룡사 9층 목탑 소실

③ 원 간섭기: 권문세족의 성장 ➡ 공민왕의 개혁(쌍성총관부 공격, 전민변정도감 설치)

답 ❶ 과거제 ❷ 묘청

Quiz

중서문하성의 재신과 중추원의 추밀은 (_____)와/과 식목도감에서 국가의 중요한 일을 심의·의결하였다.

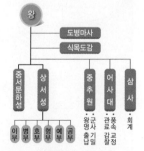

▲ 고려의 중앙 정치 기구

01

다음 (가), (나) 지도가 각각 몇 세기의 삼국 시대를 나타낸 것인지 쓰시오.

(가)   (나)

풀이 4세기 백제(❶　　　　), 5세기 고구려(장수왕), 6세기 신라(❷　　　　)의 순서로 삼국의 전성기가 이어진다.

답 ❶ 근초고왕 ❷ 진흥왕

01-1

다음 사건들이 있었던 시기의 왕으로 옳은 것은?

- 국학을 설립하였다.
- 관료전을 지급하였다.
- 김흠돌의 난을 계기로 귀족 세력을 숙청하였다.

① 무열왕   ② 문무왕
③ 신문왕   ④ 혜공왕
⑤ 진흥왕

02

다음 지도는 고려와 어느 나라의 전쟁을 나타낸 것인지 쓰시오.

풀이 몽골이 침입하자 ❶　　　　에서는 김윤후가 부곡민을 이끌고 살리타를 사살하였고 충주성에서는 농민들과 ❷　　　　들이 주축이 되어 몽골군을 물리쳤다.

답 ❶ 처인성 ❷ 천민

02-1

(가)에 들어갈 기구로 옳은 것은?

무신 집권기 주요 기구	
기구명	**특징**
중방	무신들의 회의 기구
(가)	최충헌이 설치한 국정을 총괄하는 최고 권력 기구
정방	최우가 설치한 인사 행정 담당 기구

① 도방   ② 경당
③ 삼별초   ④ 교정도감
⑤ 도병마사

개념 ❶ | 고려의 사회와 사상

(1) 고려의 신분 구조 양인(양반, 중간 계층, 평민), 천인(천민)

(2) 고려의 가족 관계 아들과 ❶[   ]에게 균분 상속, 제사도 남녀 균등

(3) 고려의 사상

① 토착 신앙의 유행: 팔관회, 도교, 풍수지리설

② 불교 통합 운동: 의천(천태종, 교관겸수), 지눌(조계종, 돈오점수·정혜쌍수)

③ 유교 사상: 고려 말 성리학 수용 ➡ 정도전, 정몽주 등 신진 ❷[   ]들이 불교 비판

답 ❶ 딸 ❷ 사대부

Quiz

(의천 , 지눌)은 수선사 결사를 제창하고 선종의 입장에서 교종을 통합하려고 하였다.

◀ 정몽주

개념 ❷ | 조선 시대 세계관의 변화

(1) 조선의 건국과 통치 체제의 변화

① 태조: 국호 '조선', 한양 천도

② 태종: 왕권 강화(사병 혁파, 6조 직계제), 재정 확충(호패법)

③ 세종: 집현전 설치, 경연 활성화, ❶[   ] 서사제 실시

④ 세조: 집현전 폐지, 경연 폐지, 6조 직계제 실시

⑤ 성종: 홍문관 설치, 경연 활성화, 『경국대전』 반포

(2) 정치 운영의 변화

① 붕당 형성: 동인(서경덕, 이황, 조식 계승), 서인(이이, 성혼 계승)

② 붕당 정치의 전개와 변질: ❷[   ] 집권(광해군) ➡ 인조반정(서인, 남인 연합) ➡ 예송 (서인, 남인 대립 격화) ➡ 환국(상대 붕당 보복) ➡ 서인 분화(노론, 소론) 후 노론 전제화

③ 탕평 정치: 영조(균역법, 신문고) ➡ 정조(규장각, 초계문신제, 수원 화성)

답 ❶ 의정부 ❷ 북인

Quiz

서인이 주도하고 남인이 동조하여 광해군과 북인 정권을 몰아낸 사건을 (   )(이)라고 한다.

▲ 수원 화성

개념 ❸ | 양반 신분제 사회와 상품 화폐 경제

(1) 조선의 신분제 양천제(양인, 천인) ➡ 4신분제(양반, 중인, 상민, 천민)

(2) 수취 제도의 개편 전세, 공납, 역 ➡ 영정법, 대동법, 균역법

(3) 상품 화폐 경제의 발달

① 농업의 발달: ❶[   ]법의 확대 ➡ 상품 작물의 재배

② 수공업과 광업의 발달: 대동법의 영향으로 수공업 발달 ➡ 광물 수요 증가해 광업 발달

③ 상업의 발달: ❷[   ] 시행으로 공인 등장, 사상의 성장, 화폐 사용 증가(상평통보)

④ 대외 무역: 청과의 후시 무역, 왜관 중심의 일본과의 무역

(4) 신분 질서의 변화와 농민 봉기 신분제의 동요로 양반 중심의 신분 질서 붕괴, 농민 봉기 발생(홍경래의 난, 임술 농민 봉기)

답 ❶ 모내기 ❷ 대동법

Quiz

농민이 부담하던 군역을 대신하여 납부하던 군포 2필을 1필로 줄인 법을 (   )(이)라고 한다.

01

다음 글에서 설명하는 인물이 누구인지 쓰시오.

- 해동 천태종을 창시하였다.
- 교종을 중심으로 선종을 통합하였다.

풀이 교관겸수를 제시하며 해동 천태종을 창시하고 교종 중심의 선종 통합을 추구한 이는 의천이고, 선종을 중심으로 교종을 포용하는 **❶** 결사를 결성한 이는 **❷** 이다.

답 ❶ 수선사 ❷ 지눌

01-1

다음 글에서 설명하는 인물이 누구인지 쓰시오.

 충렬왕 때 성리학을 들여온 인물로서, 유교 경전을 들여오고 공자에게 제사를 지내는 등 유학의 진흥에 힘썼다.

02

다음 붕당 정치 계보도에서 (가), (나) 세력의 명칭을 쓰시오.

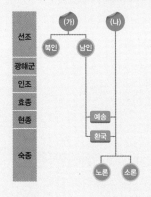

풀이 신진 사림을 중심으로 서경덕, **❶** , 조식 등의 학문을 계승한 무리를 동인이라 하고, 기성 사림 중심이면서 **❷** , 성혼의 학문을 계승한 무리를 서인이라 한다.

답 ❶ 이황 ❷ 이이

02-1

다음 조선의 두 정치 운영 체제에서 (가)에 해당하는 기구가 무엇인지 쓰시오.

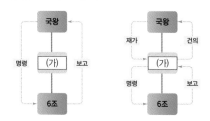

03

조선의 신분 제도에 대한 설명으로 옳은 것만을 〈보기〉에서 고른 것은?

• 보기 •
ㄱ. 역관, 의관, 서리, 향리 등은 천민에 속하였다.
ㄴ. 법제상으로는 양인과 천인으로 구분되는 양천제였다.
ㄷ. 양반은 주요 관직을 차지하고 국역을 성실히 이행하였다.
ㄹ. 상민의 대다수는 농민으로 조세, 공납, 역의 의무가 있었다.

① ㄱ, ㄴ   ② ㄱ, ㄷ   ③ ㄴ, ㄷ
④ ㄴ, ㄹ   ⑤ ㄷ, ㄹ

풀이 역관, 의관, 서리, 향리 등은 중인 신분이었다. **❶** 이/가 법제상의 신분제였으나 차츰 양반, **❷** , 상민, 천민의 4신분제가 자리 잡았다.

답 ❶ 양천제 ❷ 중인

03-1

다음 지도는 어느 법률의 시행 과정을 나타낸 것인지 쓰시오.

개념 돌파 전략 ②

바탕 문제

선사 시대의 대표적인 유물은?

⇨ 구석기 시대의 대표적 유물은 **❶** [   ]이고, 신석기 시대의 대표적 유물은 **❷** [   ]와/과 토기이다.

🔑 ❶ 뗀석기 ❷ 간석기

---

1 (가) 시대의 생활 모습으로 옳은 것만을 〈보기〉에서 고른 것은?

[(가)]의 대표적 유물

• 보기 •

ㄱ. 덩이쇠를 왜, 낙랑에 수출하였다.

ㄴ. 식량을 구하기 위해 이동 생활을 하였다.

ㄷ. 동굴이나 바위 그늘, 막집에 거주하였다.

ㄹ. 군장이 등장하여 청동기로 자신의 권위를 높였다.

① ㄱ, ㄴ   ② ㄱ, ㄹ   ③ ㄴ, ㄷ

④ ㄴ, ㄹ   ⑤ ㄷ, ㄹ

바탕 문제

남북국 시대, 신라와 발해의 지방 행정 조직은?

⇨ 신라는 지방 행정 조직으로 **❶** [   ]을/를, 발해는 지방 행정 조직으로 **❷** [   ]을/를 두었다.

🔑 ❶ 9주 5소경 ❷ 5경 15부 62주

---

2 다음 지도를 활용한 학습 주제로 가장 적절한 것은?

① 고구려의 건국

② 신라의 김씨 왕위 세습 확립

③ 통일 신라의 통치 체제 개편

④ 발해의 당 문물과 제도 수용

⑤ 신라의 동요와 후삼국의 성립

바탕 문제

고려 초기 통치 체제를 정비하기 위해 광종이 시행한 정책은?

⇨ 광종은 **❶** [   ]을/를 시행하여 불법적으로 노비가 된 사람을 해방하였고, **❷** [   ]을/를 실시하여 유교적 소양을 갖춘 관리를 등용하였다.

🔑 ❶ 노비안검법 ❷ 과거제

---

3 (가) 왕에 관한 설명으로 옳은 것은?

삼국 이전에는 과거법이 없었다. …… [(가)]이/가 쌍기의 의견을 받아들여 과거로 인재를 뽑게 하였다. 이때부터 학문을 숭상하는 풍조가 일어났고, 그 법은 대체로 당의 제도를 따른 것이다.

– 『고려사』 –

① 화랑도를 개편하였다.

② 노비안검법을 시행하였다.

③ 훈요 10조를 후대 왕에게 남겼다.

④ 남진 정책을 위해 평양으로 수도를 옮겼다.

⑤ 시무 28조를 받아들여 통치 체제를 정비하였다.

바탕 문제

고려 전기, 후기에 편찬된 대표적인 역사서는?

⇨ 고려 전기 인종 대에 김부식이 유교적 합리주의 사관에 따라 **❶** 을/를 편찬하였다. 고려 후기에는 자주 의식을 강조하는 역사서로 이규보의 **❷** , 일연의 **❸** 이/가 편찬되었다.

답 ❶ 『삼국사기』 ❷ 『동명왕편』 ❸ 『삼국유사』

4 밑줄 친 '이 책'에 관한 설명으로 옳은 것은?

이 책은 1145년(인종 23)에 편찬된 역사서로 삼국 시대부터 통일 신라까지의 역사를 담고 있습니다.

① 현재 전하지 않는다.
② 풍수지리설을 바탕으로 만들어졌다.
③ 고구려 계승 의식을 강조하는 내용을 담고 있다.
④ 단군을 민족 시조로 내세웠고, 다양한 설화를 기록했다.
⑤ 유교적 합리주의 사관을 따랐으며, 기전체로 편찬되었다.

바탕 문제

조선 초기 통치 체제의 정비 과정은?

⇨ 태조 때 정도전은 재상 중심 정치를 주장하였다. 태종은 **❶** 을/를 실시해 왕 중심의 통치 체제를 정비하였다. 세종은 **❷** 을/를 실시하여 왕권과 신권의 조화를 꾀하였으며, 이후 성종 때 **❸** 이/가 완성, 반포되면서 통치 체제가 확립되었다.

답 ❶ 6조 직계제 ❷ 의정부 서사제 ❸ 『경국대전』

5 (가) 왕의 정책으로 옳은 것만을 〈보기〉에서 고른 것은?

[(가)]은/는 집현전을 설치하고 그곳에 소속된 학사들에게 문필에 관한 일을 맡겼다. 또한, 임금과 신하, 부모와 자식, 부부 사이의 도리를 백성에게 가르치기 위해 『삼강행실도』의 편찬을 명하기도 하였다.

• 보기 •
ㄱ. 훈민정음을 창제하였다.
ㄴ. 6조 직계제를 실시하였다.
ㄷ. 『경국대전』을 완성하였다.
ㄹ. 의정부 서사제를 실시하였다.

① ㄱ, ㄴ ② ㄱ, ㄹ ③ ㄴ, ㄷ
④ ㄴ, ㄹ ⑤ ㄷ, ㄹ

바탕 문제

조선 후기 수취 체제의 개편 내용은?

⇨ 토지세(전세)를 풍흉에 관계없이 1결당 4~6두로 고정하는 **❶** 이/가 시행되었고, 공납을 현물 대신 토지 1결당 쌀 12두나 옷감, 동전 등으로 납부하는 **❷** 이/가 시행되었다. 또한, 군포를 장정 1인당 2필에서 1필로 줄이는 **❸** 이/가 시행되었다.

답 ❶ 영정법 ❷ 대동법 ❸ 균역법

6 밑줄 친 '이 법'의 시행에 따른 영향으로 가장 적절한 것은?

이 법은 광해군 대에 경기도에서 처음 시행되었다. 이 법의 시행으로 지역 특산물을 공물로 바치던 것을 토지 면적에 따라 쌀, 옷감, 동전 등으로 내게 하였다.

① 결작을 징수하는 계기가 되었다.
② 양반들에게도 군포를 징수하였다.
③ 전국 각지에 유향소가 설치되었다.
④ 관청에 물품을 조달하는 공인이 등장하였다.
⑤ 삼정의 문란으로 전국에서 농민 봉기가 발생하였다.

필수 체크 전략 ①

전략 ❶ | 선사 시대의 생활 모습

✿구석기, 신석기 시대의 생활 모습

• 구석기 시대: ❶[＿＿＿] 사용, 이동 생활

• 신석기 시대: 간석기와 토기 사용, 농경과 목축의 시작으로 정착 생활

✿청동기, 철기의 유입과 정치, 사회적 변화

• 청동기 시대: 새롭게 등장한 지배 계층은 ❷[＿＿＿]을/를 사용하여 권위를 높이고, 최초의 국가 건설(고조선)

• 철기의 보급: 농업 생산력 증가, 정복 전쟁 활발, 부여·고구려·삼한 등 여러 나라가 등장

답 ❶ 뗀석기 ❷ 청동기

필수 예제 **1**

(1) 다음 유물의 명칭과 유물이 등장한 시대를 연결하여 쓰시오.

(가)

(나)

(2) 다음 유물, 유적 분포 지도와 관련이 깊은 우리 역사 최초의 국가 (가)를 쓰시오.

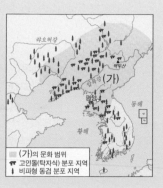

▢ (가)의 문화 범위
☗ 고인돌(탁자식) 분포 지역
⚔ 비파형 동검 분포 지역

풀이

(1) 왼쪽은 구석기 시대에 돌을 깨뜨려서 만든 뗀석기인 주먹도끼이고, 오른쪽은 신석기 시대에 흙을 빚어 구운 빗살무늬 토기이다.

답 (가) 주먹도끼-구석기 시대 (나) 빗살무늬 토기-신석기 시대

(2) 비파형 동검, 고인돌 등 청동기 문화를 바탕으로 세워진 우리 역사 최초의 국가는 고조선이다. 고조선은 8조법을 만들어 사회 질서를 유지하였다.

답 고조선

1-1

다음 유물이 처음 사용된 시대의 생활 모습으로 옳은 것을 〈보기〉에서 모두 고르시오.

┌─ 보기 ─
ㄱ. 빈부 격차가 생겼다.
ㄴ. 농경과 목축이 시작되었다.
ㄷ. 동굴이나 바위 그늘, 막집에 살았다.
ㄹ. 식량을 구하기 위해 이동 생활을 하였다.

1-2

(가)에 들어갈 유물로 옳은 것은?

청동기 시대에는 빈부 격차로 인해 계급이 발생하면서 지배자인 군장이 등장하였다. 군장은 [(가)]을/를 사용하여 자신의 권위를 높였다.

① 주먹도끼
② 슴베찌르개
③ 철제 농기구
④ 비파형 동검
⑤ 빗살무늬 토기

전략 ❷ | 고대 국가의 발전 – 삼국과 가야 / 통일 신라와 발해

✪ 중앙 집권적 지배 체제의 확립과 삼국의 교류와 항쟁

• 항쟁 주도: 4세기, 백제 근초고왕 ➡ 5세기, 고구려 ❶ [   ], 장수왕(남진 정책) ➡ 6세기, 신라 진흥왕(진흥왕 순수비)

• 가야: 철기 문화와 벼농사 발달, 전기 가야 연맹–금관가야 중심 ➡ 후기 가야 연맹–대가야 중심

✪ 통일 신라의 통치 체제 개편과 발해의 건국과 발전

• 통일 신라: 신문왕–(중앙) 집사부 강화, (지방) ❷ [   ] 정비, 김흠돌의 난 진압, 녹읍 폐지, 관료전 지급, 9서당 10정 편성, 국학 설립

• 발해: 대조영(고왕)–건국 ➡ 문왕–3성 6부제 정비 ➡ 선왕–"해동성국"

🅰 ❶ 광개토 대왕 ❷ 9주 5소경

 필수 예제 2

(1) 다음 지도를 참고하여 고구려 장수왕이 펼친 영토 확장 정책을 쓰시오.

(2) 다음 지도를 참고하여 통일 신라 시대의 지방 통치 제도를 쓰시오.

풀이

(1) 5세기 고구려의 장수왕은 중국의 남북조와 교류하여 국제 관계를 안정시켰으며, 평양으로 수도를 옮기고 적극적인 남진 정책을 추진하여 한반도 중부 지역까지 영토를 넓혔다.

🅰 남진 정책

(2) 신라는 통일 이후 지방을 9주 5소경 체제로 정비하였다. 전국을 9주로 나누어 지방관을 파견하였고, 지방 중심지에 5소경을 설치하여 수도가 나라의 동남쪽에 치우친 약점을 보완하고자 하였다.

🅰 9주 5소경

2-1

다음 수도 변천 과정에 대한 설명으로 옳은 것은?

① 광개토 대왕 때의 일이다.

② 성왕이 사비로 수도를 옮긴 것이다.

③ 신라가 나·당 동맹을 맺는 배경이 되었다.

④ 고구려가 마한을 정복하는 결과를 가져왔다.

⑤ 장수왕이 남진 정책을 추진하기 위해 시행되었다.

2-2

다음 지도의 (가)를 설치한 목적을 쓰시오.

전략 ❸ | 고려의 통치 체제와 국제 질서의 변동

✿ **고려 초기 통치 체제의 정비**: 태조(후삼국 통일, 사심관 제도, 기인 제도, 훈요 10조, 북진 정책) ➡ 광종(❶ [   ] 시행, 과 거제 실시) ➡ 성종(최승로의 시무 28조, 2성 6부제 실시, 12목 설치, 향리제, 국자감 설치)

✿ **고려 전기, 거란, 여진과의 관계 변화**
- 거란의 침입: 서희(❷ [   ]), 강감찬(귀주 대첩), 나성과 천리장성 축조
- 여진과의 관계 변화: 윤관(별무반 창설, 동북 9성 설치), 이자겸(금과의 군신 관계 수용)

🔒 ❶ 노비안검법 ❷ 강동 6주

필수 예제 3

(1) 고려 태조가 호족을 통제하고 지방 통치를 보완하기 위해 시행했던 정책 두 가지를 쓰시오.

(2) 다음 지도에서 빗금친 지역의 명칭을 쓰시오.

풀이

(1) 고려 태조는 호족 가문과 혼인하거나 성씨를 하사하는 등 호족을 우대하면서, 사심관 제도와 기인 제도를 실시해 호족을 통제하고자 하였다.

사심관	중앙 고위 관료를 지방 사심관으로 삼아 출신 지역을 통제하게 한 제도
기인	지방 호족의 자제를 인질로 삼아 수도에 머무르게 하는 제도

🔒 사심관 제도, 기인 제도

(2) 993년 거란이 고려를 침략하자, 고려의 서희는 거란과 담판을 통해 송과 관계를 끊고 거란에 조공을 하겠다고 약속하면서 압록강 동쪽인 강동 6주를 확보하였다.

🔒 강동 6주

3-1

(가), (나)에 들어갈 고려의 왕을 각각 쓰시오.

- (가) 은/는 고구려 계승 의식을 바탕으로 북진 정책을 추진하여 평양을 서경으로 삼으며 중시하였고, 북쪽으로 청천강 유역까지 진출하였다.
- (나) 은/는 최승로의 시무 28조를 받아들여 유교 정치 이념을 바탕으로 중앙은 2성 6부로 정비하고, 지방 12목에 지방관을 파견하였다.

3-2

밑줄 친 '부대'에 대한 설명으로 옳은 것은?

여진을 상대하기 위해 편성된 기병 중심의 <u>부대</u>이다. 신기군(기병), 신보군(보병), 항마군(승려)으로 구성되었다.

① 강동 6주를 확보하였다.
② 동북 9성을 개척하였다.
③ 서희의 건의로 편성되었다.
④ 귀주 대첩에서 활약하였다.
⑤ 금의 군신 관계 요구를 받아들였다.

전략 ④ | 고려 후기의 정치 변화

✦문벌 사회의 동요와 무신 정권의 수립

• 문벌 사회의 동요: 이자겸의 난, 묘청의 ❶⬜

• 무신 정권: 무신 정변 ➡ 최씨 정권(교정도감, 삼별초 등)

• 하층민의 봉기: 망이·망소이의 난, 만적의 난 등

✦원의 간섭과 공민왕의 반원 개혁 정치

• 원의 간섭: 다루가치 파견, 권문세족 등장

• 공민왕의 반원 개혁 정치: 정동행성 이문소 폐지, 쌍성 총관부 탈환, ❷⬜ 설치, 신진 사대부 등용

🔑 ❶ 서경 천도 운동 ❷ 전민변정도감

필수 예제 4

(1) (가), (나)에 들어갈 대표적인 인물을 각각 쓰시오.

> [가] , 정지상 등 서경 세력은 풍수지리설을 내세워 서경으로 수도를 옮길 것을 건의하였다.

> [나] 등 개경 세력은 서경 세력의 주장에 반대하였고, 서경에서 일어난 반란을 진압하였다.

(2) 다음 지도에서 (가) 지역의 명칭을 쓰시오.

풀이

(1) 묘청을 비롯한 서경 세력은 서경으로 수도를 옮겨 황제를 칭하고 연호를 사용하며, 금을 정벌할 것을 주장하였다. 그러나 김부식 등 개경 세력은 이에 반대하였다.

🔑 (가) 묘청 (나) 김부식

(2) 위 지도는 공민왕 때 영토 확장을 보여 주는 지도로, (가) 지역은 쌍성총관부이다.

🔑 쌍성총관부

4-1

다음 봉기가 일어난 시기로 옳은 것은?

> 사노비 만적 등 6명이 북산에서 땔나무를 베다가 공·사노비들을 불러 모의하며 말하기를, "……장수와 재상에 어찌 처음부터 씨가 있겠는가. 때가 되면 누구나 차지할 수 있는 것이다. 어찌 우리라고 뼈 빠지게 일만 하면서 채찍 아래에서 고통만 당하겠는가."
>
> – 『고려사』 –

① (가) ② (나) ③ (다) ④ (라) ⑤ (마)

4-2

(가)에 들어갈 지배층의 명칭을 쓰시오.

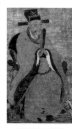

▲ 공민왕 영정

원 간섭기에는 친원 성향의 [가] 이/가 새로운 지배층으로 등장하였다. 이들은 도평의사사를 장악하고, 대농장을 경영하여 부를 축적하였다. 공민왕은 반원 개혁 정책을 추진하여 이들을 제거하였다.

1 (가) 시대에 볼 수 있는 모습으로 가장 적절한 것은?

> [(가)] 시대의 대표적 유물, 유적
>
> ▲ 반달 돌칼 　　　　　 ▲ 고인돌

① 철제 무기가 보급되었다.
② 비파형 동검을 제작하였다.
③ 농경과 목축이 처음 시작되었다.
④ 사냥을 하며 이동 생활을 하였다.
⑤ 돌을 깨뜨려 슴베찌르개를 만들었다.

2 (가) 국가에 대한 설명으로 옳은 것은?

> 이것은 일본 나라현 이소노카미 신궁에 소장된 칼로 일곱 개의 가지가 달린 칼이라는 뜻인 칠지도라고 불립니다. 칼 표면에 새겨진 글을 통해 [(가)] 와/과 왜가 긴밀한 관계를 맺고 있었다는 것을 알 수 있습니다.

① 금관가야를 병합하였다.
② 주몽이 졸본 지역에 건국하였다.
③ 나·당 동맹을 맺어 고구려를 멸망시켰다.
④ 마한의 소국들을 정복하여 남해안까지 진출하였다.
⑤ 제가 회의를 열어 국가의 중요한 일들을 결정하였다.

3 (가)에 들어갈 내용으로 가장 적절한 것은?

> 발해왕은 일본에 보낸 외교 문서에 스스로 고려왕이라 하였고, 일본에서도 발해를 고려라고 불렀다. 이를 통해 알 수 있듯이 발해는 [(가)].
>
> ◀ 발해의 온돌 유적(연해주)

① 후삼국으로 분열되었다.
② 거란의 침략으로 멸망하였다.
③ 당의 문물과 제도를 수용하였다.
④ 고구려 계승 의식을 분명히 하였다.
⑤ 남진 정책을 위해 평양으로 수도를 옮겼다.

4 (가) 왕의 정책으로 옳은 것만을 〈보기〉에서 고른 것은?

 이것은 황제가 쓰는 관을 쓰고 있는 고려 ☐(가)☐의 청동 상이다. 이 동상은 고려 왕실 최고의 상징물로 국가 중대사 가 있을 때 제사를 올리던 대상이었다.

• 보기 •

ㄱ. 12목을 설치하였다.

ㄴ. 기인 제도를 실시하였다.

ㄷ. 북진 정책을 추진하였다.

ㄹ. 최승로의 시무 28조를 받아들였다.

① ㄱ, ㄴ   ② ㄴ, ㄷ   ③ ㄴ, ㄹ

④ ㄴ, ㄷ, ㄹ   ⑤ ㄱ, ㄷ, ㄹ

5 밑줄 친 인물에 대한 설명으로 옳은 것은?

사노비 만적 등 6명이 북산에서 뗄나무를 베다가 공·사노비들을 불러 모의하며 말하기를, "……장수와 재상에 어찌 처음부터 씨가 있겠는가. 때가 되면 누구나 차지할 수 있는 것이다. 어찌 우리라고 뼈 빠지게 일 만 하면서 채찍 아래에서 고통만 당하겠는가."

– 『고려사』 –

① 삼별초를 조직하였다.

② 정변을 일으켜 문신을 제거하였다.

③ 서경으로 천도할 것을 주장하였다.

④ 신분 질서에 저항해 봉기하고자 하였다.

⑤ 거란과의 담판을 통해 강동 6주를 확보하였다.

6 (가)에 들어갈 내용으로 가장 적절한 것은?

 이것은 공민왕과 노국 대장 공주의 초상이다. 공민왕은 원의 쇠퇴를 계기로 정동행성 이문소를 철폐하는 등 반 원 개혁 정책을 추진하였으며, 신돈을 등용하여 권문세 족이 불법으로 빼앗은 토지와 억울하게 노비가 된 사람 들을 되돌려 놓고자 ☐(가)☐.

① 강화도로 수도를 옮겼다.

② 노비안검법을 시행하였다.

③ 전민변정도감을 설치하였다.

④ 교정도감과 정방을 설치하였다.

⑤ 다루가치라는 관리를 파견하였다.

전략 ❶ | 고려의 사회와 사상

❖다원적 신분 구조
- 향리: 지방의 실질적 지배자(속현, 특수 행정 구역), 과거를 통해 중앙 관직 진출
- 백정: 직역이 없는 대다수 농민(조세, 공납, 역 부담)
- 특수 행정 구역(향·소·부곡) 주민: 법적으로는 ❶[ ], 일반 군현민에 비해 차별 대우

❖종교와 사상
- 불교: 의천(교관겸수), 지눌(정혜쌍수, 돈오점수)
- 역사 인식: 『삼국사기』(김부식, 유교적 합리주의, 기전체), 『삼국유사』(❷[ ], 불교 사관, 자주 의식 강조)
- 문화: 팔만대장경, 상감 청자, 『직지심체요절』

답 ❶ 양인 ❷ 일연

(1) 양인 계층의 대부분이며, 직역이 없고 대다수가 농사를 지으면서 조세, 공납, 역을 부담하는 (가) 신분이 무엇인지 쓰시오.

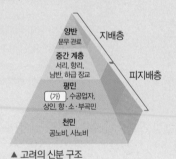

▲ 고려의 신분 구조

(2) 고려 후기 몽골의 침략을 거치며 승려 일연이 자주 의식을 강조해 집필한 대표적인 역사서는 무엇인지 쓰시오.

풀이

(1) 고려의 신분 구조에서 지배층 상위에는 양반이 있었다. 지배층 하위에는 향리, 직업 군인, 서리 등이 있었고, 양인 중 피지배층의 대부분은 백정이라 불리는 농민이었다. 천인의 대다수는 노비였다.

답 백정

(2) 고려 후기에는 무신 정변과 몽골의 침략을 거치며 이규보의 「동명왕편」, 일연의 「삼국유사」, 이승휴의 「제왕운기」 등 자주 의식을 강조한 역사서가 편찬되었다.

답 「삼국유사」

1-1

(가), (나)에 들어갈 신분을 각각 쓰시오.

> ※ 고려 시대의 신분
> [(가)]: 재산으로 간주되어 매매, 증여, 상속이 가능했던 신분이다.
> [(나)]: 지방의 토착 세력이자 속현과 특수 행정 구역의 실질적 운영을 담당하는 세력이었다.

1-2

다음 자료에서 설명하는 인물로 옳은 것은?

> 고려 초기 불교계의 대립을 해결하기 위해 천태종을 개창하고, 교관겸수를 내세워 교종을 중심으로 선종을 통합하려 하였다.

① 원효   ② 의상   ③ 의천
④ 지눌   ⑤ 혜심

전략 ❷ | 조선의 통치 체제 정비와 정치 운영의 변화

✦ 조선의 건국과 통치 체제의 정비

태조	조선 건국, 한양 천도
태종	왕자의 난으로 집권, 호패법 실시, 6조 직계제
세종	❶ , 집현전 설치, 훈민정음 창제
세조	6조 직계제, 직전법 실시
성종	「경국대전」 완성 및 반포, 홍문관 설치

✦ 사림의 대두와 정치 운영의 변화

- 사림: 성종 때부터 언론 기능 담당하는 3사(사헌부, 사간원, 홍문관)에 주로 등용
- 조광조: 위훈 삭제, 현량과 실시 ➡ 기묘사화(士禍)
- 붕당 정치: ❷   에 따른 정치
- 탕평 정치: 영조, 정조 시기 고른 인재 등용
- 세도 정치: 외척 가문이 권력을 독점

目 ❶ 의정부 서사제 ❷ 공론

필수예제 ❷

(1) (가), (나) 정치 운영 방식이 무엇인지 각각 쓰시오.

(2) 다음에서 설명하는 정치 형태가 무엇인지 쓰시오.

> 정치와 학문적 입장에 따라 모인 사람들이 공론에 따라 국정을 이끌어 가는 정치 형태를 말한다.

풀이

(1) (가)는 6조의 업무를 의정부를 거치지 않고 직접 왕에게 보고하고 집행하는 6조 직계제이다. (나)는 의정부에서 6조의 주요 업무를 논의한 뒤 왕에게 보고하도록 한 의정부 서사제이다.

目 (가) 6조 직계제 (나) 의정부 서사제

(2) 선조 때 출현한 공론에 따른 정치를 추구하는 붕당 정치이다. 이후 붕당 간 권력 다툼이 심해지면서 붕당 정치가 변질되었고, 붕당 간 대립이 왕권을 위협하자 영조, 정조 때 탕평 정치가 시행되었다.

目 붕당 정치

2-1

(가) 왕의 업적으로 옳은 것은?

[(가)]은/는 의정부 서사제를 실시함으로써 왕권과 신권의 조화를 꾀하였으며, 집현전을 설치하였다.

▲ [(가)]의 동상

① 조선을 건국하였다.
② 훈민정음을 창제하였다.
③ 한양으로 수도를 옮겼다.
④ 탕평 정치를 시행하였다.
⑤ 「경국대전」을 완성하였다.

2-2

(가) 왕에 대한 설명으로 옳은 것은?

이 비석은 [(가)]이/가 성균관 앞에 세운 탕평비입니다. 어떤 의미가 담겨 있을까요?

네, 여기에는 붕당의 대립이 가져온 폐해를 경계하고 붕당을 만드는 사람을 국정에 참여시키지 않겠다는 의지가 담겨 있습니다.

① 훈요 10조를 남겼다.   ② 우산국을 정복하였다.
③ 호패법을 시행하였다.   ④ 훈민정음을 창제하였다.
⑤ 탕평 정치를 시행하였다.

전략 ❸ | 조선의 대외 관계 변화와 양 난

☆ **조선 전기 대외 관계:** 사대(명), 교린(여진, 일본)

☆ **임진왜란(1592):** 이순신의 수군, 의병 활약 ➡ 기유약조 체결(1609), ❶ [   ] 파견

☆ **병자호란(1637):** 주화론과 척화론의 대립, 남한산성 항전 ➡ 군신 관계 체결, ❷ [   ] 파견

🔲 ❶ 통신사 ❷ 연행사

 필수 예제 3

(1) 조선 전기에 조선이 여진, 일본과 맺은 대외 관계가 무엇인지 쓰시오.

(2) 다음 그림과 같이 임진왜란 이후 일본에 파견된 외교 사절이 무엇인지 쓰시오.

풀이

(1) 조선 전기에 조선은 명과 조공·책봉 관계를 맺고 사대 외교를 전개하였다. 또한, 여진, 일본과는 교린 관계를 맺고 회유책과 강경책을 추진하였다.

| 여진 | 무역소 설치(회유), 세종 때 4군 6진 개척(강경) |
| 일본 | 3포(부산포, 제포, 염포) 개방(회유), 세종 때 쓰시마섬 정벌 |

🔲 교린 관계

(2) 조선은 임진왜란 이후 일본과 국교를 재개하고 통신사를 파견하였다.

🔲 통신사

3-1

(가), (나)에 들어갈 말을 쓰시오.

세종 때 조선은 [(가)] 지역을 개척하였다. 또한, 왜구의 약탈이 지속되자 왜구의 근거지인 [(나)]을/를 정벌하였다.

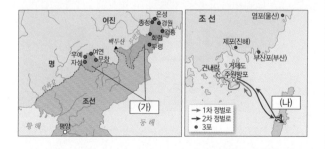

3-2

(가) 전쟁의 배경으로 옳은 것은?

후금은 국호를 청으로 바꾸고 조선을 침략하였고, 인조는 남한산성에서 항전하였으나 결국 청에 항복하였다.

① 비변사 설치　② 북벌 운동 추진
③ 에도 막부의 수립　④ 광해군의 중립 외교
⑤ 군신 관계 요구 거절

전략 ④ | 조선 후기의 변화

✦ 신분제의 동요와 농민 봉기

• 신분제의 동요: 납속책, 공명첩, 노비종모법, 순조 때 공노비의 해방
• 농민 봉기: **❶**[　　　] 의 문란 ➡ 홍경래의 난(1811), 임술 농민 봉기(1862, 진주에서 시작) ➡ 삼정이정청 설치

✦ 상품 화폐 경제의 발달

• 수취 체제의 개편: 대동법, 영정법, 균역법
• 금난전권 폐지(정조), 대동법 시행과 **❷**[　　　] 등장
• 사상(송상, 만상, 내상 등)의 성장
• 상평통보(동전)의 전국적 유통

답 ❶ 삼정 ❷ 공인

필수 예제 4

(1) 다음 문서의 명칭이 무엇인지 쓰시오.

— 이름 쓰는 곳

(2) 조선 후기 사상과 주요 활동 지역을 바르게 연결하시오.

① 내상 ·　　　　· ㉠ 한성
② 송상 ·　　　　· ㉡ 동래
③ 만상 ·　　　　· ㉢ 개성
④ 경강상인 ·　　· ㉣ 의주

풀이

(1) 자료는 이름 적는 곳이 비어 있는 관직 임명장인 공명첩이다. 조선 정부는 재정 부족 문제를 해결하기 위해 곡식을 바친 사람에게 공명첩을 발급하였다.

답 공명첩

(2) 조선 후기 상업의 발달로 사상이 성장하였다. 한성에서는 경강상인이 한강을 중심으로 운송업에 종사하였으며, 개성의 송상은 전국적 유통망을 가지고 있었고, 의주 만상과 평양 유상은 청과의 무역에, 동래 내상은 왜와의 무역에 종사하였다.

답 ①-㉡ ②-㉢ ③-㉣ ④-㉠

4-1

다음 지도의 봉기가 발생한 배경으로 적절한 것은?

① 예송 논쟁　　　　② 방납의 폐단
③ 금난전권 폐지　　④ 삼정이정청 설치
⑤ 평안도 지역 차별

4-2

밑줄 친 '폐단'을 해결하기 위해 시행된 법으로 옳은 것은?

> 한 집안에 비록 남자가 4, 5명 있어도 모두 군역에서 벗어나지 못합니다. 군포를 마련할 길이 없어 마침내 죽거나 도망을 가게 되고, 이러한 자의 몫을 채우기 위해 백골징포, 황구첨정의 폐단이 생겨나는 것입니다.
> – 『영조실록』 –

① 영정법　　　② 대동법　　　③ 균역법
④ 호패법　　　⑤ 노비종모법

1 밑줄 친 '이 책'에 대한 설명으로 옳은 것은?

왕명을 받은 김부식 등이 오랜 노력 끝에 이 책을 편찬했어요. 이 책은 삼국 시대 역사를 기전체로 서술했어요.

① 고구려 계승 의식을 담고 있다.
② 자주 의식을 강조한 역사서이다.
③ 불교 설화와 단군 신화를 담고 있다.
④ 동명왕의 업적을 칭송하는 내용이다.
⑤ 유교적 합리주의 사관에 따라 서술되었다.

> **Tip**
> 유교적 합리주의 사관에 따라 집필된 김부식의 ❶ 은/는 기전체로 서술되었다. 반면에 일연의 ❷ 은/는 자주 의식을 바탕으로 단군왕검을 처음으로 서술하였다.
>
> 답 ❶ 『삼국사기』 ❷ 『삼국유사』

2 (가) 왕에 대한 설명으로 옳은 것은?

문화유산 카드

원각사지 십층 석탑은 탑의 기록으로 보아 조선 전기 (가) 때 대리석으로 만들어졌다. (가) 은/는 정변을 통해 조카인 단종을 쫓아내고 왕위에 올라 왕권을 강화하려 하였다.

① 균역법을 제정하였다.
② 훈민정음을 창제하였다.
③ 6조 직계제를 시행하였다.
④ 전민변정도감을 설치하였다.
⑤ 집현전을 계승한 홍문관을 두었다.

> **Tip**
> 조선 전기 두 차례 왕자의 난으로 정권을 장악한 ❶ 은/는 6조 직계제를 시행하여 왕권을 강화하려 했고, 세종은 ❷ 을/를 시행하여 왕권과 신권의 조화를 꾀하였다.
>
> 답 ❶ 태종 ❷ 의정부 서사제

3 밑줄 친 '이 전쟁' 중에 있었던 사실로 옳은 것은?

대구 달성군 곽재우 무덤 앞에 세워진 묘비입니다. 곽재우는 이 전쟁 때 전국에서 최초로 의병을 일으킨 것으로 유명합니다. 곽재우가 죽고 백 년이 지나서 이 묘비가 만들어집니다.

① 을지문덕이 살수에서 외적을 격퇴했다.
② 권율이 행주산성에서 일본군을 물리쳤다.
③ 윤관이 별무반을 이끌고 여진을 정벌하였다.
④ 이성계가 황산 전투에서 왜군을 섬멸하였다.
⑤ 김윤후가 처인성에서 몽골 장수를 사살하였다.

> **Tip**
> 일본이 조선을 침략하면서 ❶ 이/가 시작되었고, 청의 군신 관계 요구를 조선이 거부하면서 ❷ 이/가 발발하였다.
>
> 답 ❶ 임진왜란 ❷ 병자호란

4 (가) 왕이 실시한 정책으로 옳은 것은?

 이 그림은 수원 화성에서 장용영의 야간 훈련을 지휘하는 모습이다. 장용영은 (가) 이/가 설치한 왕의 친위 부대였다.

① 균역법을 시행하였다.　② 훈민정음을 창제하였다.
③ 쌍성총관부를 탈환하였다.　④ 초계문신제를 시행하였다.
⑤ 22담로에 왕족을 파견하였다.

Tip

조선 후기 정조는 즉위한 뒤 규장각을 설치하고, ❶　　　을/를 시행하여 젊은 관료들을 선발하고 재교육하였다. ❷　　　을/를 폐지하여 자유로운 상업 활동을 보장하였다.

답 ❶ 초계문신제 ❷ 금난전권

5 (가) 제도에 대한 설명으로 옳은 것만을 〈보기〉에서 고른 것은?

◀ (가) 시행 확대 과정

• 보기 •
ㄱ. 상품 화폐 경제의 발달을 촉진하였다.
ㄴ. 관청 수요품을 조달하는 공인이 성장하였다.
ㄷ. 부족분 보충을 위해 결작을 추가 징수하였다.
ㄹ. 풍흉에 관계없이 일정량의 세금을 징수하였다.

① ㄱ, ㄴ　　② ㄴ, ㄷ　　③ ㄴ, ㄹ
④ ㄴ, ㄷ, ㄹ　　⑤ ㄱ, ㄷ, ㄹ

Tip

조선 후기 광해군 때 방납의 폐단을 해결하기 위해 ❶　　　을/를 시행하였다. 영조 때는 농민의 군포 부담액을 1년에 1필로 줄이는 ❷　　　을/를 시행하였다.

답 ❶ 대동법 ❷ 균역법

6 다음 격문을 발표한 인물에 대한 설명으로 옳은 것은?

조정에서 관서(평안도)를 버림이 썩은 흙과 다름없다. 심지어 권세 있는 집의 노비들도 관서 사람을 보면 반드시 '평안도 놈'이라고 말한다.
– 『패림』 –

① 서경으로 천도할 것을 주장하였다.
② 평안도 지역 차별에 반발해 봉기하였다.
③ 노비 신분에서 벗어나고자 난을 일으켰다.
④ 고구려 유민을 이끌고 발해를 건국하였다.
⑤ 녹읍을 폐지하고 관료들에게 관료전을 지급하였다.

Tip

세도 정치 시기 평안도 지역 차별에 대한 불만으로 ❶　　　의 난이 발생하였으나 관군에 진압되었고, 삼정의 문란으로 진주에서 시작된 봉기가 전국으로 확대되어 ❷　　　이/가 발생하였다.

답 ❶ 홍경래 ❷ 임술 농민 봉기

대표 예제 1

(가) 시대의 생활 모습으로 옳은 것은?

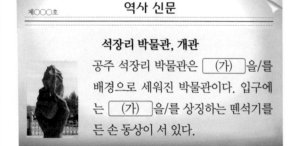

> 제○○○호 **역사 신문**
>
> **석장리 박물관, 개관**
> 공주 석장리 박물관은 (가) 을/를
> 배경으로 세워진 박물관이다. 입구에
> 는 (가) 을/를 상징하는 뗀석기를
> 든 손 동상이 서 있다.

① 철제 무기가 보급되었다.
② 사냥하며 이동 생활을 하였다.
③ 농경과 목축이 처음 시작되었다.
④ 지배 계급인 군장이 등장하였다.
⑤ 반달 돌칼로 농작물을 수확하였다.

개념 가이드

구석기 시대의 대표적인 유물은 **❶** 이다. 구석기 시대에는 사냥
과 채집을 하며 **❷** 생활을 하였다.

답 ❶ 뗀석기 ❷ 이동

대표 예제 2

다음 자료를 활용한 학습 주제로 가장 적절한 것은?

> 왕이 (이차돈의) 목을 베자 잘린 곳에서 피가 솟구쳤는
> 데, 그 색이 우윳빛처럼 희었다. 여러 사람이 괴이하게
> 여겨 다시는 불교를 헐뜯지 않았다.
> – 『삼국사기』 –

① 동예의 제천 행사   ② 신라의 불교 공인
③ 풍수지리설의 유행   ④ 고구려의 태학 설립
⑤ 발해의 유학 교육 장려

개념 가이드

고구려는 **❶** 때 불교를 수용하고, 태학을 설립하였으며, 신라는
❷ 때 이차돈의 순교를 계기로 불교를 공인하였다.

답 ❶ 소수림왕 ❷ 법흥왕

대표 예제 3

(가) 국가에 대한 설명으로 옳은 것은?

이미지 검색▼ (가) 의 불교 문화 유산 검색

◀ 이불병좌상   ◀ 석등

① 해동성국이라 불리었다.
② 관료에게 관료전을 지급하였다.
③ 국내성에서 평양으로 천도하였다.
④ 당과 동맹을 맺고 백제를 멸망시켰다.
⑤ 마한의 소국들을 정복하고 남해안까지 진출하였다.

개념 가이드

발해는 **❶** 이/가 건국하였다. 선왕 때 전성기를 맞이한 발해를
당은 해동성국이라 불렀다. 발해는 **❷** 의 침략으로 멸망하였다.

답 ❶ 대조영 ❷ 거란

대표 예제 4

(가) 왕에 대한 설명으로 옳은 것은?

> (가) 이/가 쌍기의 의견을 받아들여 과거로 인재
> 를 뽑게 하였다.   – 『고려사』 –

① 훈요 10조를 남겼다.
② 호족 세력을 약화시켰다.
③ 6조 직계제를 시행하였다.
④ 쌍성총관부를 공격하여 탈환하였다.
⑤ 화랑도를 국가적 조직으로 개편하였다.

개념 가이드

광종은 호족 세력을 약화시키고 왕권을 강화하기 위해 **❶** 을/를
시행하여 불법적으로 노비가 된 사람을 해방하였다. 또한 **❷** 을/
를 실시하여 유교적 소양을 갖춘 관리를 등용하였다.

답 ❶ 노비안검법 ❷ 과거제

대표 예제 5

밑줄 친 '저희'에 대한 설명으로 옳은 것은?

> 저희가 보건대 서경 임원역의 땅은 음양가들이 말하는 대화세(명당)의 땅입니다. 이곳에 궁궐을 짓고 옮겨 앉으시면 천하를 다스릴 수 있습니다.
>
> — 『고려사』 —

① 동북 9성을 쌓았다.
② 성리학을 수용하였다.
③ 무신 정변을 일으켰다.
④ 금을 정벌할 것을 주장하였다.
⑤ 왕실과 혼인 관계를 맺어 권력을 독점하였다.

개념 가이드

묘청 등 서경 세력은 풍수지리설을 내세워 [❶](으)로 수도를 옮길 것을 건의하였지만, 개경 세력의 반대로 실현되지 않자 반란을 일으켰다. 서경 천도 운동은 [❷]이/가 이끄는 관군에게 진압되어 실패로 끝났다.

답 ❶ 서경 ❷ 김부식

대표 예제 6

다음 사건이 발생했던 시기를 연표에서 옳게 고른 것은?

> 이미 우리 고향 명학소를 충순현으로 승격하고 또 수령을 두어 어루만지고 위로하더니, 돌이켜 다시 군대를 일으켜 토벌하러 와서 …… 반드시 개경까지 가고야 말겠다.
>
> — 『고려사』 —

(가)	(나)	(다)	(라)	(마)
고려 건국	귀주 대첩	이자겸의 난	무신 정변	개경 환도	고려 멸망

① (가) ② (나) ③ (다) ④ (라) ⑤ (마)

개념 가이드

무신 정권 시기에 특수 행정 구역이었던 공주 [❶]에서 망이·망소이가 봉기하였고, 경상도 운문과 초전 지역에서는 김사미와 효심이 봉기하였다. 한편, 신분 질서가 흔들리면서 사노비였던 [❷]도 개경에서 봉기를 계획하였다.

답 ❶ 명학소 ❷ 만적

대표 예제 7

다음과 같은 변화가 나타난 시기의 사회 모습으로 옳지 않은 것은?

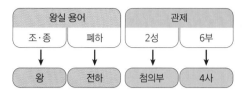

① 고려 왕은 원 황제의 부마가 되었다.
② 다루가치가 고려 내정에 간섭하였다.
③ 쌍성총관부, 탐라총관부 등을 설치하였다.
④ 고려에 공물과 공녀, 환관을 수시로 요구하였다.
⑤ 노비안검법이 시행되어 불법으로 노비가 된 사람이 해방되었다.

개념 가이드

원 간섭기에는 고려 왕실 용어와 관제가 제후국 체제로 격하되었다. 원은 [❶]을/를 파견하고, 정동행성을 설치해 고려의 내정에 간섭하였다. 고려에서는 친원 성향의 [❷]이/가 새로운 지배층으로 등장하였다.

답 ❶ 다루가치 ❷ 권문세족

대표 예제 8

(가)에 들어갈 내용으로 가장 적절한 것은?

> 공민왕 때 성균관을 재정비하고 성리학을 본격적으로 교육하면서 성장한 신진 사대부는 [(가)].

① 강화도에서 몽골에 항전하였다.
② 거란과 외교 담판으로 강동 6주를 확보하였다.
③ 사심관으로 임명되어 지방 통치를 보완하였다.
④ 삼별초를 조직하여 군사적 기반을 강화하였다.
⑤ 토지 문제와 불교계의 폐단을 개혁하고자 하였다.

개념 가이드

공민왕은 성균관과 과거제를 정비하고, [❶]을/를 등용하여 개혁을 뒷받침하도록 하였다. 이들은 [❷]을/를 수용하여 고려 사회의 모순을 개혁하고자 하였다.

답 ❶ 신진 사대부 ❷ 성리학

대표 예제 9

밑줄 친 '이 나라'의 경제에 대한 설명으로 옳은 것은?

> 이 나라에서는 인쇄술이 크게 발전하였다. 외세와 항쟁하는 과정에서 제작된 팔만대장경은 이 나라의 발달한 목판 인쇄술을 보여 준다.

① 신라 촌락 문서를 작성하였다.
② 농경과 목축이 처음 시작되었다.
③ 백성에게 정전을 나누어 주었다.
④ 벽란도가 국제 무역항으로 번성하였다.
⑤ 상평통보가 주조되어 전국에서 사용되었다.

개념 가이드

팔만대장경(재조대장경)은 고려 시대에 **❶**　　　의 침략을 막아 내고자 제작되었다. 또한, 고려 시대에는 세계 최초로 금속 활자를 발명하여 남아 있는 가장 오래된 금속 활자본인 **❷**　　　을/를 인쇄하였다.

답 ❶ 몽골 ❷ 『직지심체요절』

대표 예제 10

다음 영토 확장을 추진한 왕의 정책으로 옳은 것은?

① 우산국 정복　　② 과거제 시행
③ 기인 제도 시행　　④ 전민변정도감 설치
⑤ 의정부 서사제 실시

개념 가이드

세종 때 조선은 여진을 축출하고 **❶**　　　을/를 개척하였으며, 왜구의 소굴인 쓰시마섬을 정벌하였다. 또한, 세종은 **❷**　　　을/를 실시하여 왕권과 신권의 조화를 꾀하였다.

답 ❶ 4군 6진 ❷ 의정부 서사제

대표 예제 11

(가) 인물에 대한 설명으로 옳은 것은?

> **한국사 인물 카드**
>
> 　(가)　은/는 조선 중종 때 등용되어 왕도 정치를 실현하기 위해 개혁을 추진하였다. 이 과정에서 공신 세력의 반발로 기묘사화가 발생하였다.

① 교정도감을 설치하였다.
② 현량과 실시를 건의하였다.
③ 국채 보상 운동을 주도하였다.
④ 상공업 중심의 개혁론을 주장하였다.
⑤ 당에 유학하고 돌아와 화엄종을 개창하였다.

개념 가이드

조선 전기 중종 때 등용된 **❶**　　　은/는 현량과 실시, 공신 위훈 삭제, 소격서 폐지 등을 주장하였다. 그러나 공신 세력의 반발로 **❷**　　　이/가 발생하여 축출되었다.

답 ❶ 조광조 ❷ 기묘사화

대표 예제 12

다음 논쟁이 벌어진 시기를 연표에서 옳게 고른 것은?

 정묘년의 맹약을 지켜서 몇 년이라도 화를 늦추고, 민심을 수습하는 것이 최상의 계책일 것입니다.

 명은 부모의 나라이고 후금은 부모의 원수입니다. 어찌 부모의 은혜를 저버릴 수 있겠습니까.

(가)	(나)	(다)	(라)	(마)
조선 건국	대마도 정벌	임진 왜란	정묘 호란	병자 호란	홍경래의 난

① (가)　② (나)　③ (다)　④ (라)　⑤ (마)

개념 가이드

후금이 **❶**　　　(으)로 국호를 바꾸고 조선에 군신 관계를 요구하자 조선에서는 척화론과 주화론이 대립하였다. 결국, 조선이 군신 관계 요구를 거부하면서 **❷**　　　이/가 발발하였다.

답 ❶ 청 ❷ 병자호란

대표 예제 13

(가) 왕의 업적으로 옳은 것은?

> [(가)] 의 왕자 시절에 아버지 숙종의 명에 따라 제작된 초상입니다. 손자인 정조 때 선원전으로 옮겨 보관하였어요.

① 균역법 시행 ② 수원 화성 건설
③ 초계문신제 시행 ④ 22담로에 왕족 파견
⑤ 교육 입국 조서 반포

개념 가이드

조선 후기 영조는 탕평파를 중심으로 정국을 운영하였고, 성균관에 탕평비를 건립하였다. **❶** 을/를 실시하여 군포 부담을 줄여 주었으며, **❷** 을/를 시행하여 양인을 증가시켰다.

답 ❶ 균역법 **❷** 노비종모법

대표 예제 14

(가)에 들어갈 내용으로 가장 적절한 것은?

> 한국사 정리 노트
> [(가)]
> (1) 양반층의 분화
> (2) 중인의 집단 상소 운동
> (3) 농민의 분화 → 부농층의 성장/몰락 농민 발생
> (4) 노비층의 감소: 노비종모법, 공노비 해방

① 고려 문벌 사회의 동요
② 신라 하대 호족의 성장
③ 무신 정변과 무신의 집권
④ 조선 후기 신분제의 동요
⑤ 조선 전기 훈구와 사림의 대립

개념 가이드

조선 후기 양반층의 분화로 다수의 양반들이 몰락하면서 신분제가 동요하였다. **❶** 은/는 집단 상소를 통해 신분을 상승시키고자 하였고, **❷** (으)로 성장한 농민은 공명첩 등을 통해 신분을 상승시켰다.

답 ❶ 중인 **❷** 부농

대표 예제 15

다음 상황이 나타난 시기의 경제 상황으로 옳은 것은?

> 지금 남쪽에서는 모두 모내기를 하여 농사를 짓는다. 모내기법은 …… 노동력이 5분의 4나 절약이 된다. 따라서 집안에서 부릴 수 있는 노동력이 많은 사람은 경작을 거의 무한으로 할 수 있다.
> – 이익, 『성호사설』 –

① 전시과 제도가 운영되었다.
② 백성에게 정전이 지급되었다.
③ 상평통보가 전국에 유통되었다.
④ 청해진에서 해상 무역을 주도하였다.
⑤ 벽란도에 아라비아 상인이 왕래하였다.

개념 가이드

조선 후기에 모내기법이 전국적으로 확대되면서, 경작 규모가 늘어나는 **❶** 이/가 나타났다. 상공업이 발달하고 상품 화폐 경제가 발달하면서 동전인 **❷** 이/가 전국적으로 유통되었다.

답 ❶ 광작 **❷** 상평통보

대표 예제 16

다음 주장에 대한 설명으로 옳은 것은?

> 육지로 천 리를 가는 것이 뱃길로 만 리를 가는 것의 편리함을 당하지 못하므로 통상이란 반드시 뱃길을 중요하게 여긴다.
> – 박제가, 『북학의』 –

① 상공업 진흥을 주장하였다.
② 토지 제도의 개혁을 주장하였다.
③ 삼정의 문란을 해결하고자 하였다.
④ 청의 군신 관계 요구 수용을 주장하였다.
⑤ 교종과 선종의 대립을 해소하고자 하였다.

개념 가이드

조선 후기 사회 모순을 해결하기 위해 실학이 발달하였다. 토지 제도의 개혁을 주장한 **❶** 중심 개혁론과 상공업 진흥과 청의 문물 수용을 주장한 **❷** 중심 개혁론이 대표적이다.

답 ❶ 농업 **❷** 상공업

01 (가)에 들어갈 내용으로 옳은 것은?

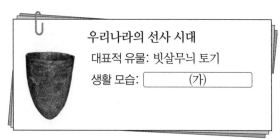

우리나라의 선사 시대

대표적 유물: 빗살무늬 토기

생활 모습: (가)

① 비파형 동검을 제작하였다.
② 철제 농기구로 밭을 갈았다.
③ 거대한 고인돌이 만들어졌다.
④ 주로 동굴이나 막집에서 생활하였다.
⑤ 갈돌과 갈판 등 간석기를 사용하였다.

Tip

구석기 시대에는 주먹도끼 등 ❶ □□□ 을/를 사용하였고, 사냥을 위해 이동 생활을 하였다. 신석기 시대에는 갈돌과 갈판 등 간석기를 사용하였으며, ❷ □□□ 을/를 짓고 정착 생활을 하였다.

답 ❶ 뗀석기 ❷ 움집

02 다음 자료에서 설명하는 국가를 지도에서 옳게 고른 것은?

가축의 이름으로 관리의 이름을 정하여 마가, 우가, 저가, 구가, 대사, 대사자, 사자가 있다. ……
제가들은 사출도를 주관하는데, 큰 곳은 수천이며 작은 곳은 수백이다.

– 진수, 『삼국지』 –

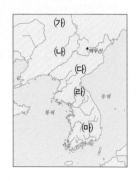

① (가) ② (나) ③ (다) ④ (라) ⑤ (마)

Tip

철기 시대에 만주와 한반도 지역에서는 여러 나라가 성장하였다. 부여에는 제가들이 다스리는 ❶ □□□ 이/가 있었고, 제천 행사로 12월에 열리는 ❷ □□ 이/가 있었다.

답 ❶ 사출도 ❷ 영고

03 빗금친 지역에 대한 설명으로 옳은 것은?

① 서희가 외교 담판으로 확보한 지역이다.
② 장수왕이 남진 정책으로 확보한 지역이다.
③ 최씨 무신 정권이 항전을 위해 천도한 곳이다.
④ 묘청이 천도를 주장하며 반란을 일으킨 곳이다.
⑤ 대조영이 고구려 유민을 이끌고 발해를 세운 곳이다.

Tip

10세기 거란이 고려를 침입하자 ❶ □□ 이/가 외교 담판으로 강동 6주를 확보하였고, 이후 ❷ □□□ 이/가 귀주에서 거란을 크게 무찔렀다.

답 ❶ 서희 ❷ 강감찬

04 (가) 인물에 대한 설명으로 옳은 것은?

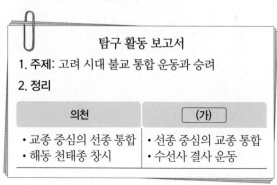

탐구 활동 보고서

1. 주제: 고려 시대 불교 통합 운동과 승려

2. 정리

의천	(가)
• 교종 중심의 선종 통합	• 선종 중심의 교종 통합
• 해동 천태종 창시	• 수선사 결사 운동

① 성리학 수용
② 『삼국유사』 저술
③ 초조대장경 조판
④ 인도 여행기 저술
⑤ 정혜쌍수와 돈오점수 주장

Tip

의천은 천태종을 창시하여 교종 중심으로 선종을 포용하고, ❶ □□□□ 을/를 주장하였다. 지눌은 수선사 결사 운동을 통해 선종 중심으로 교종을 포용하고, 돈오점수와 ❷ □□□□ 을/를 주장하였다.

답 ❶ 교관겸수 ❷ 정혜쌍수

05 (가) 왕의 업적으로 옳은 것은?

사진은 (가) 때 제작된 측우기입니다. 1441년 5월 19일, 세계 최초로 측우기가 제작된 날을 발명의 날로 지정하였습니다.

① 사비로 수도를 옮겼다.
② 훈민정음을 창제하였다.
③ 수원 화성을 건설하였다.
④ 대동법을 처음 시행하였다.
⑤ 전민변정도감을 설치하였다.

Tip

세종은 **❶**□□□ 을/를 시행하여 왕권과 신권의 조화를 꾀하였다. 또한, 집현전을 설치하고 **❷**□□□ 을/를 창제하였고, 측우기, 자격루, 해시계 등 다양한 과학 기구들을 발명하였다.

🔒 ❶ 의정부 서사제 ❷ 훈민정음

06 밑줄 친 '이 전쟁' 중에 있었던 사실로 옳은 것은?

▲ 남해 관음포 이락사

사진은 이 전쟁에서 활약한 이순신을 기리는 사당이다. 노량 해전에서 전사한 그의 유해가 이곳으로 옮겨져 그를 기리는 사당이 만들어졌다.

① 척화론과 주화론이 대립하였다.
② 최우가 강화도로 수도를 옮겼다.
③ 인조가 남한산성에서 항전하였다.
④ 곽재우가 의령 등에서 의병을 일으켰다.
⑤ 윤관이 별무반을 이끌고 여진을 정벌하였다.

Tip

1592년 일본군의 침입으로 **❶**□□□ 이/가 시작되었다. 이 전쟁에서 이순신이 이끄는 수군과 의병이 활약하였다. 이후 청의 군신 관계 요구를 조선이 거부하면서 **❷**□□□ 이/가 일어났다. 인조는 남한산성에서 항전하였지만, 결국 항복하였다.

🔒 ❶ 임진왜란 ❷ 병자호란

07 다음을 건설한 왕에 대한 설명으로 옳은 것은?

▲ 수원 화성

① 교정도감을 설치하였다.
② 초계문신제를 시행하였다.
③ 지방을 9주 5소경으로 정비하였다.
④ 화랑도를 국가적 조직으로 개편하였다.
⑤ 쌍성총관부를 공격하여 영토를 수복하였다.

Tip

조선 후기 정조는 왕권을 강화하기 위해 규장각을 설치하였고, **❶**□□□ 을/를 시행하여 재능 있는 관료를 재교육하였다. 장용영을 설치하여 군사권을 장악하였으며, 수원 **❷**□□□ 을/를 건설하였다.

🔒 ❶ 초계문신제 ❷ 화성

08 다음 화폐가 전국적으로 유통된 시기의 경제 상황으로 옳은 것은?

▲ 상평통보

① 과전법이 시행되었다.
② 백성에게 정전이 지급되었다.
③ 산미 증식 계획이 시작되었다.
④ 모내기법이 전국으로 확대되었다.
⑤ 벽란도가 국제 무역항으로 번성하였다.

Tip

조선 후기 상품 화폐 경제가 발달하면서 동전인 **❶**□□□ 이/가 전국적으로 유통되었다. 이 시기에는 모내기법이 전국적으로 확대되면서 노동력이 절감되어 **❷**□□□ 이/가 나타났다.

🔒 ❶ 상평통보 ❷ 광작

누구나 합격 전략

01 (가) 국가에 대한 설명으로 옳은 것은?

① 천군이 주관하는 소도가 있었다.
② 무천이라는 제천 행사가 있었다.
③ 제가가 다스리는 사출도가 있었다.
④ 금관가야를 중심으로 연맹을 형성하였다.
⑤ 제가 회의를 통해 국가 중대사를 결정하였다.

02 밑줄 친 '왕'의 업적으로 옳은 것은?

제○○○호　　　**역사 신문**

사비 천도 행렬 재현 행사

지난 ○○일 세계대백제전이 열린 충남 부여군 규암면 합정리 백제문화단지 내 사비궁에서 백제 제26대 왕의 사비 천도 행렬을 재현하는 행사가 열렸다.

① 낙랑군을 축출하였다.
② 22담로에 왕족을 파견하였다.
③ 김씨의 왕위 세습을 확립하였다.
④ 이차돈의 순교를 계기로 불교를 공인하였다.
⑤ 신라와 연합하여 한강 하류를 일시 회복하였다.

03 (가), (나) 국가에 대한 설명으로 옳은 것은?

① (가) – 태학을 설립하였다.
② (가) – 마한의 소국을 병합하였다.
③ (나) – 고구려의 공격으로 세력이 위축되었다.
④ (나) – 최고 통치자가 마립간 칭호를 사용하였다.
⑤ (가), (나) – 백제의 공격을 받아 멸망하였다.

04 다음 자료에 대한 설명으로 옳은 것은?

이것은 서원경 부근 4개 촌락의 경제 상황을 조사한 통일 신라 때의 문서입니다.

① 3년마다 작성하였다.
② 천신 신앙과 시조 신앙이 반영되어 있다.
③ 불교가 민간에까지 확대된 사실을 보여 준다.
④ 신문왕 때 관료전을 지급한 사실이 나와 있다.
⑤ 신라가 유학 교육을 장려한 사실을 알 수 있다.

05 (가) 왕에 대한 설명으로 옳은 것은?

[(가)] 때 쌍기가 처음으로 과거제의 실시를 건의하였고, 마침내 지공거가 되어 …… 진사 갑과에 최섬 등 2인, 명경업에 3인, 복업에 2인을 선발하였다.

① 후삼국을 통일하였다.
② 12목에 지방관을 처음 파견하였다.
③ 불법으로 노비가 된 사람을 해방하였다.
④ 교정도감을 설치하여 권력을 장악하였다.
⑤ 전민변정도감을 설치하고, 쌍성총관부를 탈환하였다.

06 다음 자료를 활용한 학습 주제로 가장 적절한 것은?

> 사노비 만적 등 6명이 북산에서 땔나무를 베다가 공·사노비들을 불러 모의하며 말하기를, "……장수와 재상에 어찌 처음부터 씨가 있겠는가. 때가 되면 누구나 차지할 수 있는 것이다. 어찌 우리라고 뼈 빠지게 일만 하면서 채찍 아래에서 고통만 당하겠는가."
>
> – 『고려사절요』 –

① 무신 정변의 발생
② 신라 말 농민의 봉기
③ 조선 후기 신분제의 동요
④ 무신 집권기 하층민의 봉기
⑤ 강화도 조약 체결에 대한 반발

07 밑줄 친 '왕'이 실시한 정책으로 옳은 것은?

> 검색 🔍
>
> 🏠 문화유산 정보 ▾ 문화재 검색 ▾
>
> • 명칭: 경복궁 수정전
> 수정전은 이 왕 때 확대, 개편되어 학문과 경연을 담당하던 집현전이 자리하였던 곳이다.

① 한양 천도　　② 홍문관 설치
③ 별무반 조직　　④ 『경국대전』 반포
⑤ 의정부 서사제 시행

08 (가) 전쟁 중 볼 수 있는 모습으로 가장 적절한 것은?

> 삼전도비는 (가) 에서 승리한 청의 요구로 만들어졌다. 비석 앞면에는 몽골 문자와 만주 문자가, 뒷면에는 한자가 새겨져 있어 17세기 언어 연구에 중요한 자료이다.

① 수군을 이끄는 이순신
② 별무반을 이끄는 윤관
③ 쓰시마섬을 정벌하는 이종무
④ 남한산성에서 항전하는 인조
⑤ 위화도에서 회군하는 이성계

09 (가) 기구에 대한 설명으로 옳은 것은?

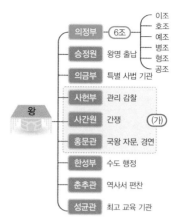

① 국정을 총괄하였다.
② 재정 지출과 회계를 담당하였다.
③ 국가 중죄인을 처벌하는 사법 기구였다.
④ 중앙에 설치된 최고 유학 교육 기관이었다.
⑤ 권력을 견제하는 언론 감찰 기능을 담당하였다.

10 다음 자료의 상황이 나타난 시기의 모습으로 옳은 것은?

> • 진주민 수만 명이 무리를 지어 서리들의 가옥을 불사르고 부수자, 경상우병사 백낙신이 이들을 해산시키려 하였다. 이때 백성이 그를 둘러싸고 삼정의 문란에 대해 항의하였다.
> • 임술년에 경상도 단성, 함양, 개령 등 여러 고을에서 백성들이 소동을 일으켰다. 이들은 수령을 포위하고 조세를 줄여 달라고 요구하거나, 향리들을 쫓아내고 환곡 장부를 빼앗았다.

① 교정도감이 설치되었다.
② 전시과 제도가 시행되었다.
③ 황룡사 9층 목탑이 소실되었다.
④ 소수 외척 가문이 권력을 독점하였다.
⑤ 관료전이 지급되고, 녹읍이 폐지되었다.

창의·융합·코딩 전략

1 선사 문화의 전개

자료는 기후 변화에 따른 해수면의 변화를 나타낸다. 이를 통해 알 수 있는 사실로 옳은 것은?

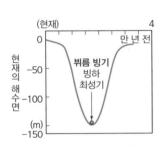

① 빙기에는 지배 계급이 등장하였다.

② 최종 빙기에 고인돌이 축조되었다.

③ 해수면이 높아지면서 기온이 낮아졌다.

④ 빙기에는 빗살무늬 토기를 사용하였다.

⑤ 빙기가 끝나면서 농경과 목축이 시작되었다.

> **Tip**
>
> 최종 빙기 이후 기온이 높아지면서 해수면이 상승하였다. 기원전 8천 년경부터 [❶] 시대가 시작되었고, 농경과 목축이 시작되었다. 이 시기에는 간석기와 [❷] 토기를 사용하였다.

📋 ❶ 신석기 ❷ 빗살무늬

2 여러 나라의 성장

(가)에 들어갈 내용으로 가장 적절한 것은?

> ### 한국사 신문
> ○○○○년 ○월 ○일
>
> **"종교 시설 도피처" 논란**
>
> 서울의 대표적 종교 시설 ○○○가 ○○○의 피신으로 논란이 되고 있다. 규정은 없지만, 경찰이 관행에 따라 공권력 행사를 자제해 왔기 때문이다. 이는 제정 분리 사회였던 삼한에서 [(가)] 모습과 유사하다.

① 주변 지역을 활발히 정복하는

② 조상신인 주몽에 제사 지내는

③ 국왕이 없이 군장이 지배하는

④ 천군이 소도에서 제사를 주관하는

⑤ 철을 낙랑, 왜에 수출하여 화폐처럼 사용하는

> **Tip**
>
> 한반도 남부에서는 삼한이 성장하였다. 삼한에서는 [❶]이/가 발달하였으며, 삼한 중 변한에서는 [❷]을/를 주변 지역으로 수출하였다.

📋 ❶ 벼농사 ❷ 철

3 삼국과 가야의 발전

다음 문화유산을 남긴 국가에 대한 설명으로 옳은 것은?

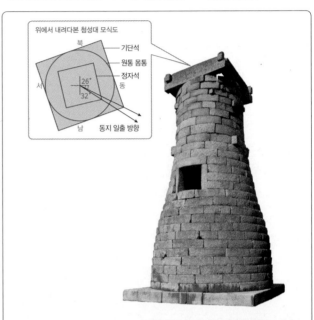

이 문화유산의 관측대 아래 정자석 모서리가 동지 때 일출 방향과 의도적으로 맞춘 것이라면, 이 문화유산은 관측은 물론 동지를 알아내는 등 24절기의 시작을 알아내는 목적으로 사용되었을 것으로 추측된다.

외형은 원형 몸통에서 머리까지 29층으로 석재를 쌓아 음력한 달의 날수(29.5일)와 일치시키고, 원형 몸통은 27층으로 구성해 달이 공전해 같은 별자리로 돌아오는 주기(27.3일)에 맞추고, 365개(1년 날수 의미) 석재로 몸통 외부를 구성하였다.

① 대조영이 건국하였다.

② 고구려 계승 의식을 내세웠다.

③ 남진 정책을 위해 평양으로 천도하였다.

④ 이차돈의 순교를 계기로 불교를 공인하였다.

⑤ 광개토 대왕의 공격으로 중심 세력이 위축되었다.

> **Tip**
>
> 신라는 지증왕 때 '신라'라는 국호와 왕호를 사용하였고, 법흥왕 때 율령을 반포하고 [❶]의 순교를 계기로 삼아서 불교를 공인하였다. 진흥왕 때 [❷]을/를 국가적 조직으로 개편하고 한강 유역을 확보하였다.

📋 ❶ 이차돈 ❷ 화랑도

4 통일 신라와 발해의 발전

(가) 국가에 대한 설명으로 옳은 것은?

해상 탐사 프로젝트 – (가) 항로 학술 탐사대

탐사 예상 항로
- 러시아
- 블라디보스토크 출발: 2월 9일
- 동해
- 독도 2월 22일
- 한국
- 울릉도
- 니가타 도착: 3월 1일

탐사에 쓰일 뗏목
폭 4.5m, 길이 11m, 무게 11t, 통나무 하나 지름 80cm

1,300여 년 전 고구려를 계승한 고대 국가인 (가) 의 상인들이 이용했던 해상 교역로를 직접 탐사하는 프로젝트이다. '해동성국'이라 불렸던 (가) 의 해상 교역로를 당시와 유사하게 이동하기 위해 물푸레나무로 만든 너비 4.5m, 길이 11m의 뗏목을 타고 탐사할 예정이다.

① 우산국을 정복하였다.
② 대조영이 건국하였다.
③ 전국을 9주로 나누었다.
④ 한 무제의 공격을 받아 멸망하였다.
⑤ 중앙에 태학, 지방에 경당을 설치하였다.

Tip

대조영은 고구려 유민과 말갈인을 이끌고 동모산 부근에서 발해를 건국하고 ❶ 계승 의식을 내세웠다. 선왕 때 최대 영토를 확보하였고, 이후 '❷ '(으)로 불렸다.

🔽 ❶ 고구려 ❷ 해동성국

5 문벌 사회의 동요

밑줄 친 '난'에 대한 설명으로 옳은 것은?

고려 시대 인물로 만드는 게임

인물: 한국/고려 제일검 척준경
별 등급: ★★★★★★

척준경은 여진 정벌에 참여한 고려의 명장이었다. 고려 인종 때의 <u>난</u>에 가담해 권력을 장악했지만, 이후 인종에게 회유되어 <u>난</u>을 진압하였다.

① 권문세족의 지원을 받았다.
② 고구려 부흥을 목표로 하였다.
③ 문벌 사회의 분열을 촉진하였다.
④ 서경 세력의 천도 주장에 반대하였다.
⑤ 신진 사대부가 성장하는 결과를 가져왔다.

Tip

여러 대에 걸쳐 중앙 고위 관직에 진출하고, 폐쇄적인 혼인을 통해 권력을 유지한 가문을 ❶ (이)라 한다. 이자겸의 난과 묘청의 ❷ 운동은 문벌 사회의 동요를 보여 주는 대표적인 사건이다.

🔽 ❶ 문벌 ❷ 서경 천도

6 원의 간섭과 고려 사회의 변화

밑줄 친 '몽골풍'이 고려에서 유행하게 된 계기로 가장 적절한 것은?

몽골풍을 통해 살펴보는 과학 원리

- 찬물
- 소줏고리
- 곡물을 발효시켜 만든 술
- 소주

분별 증류는 끓는점이 다른 혼합물을 가열하여 끓는점이 낮은 물질부터 분리하는 과정을 가리킨다. 곡물을 발효시켜 만든 술을 증류하여 만든 소주는 대표적인 몽골 음식이다.

① 고려 정부가 개경으로 환도하였다.
② 신진 사대부가 성리학을 수용하였다.
③ 강감찬이 귀주에서 거란을 격퇴하였다.
④ 무신 정변으로 무신이 권력을 장악하였다.
⑤ 성종이 최승로의 시무 28조를 수용하였다.

Tip

원 간섭기에는 고려 왕실의 용어와 관제가 격하되었고, 일본 원정을 위해 ❶ 이/가 설치되었으며, 몽골인 ❷ 이/가 파견되었다.

🔽 ❶ 정동행성 ❷ 다루가치

7 고려의 사회 구조

(가)에 들어갈 말로 가장 적절한 것은?

> 너 드라마 ○○○ 봤어? 거기에 나오는 백정은 완전 노비보다 못한 대우를 받던데?

> 그건 조선 시대에나 볼 수 있는 모습이고, 고려 시대에는, (가) .

① 대대로 직역을 세습하였어.

② 지방의 실질적인 지배자였어.

③ 일천즉천의 원칙을 적용받았어.

④ 일반 군현민에 비해 차별받았어.

⑤ 직역이 없는 대다수 농민이었어.

> **Tip**
> 고려 시대 양인은 직역 수행의 대가로 국가로부터 토지를 받은 **❶** □□□ 와/과 직역을 받지 못한 대다수 농민인 **❷** □□□(으)로 구분되었다.

🅐 **❶** 정호 **❷** 백정

8 조선의 건국 과정

밑줄 친 '이 인물'에 대한 설명으로 옳은 것은?

> 67장은 이 인물이 위화도에서 회군할 때의 상황을 묘사한 내용입니다.

〈용비어천가 67장〉
섬 안에 잘 때 큰비 사흘을 왔으나 섬 안에 들지 않더니 나가고 나서야 잠긴 것이니이다.

① 훈민정음을 창제하였다.

② 한양으로 수도를 옮겼다.

③ 수원 화성을 건설하였다.

④ 전민변정도감을 설치하였다.

⑤ 관료전을 지급하고 녹읍을 폐지하였다.

> **Tip**
> 이성계는 **❶** □□□ 을/를 통해 최영을 제거하고 권력을 장악하였다. 이후 급진 개혁파인 정도전 등과 손을 잡고 조선을 건국하고 **❷** □□ (으)로 천도하였다.

🅐 **❶** 위화도 회군 **❷** 한양

9 조선의 성립과 발전

(가) 왕의 업적으로 옳은 것은?

> ### 조선 시대 의약학의 발전-『향약집성방』
>
>
>
> 『향약집성방』은 1431년 [(가)]이/가 집현전 직제학 등에게 명하여 편찬한 의약서이다. [(가)] 때 설치된 집현전은 각종 도서의 보관과 학술 연구, 국왕의 정책에 대한 자문을 담당하는 기구로, 각종 역사서와 유교 의례서, 훈민정음 창제 관련 도서 등을 편찬하였다.
>
> 『향약집성방』은 편찬 과정에서 우리나라 사람의 질병을 치료하는 데는 우리나라 풍토에 적합하고 우리나라에서 생산되는 약재가 더 효과적일 것이라는 점을 강조하여 민간에서 사용해 오던 방법을 많이 채집하였다. 또한, 중국에서 널리 쓰이는 치료법과 약재를 우리 실정에 맞게 분류하여 담고 있다.

① 삼별초를 조직하였다.

② 4군 6진을 개척하였다.

③ 서경 천도 운동을 진압하였다.

④ 최승로의 시무 28조를 수용하였다.

⑤ 쌍성총관부를 공격하여 영토를 회복하였다.

> **Tip**
> 조선 제4대 왕인 세종은 **❶** □□□□ 을/를 시행하여 왕권과 신권의 조화를 꾀하였다. 또 세종은 집현전을 설치하여 학문 연구와 경연을 담당하게 하였으며 **❷** □□□ 을/를 창제하였다. 대외적으로는 여진을 정벌하고 4군 6진을 개척하였으며, 왜구의 소굴인 대마도를 정벌하였다.

🅐 **❶** 의정부 서사제 **❷** 훈민정음

10 왜란과 호란

밑줄 친 '이 전쟁' 중에 있었던 사실로 옳은 것은?

비거는 바람을 타고 날아다니는 수레를 말하는데, 이 발명품은 조선 시대에 발명되었다는 기록이 남아 있다. 조선 후기 학자 이규경이 쓴 『오주연문장전산고(五洲衍文長箋散稿)』의 '비거변증설(飛車辨證說)'에 의하면 '임진년에 왜적이 창궐한 이 전쟁 때 어떤 사람이 기이한 기술로 비거를 만들어, 영이 고립된 성에 갇힌 성주를

성 밖으로 데리고 나왔는데, 그 비거는 30리를 날았다'는 기록이 남아 있다. 2000년 12월에 공군 사관 학교의 비거 복원팀은 비거를 복원하여 공군 박물관에 전시하였다.

▲ 공군 사관 학교 비거 복원 모형

① 윤관이 동북 9성을 쌓았다.
② 삼별초가 진도에서 항전하였다.
③ 인조가 남한산성에서 항전하였다.
④ 이순신이 명량 해전에서 승리하였다.
⑤ 공민왕이 쌍성총관부를 공격하여 영토를 수복하였다.

Tip

임진왜란 당시 [❶]이/가 수군을 이끌고 남해의 제해권을 장악하였고, 곽재우 등 의병장도 각지에서 활약하였다. 또한, [❷]은/는 행주산성에서, 김시민은 진주성에서 일본군을 격퇴하였다.

답 ❶ 이순신 ❷ 권율

11 상품 화폐 경제의 발달

밑줄 친 '이 시기'의 경제 상황으로 옳은 것은?

통화량과 물가 수준

1. 개념: 통화량과 물가 수준

물가가 높을수록 화폐 수요가 높아지고, 장기적으로 물가 수준은 화폐에 대한 수요와 공급이 일치하는 수준으로 정해진다. 화폐 공급이 부족할 경우 화폐의 가치는 상승한다.

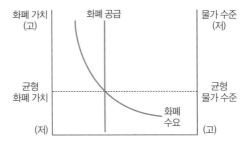

2. 역사적 사례: 전황

전황은 이 시기 상품 화폐 경제가 발달함에 따라 나타난 동전 유통량 부족 현상을 의미한다. 1700년대 초부터 나타난 전황으로 늘어난 화폐의 수요를 감당할 수 없을 정도로 화폐 공급이 원활히 이루어지지 않아 화폐

▲ 상평통보

의 가치가 급격히 상승하는 문제가 발생하였다. 이 문제를 해결하기 위해 다량의 상평통보를 주조하여 통화량을 늘리는 방안이 실행되었다.

① 광작이 유행하였다.
② 전시과 제도가 시행되었다
③ 백성에게 정전이 지급되었다.
④ 열강의 이권 침탈이 심화되었다.
⑤ 벽란도가 국제 무역항으로 번성하였다.

Tip

조선 후기에는 상품 화폐 경제가 발달하였다. [❶]이/가 전국적으로 보급되면서 광작이 유행하였고, [❷]이/가 시행되면서 등장한 공인은 특정 물품에 대한 독점권을 확보하여 도고로 성장하기도 하였다.

답 ❶ 모내기법 ❷ 대동법

3강 서구 열강의 접근과 조선의 대응 ~ 동학 농민 운동과 갑오·을미개혁

조선 말 급진 개화파의 대표적인 인물 김옥균은 시, 글씨, 그림, 음악 등에 두루 다재다능했어요.

김옥균은 박규수를 비롯해 유홍기, 오경석 등의 영향을 받으며 개화사상을 받아들였습니다.

우리 조선도 하루빨리 개화를 하고 서양 문물을 받아들여야 합니다.

김옥균은 조사 시찰단에 포함되어, 한창 서양 문물을 받아들이고 발전하던 일본을 직접 가서 견학할 기회를 얻었습니다.

조선소 / 군수 기지 / 탄광 / 조폐국 / 금광

김옥균은 일본의 개화사상가 후쿠자와 유키치의 집에 머물며 일본의 발전상을 알아 갔어요.

조선이 더욱 적극적으로 근대화 정책을 추구해야 한다고 생각했던 김옥균은 다른 급진 개화파 동료들과 갑신정변을 일으키고 개혁 정강을 발표했어요.

청에 대한 사대를 청산하고, 문벌을 폐지하여 인민 평등권을 보장할 것입니다!

하지만 청나라 군대의 개입으로 3일 만에 실패로 끝났고, 일본으로 망명했던 김옥균은 암살당해 생을 마감하였습니다.

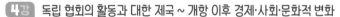

4강 독립 협회의 활동과 대한 제국 ~ 개항 이후 경제·사회·문화적 변화

전봉준은 몰락한 양반 가문 출신이었어요. 전봉준의 아버지는 고부 군수 조병갑의 수탈에 저항하다 죽었지요.

1894년 1월 조병갑의 탐학을 견디다 못한 농민들은 전봉준의 지도 아래 고부 관아로 들이쳤습니다.

조병갑을 파면하고 문제를 시정하겠다고 한 정부의 약속을 듣고 농민들이 해산하였으나 안핵사 이용태는 주모자를 색출하여 잡아가기 시작했습니다.

이에 분노한 전봉준, 손화중 등 동학 지도부는 농민들을 이끌고 무장에서 다시 봉기를 결의하였어요.

한 달 만에 전주성을 비롯한 호남 일대를 장악한 동학 농민군은 청과 일본의 군대가 들어오자, 전주 화약을 맺고 집강소에서 폐정 개혁안을 실천해 나갔습니다.

보국안민
제폭구민
보국안민

일본이 경복궁을 점령하고 청·일 전쟁을 일으키자, 전봉준은 2차 봉기를 일으켰으나 우금치에서 일본군에 크게 패하고 붙잡혀 죽음을 맞이하였습니다.

개념 ❶ │ 서구 열강의 접근과 조선의 대응

(1) 흥선 대원군의 개혁 정치

① 통치 체제 정비: 안동 김씨 축출, 비변사 축소, 의정부 기능 부활, ❶[   ] 중건

② 재정 확충: 삼정의 문란 시정(양전 사업, 호포제 실시, 사창제 실시), 서원 철폐

(2) 통상 수교 거부 정책과 양요의 발발

① 병인양요(1866): 병인박해(1866) ➡ ❷[   ]군 침략, 외규장각 도서 약탈

② 신미양요(1871): 제너럴셔먼호 사건(1866) ➡ 미군 침략 ➡ 척화비 건립

답 ❶ 경복궁 ❷ 프랑스

Quiz

흥선 대원군은 군정의 문란을 시정하기 위해 (사창제 , 호포제)를 실시하였다.

개념 ❷ │ 동아시아의 변화와 근대적 개혁의 추진

(1) 문호 개방과 개화 정책

① 강화도 조약(1876): 운요호 사건(1875) ➡ 조약 체결(최초의 근대적 조약, 불평등 조약)

② 조·미 수호 통상 조약(1882): ❶[   ] 유포 계기로 청이 알선(최혜국 대우, 거중 조정)

③ 개화 정책: 일본에 수신사·조사 시찰단, 청에 영선사 파견, 별기군 창설

(2) 임오군란과 갑신정변

① 위정척사 운동: 통상 반대(1860년대) ➡ 개항 반대(1870년대) ➡ 개화 반대(1880년대)

② 임오군란(1882): 구식 군인 차별 ➡ ❷[   ] 공사관 공격 ➡ 청의 내정 간섭, 제물포 조약

③ 갑신정변(1884): 급진 개화파가 개화당 정부 수립 ➡ 청군 개입 ➡ 한성 조약, 톈진 조약

답 ❶ 「조선책략」 ❷ 일본

Quiz

조선은 미국과 조·미 수호 통상 조약을 체결하고 미국에 (수신사 , 보빙사)를 파견하였다.

개념 ❸ │ 동학 농민 운동과 갑오·을미개혁

(1) 동학 농민 운동

① 전개: 교조 신원 운동 ➡ ❶[   ] 농민 봉기 ➡ 1차 봉기(반봉건) ➡ 일본군의 경복궁 점령과 ❷[   ] 전쟁 발발 ➡ 2차 봉기(반외세)

② 의의: 반봉건·반외세, 최대 규모의 농민 운동, 갑오개혁에 영향

(2) 갑오·을미개혁

① 제1차 갑오개혁: 군국기무처에서 추진, 개국 기년 사용, 궁내부 설치, 6조 ➡ 8아문, 과거제 폐지, 재정 일원화(탁지아문), 신분제 폐지, 조혼 금지, 과부 재가 허용

② 제2차 갑오개혁: 청·일 전쟁 중 일본의 영향력 확대, 군국기무처 폐지, 홍범 14조 반포, 8아문 ➡ 7부, 8도 ➡ 23부, 재판소 설치, 교육 입국 조서 반포

③ 을미개혁: 을미사변 이후 추진, 태양력 사용, 단발령 실시, 종두법 시행, 건양 연호 사용

답 ❶ 고부 ❷ 청·일

Quiz

고종이 국정 개혁의 기본 강령인 홍범 14조를 반포한 것은 (제2차 갑오개혁 , 광무개혁) 시기의 일이다.

01

다음 화폐와 관계가 깊은 흥선 대원군의 정책을 쓰시오.

(풀이) 흥선 대원군은 경복궁 중건을 위해 **❶** 을/를 발행하였다. 액면가로는 **❷** 의 100배 가치였으나 실제로는 5~6배에 불과하여 문제가 되었다.

(답) ❶ 당백전 ❷ 상평통보

01-1

흥선 대원군이 전국 각지에 세운 다음 사진 속 비석의 명칭으로 옳은 것은?

① 묘비　　② 순수비　　③ 척화비
④ 공덕비　　⑤ 이정표

02

밑줄 친 '부대'의 명칭을 쓰시오.

 이 부대는 1881년에 창설한 신식 군대이다. 구식 군대보다 대우가 좋았는데, 이러한 차별은 구식 군인들이 임오군란을 일으키는 원인 중 하나였다. 이 부대는 임오군란 때 흥선 대원군에 의해 폐지되었다.

(풀이) 정부는 **❶** 정책의 일환으로 군사 제도를 개혁하였다. **❷** 을/를 2영으로 개편하였고, 신식 부대인 별기군을 창설하였다.

(답) ❶ 개화 ❷ 5군영

02-1

밑줄 친 '상소'의 명칭으로 옳은 것은?

안동을 비롯한 영남의 유생들이 『조선책략』의 유포와 정부의 개화 정책에 반대하여 올린 상소이다.

① 붕당　　　　② 신문고
③ 갑신정변　　④ 임오군란
⑤ 영남 만인소

03

다음 문서와 관계가 깊은 동학 농민 운동 과정의 사건을 쓰시오.

(풀이) 위 문서는 고부 농민 봉기 전에 작성된 사발통문이다. **❶** 을/를 엎어 그린 원을 중심으로 **❷** 을/를 비롯하여 20명의 이름을 둥글게 작성하여 주모자가 누구인지 알 수 없게 하였다.

(답) ❶ 사발 ❷ 전봉준

03-1

밑줄 친 '개혁'의 명칭을 쓰시오.

이 개혁은 일본이 명성 황후를 시해한 사건 이후에 추진된 것으로, 태양력을 사용하고, 단발령과 종두법을 시행하였으며, 우편 사무도 재개하였다.

 **개념 돌파 전략 ①**

개념 ❶ | 독립 협회의 활동과 대한 제국

(1) 독립 협회(1896) ❶ ☐ 발행, 독립문 건립, 만민 공동회 개최, 관민 공동회에서 '헌의 6조' 채택 ➡ 중추원 관제 반포, 보수 세력의 모함으로 강제 해산(1898)

(2) 대한 제국(1897) 아관 파천 이후 환궁한 고종이 환구단에서 선포, '대한국 국제' 반포 (1899), ❷ ☐ 추진('구본신참' 원칙, 원수부 설치, 지계 발급)

답 ❶ 『독립신문』 ❷ 광무개혁

Quiz

독립 협회가 개최한 관민 공동회에서는 관민이 국정을 함께 운영하자는 ( )이/가 채택되어 고종의 재가를 받았다.

개념 ❷ | 일본의 침략 확대와 국권 수호 운동

(1) 일본의 국권 침탈 한·일 의정서 ➡ 제1차 한·일 협약(재정, 외교 고문 채용) ➡ 을사늑약(외교권 박탈, ❶ ☐ 설치) ➡ ❷ ☐의 강제 퇴위 ➡ 한·일 신협약(일본인 차관 배치) ➡ 군대 해산 ➡ 사법권 및 경찰권 박탈 ➡ 한국 병합 조약

(2) 항일 의병 운동 을미의병(을미사변, 단발령) ➡ 을사의병(을사늑약) ➡ 정미의병(고종 퇴위, 군대 해산)

(3) 애국 계몽 운동

① 보안회(1904): 일본의 황무지 개간권 요구 저지

② 헌정 연구회(1905): 입헌 정치 체제 수립 지향

③ 대한 자강회(1906): 헌정 연구회 계승, 월보 간행, 고종 강제 퇴위 반대 운동

④ 신민회(1907): 안창호·양기탁 등의 비밀 결사, 국권 회복과 공화 정체 국가 목표, 학교 설립(대성 학교, 오산 학교), 태극 서관과 자기 회사 운영, 남만주 삼원보에 독립운동 기지 건설, 105인 사건으로 해체(1911)

답 ❶ 통감부 ❷ 고종

Quiz

일본이 러·일 전쟁 중 주인 없는 땅을 선점했다며 ( )을/를 불법으로 점령하였다.

개념 ❸ | 개항 이후 경제·사회·문화적 변화

(1) 일본의 경제적 침략과 경제적 구국 운동

① 청·일 상인의 상권 경쟁: 조·청 상민 수륙 무역 장정 체결, 조·일 통상 장정 체결

② 일본의 금융 및 토지 장악: 화폐 정리 사업, 동양 척식 주식회사 설립

③ 경제적 구국 운동: 상권 수호 운동(상회사 설립, 철시 투쟁), 근대적 기업 설립, 방곡령 실시, ❶ ☐ 보상 운동(대구에서 시작)

(2) 근대 문물의 수용과 근대 의식의 확대

① 근대 시설의 도입: 전차 및 철도, 통신(우편, 전신, 전화), 의료(광혜원) 도입, 박문국(신문)과 기기창(무기 제조) 등의 설립

② 근대적 교육 기관의 설립: 원산 학사, 동문학, 육영 공원, 개신교 계열 학교, 민족 학교

③ 언론 기관의 발달: 『한성순보』, 『독립신문』, 『제국신문』, 『황성신문』, 『❷ ☐ 신보』

답 ❶ 국채 ❷ 대한매일

Quiz

함경도 덕원과 원산 주민들은 한국 최초의 근대식 교육 기관 ( )을/를 세웠다.

01

(가) 단체가 했던 일로 옳은 것은?

 서울 서대문구에 있는 독립문은 청의 사신을 맞이하던 영은문이 헐린 자리 부근에 서재필 등이 조직한 단체인 (가) 이/가 모금 활동을 벌여 건립한 것이다.

① 집강소 설치　② 과거제 폐지　③ 교조 신원 운동
④ 홍범 14조 반포　⑤ 만민 공동회 개최

풀이 서재필 등은 ❶ [　] 건립을 추진하면서 독립 협회를 창립하였다. 독립 협회는 ❷ [　]을/를 개최하여 열강의 이권 침탈을 저지하고, 자유 민권 운동, 내정 개혁 운동을 전개하였다.

답 ❶ 독립문 ❷ 만민 공동회

01-1

(가) 정부의 개혁 내용으로 옳은 것은?

고종은 러시아 공사관에서 돌아와 환구단에서 (가) 의 수립을 선포하였다.

① 지계 발급　② 신분제 폐지
③ 종두법 시행　④ 태양력 사용
⑤ 교육 입국 조서 발표

02

다음 설명과 관련 있는 사건으로 옳은 것은?

• 을미사변과 단발령이 계기가 되어 발생하였다.
• 유인석, 이소응 등 양반 유생 또는 동학 농민군의 잔여 세력이 주도하였다.

① 을미의병　② 을사의병　③ 정미의병
④ 임오군란　⑤ 서울 진공 작전

풀이 ❶ [　]사변으로 분노에 차 있던 백성들은 단발령이 시행되자 거세게 반발하였고, 전국 각지에서 ❷ [　]와/과 농민이 중심이 된 의병이 일어났다.

답 ❶ 을미 ❷ 유생

02-1

다음 내용과 관련 있는 조약으로 옳은 것은?

제2조 …… 한국 정부는 지금부터 일본국 정부의 중개를 거치지 않고서는 국제적 성질을 가진 어떤 조약이나 약속을 맺지 않을 것을 서로 약속한다.

① 을사늑약　② 강화도 조약
③ 제물포 조약　④ 제1차 한·일 협약
⑤ 조·미 수호 통상 조약

03

다음 내용과 관련 있는 사건으로 옳은 것은?

국채 1,300만 원은 바로 우리 대한 제국의 존망에 직결된 것이라. …… 만일 나라에서 갚지 못한다면 그때는 이미 삼천리 강토는 내 나라 내 민족의 소유가 못 될 것이다.

① 을사늑약　② 동학 농민 운동　③ 물산 장려 운동
④ 국채 보상 운동　⑤ 조·일 통상 장정

풀이 차관 도입으로 ❶ [　]에 대한 경제적 예속이 심해지자, 국민이 ❷ [　]을/를 모아 일본에 진 빚을 갚고 국권을 회복하자는 국채 보상 운동이 전개되었다.

답 ❶ 일본 ❷ 성금

03-1

다음 사진에 등장한 근대 문물로 적절한 것은?

① 전차　② 철도　③ 전화
④ 우편　⑤ 전등

2주 1일 개념 돌파 전략 ②

1 교사의 질문에 대한 학생의 답변으로 옳은 것은?

고종의 아버지인 이 인물이 추진한 정책에 대해서 말해 볼까요?

① 호포제를 시행하였어요.
② 별기군을 창설하였어요.
③ 신분제를 폐지하였어요.
④ 갑신정변을 주도하였어요.
⑤ 교육 입국 조서를 반포하였어요.

2 (가)에 들어갈 조약명으로 옳은 것은?

역사 용어 사전

(가)

• 체결 연도: 1876년

• 내용
 – 운요호 사건을 계기로 맺어짐.
 – 조선이 외국과 맺은 최초의 근대적 조약
 – 부산 외에 2개 항구의 개항을 규정함.

① 한성 조약　　　② 간도 협약　　　③ 제물포 조약
④ 강화도 조약　　　⑤ 조·미 수호 통상 조약

3 (가)에 들어갈 내용으로 옳은 것은?

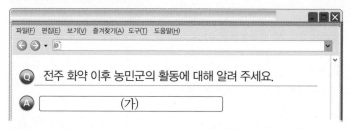

파일(F)　편집(E)　보기(V)　즐겨찾기(A)　도구(T)　도움말(H)

Q 전주 화약 이후 농민군의 활동에 대해 알려 주세요.

A (가)

① 척화비를 설립하였어요.　　　② 집강소를 설치하였어요.
③『조선책략』을 유포하였어요.　　④ 외규장각 도서를 약탈하였어요.
⑤ 조선 중립화론을 주장하였어요.

대한 제국의 외교권을 박탈하기 위해 일본이 강제로 체결한 것은?

➡ 일본은 대한 제국의 외교권을 박탈하는 내용의 **❶** 체결을 강요하였다. 일본은 이를 근거로 **❷** 을/를 설치하여 외교를 관장하도록 하였다.

답 ❶ 을사늑약 ❷ 통감부

4 밑줄 친 '이 조약'에 따른 결과로 옳은 것은?

일제는 이 조약을 강요해 대한 제국의 외교권을 박탈하였어.

맞아, 이 조약은 황제의 날인이 없고 비준 절차도 거치지 않았지.

① 통감부가 설치되었다.
② 러·일 전쟁이 발발하였다.
③ 조선 총독부가 설치되었다.
④ 메가타가 재정 고문으로 파견되었다.
⑤ 대한 제국의 군대가 강제 해산되었다.

고종의 강제 퇴위와 군대의 강제 해산을 배경으로 하여 일어난 의병은?

➡ 1907년 **❶** 파견을 빌미로 고종이 강제 퇴위되고, 군대가 해산되자 **❷** 이/가 일어났다.

답 ❶ 헤이그 특사 ❷ 정미의병

5 (가) 의병이 일어난 배경으로 옳은 것은?

▲ (가) 참여자

군대 해산 직후 영국 기자와 인터뷰한 (가) 참여자는 "일본의 노예로 사느니 자유민으로 죽는 것이 낫습니다."라며 결연한 의지를 보여 주었다.

① 단발령이 시행되었다.
② 고종이 강제 퇴위당했다.
③ 아관 파천이 단행되었다.
④ 을사늑약이 강제로 체결되었다.
⑤ 명성 황후가 일본에 시해되었다.

국권 회복과 공화 정체의 근대 국가 수립을 목적으로 안창호와 양기탁 등이 비밀 결사로 조직한 단체는?

➡ 1907년 안창호, 양기탁 등이 비밀 결사로 조직한 **❶** 은/는 국권 회복과 공화 정체의 국가 수립을 목표로 하였으나, 일제가 날조한 **❷** 을/를 계기로 와해되었다.

답 ❶ 신민회 ❷ 105인 사건

6 밑줄 친 '이 단체'의 명칭으로 옳은 것은?

이 단체 회원들이 105인 사건을 계기로 일본 경찰에 압송되는 장면이야.

이 단체는 안창호, 양기탁 등이 비밀 결사로 조직했지.

① 보안회
② 신민회
③ 헌정 연구회
④ 대한 자강회
⑤ 기호 흥학회

필수 체크 전략 ①

전략 ❶ | 흥선 대원군의 개혁 정치와 통상 수교 거부 정책

흥선 대원군의 개혁 정치

- 안동 김씨 축출, 비변사 축소, 의정부·삼군부 기능 회복
- 삼정의 문란 시정: 양전 사업(전정), **❶** 실시(군정), 사창제 실시(환곡)
- 경복궁 중건(원납전 징수, 당백전 발행)
- 서원 철폐

흥선 대원군의 통상 수교 거부 정책

- 병인양요(1866): **❷** (1866) 배경, 프랑스군의 강화도 침입, 외규장각 도서 약탈
- 오페르트 도굴 미수 사건(1868): 독일 상인 오페르트가 흥선 대원군의 아버지 남연군 묘 도굴 시도
- 신미양요(1871): 제너럴셔먼호 사건 배경(1866), 미국의 강화도 침입, 어재연(광성보)의 활약, 이후 척화비 건립

답 ❶ 호포제 ❷ 병인박해

필수 예제 ①

(1) 제시된 상황과 해결하기 위한 대책을 바르게 연결하시오.

① 전정의 문란 •　　　　• ㉠ 호포제 시행
② 환곡의 폐단 •　　　　• ㉡ 사창제 실시
③ 군정의 문란 •　　　　• ㉢ 양전 사업 실시

(2) 다음 사건들을 일어난 순서대로 나열하시오.

> ㄱ. 병인박해　　　ㄴ. 신미양요
> ㄷ. 척화비 건립　　ㄹ. 오페르트 도굴 미수 사건

풀이

· (1) 흥선 대원군 집권기 민생 안정을 위해 실시한 개혁책은 다음과 같다.

전정	양전 사업을 실시하여 누락된 토지 색출
군정	집집마다 군포를 징수하는 호포제 시행(양반도 징수)
환곡	민간에서 곡식을 대여하는 사창제를 실시
서원 철폐	민생 안정 및 국가 재정 확충을 위해 서원을 47개소만 남기고 철폐

답 ①-㉢ ②-㉡ ③-㉠

(2) 흥선 대원군 집권기 서양 세력과 관련된 사건의 전개 순서는 다음과 같다.

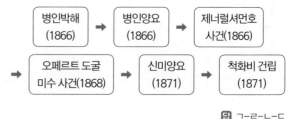

병인박해(1866) → 병인양요(1866) → 제너럴셔먼호 사건(1866) → 오페르트 도굴 미수 사건(1868) → 신미양요(1871) → 척화비 건립(1871)

답 ㄱ-ㄹ-ㄴ-ㄷ

1-1

(가)에 들어갈 단어를 쓰시오.

> 대원군이 크게 노하여 "진실로 백성에게 해되는 것이 있으면 비록 공자가 다시 살아난다 하더라도 나는 용서하지 않겠다. 하물며 (가) 은/는 우리나라 선현께 제사하는 곳인데 지금은 도둑의 소굴이 되지 않았더냐."라고 말하였다.

1-2

다음 자료에서 설명하는 비석의 명칭을 쓰시오.

> 서양 오랑캐가 침범하였을 때 싸우지 않는 것은 화친하는 것이요, 화친을 주장하는 것은 나라를 파는 것이다.

전략 ❷ | 강화도 조약과 문호 개방

✧ 강화도 조약(1876)
- 배경: 고종의 친정, ❶ [ ] 사건(1875)
- 내용: 부산 외 2개 항구의 개항, 해안 측량권, 영사 재판권 허용
- 특징: 조선이 외국과 맺은 최초의 근대적 조약, 불평등 조약

✧ 조·미 수호 통상 조약(1882)
- 배경: ❷ [ ]의 유포, 청의 알선
- 내용: 영사 재판권, 최혜국 대우, 관세 부과, 거중 조정
- 특징: 조선이 서양과 맺은 최초의 조약, 불평등 조약, 보빙사 파견

🖺 ❶ 운요호 ❷ 『조선책략』

 필수 예제 2

(1) 다음 〈보기〉 중 강화도 조약에 포함된 내용으로 옳은 것을 모두 고르시오.

> • 보기 •
> ㄱ. 거중 조정 ㄴ. 영사 재판권
> ㄷ. 해안 측량권 ㄹ. 최혜국 대우

(2) 빈칸에 들어갈 용어를 쓰시오.

① 양국 중 한 나라가 다른 나라와 분쟁이 일어날 경우 분쟁 해결을 위해 노력하는 것 ( )
② 한 나라가 제3국에 부여한 가장 유리한 대우를 상대국에도 부여하는 것 ( )
③ 영사가 자국 국민에 대하여 자국 법률을 적용하여 재판할 수 있는 권리 ( )

풀이

(1) 강화도 조약의 주요 내용은 다음과 같다.

제1관	조선을 자주국으로 인정 ➡ 청의 간섭 배제
제4관	부산 외 2개 항구 개항 ➡ 부산, 인천, 원산
제7관	해안 측량권 허용
제10관	영사 재판권 허용

🖺 ㄴ, ㄷ

(2) 조·미 수호 통상 조약의 주요 내용은 다음과 같다.

영사 재판권	영사가 자국 국민에 대하여 자국 법률을 적용하여 재판할 수 있는 권리
최혜국 대우	한 나라가 제3국에 부여한 가장 유리한 대우를 상대국에도 부여하는 것
거중 조정	양국 중 한 나라가 다른 나라와 분쟁이 일어날 경우 분쟁 해결을 위해 노력하는 것
관세 부과	수출입하는 물건에 대해 관세를 부과하는 것

🖺 ① 거중 조정 ② 최혜국 대우 ③ 영사 재판권

2-1

(가), (나)에 들어갈 용어를 쓰시오.

> 고종의 친정과 [(가)]을/를 계기로 체결된 강화도 조약은 조선이 외국과 맺은 최초의 근대적 조약으로 [(나)] 외에 2개 항구의 개항과 영사 재판권 등을 규정하였다.

2-2

다음 사건들을 일어난 순서대로 나열하시오.

> ㄱ. 보빙사 파견 ㄴ. 『조선책략』 유포
> ㄷ. 청의 조약 알선 ㄹ. 조·미 수호 통상 조약 체결

전략 ❸ | 임오군란과 갑신정변

임오군란(1882)
• 배경: 구식 군인에 대한 차별 대우
• 내용: 구식 군인과 하층민의 봉기 ➡ 흥선 대원군의 재집권 ➡ 청군의 출병, 진압
• 결과: 청과 ❶ [   ] 체결, 일본과 제물포 조약 체결

갑신정변(1884)
• 배경: 청의 내정 간섭, 급진 개화파의 입지 축소
• 내용: ❷ [   ] 개국 축하연을 계기로 정변 ➡ 개화당 정부 수립 ➡ 개혁 정강 발표 ➡ 청군의 개입으로 실패
• 결과: 한성 조약(조선–일본), 톈진 조약(청–일본)

답 ❶ 조·청 상민 수륙 무역 장정 ❷ 우정총국

필수 예제 ❸

(1) 다음 사건과 관련 있는 내용을 바르게 연결하시오.

① 임오군란 •   • ㉠ 구식 군인의 봉기

② 갑신정변 •   • ㉡ 급진 개화파의 정변

(2) 빈칸에 들어갈 용어를 〈보기〉에서 고르시오.

• 보기 •
ㄱ. 톈진 조약   ㄴ. 제물포 조약
ㄷ. 강화도 조약   ㄹ. 조·미 수호 통상 조약

① 임오군란의 결과 체결된 (   )을 통해 일본 공사관에 경비병 주둔이 허용되었다.
② 청과 일본은 갑신정변 이후 (   )을 체결해 양국 군대의 동시 철수에 합의하였다.

풀이

(1) 임오군란과 갑신정변의 배경과 전개 과정은 다음과 같다.

임오 군란	배경	구식 군인에 대한 차별 대우
	전개	구식 군인과 하층민의 봉기 ➡ 청군의 진압
갑신 정변	배경	급진 개화파의 입지 축소
	전개	우정총국 개국 축하연을 계기로 정변 ➡ 개화당 정부 수립 ➡ 개혁 정강 발표 ➡ 청군의 개입

답 ①-㉠ ②-㉡

(2) 임오군란과 갑신정변의 결과 체결된 조약은 다음과 같다.

임오 군란	제물포 조약	배상금 지불, 일본 공사관에 경비병 주둔 허용
	조·청 상민 수륙 무역 장정	청 상인의 내륙 진출 허용
갑신 정변	한성 조약	배상금 지불, 일본 공사관 신축 비용 부담
	톈진 조약	청·일 군대의 동시 철수, 군대 파병시 상호 고지

답 ① ㄴ ② ㄱ

3-1

다음에서 설명하는 사건이 무엇인지 각각 쓰시오.

(가)   (나)

구식 군인들이 봉기하다.   급진 개화파, 개혁 정강을 발표하다.

3-2

자료에 제시된 조약으로 옳은 것은?

제4조 이번 사건으로 인해 일본이 받은 피해 및 공사를 호위한 육해군 경비 중에서 50만 원은 조선이 채워 준다. 매년 10만 원씩 5년 동안 완납한다.
제5조 일본 공사관에 군인 약간을 두어 경비한다. 그 비용은 조선국이 부담한다.

① 을사늑약   ② 한성 조약   ③ 톈진 조약
④ 강화도 조약   ⑤ 제물포 조약

전략 ❹ | 동학 농민 운동

✦고부 농민 봉기와 제1차 봉기

• 고부 농민 봉기: 조병갑의 횡포 ➡ 전봉준 등 농민의 봉기
• 제1차 봉기: 안핵사 이용태의 탄압 ➡ 백산 봉기 ➡ 황토현 전투, 황룡촌 전투 ➡ 전주성 점령 ➡ [❶   ] 체결 ➡ 집강소 설치 및 폐정 개혁 실천

✦청·일 전쟁과 제2차 봉기

• 청·일 전쟁: 조선, 청·일 양군에 철병 요청 ➡ 일본군의 철병 거부 및 경복궁 무력 점령 ➡ 청·일 전쟁 발발
• 제2차 봉기: 동학 농민군 재봉기 ➡ [❷   ] 전투에서 패배 ➡ 전봉준 등 체포

답 ❶ 전주 화약 ❷ 우금치

필수 예제 4

(1) 다음 사건들을 일어난 순서대로 나열하시오.

> ㄱ. 전주 화약   ㄴ. 황토현 전투
>
> ㄷ. 우금치 전투   ㄹ. 고부 농민 봉기

(2) 다음 내용이 옳으면 ○표, 옳지 않으면 ×표를 하시오.

① 동학 농민군은 전주 화약 이후 집강소를 설치해 개혁을 꾀하였다. (   )

② 일본군은 조선의 철병 요구를 거부하고 경복궁을 무력으로 점령하였다. (   )

③ 동학 농민군은 황토현 전투에서 패배하였고, 이후 지도층이 체포되었다. (   )

풀이

(1) 동학 농민 운동의 전개 과정은 다음과 같다.

1차 봉기	고부 농민 봉기 ➡ 백산 봉기 ➡ 황토현, 황룡촌 전투 ➡ 전주성 점령 ➡ 전주 화약 체결
2차 봉기	일본군의 경복궁 무력 점령 ➡ 농민군 재봉기 ➡ 우금치 전투 ➡ 전봉준 등 체포

답 ㄹ-ㄴ-ㄱ-ㄷ

(2) ① 동학 농민군은 전주성 점령 이후 정부와 전주 화약을 체결하였고, 이후 전라도 지역에 집강소를 설치하고 폐정의 개혁을 위해 노력하였다.

② 일본군은 조선의 철병 요구를 거부하고 경복궁을 무력으로 점령하였고, 이후 청·일 전쟁을 일으켰다.

③ 동학 농민군은 일본군의 경복궁 점령 이후 재봉기하였으나 우금치 전투에서 패배하였고, 이후 전봉준 등 지도층이 체포되었다.

답 ①○ ②○ ③×

4-1

(가)에 들어갈 용어로 옳은 것은?

> 청·일 양군의 철병과 폐정 개혁을 조건으로 전주 화약을 맺고 해산한 농민군은 전라도 각지에 농민 자치 조직인 [(가)]을/를 설치하였다.

① 교정청   ② 집강소   ③ 비변사
④ 군국기무처   ⑤ 통리기무아문

4-2

(가)에 들어갈 사건으로 옳은 것은?

〈동학 농민 운동의 전개 과정〉

① 보은 집회   ② 백산 봉기   ③ 우금치 전투
④ 황토현 전투   ⑤ 고부 농민 봉기

2주 2일 필수 체크 전략 ②

1 (가) 인물이 추진한 정책으로 옳은 것만을 〈보기〉에서 고른 것은?

이 화폐는 고종의 아버지인 (가) 이/가 경복궁 중건에 필요한 비용을 마련하기 위해 발행한 것입니다.

━ 보기 ━
ㄱ. 호포제를 시행하였다.
ㄴ. 『조선책략』을 가져왔다.
ㄷ. 서원 중 다수를 철폐하였다.
ㄹ. 통리기무아문을 설치하였다.

① ㄱ, ㄴ ② ㄱ, ㄷ ③ ㄴ, ㄷ
④ ㄴ, ㄹ ⑤ ㄷ, ㄹ

Tip

고종의 아버지인 ❶ 은/는 경복궁 중건을 위한 비용 마련을 위해 당백전을 발행하였고, 집집마다 군포를 걷는 ❷ 을/를 시행하여 양반에게도 군포를 걷었다.

답 ❶ 흥선 대원군 ❷ 호포제

2 (가) 사건이 일어난 배경으로 옳은 것은?

어재연은 (가) 당시 광성보에서 항전했던 장수였어.

맞아, 미군의 침입에 맞서 강화도에서 분투했었지.

① 척화비가 건립되었다.
② 외규장각 도서가 약탈되었다.
③ 제너럴셔먼호 사건이 일어났다.
④ 프랑스 선교사 등이 처형되었다.
⑤ 오페르트가 남연군 묘 도굴을 시도하였다.

Tip

미국은 ❶ 사건을 빌미로 하여 신미양요를 일으켰고, ❷ 장군은 광성보에서 미군에 맞서 분투하였다.

답 ❶ 제너럴셔먼호 ❷ 어재연

3 밑줄 친 '이 조약'에 대한 설명으로 옳은 것은?

부산 외에 2개 항구의 개항과 해안 측량권을 포함한 이 조약에 서명해 주시기 바랍니다.

① 영사 재판권을 규정하였다.
② 최혜국 대우를 보장하였다.
③ 러·일 전쟁 이후 체결되었다.
④ 거중 조정 내용을 포함하였다.
⑤ 대한 제국의 외교권을 박탈하였다.

Tip

조선이 일본과 맺은 ❶ 은/는 부산 외에 2개 항구 개항과 해안 측량권, ❷ 재판권 등을 인정한 불평등 조약이었다.

답 ❶ 강화도 조약 ❷ 영사

4 (가) 사건에 따른 결과로 옳은 것은?

이 사진은 개화 정책에 따라 창설된 신식 군대인 별기군의 모습입니다. 구식 군인들은 이들과의 차별 대우 등에 반발하여 (가) 을/를 일으켰습니다.

① 병인박해가 일어났다.　　② 척화비가 건립되었다.

③ 제물포 조약이 체결되었다.　④ 통리기무아문이 설치되었다.

⑤ 운요호가 강화도를 공격하였다.

Tip

차별 대우 등에 반발한 구식 군인의 봉기로 일어난 **❶** 의 결과로 일본 공사관에 경비 병력 주둔을 허용한 **❷** 이/가 체결되었다.

🔒 ❶ 임오군란 ❷ 제물포 조약

5 (가) 사건에 대한 설명으로 옳은 것만을 〈보기〉에서 고른 것은?

'　(가)　'하면 가장 먼저 떠오르는 것에 스티커를 붙여 주세요.

우정총국	급진 개화파	개혁 정강
● ★ ▲	● ★ ● ▲	● ▲

• 보기 •

ㄱ. 김옥균, 박영효 등이 주도하였다.

ㄴ. 『조선책략』이 유포되는 배경이 되었다.

ㄷ. 한성 조약이 체결되는 결과를 가져왔다.

ㄹ. 흥선 대원군이 재집권하는 계기가 되었다.

① ㄱ, ㄴ　　② ㄱ, ㄷ　　③ ㄴ, ㄷ

④ ㄴ, ㄹ　　⑤ ㄷ, ㄹ

Tip

우정총국 개국 축하연을 계기로 김옥균, 박영효 등의 **❶** 개화파가 정변을 일으켰으나, 청군의 개입으로 진압되었다. 이후 조선과 일본은 일본 공사관 신축 비용 마련 등의 내용을 담은 **❷** 을/를 체결하였다.

🔒 ❶ 급진 ❷ 한성 조약

6 (가) 운동 시기에 볼 수 있는 모습으로 옳은 것은?

역사 인물 카드

• 이름: 전봉준
• 생몰년: 1855~1895
• 내용: (가) 을/를 주도한 인물 중 하나로 전주 화약을 이끌어 내는 데 기여하였다.

① 거문도를 불법 점령하는 영국군

② 광성보에서 미군에 항전하는 조선군

③ 우금치에서 일본군에 맞서는 농민군

④ 개항에 반대하는 상소를 올리는 유생

⑤ 대한 제국의 군대 해산에 반발하는 군인

Tip

전봉준은 **❶** 을/를 이끈 지도자 중 한 명으로 2차 봉기 당시 **❷** 전투에서 패배한 후 체포되어 처형되었다.

🔒 ❶ 동학 농민 운동 ❷ 우금치

전략 ① | 독립 협회와 대한 제국

✡**독립 협회**
- 창립: 서재필 등이 독립문 건립을 추진하며 창립(1896)
- 주요 활동: 『독립신문』 발행, 러시아의 절영도 조차 요구 저지, 만민 공동회 개최, 독립문과 독립관 건립, 관민 공동회 개최 ➡ ❶ 채택, 중추원 관제 반포
- 해산: 고종이 황국 협회를 이용해 강제 해산(1898)

✡**대한 제국**
- 배경: 아관 파천 ➡ 고종의 환궁 ➡ 국호를 '대한', 연호 '광무'로 변경하고 황제 즉위(1897)
- 정책: 대한국 국제 반포(1899), 원수부 설치 등
- 광무개혁: ❷ 의 원칙에 따라 추진, 양전 사업, 지계 발급 등 추진

답 ❶ 헌의 6조 ❷ 구본신참

필수 예제 1

(1) 다음 (가)에 들어갈 용어를 쓰시오.

독립 협회는 정부 대신이 참여한 (가) 을/를 개최하고 헌의 6조를 채택해 고종의 재가를 받았으며, 이에 따라 중추원 관제가 반포되었다.

(2) 다음 사건들을 일어난 순서대로 나열하시오.

ㄱ. 을미사변
ㄴ. 아관 파천
ㄷ. 고종 황제 즉위
ㄹ. 대한국 국제 반포

풀이

(1) 독립 협회의 주요 활동은 다음과 같다.

자주 국권 운동	고종의 환궁 요구, 만민 공동회 개최 ➡ 러시아의 이권 침탈 규탄
자유 민권 운동	언론·출판·집회·결사의 자유 주장
자강 개혁 운동	의회 설립 운동, 관민 공동회 개최 ➡ 헌의 6조 채택 ➡ 고종의 재가 후 중추원 관제 반포

답 관민 공동회

(2) 을미사변부터 대한 제국 수립에 이르는 과정의 순서는 다음과 같다.

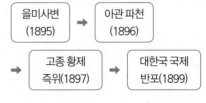

답 ㄱ-ㄴ-ㄷ-ㄹ

1-1
(가) 단체의 명칭으로 옳은 것은?

서재필 등은 정부 내의 개혁 세력과 함께 독립문 건립을 추진하면서 (가) 을/를 창립하였다. (가) 은/는 만민 공동회를 개최하여 러시아의 이권 침탈을 규탄하기도 하였다.

① 보안회
② 신민회
③ 독립 협회
④ 헌정 연구회
⑤ 대한 자강회

1-2
밑줄 친 '개혁'의 내용으로 옳은 것은?

경운궁으로 환궁한 고종은 연호를 '광무'로 고치고 황제로 즉위하였다. 그리고 '옛것을 근본으로 삼고 새것을 참고한다.'는 구본신참의 원칙에 따라서 점진적인 개혁을 추진하였다.

① 지계 발급
② 과거제 폐지
③ 신분제 폐지
④ 재판소 설치
⑤ 과부의 재가 허용

전략 ❷ | 일제의 국권 침탈

✿ **한·일 의정서(1904):** 일본이 러·일 전쟁에 필요한 요충지를 마음대로 사용할 수 있게 됨.

✿ **제1차 한·일 협약(1904):** 외교와 재정 분야에 외국인 고문 파견 ➡ 스티븐스(외교 고문), ❶ [   ] (재정 고문)

✿ **을사늑약(1905):** 대한 제국의 외교권 박탈, ❷ [   ] 설치(초대 통감 이토 히로부미)

✿ **한·일 신협약(1907):** 행정 각 부에 일본인 차관 임명, 비밀 각서에 따라 대한 제국의 군대 해산

✿ **한국 병합 조약(1910):** 대한 제국의 국권 강탈

답 ❶ 메가타 ❷ 통감부

필수 예제 2

(1) 다음 내용과 관련된 조약의 명칭을 쓰시오.

- 러·일 전쟁 종결 후 일본이 대한 제국을 무력으로 위협하여 강제 체결
- 대한 제국의 외교권을 박탈하고, 통감부를 설치
- 고종은 이 조약이 무효임을 알리기 위해 헤이그 특사를 파견

(2) 다음 사건들을 일어난 순서대로 나열하시오.

- ㄱ. 을사늑약
- ㄴ. 한·일 신협약
- ㄷ. 한·일 의정서
- ㄹ. 제1차 한·일 협약

풀이

(1) 을사늑약의 주요 특징은 다음과 같다.

과정	러·일 전쟁 종결 후 일본이 대한 제국을 무력으로 위협 ➡ 고종의 비준 절차 없이 체결
내용	• 대한 제국의 외교권 박탈 • 대한 제국에 통감부 설치
결과	일본이 대한 제국의 외교권 등 내정 전반 장악
고종의 대응	조약의 무효 선언, 헤이그 특사 파견(1907)

답 을사늑약

(2) 일제의 국권 침탈과 관련된 조약의 체결 순서는 다음과 같다.

답 ㄷ-ㄹ-ㄱ-ㄴ

2-1

(가) 조약의 명칭을 쓰시오.

이 그림은 1905년에 일본이 대한 제국의 외교권을 박탈한 [(가)]이/가 체결되는 장면을 풍자한 것이다.

2-2

밑줄 친 '이 조약'으로 옳은 것은?

일본은 정미 7조약으로도 불리는 이 조약을 강요하여 법령 제정, 고등 관리 임면에 대한 동의권을 얻었고, 각 부처에 일본인 차관을 임명하였다. 또한, 비밀 각서에 따라 대한 제국의 군대를 해산시켰다.

① 을사늑약
② 한·일 의정서
③ 한·일 신협약
④ 한국 병합 조약
⑤ 제1차 한·일 협약

전략 ❸ | 항일 의병 운동

✡︎항일 의병 운동과 애국 계몽 운동
- 을미의병(1895): 을미사변·단발령이 원인, 단발령 철회와 고종의 해산 권고 조칙으로 해산
- 을사의병(1905): ❶⬚⬚⬚⬚⬚이/가 원인, 신돌석 등 평민 출신 의병장 등장
- 정미의병(1907): 고종 강제 퇴위·군대 해산이 원인, 13도 창의군 결성 ➡ 서울 진공 작전

✡︎애국 계몽 운동
- 보안회(1904): 일본의 황무지 개간권 요구 반대 운동
- 헌정 연구회(1905): 입헌 정치 체제 수립 추구
- 대한 자강회(1906): 고종 강제 퇴위 반대 운동 전개
- 신민회(1907)
  - 안창호, 양기탁 등이 비밀 결사로 조직, 국권 회복과 공화 정체 수립이 목적, ❷⬚⬚⬚⬚⬚(으)로 와해(1911)
  - 대성 학교·오산 학교 설립, 태극 서관과 자기 회사 운영
  - 남만주 삼원보에 독립운동 기지 신흥 강습소 설립

🗒 ❶ 을사늑약 ❷ 105인 사건

필수 예제 3

(1) 다음 의병이 일어난 배경을 바르게 연결하시오.

① 을미의병 •　　　　　• ㉠ 을사늑약
② 을사의병 •　　　　　• ㉡ 을미사변, 단발령
③ 정미의병 •　　　　　• ㉢ 고종의 강제 퇴위

(2) 다음 내용이 옳으면 ○표, 옳지 않으면 ×표를 하시오.

① 보안회는 일본의 황무지 개간권 요구에 반대 운동을 전개하였다. (　　　　)
② 대한 자강회는 고종 강제 퇴위 반대 운동을 전개하였다. (　　　　)

풀이

(1) 항일 의병 운동이 일어난 배경은 다음과 같다.

을미의병	을미사변, 단발령
을사의병	을사늑약
정미의병	고종 강제 퇴위, 대한 제국의 군대 해산

🗒 ①-㉡ ②-㉠ ③-㉢

(2) 애국 계몽 운동 단체의 주요 활동은 다음과 같다.

보안회	일본의 황무지 개간권 요구 반대 운동 전개
헌정 연구회	입헌 정체 수립 추구
대한 자강회	헌정 연구회 계승, 고종 강제 퇴위 반대 운동 전개
신민회	대성 학교와 오산 학교 설립, 태극 서관과 자기 회사 운영, 국외 독립운동 기지 건설(남만주 삼원보에 신흥 강습소 설립)

🗒 ① ○ ② ○

3-1

밑줄 친 '의병'의 명칭을 쓰시오.

> 우리 국모의 원수를 생각하며 이미 이를 갈았는데, 참혹한 일이 더하여 우리 부모에게서 받은 머리털을 풀 베듯이 베어 버리니 이 무슨 변고란 말인가. …… 이에 감히 의병을 일으키고 마침내 이 뜻을 세상에 포고하노니…….

3-2

다음 학교를 설립한 단체의 명칭을 쓰시오.

▲ 평양 대성 학교

① 보안회　　　② 신민회　　　③ 대한 협회
④ 대한 자강회　　　⑤ 헌정 연구회

전략 ❹ | 경제적 구국 운동과 언론 기관의 발달

✩ 경제적 구국 운동

- 상권 수호 운동: 대동 상회 등 회사 설립, 시전 상인들이 황국 중앙 총상회 조직
- 방곡령 실시: 일본 상인에 의한 지나친 곡물 유출 ➡ 방곡령 선포 ➡ 일본의 반발로 철회
- **❶** : 대한 제국의 재정 예속화 ➡ 대구에서 운동 시작 ➡ 언론 기관 등을 통해 확산 ➡ 통감부의 탄압으로 실패

✩ 언론 기관의 발달

- 『한성순보』: 최초의 근대적 신문, **❷** 발행
- 『독립신문』: 최초의 순 한글 신문, 영문판 발행, 민권 의식 향상에 노력
- 『황성신문』: 장지연의 '시일야방성대곡' 게재
- 『대한매일신보』: 양기탁 및 베델 운영, 일본의 국권 침탈 비판, 의병 운동을 호의적으로 보도

🔒 ❶ 국채 보상 운동 ❷ 박문국

필수 예제 ④

(1) 빈칸에 들어갈 용어를 쓰시오.

① 곡물의 국외 유출을 금지할 수 있는 명령 ( )

② 대한 제국의 빚을 갚아 국권을 회복하자며 시작된 운동
( )

(2) 다음 신문의 특징을 바르게 연결하시오.

① 『한성순보』 • • ㉠ 최초의 순 한글 신문

② 『독립신문』 • • ㉡ 양기탁 및 베델 운영

③ 『대한매일신보』• • ㉢ 최초의 근대적 신문

풀이

(1) 방곡령과 국채 보상 운동의 내용은 다음과 같다.

방곡령	배경	일본 상인에 의한 지나친 곡물 유출로 곡물 가격 폭등
	전개	함경도, 황해도 등지에서 지방관이 방곡령 선포 ➡ 일본이 규정 위반을 이유로 철회 요구
	결과	방곡령을 철회하고 배상금 지급
국채 보상 운동	배경	일본으로부터 도입한 차관으로 대한 제국의 재정 예속
	전개	대구에서 시작 ➡ 전국으로 확산
	결과	통감부의 탄압과 방해로 실패

🔒 ① 방곡령 ② 국채 보상 운동

(2) 근대적 신문의 특징은 다음과 같다.

『한성순보』	최초의 근대적 신문, 박문국 발행
『독립신문』	최초의 민간 신문, 최초의 순 한글 신문, 영문판
『황성신문』	장지연의 '시일야방성대곡' 게재
『대한매일신보』	양기탁·베델 등이 운영, 의병 운동에 호의적

🔒 ①-㉢ ②-㉠ ③-㉡

4-1

(가)에 들어갈 민족 운동을 쓰시오.

대구에 세워진 이 비는 나라의 빚을 갚아서 국권을 지키려 했던 [(가)]의 90주년을 기념해 세운 것으로 온 백성이 엽전을 모아 의연하는 모습을 형상화한 것이다.

4-2

다음 자료에 제시된 신문으로 옳은 것은?

우리나라 최초의 근대적 신문으로 국한문 혼용으로 박문국에서 발행되었으며, 정부의 정책 등을 알렸다.

① 『독립신문』 ② 『제국신문』 ③ 『한성순보』
④ 『황성신문』 ⑤ 『대한매일신보』

1 밑줄 친 '우리 단체'에 대한 설명으로 옳은 것은?

① 만민 공동회를 개최하였다.　② 신분제의 폐지를 주장하였다.

③ 토지의 재분배를 요구하였다.　④ 정부에 영남 만인소를 올렸다.

⑤ 개혁 정강 14개조를 발표하였다.

Tip

서재필 등이 주도하여 설립한 **❶** 은/는 독립문과 독립관 등을 설립하였고, 서울 종로에서 민중 집회인 **❷** 을/를 여러 차례 개최하였다.

답 ❶ 독립 협회 ❷ 만민 공동회

2 (가) 정부에 대한 설명으로 옳은 것만을 〈보기〉에서 고른 것은?

• 보기 •

ㄱ. 지계를 발급하였다.　　　ㄴ. 대한국 국제를 반포하였다.

ㄷ. 공·사 노비제를 혁파하였다.　ㄹ. '건양'이라는 연호를 사용했다.

① ㄱ, ㄴ　　　② ㄱ, ㄷ　　　③ ㄴ, ㄷ

④ ㄴ, ㄹ　　　⑤ ㄷ, ㄹ

Tip

고종은 '광무'라는 연호를 제정하고 환구단에서 황제로 즉위한 뒤 **❶** 의 수립을 선포하였다. 이후 광무개혁을 추진하여 토지를 측량하고 토지 소유자에게 **❷** 을/를 발급하였다.

답 ❶ 대한 제국 ❷ 지계

3 밑줄 친 '이 조약'에 대한 설명으로 옳은 것은?

학생1: 이 조약은 고종의 날인과 비준 없이 체결되었기 때문에 무효야.

학생2: 맞아, 일본이 대한 제국의 외교권을 박탈하기 위해서 무력으로 위협하여 이 조약을 강제 체결했지.

① 청·일 전쟁 중 체결되었다.　② 운요호 사건의 결과 맺어졌다.

③ 메가타 파견의 근거가 되었다.　④ 통감부 설치의 배경이 되었다.

⑤ 대한 제국의 군대 해산을 가져왔다.

Tip

1905년에 고종의 날인과 비준 없이 체결된 **❶** 의 결과 대한 제국의 외교권이 박탈되었고, **❷** 이/가 설치되어 이토 히로부미가 부임하였다.

답 ❶ 을사늑약 ❷ 통감부

4 밑줄 친 '의병'에 대한 설명으로 옳은 것은?

면암 최익현 선생은 을사늑약의 무효를 외치며 의병을 일으켰습니다.

① 서울 진공 작전을 전개하였다.
② 해산 군인이 의병에 합류하였다.
③ 13도 창의군을 결성하여 활동하였다.
④ 신돌석 등의 평민 의병장이 활약하였다.
⑤ 고종의 해산 권고 조칙으로 해산하였다.

5 (가) 단체에 대한 설명으로 옳은 것은?

이것은 어느 신문에 실린 태극 서관의 광고이다. 태극 서관은 애국 계몽 단체인 (가) 에서 산업 진흥을 위해 설립하였다. 이 광고에서는 5원 이상 책을 구매하면 할인하여 판매한다는 내용이 담겨 있다.

① 고종 강제 퇴위 반대 운동을 펼쳤다.
② 헌정 연구회를 계승하여 설립되었다.
③ 대성 학교와 오산 학교를 설립하였다.
④ 입헌 정치 체제의 수립을 추구하였다.
⑤ 일제의 황무지 개간권 요구에 반대 운동을 전개하였다.

6 (가) 신문에 대한 설명으로 옳은 것만을 〈보기〉에서 고른 것은?

이 비석은 양기탁과 함께 (가) 의 발행을 주도했던 베델의 묘비입니다.

• 보기 •
ㄱ. 우리나라 최초의 민간 신문이다.
ㄴ. 일본의 국권 침탈을 비판하였다.
ㄷ. 박문국에서 순 한문으로 발간되었다.
ㄹ. 의병 운동을 호의적으로 보도하였다.

① ㄱ, ㄴ   ② ㄱ, ㄷ   ③ ㄴ, ㄷ
④ ㄴ, ㄹ   ⑤ ㄷ, ㄹ

대표 예제 1

밑줄 친 '그'가 추진한 정책으로 옳은 것만을 <보기>에서 고른 것은?

> 고종의 아버지인 그가 추진한 개혁은 기존의 폐해를 없애고자 했어.

> 하지만 그의 정책은 조선이 근대화에 뒤처지는 결과를 가져왔어.

> 그가 서양의 침략에 맞서 싸운 점은 높이 평가해야 한다고 생각해.

● 보기 ●
ㄱ. 경복궁 중건   ㄴ. 호포제 시행
ㄷ. 규장각 설치   ㄹ. 균역법 실시

① ㄱ, ㄴ   ② ㄱ, ㄷ   ③ ㄴ, ㄷ
④ ㄴ, ㄹ   ⑤ ㄷ, ㄹ

개념 가이드

고종의 아버지 ❶ 은/는 왕실의 권위 회복을 위해 ❷ 을/를 중건하였고, 호포제를 시행하여 양반에게도 군포를 걷었다.

🅰 ❶ 흥선 대원군 ❷ 경복궁

대표 예제 2

(가) 사건의 명칭으로 옳은 것은?

이것은 프랑스 해군 장교 쥐베르가 그린 삽화이다. 이 그림은 (가) 당시 강화도의 외규장각 근처를 행진하는 프랑스군의 모습을 보여 주고 있다.

① 신미양요   ② 병인양요
③ 운요호 사건   ④ 제너럴셔먼호 사건
⑤ 오페르트 도굴 미수 사건

개념 가이드

프랑스는 병인박해를 구실로 ❶ 을/를 일으켰다. 프랑스군은 강화도의 ❷ 에 있던 도서와 각종 문화재를 약탈하고 철수하였다.

🅰 ❶ 병인양요 ❷ 외규장각

대표 예제 3

밑줄 친 '이 조약'에 포함된 내용으로 옳은 것만을 <보기>에서 고른 것은?

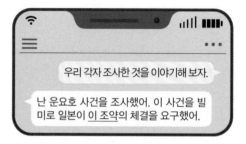

> 우리 각자 조사한 것을 이야기해 보자.

> 난 운요호 사건을 조사했어. 이 사건을 빌미로 일본이 이 조약의 체결을 요구했어.

● 보기 ●
ㄱ. 거중 조정   ㄴ. 최혜국 대우
ㄷ. 영사 재판권   ㄹ. 부산 외 2개 항구 개항

① ㄱ, ㄴ   ② ㄱ, ㄷ   ③ ㄴ, ㄷ
④ ㄴ, ㄹ   ⑤ ㄷ, ㄹ

개념 가이드

조선이 맺은 최초의 근대적 조약인 ❶ 은/는 외국인이 거주하는 나라의 법률을 적용받지 않는 ❷ 을/를 포함한 불평등 조약이었다.

🅰 ❶ 강화도 조약 ❷ 영사 재판권

대표 예제 4

다음 ㉠~㉢ 중 옳지 않은 것은?

위정척사 운동의 전개	
구분	내용
1860년대	㉠통상 반대 운동, 척화주전론
1870년대	개항 반대 운동, ㉡미국과의 수교 반대
1880년대	㉢개화 정책 반대 운동, ㉣영남 만인소
1890년대	㉤항일 의병 운동으로 계승

① ㉠   ② ㉡   ③ ㉢   ④ ㉣   ⑤ ㉤

개념 가이드

1880년대 위정척사 운동은 ❶ 유포에 맞서 개화 정책 반대 운동으로 전개되었고, 미국과의 수교에 반대하며 ❷ 이/가 제기되었다.

🅰 ❶ 『조선책략』 ❷ 영남 만인소

대표 예제 5

(가) 세력에 대한 설명으로 옳은 것만을 〈보기〉에서 고른 것은?

| | | | 온건 개화파 |
| 김윤식, 김홍집, 어윤중 |

| 북학 사상 | 개국 통상론 | 개화파 |
| 박지원, 홍대용, 박제가, 이덕무 | 박규수, 오경석, 유홍기 | |

1876년 개항

(가)
김옥균, 박영효, 홍영식, 서광범

• 보기 •
ㄱ. 청의 양무운동을 개혁 모델로 삼았다.
ㄴ. 갑신정변을 일으켜 정권을 장악하였다.
ㄷ. 일본의 메이지 유신을 개혁 모델로 삼았다.
ㄹ. 동도서기론의 입장에서 점진적 개혁을 추구하였다.

① ㄱ, ㄴ   ② ㄱ, ㄷ   ③ ㄴ, ㄷ
④ ㄴ, ㄹ   ⑤ ㄷ, ㄹ

개념 가이드

김옥균 등 [❶]은/는 일본의 메이지 유신을 모델로 삼아 [❷] 을/를 일으켜 정권을 장악하였으나 청군의 개입으로 3일 만에 실패하였다.

🔑 ❶ 급진 개화파 ❷ 갑신정변

대표 예제 7

밑줄 친 '이 개혁'에 포함된 내용으로 옳은 것만을 〈보기〉에서 고른 것은?

이 그림은 이 개혁을 추진한 군국기무처의 회의 장면을 그린 것입니다.

• 보기 •
ㄱ. 단발령 실시   ㄴ. 과거제 폐지
ㄷ. 홍범 14조 반포   ㄹ. 공·사 노비제 혁파

① ㄱ, ㄴ   ② ㄱ, ㄷ   ③ ㄴ, ㄷ
④ ㄴ, ㄹ   ⑤ ㄷ, ㄹ

개념 가이드

김홍집을 총재로 하여 구성된 [❶]은/는 제1차 갑오개혁 때 공·사 노비제 혁파, [❷] 폐지, 과부의 재가 허용 등의 개혁을 실시하였다.

🔑 ❶ 군국기무처 ❷ 과거제

대표 예제 6

지도의 사건에 대한 설명으로 옳은 것은?

① 갑오개혁에 영향을 주었다.
② 구식 군인들이 주도하였다.
③ 을미사변의 발생에 반발하였다.
④ 통리기무아문의 설치를 가져왔다.
⑤ 척화비가 세워지는 계기가 되었다.

개념 가이드

전봉준 등이 농민군을 이끌며 주도한 [❶]은/는 우금치 전투의 패배로 실패하였지만, 후일 신분제의 폐지 등을 가져온 [❷]에 영향을 주었다.

🔑 ❶ 동학 농민 운동 ❷ 갑오개혁

대표 예제 8

밑줄 친 '이 단체'에 대한 설명으로 옳은 것은?

이번에 종로에서 이 단체가 주도하는 만민 공동회를 개최한다고 하더군.

러시아의 이권 침탈을 규탄하는 내용이 담길 거라더군.

① 독립문을 건립하였다.
② 임오군란을 주도하였다.
③ 교조 신원 운동을 전개하였다.
④ 정부와 전주 화약을 체결하였다.
⑤ 105인 사건을 계기로 와해되었다.

개념 가이드

서재필 등이 개화파 인사들과 함께 결성한 [❶]은/는 독립문, 독립관 등을 건립하였으며, 종로에서 [❷]을/를 열어 러시아의 이권 침탈을 규탄하였다.

🔑 ❶ 독립 협회 ❷ 만민 공동회

대표 예제 9

(가) 정부가 추진한 정책으로 옳은 것은?

 이 국새는 1897년 고종이 (가) 의 수립을 선포하면서 만든 것 중 하나로 손잡이의 모양이 황제를 상징하는 용 모양인 것이 특징이다.

① 당백전을 발행하였다.
② 태양력을 도입하였다.
③ 과부의 재가를 허용하였다.
④ 대한국 국제를 반포하였다.
⑤ 조·미 수호 통상 조약을 체결하였다.

개념 가이드

1897년 고종은 러시아 공사관에서 환궁한 후 ❶ [   ] 의 수립을 선포하였고, 이후 무한한 황제권을 강조한 ❷ [   ] 을/를 반포하였다.

답 ❶ 대한 제국 ❷ 대한국 국제

대표 예제 10

(가) 조약에 대한 설명으로 옳은 것은?

 이것은 1905년에 체결된 (가) 의 원문입니다. 맨 앞장에는 조약의 명칭이 없고, 맨 뒷장에는 고종 황제의 도장 대신 외무대신의 날인만이 있습니다. 이는 (가) 이/가 일본의 강요로 체결되었음을 보여 주는 증거라고 할 수 있습니다.

① 대한 제국의 군대를 해산시켰다.
② 대한 제국의 외교권을 박탈하였다.
③ 일본에게 해안 측량권을 허용하였다.
④ 조선 총독부가 설치되는 계기가 되었다.
⑤ 일본이 군사적 요충지를 사용하게 되었다.

개념 가이드

일제의 강요로 체결된 ❶ [   ] 을/를 통해 대한 제국의 ❷ [   ] 이/가 박탈되었고, 외교를 관장하기 위한 기구로 통감부가 설치되었다.

답 ❶ 을사늑약 ❷ 외교권

대표 예제 11

밑줄 친 '이 섬'에 대한 탐구 활동으로 가장 적절한 것은?

 울릉도에 부속된 이 섬은 우산국이 신라에 복속하면서부터 우리 역사서에 나타났어.

 조선 시대에 안용복이 일본에 건너가 우리 땅임을 확인받기도 했어.

① 간도 협약의 내용을 찾아본다.
② 청해진이 설치된 곳을 조사한다.
③ 백두산정계비가 건립된 배경을 파악한다.
④ 외규장각 도서가 약탈당한 곳을 알아본다.
⑤ 대한 제국 칙령 제41호의 내용을 살펴본다.

개념 가이드

대한 제국은 울릉도에 부속된 섬인 ❶ [   ] 와/과 관련하여 대한 제국 칙령 ❷ [   ] 을/를 통해 대내외적으로 우리 영토임을 명확히 밝혔다.

답 ❶ 독도 ❷ 제41호

대표 예제 12

(가) 의병이 일어난 직접적인 배경으로 가장 적절한 것은?

역사 용어 사전 **13도 창의군**
1907년 (가) 당시 전국에서 모인 의병들이 편성한 연합 부대이다. 이인영을 총대장으로 하였고, 허위를 군사장으로 삼았으며 서울 진공 작전을 추진하였다.

① 단발령이 내려졌다.
② 강화도 조약이 맺어졌다.
③ 고종이 강제로 퇴위되었다.
④ 을사늑약이 강제로 체결되었다.
⑤ 명성 황후가 일본에 의해 시해되었다.

개념 가이드

고종의 강제 퇴위와 대한 제국의 군대 해산 등을 배경으로 삼아서 일어난 ❶ [   ] 당시 의병들은 13도 창의군을 결성한 후 ❷ [   ] 을/를 추진하였으나 실패하였다.

답 ❶ 정미의병 ❷ 서울 진공 작전

대표 예제 13

(가) 단체의 명칭으로 옳은 것은?

 이 책은 헌정 연구회를 계승하여 설립된 ⬚(가)⬚ 이/가 발행한 월보이다. ⬚(가)⬚ 은/는 고종 강제 퇴위 반대 운동을 전개하다 통감부의 탄압으로 강제 해산되었다.

① 신민회 ② 보안회 ③ 독립 협회
④ 황국 협회 ⑤ 대한 자강회

개념 가이드

헌정 연구회를 계승하여 설립된 **❶** 은/는 교육과 산업 진흥을 위해 전국에 지회를 두고 월보를 간행하였으며, **❷** 의 강제 퇴위 반대 운동을 펼치다 통감부에 의해 강제 해산되었다.

🔑 ❶ 대한 자강회 ❷ 고종

대표 예제 15

(가) 신문의 명칭으로 옳은 것은?

 이것은 영국 신문에 실린 베델과 양기탁의 모습이다. 이들은 함께 ⬚(가)⬚ 의 발간을 주도하였으며, 일제의 국권 침탈을 비판하였다.

① 『독립신문』 ② 『제국신문』 ③ 『한성순보』
④ 『황성신문』 ⑤ 『대한매일신보』

개념 가이드

양기탁과 영국인 **❶** 이/가 함께 발행한 신문인 **❷** 은/는 일본의 국권 침탈을 비판하였으며, 의병 운동을 호의적으로 보도하였다.

🔑 ❶ 베델 ❷ 『대한매일신보』

대표 예제 14

(가) 사업이 끼친 영향으로 옳은 것은?

이 화폐는 1905년 추진된 ⬚(가)⬚ 의 결과 발행된 것이다. 메가타는 화폐 유통 질서를 바로잡는다는 명목으로 기존의 화폐를 일본 제일 은행권으로 바꾸도록 하였다.

① 경복궁이 중건되었다.
② 금난전권이 폐지되었다.
③ 함경도에서 방곡령이 내려졌다.
④ 한국 상인과 은행이 타격을 받았다.
⑤ 조·청 상민 수륙 무역 장정이 체결되었다.

개념 가이드

일본인 재정 고문인 **❶** 이/가 추진한 **❷** 은/는 기존에 사용되던 백동화와 상평통보 등을 일본 제일 은행권으로 바꾸도록 하여 한국 상인과 은행에 큰 타격을 주었다.

🔑 ❶ 메가타 ❷ 화폐 정리 사업

대표 예제 16

(가)에 들어갈 내용으로 옳지 않은 것은?

개항 이후 근대 교육의 전개에 대해 말해 볼까요?

- 원산 학사가 최초로 세워졌어요.
- 고종이 교육 입국 조서를 반포하였어요.
- (가)

① 육영 공원이 정부 주도로 세워졌어요.
② 서원과 향교 등이 지방에 설치되었어요.
③ 선교사들이 배재 학당 등을 설립하였어요.
④ 외국어 교육 기관으로 동문학이 세워졌어요.
⑤ 애국 계몽 운동의 일환으로 학교가 많이 세워졌어요.

개념 가이드

개항 이후 세워진 최초의 근대적 학교는 1883년에 설립된 **❶** 이고, 최초의 근대적 관립 학교는 1886년에 설립된 **❷** 이다.

🔑 ❶ 원산 학사 ❷ 육영 공원

교과서 대표 전략 ②

01 다음과 같은 변화가 나타난 원인으로 옳은 것은?

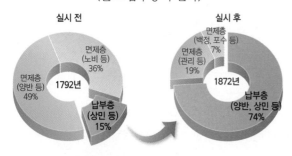

〈군포 납부층의 변화〉

실시 전

면제층(노비 등) 36%
면제층(양반 등) 49%
납부층(상민 등) 15%
1792년

실시 후

면제층(백정, 포수 등) 7%
면제층(관리 등) 19%
납부층(양반, 상민 등) 74%
1872년

① 서원을 철폐하였다.
② 당백전이 발행되었다.
③ 호포제가 시행되었다.
④ 사창제를 실시하였다.
⑤ 삼정이정청이 설치되었다.

Tip

고종의 아버지인 **❶** 은/는 군정의 문란을 시정하기 위해 호를 단위로 군포를 징수하는 **❷** 을/를 시행하였다. 그 결과 양반들도 군포를 납부하게 되어 군포 납부층이 변화하였다.

目 ❶ 흥선 대원군 ❷ 호포제

02 (가) 사건 중에 있었던 사실로 옳은 것은?

| 한국사 문답 |

Q. 제너럴셔먼호 사건이 무엇인가요?
└ A. 제너럴셔먼호 사건은 1866년 미국 상선인 제너럴셔먼호가 평양 관민에 의해 불태워진 사건입니다. 이를 빌미로 하여 (가) 이/가 일어났습니다.

① 고종이 친정을 시작하였다.
② 남연군 묘 도굴이 시도되었다.
③ 광성보에서 어재연이 항전하였다.
④ 신식 군대인 별기군이 창설되었다.
⑤ 강화도의 외규장각 도서가 약탈당했다.

Tip

(가) 사건은 미국 상선이 불에 탄 **❶** 사건을 빌미로 하여 미군이 강화도를 침략한 신미양요이다. 신미양요 당시 광성보를 지키던 **❷** 이/가 분전하였다.

目 ❶ 제너럴셔먼호 ❷ 어재연

03 (가) 조약에 대한 설명으로 옳은 것만을 〈보기〉에서 고른 것은?

사진은 조선이 서양 국가와 맺은 최초의 조약인 (가) 의 체결 이후 조선에 온 공사의 내한에 따른 답례로 파견된 보빙사의 모습입니다.

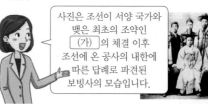

• 보기 •
ㄱ. 거중 조정을 포함하였다.
ㄴ. 해안 측량권을 허용하였다.
ㄷ. 최혜국 대우를 인정하였다.
ㄹ. 운요호 사건을 계기로 체결하였다.

① ㄱ, ㄴ ② ㄱ, ㄷ ③ ㄴ, ㄷ
④ ㄴ, ㄹ ⑤ ㄷ, ㄹ

Tip

(가) 조약은 『조선책략』의 유포 이후 청의 알선으로 미국과 체결한 **❶** 이다. 이 조약은 제3국과의 분쟁 시 다른 한 나라가 분쟁을 조정해 주는 **❷** 와/과 최혜국 대우 조항을 포함하였다.

目 ❶ 조·미 수호 통상 조약 ❷ 거중 조정

04 (가) 사건 중 볼 수 있는 모습으로 옳은 것은?

▲ 임오유월일기

이 자료는 명성 황후가 구식 군인들이 주도하여 일으킨 (가) 당시 궁궐을 탈출해 충청도 충주로 피신하기까지의 과정을 기록한 것이다.

① 개항 반대 상소를 올린 유생
② 거문도를 불법 점령한 영국군
③ 단발령의 발표에 저항하는 의병
④ 별기군 폐지를 명하는 흥선 대원군
⑤ 개혁 정강을 발표하는 급진 개화파

Tip

(가) 사건은 구식 군인들이 주도하여 일으킨 **❶** 이다. 당시 사건의 과정 중에서 흥선 대권군이 재집권하였으며 그는 신식 군대인 **❷** 을/를 폐지하는 등 개화 정책을 중단하였다.

目 ❶ 임오군란 ❷ 별기군

05 (가) 사건 이후 상황으로 옳은 것만을 〈보기〉에서 고른 것은?

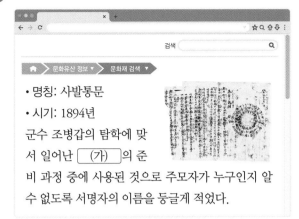

• 명칭: 사발통문
• 시기: 1894년
군수 조병갑의 탐학에 맞서 일어난 [(가)]의 준비 과정 중에 사용된 것으로 주모자가 누구인지 알 수 없도록 서명자의 이름을 둥글게 적었다.

• 보기 •
ㄱ. 교조 신원 운동이 전개되었다.
ㄴ. 농민군이 백산에서 봉기하였다.
ㄷ. 조·청 상민 수륙 무역 장정이 맺어졌다.
ㄹ. 정부와 농민군이 전주 화약을 체결하였다.

① ㄱ, ㄴ   ② ㄱ, ㄷ   ③ ㄴ, ㄷ
④ ㄴ, ㄹ   ⑤ ㄷ, ㄹ

Tip
(가) 사건은 고부 군수 조병갑의 탐학에 맞서 일어난 [❶] 이다. 안핵사 이용태가 봉기의 주모자를 탄압하자 농민군이 봉기하였다. 이후 농민군이 전주성을 점령한 이후 농민군과 정부는 [❷]을/를 체결하였고, 농민군은 자진 해산하였다.

🅐 ❶ 고부 농민 봉기 ❷ 전주 화약

06 (가) 시기에 있었던 사실로 옳은 것은?

| 을사늑약 강제 체결 | ➡ | (가) | ➡ | 한·일 신협약 체결 |

① 명성 황후가 시해되었다.
② 러·일 전쟁이 발발하였다.
③ 헤이그 특사가 파견되었다.
④ 한국 병합 조약이 체결되었다.
⑤ 제1차 한·일 협약이 체결되었다.

Tip
러·일 전쟁이 끝난 후 일본은 대한 제국의 외교권을 박탈하는 [❶]의 체결을 강요하였다. 일본은 고종이 이 조약의 부당함을 알리기 위해 네덜란드에 [❷]을/를 파견한 것을 빌미로 강제 퇴위시키고, 순종에게 한·일 신협약 체결을 강요하였다.

🅐 ❶ 을사늑약 ❷ 헤이그 특사

07 (가) 단체에 대한 설명으로 옳은 것은?

[(가)]은/는 의회 설립을 추진하며 관민 공동회를 통해 헌의 6조를 결의하였어.

관민이 함께 국정을 운영하자는 것으로 고종의 재가를 받았다는 점에 의의가 있다고 할 수 있어.

① 미국과의 수교를 주장하였다.
② 고종 강제 퇴위 반대 운동을 벌였다.
③ 공화 정체의 국가 수립을 추구하였다.
④ 대성 학교와 오산 학교를 설립하였다.
⑤ 황국 협회 등에 의해 강제 해산되었다.

Tip
(가) 단체는 서재필 등이 설립한 [❶]이다. (가) 단체는 공화정을 수립하려 한다는 보수 세력의 모함으로 인해 고종이 [❷]와/과 군대를 동원해 강제 해산시켰다.

🅐 ❶ 독립 협회 ❷ 황국 협회

08 (가) 의병 당시에 있었던 사실로 옳은 것은?

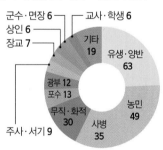

군수·면장 6 ┐ ┌ 교사·학생 6
상인 6
장교 7
기타 19
유생·양반 63
광부 12
포수 13
농민 49
무직·화적 30
주사·서기 9
사병 35

▲ (가) 당시 의병장의 신분·직업별 분포

① 단발령이 내려졌다.
② 아관 파천이 단행되었다.
③ 청·일 전쟁이 발발하였다.
④ 13도 창의군이 결성되었다.
⑤ 을사늑약이 강제 체결되었다.

Tip
의병장의 신분과 직업이 다양하고 특히 사병과 장교 등 군인들이 합류한 것으로 보아 (가) 의병이 [❶]이라는 것을 알 수 있다. 이 당시에 전국의 의병이 모여 [❷]을/를 결성하고 서울 진공 작전을 추진하였다.

🅐 ❶ 정미의병 ❷ 13도 창의군

01 밑줄 친 ㉠~㉤ 중 잘못된 것은?

〈흥선 대원군의 개혁 정치〉
1. 통치 체제 정비: ㉠비변사 기능 축소
2. 경복궁 중건: 왕실의 위엄 회복, ㉡당백전 발행
3. 삼정의 문란 시정
· 전정: ㉢양전 사업 실시
· 군정: ㉣균역법 시행
· 환곡: ㉤사창제 실시

① ㉠　　② ㉡　　③ ㉢　　④ ㉣　　⑤ ㉤

02 (가) 조약의 명칭으로 옳은 것은?

일본 국적의 배인 운요호는 조선에 통고 없이 강화도에 접근하였고, 영종도에 상륙해 주민들을 살해하였다. 일본은 이 사건을 빌미로 (가) 의 체결을 조선에 강요하였다.

① 한성 조약　　② 톈진 조약　　③ 을사늑약
④ 강화도 조약　　⑤ 제물포 조약

03 다음 그림 속 사건에 대한 설명으로 옳은 것은?

새로 창설된 별기군과 우리들에 대한 차별 대우를 더는 참을 수 없어.

맞아, 월급도 밀리고 쌀값만 폭등했는데, 이렇게 살 수는 없어.

① 청군의 개입으로 종결되었다.
② 제너럴셔먼호 사건이 배경이 되었다.
③ 강화도 조약 체결 이전에 발생하였다.
④ 『조선책략』의 유포에 대한 반발이었다.
⑤ 우정총국 개국 축하연을 계기로 일어났다.

04 (가)에 들어갈 내용으로 가장 적절한 것은?

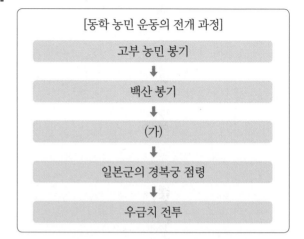
[동학 농민 운동의 전개 과정]

고부 농민 봉기
↓
백산 봉기
↓
(가)
↓
일본군의 경복궁 점령
↓
우금치 전투

① 전주 화약 체결
② 거문도 사건 발생
③ 조병갑, 만석보 축조
④ 교조 신원 운동 전개
⑤ 전봉준 등 지도부 체포

05 밑줄 친 '이 개혁'에 포함된 내용으로 옳은 것은?

사진은 이 개혁 당시에 내려진 단발 지령문과 이에 반대하는 통문이다. 단발령이 내려지자 많은 사람이 부모에게 물려받은 신체를 함부로 할 수 없다며 저항하였다.

① 과거제 폐지
② 재판소 설치
③ 태양력의 사용
④ 과부의 재가 허용
⑤ 공·사 노비제의 혁파

06 (가) 정부의 정책으로 옳은 것만을 〈보기〉에서 고른 것은?

자료는 ___(가)___ 에서 발행한 토지 소유 증명 문서인 지계이다. ___(가)___ 은/는 전국 군·현의 약 2/3에 달하는 지역에서 양전 사업을 시행하였고, 강원도와 충청도 지역에서 지계를 발급하였다.

• 보기 •

ㄱ. 원수부 설치
ㄴ. 홍범 14조 발표
ㄷ. 대한국 국제 반포
ㄹ. 만민 공동회 개최

① ㄱ, ㄴ ② ㄱ, ㄷ ③ ㄴ, ㄷ
④ ㄴ, ㄹ ⑤ ㄷ, ㄹ

07 다음 인물들이 특사로 헤이그에 파견된 원인이 된 조약으로 옳은 것은?

일본이 한국의 외교권을 박탈한 것은 황제의 허락 없이 이루어진 불법적인 것입니다.

▲ 이준   ▲ 이상설   ▲ 이위종

① 을사늑약 ② 한·일 신협약
③ 한·일 의정서 ④ 제1차 한·일 협약
⑤ 한국 병합 조약

08 (가) 단체에 대한 설명으로 옳은 것은?

양기탁 등이 주도한 비밀 결사인 ___(가)___ 의 일원이었던 나는 정주에 오산 학교를 세워 교육 진흥을 위해 힘썼습니다.

◀ 이승훈

① 단발령의 철회를 요구하였다.
② 입헌 정체 수립을 추구하였다.
③ 독립문과 독립관을 설립하였다.
④ 국외 독립운동 기지를 건설하였다.
⑤ 고종 강제 퇴위 반대 운동을 벌였다.

09 (가) 운동에 대한 설명으로 옳은 것은?

___(가)___ 에 참여한 여성들을 기리는 가락지 모양의 비석입니다. 나라의 빚을 갚고자 추진된 ___(가)___ 에 여성들은 가락지와 은장도 등을 내며 도움이 되고자 노력하였습니다.

① 대구에서 먼저 시작되었다.
② 메가타의 주도로 추진되었다.
③ 총독부의 개입으로 실패하였다.
④ 보안회가 활동하는 배경이 되었다.
⑤ 일본으로의 지나친 곡물 유출이 원인이었다.

1 흥선 대원군의 개혁 정치

(가) 인물이 추진한 정책으로 옳은 것만을 〈보기〉에서 고른 것은?

고종의 아버지인 (가) 이/가 추진한 서원 철폐의 실체가 확인되었습니다. 이곳 창녕의 관산 서원 사당 터에 서원 철폐로 땅속에 묻힌 신패가 발견되었습니다.

• 보기 •
- ㄱ. 경복궁 중건 사업을 추진하였다.
- ㄴ. 학술 연구를 위해 규장각을 설치하였다.
- ㄷ. 호포제를 시행해 양반에게도 군포를 걷었다.
- ㄹ. 균역법을 실시해 군포를 1년에 1필로 줄였다.

① ㄱ, ㄴ   ② ㄱ, ㄷ   ③ ㄴ, ㄷ
④ ㄴ, ㄹ   ⑤ ㄷ, ㄹ

Tip

고종의 아버지인 ❶ [   ] 은/는 왕실의 권위 회복을 위해 ❷ [   ] 중건 사업을 추진하였다.

🔒 ❶ 흥선 대원군 ❷ 경복궁

2 통상 수교 거부 정책과 양요

(가) 사건이 일어난 배경으로 옳은 것은?

초청장
반환된 외규장각 도서 전시

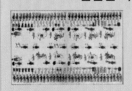

프랑스군이 강화도를 침략한 (가) 당시 침탈당했던 외규장각의 도서를 볼 수 있는 전시회를 준비했습니다. 관심 있는 분들의 많은 관람 부탁드립니다.

■ 기간: ○○.○○.○○~○○.○○.○○
■ 장소: 국립 ○○ 박물관

① 척화비가 세워졌다.
② 병인박해가 발생하였다.
③ 제너럴셔먼호 사건이 일어났다.
④ 조·미 수호 통상 조약이 체결되었다.
⑤ 오페르트 일행이 남연군 묘 도굴을 시도하였다.

Tip

흥선 대원군이 천주교를 탄압한 사건 중 하나인 ❶ [   ] 을/를 구실로 하여 프랑스 함대가 강화도를 공격하여 ❷ [   ] 이/가 일어났다.

🔒 ❶ 병인박해 ❷ 병인양요

3 문호 개방과 개화 정책의 추진

밑줄 친 '조약'의 내용으로 옳은 것은?

1876년 조선이 외국과 맺은 최초의 근대적 <u>조약</u>이 최종적으로 조인된 장소
#인천광역시 #연무당 #개항

① 영사 재판권을 인정하였다.
② 임오군란의 결과 체결되었다.
③ 거중 조정 조항을 담고 있었다.
④ 최혜국 대우 조항을 약속하였다.
⑤ 대한 제국의 군대 해산을 규정하였다.

Tip

밑줄 친 '조약'은 1876년 조선이 일본과 체결한 ❶ [   ] 이다. 이 조약은 조선에서 범죄를 저지른 일본 국민을 일본법으로 처벌할 수 있도록 한 ❷ [   ] 을/를 인정한 불평등 조약이었다.

🔒 ❶ 강화도 조약 ❷ 영사 재판권

4 갑신정변

(가) 사건에 대한 설명으로 옳은 것은?

〈수행 평가 답사 계획서〉

○학년 ○반 ○○○

– **주제:** [(가)]의 흔적을 찾아서

– **주제 선정 이유:** [(가)]이/가 일어났던 장소를 실제로 방문하여 좀 더 자세히 알고 싶어서

– **답사 장소**

장소	안내
	• 장소명: 우정총국 사건이 처음 시작된 곳으로 개국 축하연을 기회로 정변을 일으킴.
	• 장소명: 창덕궁 관물헌 개화당 세력이 개혁 정강 14개조를 발표한 곳
	• 장소명: 취운정 터 개화당 세력이 [(가)]을/를 모의한 곳이자 일본으로 망명 전 머물렀던 곳

① 급진 개화파 세력이 주도하였다.

② 제물포 조약 체결의 배경이 되었다.

③ 고종이 강제 퇴위되는 원인이 되었다.

④ 집강소를 설치하여 개혁을 추진하였다.

⑤ 『대한매일신보』 등 언론의 지원을 받았다.

Tip

김옥균, 박영효 등 ❶[　　　]이/가 주도하여 일으킨 갑신정변은 우정총국 개국 축하연을 계기로 하여 시작되었으나 청군의 개입으로 3일만에 진압되었다. 이후 청과 일본은 ❷[　　　]을/를 체결하여 양국 군대의 철수와 향후 파병시 통고하는 데 합의하였다.

🔑 ❶ 급진 개화파 ❷ 톈진 조약

5 동학 농민 운동

(가) 인물에 대한 설명으로 옳은 것은?

이 노래는 어린이들에게 널리 불리던 전래 동요입니다. 여기서 녹두꽃은 녹두 장군이라 불리던 [(가)]을/를 상징한다고 이야기합니다. [(가)]은/는 고부 농민 봉기를 이끌었고, 전주 화약을 이끌어 내기도 하였습니다.

〈새야 새야 파랑새야〉
새야 새야 파랑새야
녹두밭에 앉지 마라
녹두꽃이 떨어지면
청포장사 울고 간다.

① 군국기무처의 총재가 되었다.

② 헤이그에 특사로 파견되었다.

③ 동학 농민 운동을 주도하였다.

④ 보빙사의 일원으로 참여하였다.

⑤ 『조선책략』을 조선에 들여왔다.

Tip

녹두 장군이라 불리던 ❶[　　　]은/는 고부 군수 조병갑의 수탈에 맞서 고부 농민 봉기를 이끄는 등 농민군을 이끌고 ❷[　　　]을/를 주도한 인물 중 한 명이다. 그는 우금치 전투에서 패배한 이후 일본에 잡혀서 처형되었다.

🔑 ❶ 전봉준 ❷ 동학 농민 운동

6 갑오·을미 개혁

(가)~(다)에 들어갈 내용이 옳게 짝지어진 것은?

제1차 갑오개혁	제2차 갑오개혁	을미개혁
(가)	(나)	(다)

	(가)	(나)	(다)
①	과거제 폐지	태양력 사용	재판소 설치
②	태양력 사용	재판소 설치	과거제 폐지
③	재판소 설치	태양력 사용	과거제 폐지
④	과거제 폐지	재판소 설치	태양력 사용
⑤	태양력 사용	과거제 폐지	재판소 설치

Tip

군국 기무처가 추진한 제1차 갑오개혁 때는 관리 선발 제도인 ❶[　　　]의 폐지 등이 추진되었고, 제2차 갑오개혁 때는 사법 기관인 재판소가 설치되었다. 을미개혁 때는 단발령과 함께 역법의 개정으로 ❷[　　　]의 사용이 결정되었다.

🔑 ❶ 과거제 ❷ 태양력

7 독립 협회의 활동

(가) 단체에 대한 설명으로 옳은 것은?

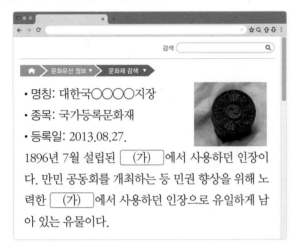

• 명칭: 대한국○○○○지장
• 종목: 국가등록문화재
• 등록일: 2013.08.27.

1896년 7월 설립된 [(가)]에서 사용하던 인장이다. 만민 공동회를 개최하는 등 민권 향상을 위해 노력한 [(가)]에서 사용하던 인장으로 유일하게 남아 있는 유물이다.

① 영선사를 파견하였다.
② 임오군란에 가담하였다.
③ 헌의 6조를 결의하였다.
④ 홍범 14조를 발표하였다.
⑤ 105인 사건으로 와해되었다.

Tip

(가) 단체는 만민 공동회를 개최한 **❶** [   ]이다. 이 단체는 정부 관리와 함께 관민 공동회를 개최하여 **❷** [   ]을/를 결의하였고, 고종의 재가를 받았다.

답 ❶ 독립 협회 ❷ 헌의 6조

8 대한 제국과 광무개혁

다음 책에 포함될 내용으로 가장 적절한 것은?

〈신간 도서 소개〉
황제의 나라, 대한 제국

글: ○○○
그림: ○○○
출판사: ○○출판사

고종이 황제로 즉위한 이후 대한 제국의 역사를 다루고 있는 책입니다.

① 임오군란   ② 갑신정변   ③ 광무개혁
④ 강화도 조약   ⑤ 동학 농민 운동

Tip

고종이 황제로 즉위하며 수립된 **❶** [   ]은/는 구본신참의 원칙에 따라 **❷** [   ]을/를 추진하여 양전 사업, 지계 사업, 상공업 진흥 정책을 펼쳤다.

답 ❶ 대한 제국 ❷ 광무개혁

9 일제의 국권 침탈

밑줄 친 '특사'가 파견된 배경으로 옳은 것은?

○○○ **특사** 관련 유물 전시회

고종 황제가 이준 열사에게 수여한 특사 위임장이래.

이 특사는 네덜란드에서 열강에 일본의 부당함을 호소했었어.

① 을사늑약이 강제 체결되었다.
② 고종이 강제로 퇴위당하였다.
③ 명성 황후가 일본에 시해되었다.
④ 대한 제국이 일본에 강제 병합되었다.
⑤ 대한 제국의 군대가 강제 해산되었다.

Tip

이준, 이상설, 이위종으로 이루어진 **❶** [   ] 특사는 네덜란드에서 개최된 만국 평화 회의에서 일본이 강제로 체결하여 대한 제국의 외교권을 박탈한 **❷** [   ]의 부당함을 호소하기 위해 고종의 명을 받아 파견되었다.

답 ❶ 헤이그 ❷ 을사늑약

10 애국 계몽 운동

(가) 단체에 대한 설명으로 옳은 것만을 〈보기〉에서 고른 것은?

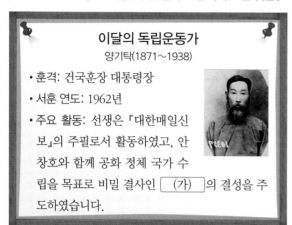

이달의 독립운동가
양기탁(1871~1938)

• 훈격: 건국훈장 대통령장
• 서훈 연도: 1962년
• 주요 활동: 선생은 『대한매일신보』의 주필로서 활동하였고, 안창호와 함께 공화 정체 국가 수립을 목표로 비밀 결사인 [(가)]의 결성을 주도하였습니다.

• 보기 •
ㄱ. 오산 학교와 대성 학교를 설립하였다.
ㄴ. 태극 서관과 자기 회사를 운영하였다.
ㄷ. 고종의 강제 퇴위 반대 운동을 전개하였다.
ㄹ. 일본의 황무지 개간권 요구 반대 운동을 펼쳤다.

① ㄱ, ㄴ   ② ㄱ, ㄷ   ③ ㄴ, ㄷ
④ ㄴ, ㄹ   ⑤ ㄷ, ㄹ

Tip

안창호, 양기탁 등이 주도하여 조직한 비밀 결사 조직인 [❶]은/는 국권 회복과 공화 정체의 국가 수립을 목표로 하였다. 또한 교육 진흥을 위해 오산 학교와 [❷]을/를 설립하여 운영하였다.

🔒 ❶ 신민회 ❷ 대성 학교

11 경제적 구국 운동

(가) 운동에 대한 설명으로 옳은 것은?

▎서상돈상(賞) 개요

• 제정 목적: 구한말 외세의 경제적 침탈에 맞서 나라의 빚을 갚아 국권을 지키고자 [(가)]을/를 주창하며 나라 사랑 정신을 드높였던 고(故)서상돈 선생의 숭고한 뜻을 기리고 계승하기 위함.
• 시상 대상: 국가 경제 발전에 기여한 경제인 또는 학자 1명

① 대구에서부터 시작되었다.
② 화폐 정리 사업의 계기가 되었다.
③ 갑오·을미 개혁에 영향을 주었다.
④ 교조 최제우의 신원을 요구하였다.
⑤ 집강소를 통한 개혁을 추구하였다.

Tip

일본의 경제 침탈에 맞서 나라 빚을 갚자는 취지로 일어난 [❶]은/는 서상돈 등의 발기로 [❷]에서 먼저 시작되어 전국으로 확산되었다.

🔒 ❶ 국채 보상 운동 ❷ 대구

12 근대 문물의 수용

교사의 질문에 대해 적절하지 <u>않은</u> 답변을 한 학생은?

이번에 수행 평가 주제가 '근대 문물의 수용'이었어요. 각자 정한 세부 발표 주제에 대해 말해 볼까요?

〈근대 문물의 수용〉

① 갑: 저는 서대문과 청량리 구간에 운영된 전차의 운행에 대한 당시 사람들의 반응을 조사했습니다.
② 을: 저는 경인선과 경부선의 부설 과정에 대해서 조사했습니다.
③ 병: 저는 다양한 건축 기법이 동원된 수원 화성에 대해 조사하였습니다.
④ 정: 저는 원산 학사와 육영 공원 등 교육 기관에 대해 조사하였습니다.
⑤ 무: 저는 『한성순보』와 『독립신문』 등의 신문에 대해 조사하였습니다.

Tip

근대 문물의 수용 과정에서 우리나라 최초의 철도인 [❶]이/가 부설되었고, 이어 서울과 부산을 잇는 [❷]이/가 부설되었다. 그러나 이러한 철도는 일본의 침략에 이용되기도 하였다.

🔒 ❶ 경인선 ❷ 경부선

시험대비 마무리 전략

핵심 개념 ① 삼국의 항쟁과 문화

▲ 4세기 백제의 발전

▲ 5세기 고구려의 발전

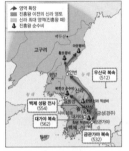
▲ 6세기 신라의 발전

▲ 금동 연가 7년명 여래 입상

▲ 익산 미륵사지 석탑

▲ 백제 금동 대향로

▲ 산수무늬 벽돌

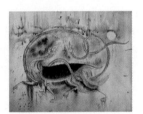
▲ 강서 고분 현무도

핵심 개념 ② 고려에서 조선으로

▲ 고려의 행정 구역

▲ 조선의 행정 구역

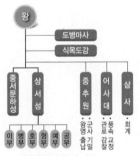
▲ 고려의 중앙 통치 기구

▲ 조선의 중앙 통치 기구

▲ 고려의 신분 및 계층 구조 ▲ 조선의 신분 및 계층 구조

▲ 고려의 관리 등용 제도

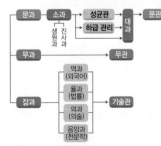
▲ 조선의 관리 등용 제도

핵심 개념 ❸ 근대 국가를 수립하기 위한 노력

▲ 동학 농민 운동의 전개

▲ 체포된 전봉준

▲ 갑오개혁 당시 정부 기구

▲ 갑오개혁 당시 회의 기구, 군국기무처

▲ 독립 협회가 주도한 만민 공동회

핵심 개념 ❹ 개항 이후의 변화

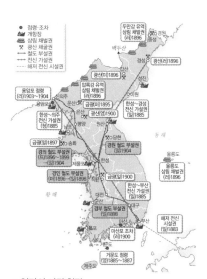

▲ 열강의 이권 침탈

▲ 경제적 자주권 수호 운동

▲ 서울에서 운행한 전차

▲ 이화 학당

신유형·신경향·서술형 전략

01 도교 사상이 반영된 문화유산

다음 문화유산에 공통으로 반영된 사상에 관한 설명으로 옳은 것만을 〈보기〉에서 고른 것은?

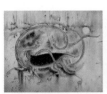 

▲ 강서 고분 현무도 ▲ 산수무늬 벽돌 ▲ 백제 금동 대향로

- 보기 -
ㄱ. 귀족 사회를 중심으로 유행하였다.
ㄴ. 신라에서 이차돈의 순교를 계기로 공인되었다.
ㄷ. 신라 말 호족의 지원으로 9산 선문이 성립되었다.
ㄹ. 연개소문이 정치적 목적으로 적극적으로 장려하였다.

① ㄱ, ㄷ ② ㄱ, ㄹ ③ ㄴ, ㄷ
④ ㄴ, ㄹ ⑤ ㄷ, ㄹ

Tip
신선 사상을 바탕으로 불로장생과 현세구복을 추구하는 도교는 삼국에서 **①** 사회를 중심으로 유행하였다. 고구려의 **②** 은/는 정치적 목적으로 불교를 억압하고 도교를 적극 장려하였다.

目 ❶ 귀족 ❷ 연개소문

02 역사서의 편찬

(가) 인물에 대한 설명으로 옳은 것은?

검색 [삼국사기]

🏠 문화유산 정보 ▼ 문화재 검색 ▼

고려 인종 때 (가) 이/가 왕명을 받아 편찬하였다. 현존하는 가장 오래된 역사서로 기전체로 작성되었다.

① 집현전을 설치하였다.
② 의병을 일으켜 왜군을 공격하였다.
③ 별무반을 이끌고 여진을 정벌하였다.
④ 묘청의 서경 천도 운동을 진압하였다.
⑤ 성리학을 수용하고 불교의 폐단을 비판하였다.

Tip
『삼국사기』는 **①** 등이 왕명을 받아 편찬하였다. 기전체로 작성되었으며, **②** 사관에 따라 서술되었기 때문에 단군 신화나 불교 설화는 반영되지 않았다.

目 ❶ 김부식 ❷ 유교적 합리주의

03 동학 농민 운동

다음 뮤지컬에서 볼 수 있는 장면으로 가장 적절한 것은?

초청장
뮤지컬 「1894, 그날」

1894년 농민군이 백산에서 봉기한 순간부터 우금치 전투까지! 그날의 함성이 담긴 순간으로 여러분을 초대합니다.

■ 일자: ○○○○.○○.○○
■ 시간: 19:00~21:00
■ 장소: □□ 아트홀

①
▲ 농민이 참여한 황룡촌 전투

②
▲ 봉기를 일으킨 구식 군인

③
▲ 우정총국에서 일어난 정변

④
▲ 만민 공동회에서의 연설

⑤
▲ 척화비를 세우는 관리

1894년 시작된 ❶[　　　　]에 가담한 농민군은 제1차 봉기 때 황룡촌 전투와 황토현 전투를 치렀고, 제2차 봉기 때에는 공주에서 ❷[　　　] 전투를 치렀다.

답 ❶ 동학 농민 운동 ❷ 우금치

05 삼국의 교류와 항쟁

가야의 중심지가 (나)에서 (가)로 이동하게 된 배경으로 가장 적절한 것은?

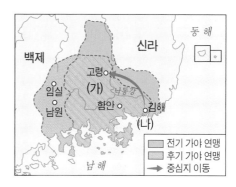

① 지증왕이 우산국을 정복하였다.
② 소수림왕이 율령을 반포하였다.
③ 광개토 대왕이 신라를 구원하였다.
④ 성왕이 웅진에서 사비로 수도를 옮겼다.
⑤ 진흥왕이 화랑도를 국가적 조직으로 개편하였다.

Tip

전기 가야 연맹의 중심지는 오늘날 김해의 ❶[　　　]였으나 고구려의 ❷[　　　]이/가 신라에 침입한 왜를 격퇴하는 과정에서 쇠퇴하였고, 고령의 대가야를 중심으로 연맹이 재편성되었다.

답 ❶ 금관가야 ❷ 광개토 대왕

04 근대 교육의 전개

다음은 개항 이후에 만들어진 근대적 교육 기관들의 특징이다. (가)~(다)에 들어갈 학교의 명칭이 옳게 짝지어진 것은?

(가)	우리나라 최초의 근대적 학교로 덕원부 주민과 관리가 신지식 교육을 통한 인재 양성을 위해 세운 학교로 특히 무예반을 따로 두었다.
(나)	정부에서 설립한 최초의 근대적 관립 학교로 미국인 교사 헐버트와 길모어를 교사로 초빙해 현직 관리와 양반 자제들을 교육시켰다.
(다)	서양과의 직접적인 교섭에 따라 1883년 통역관 양성을 위해 설립된 외국어 강습소이다.

	(가)	(나)	(다)
①	동문학	원산 학사	육영 공원
②	육영 공원	동문학	원산 학사
③	원산 학사	육영 공원	동문학
④	배재 학당	원산 학사	육영 공원
⑤	동문학	배재 학당	원산 학사

Tip

우리나라 최초의 근대적 학교는 함경남도 원산에 세워진 ❶[　　　]이며, 정부에서 설립한 최초의 근대적 관립 학교는 ❷[　　　]이다.

답 ❶ 원산 학사 ❷ 육영 공원

06 양 난의 발발

(가) 전쟁 시기에 있었던 사실로 옳은 것은?

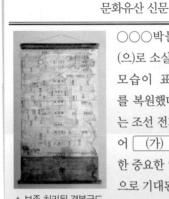

문화유산 신문

○○○박물관에서 (가) (으)로 소실되기 이전 경복궁의 모습이 표현된 〈경복궁도〉를 복원했다. 지금은 볼 수 없는 조선 전기의 모습이 담겨 있어 (가) 이전 경복궁에 관한 중요한 역사적 사료가 될 것으로 기대된다.

▲ 보존 처리된 경복궁도

① 장수왕이 한성을 점령하였다.
② 삼별초가 진도에서 항전하였다.
③ 인조가 남한산성에서 항전하였다.
④ 곽재우가 의병장으로 활약하였다.
⑤ 강감찬이 귀주에서 거란을 격퇴하였다.

Tip
임진왜란의 전개 과정에서 **❶** 의 수군이 활약하여 남해의 제해권을 장악하였고, 최초의 의병장인 **❷** 이/가 활약하였다. 권율은 행주산성에서, 김시민은 진주성에서 왜군을 격퇴하였다.

답 ❶ 이순신 ❷ 곽재우

07 통상 수교 거부 정책의 추진

다음 퀴즈의 정답으로 옳은 것은?

흥선 대원군이 프랑스를 이용하여 러시아를 견제하려 하였으나 실패한 이후 천주교 금지 여론이 고조되어 나타난 사건으로, 병인양요의 배경이 되었던 사건은 무엇일까요?

① 병인박해   ② 임오군란   ③ 갑신정변
④ 운요호 사건   ⑤ 제너럴셔먼호 사건

Tip
흥선 대원군이 프랑스를 이용해 러시아를 견제하려다 실패한 이후 천주교 금지 여론이 높아지자 천주교 신자들을 처형한 **❶** 이/가 일어났다. 이는 프랑스가 침략하는 **❷** 의 배경이 되기도 하였다.

답 ❶ 병인박해 ❷ 병인양요

08 대한 제국과 광무개혁

(가) 정부가 추진한 정책으로 옳은 것은?

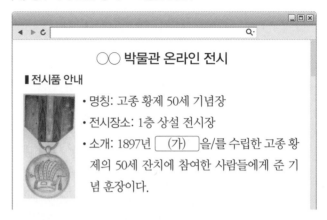

○○ 박물관 온라인 전시

▌전시품 안내

• 명칭: 고종 황제 50세 기념장
• 전시장소: 1층 상설 전시장
• 소개: 1897년 (가) 을/를 수립한 고종 황제의 50세 잔치에 참여한 사람들에게 준 기념 훈장이다.

① 과거제와 노비제를 폐지하였다.
② 조·미 수호 통상 조약을 체결하였다.
③ 교정청을 설치하여 개혁을 꾀하였다.
④ 공화 정체의 국가 수립을 추진하였다.
⑤ 근대적 토지 소유 증명 문서인 지계를 발급하였다.

Tip
아관 파천 이후 고종이 황제로 즉위하며 수립한 **❶** 은/는 지계아문을 설립하여 근대적 토지 소유 증명 문서인 **❷** 을/를 발급하였다.

답 ❶ 대한 제국 ❷ 지계

09 항일 의병 운동과 애국 계몽 운동

밑줄 친 '의병'에 대한 설명으로 옳은 것은?

이 동상은 을사늑약의 부당함에 맞서 의병을 일으켰던 최익현 선생을 기리는 동상입니다. 그는 일본에 의해 쓰시마섬에 유배되어 순국하셨습니다.

① 13도 창의군을 결성하였다.
② 서울 진공 작전을 전개하였다.
③ 동학 농민 운동에 가담하였다.
④ 신돌석 등의 평민 의병장이 활약하였다.
⑤ 고종의 해산 권고 조칙으로 해산하였다.

Tip
을사늑약에 맞서 일어난 의병인 **❶** 은/는 최익현 같은 유생 의병장뿐 아니라 **❷** 등의 평민 의병장이 활약하였다는 특징이 있다.

답 ❶ 을사의병 ❷ 신돌석

서술형 전략

10 광종의 통치 체제 정비, 공민왕의 개혁 정치

㉠, ㉡이 무엇인지 쓰고, 두 정책을 비교하여 서술하시오.

> • 노비를 안검하여 시비를 가려 내게 하는 ㉠명령을 내리니 그 주인을 배반하는 자가 매우 많아지고 윗사람을 능멸하는 풍습이 성행하였다.
> • 신돈이 ㉡도감을 설치할 것을 청하고 스스로 판사가 되어 …… 명령이 나가자 권세가 중에 토지와 백성을 불법으로 빼앗은 자들이 그 주인에게 많이 돌려주니 ……
>
> – 『고려사』 –

Tip

광종은 ❶ [   ]을/를 시행하여 불법으로 노비가 된 자를 양인으로 해방시켰다. 이에 따라 호족은 경제적, 군사적 기반이 약화되었고, 왕권은 강화되었다. 공민왕은 신돈을 등용하여 ❷ [   ]을/를 설치하였다. 이를 통해 권문세족이 불법적으로 빼앗은 토지와 백성을 돌려주었다.

🔲 ❶ 노비안검법 ❷ 전민변정도감

11 조선의 통치 체제 정비

(가), (나) 제도의 명칭을 쓰고, 두 제도의 시행 결과 나타나는 왕권과 신권의 관계를 서술하시오.

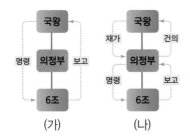

(가)　　　　(나)

Tip

태종은 ❶ [   ]을/를 시행해 국왕 중심의 정치를 강화하였다. 세종은 ❷ [   ]을/를 시행하여 왕권과 신권의 조화를 꾀하였다.

🔲 ❶ 6조 직계제 ❷ 의정부 서사제

12 갑신정변

다음 자료를 보고 물음에 답하시오.

> 나(김윤식)는 임오군란 때 청병을 따라 귀국하였다. 이때부터 청국은 나랏일을 자주 간섭하고, 나는 청국당으로 지목되었다. 김옥균 등은 청국이 우리 자주권을 침해하는 데 분노하여 마침내 일본 공사와 같이 정변을 일으켰다.

(1) 밑줄 친 '정변'이 무엇인지 쓰시오.

(2) 밑줄 친 '정변'이 가지는 의의와 한계를 각각 1가지씩 쓰시오.

　• 의의 :

　• 한계 :

Tip

김옥균, 박영효 등의 급진 개화파가 주도한 ❶ [   ]은/는 우리나라 최초의 근대 국가 수립을 위한 정치·사회 개혁 운동이었으나, ❷ [   ]의 군사적 지원에 의존하였다는 한계가 있다.

🔲 ❶ 갑신정변 ❷ 일본

13 일제의 국권 침탈

다음 자료를 보고 물음에 답하시오.

> 대한 제국의 황제께서는 우리를 사절로 이곳 네덜란드에 보내셨습니다. 만국 평화 회의에 참석하여 우리나라의 권리를 수호할 수 있도록 대표 여러분들의 호의적인 중재를 허용해 주실 것을 간청하는 바입니다.

(1) 밑줄 친 '사절'의 명칭을 쓰시오.

(2) 밑줄 친 '사절'이 파견된 배경을 서술하시오.

Tip

일본이 대한 제국의 외교권을 박탈한 ❶ [   ]을/를 강제로 체결하자 고종은 ❷ [   ]을/를 파견해 그 부당함을 전 세계에 호소하려 하였다.

🔲 ❶ 을사늑약 ❷ 헤이그 특사

01

교사의 질문에 대한 학생의 답변으로 가장 적절한 것은?

다음 문화유산으로 대표되는 시대의 생활 모습을 말해 볼까요?

① 이동 생활을 했어요.
② 농경과 목축을 시작했어요.
③ 철제 무기가 보급되었어요.
④ 무천이라는 제천 행사가 있었어요.
⑤ 주로 동굴이나 막집에서 생활하였어요.

02

밑줄 친 '나라'에 대한 설명으로 옳은 것은?

> 그 나라에는 왕이 있고, …… 10월에 지내는 제천 행사는 이름하여 '동맹'이라 한다. …… 풍속은 혼인할 때 구두로 미리 정하고, 여자 집의 본채 뒤편에 작은 별채를 짓는데, 그 집을 '서옥'이라 부른다.
>
> - 『삼국지』, 「위서」, 동이전 -

① 옥저를 정복하였다.
② 22담로에 왕족을 파견하였다.
③ 웅진에서 사비로 수도를 옮겼다.
④ 제가가 다스리는 사출도가 있었다.
⑤ 매소성, 기벌포 전투에서 당군을 격퇴하였다.

03

밑줄 친 '왕'의 업적으로 옳은 것은?

> 왕이 교서를 내려 말하였다. "…… 역적인 김흠돌 등과 사귀면서 그들이 반역을 꾀한다는 사실을 알고서도 미리 고하지 않았으니, 이는 이미 나라를 걱정하는 생각이 없을 뿐 아니라 공적인 일을 위하여 몸 바칠 뜻도 없는 것이니, ……포고하여 모두가 이것을 알게 하라."
>
> - 『삼국사기』 -

① 국학을 설립하였다.
② 상경으로 천도하였다.
③ 후백제를 건국하였다.
④ 과거제를 최초로 실시하였다.
⑤ 훈요 10조를 후대 왕에게 남겼다.

04

다음 지도를 통해 알 수 있는 사건에 대한 설명으로 옳은 것만을 〈보기〉에서 고른 것은?

보기
ㄱ. 풍수지리설이 영향을 주었다.
ㄴ. 문벌 사회의 동요를 드러냈다.
ㄷ. 무신 정권의 몰락으로 발생하였다.
ㄹ. 경원 이씨 가문의 권력 독점으로 이어졌다.

① ㄱ, ㄴ
② ㄱ, ㄹ
③ ㄴ, ㄷ
④ ㄱ, ㄴ, ㄹ
⑤ ㄴ, ㄷ, ㄹ

05

다음 지도에 표시된 지역에 대한 설명으로 옳은 것은?

① 서희의 외교 담판으로 확보하였다.
② 장보고가 청해진을 설치한 곳이다.
③ 세종 때 여진을 토벌하고 개척하였다.
④ 안용복이 일본에 조선 영토임을 확인받았다.
⑤ 강감찬이 거란을 격퇴하고 천리장성을 쌓았다.

06

다음 제도를 시행한 왕의 업적으로 옳은 것은?

> 백성에게 군포 1필을 징수하여 백성의 부담을 줄였다. ……
> 줄어든 군포 수입은 어염세와 선박세 등을 나라 재정으로 돌
> 려 보충하였고, 양민 중에서 먹고살 만한 사람을 선무군관으
> 로 만들어 그들에게 군포를 징수하였다.

① 녹읍을 폐지하였다.
② 『속대전』을 편찬하였다.
③ 훈민정음을 창제하였다.
④ 수원 화성을 건설하였다.
⑤ 사심관 제도를 시행하였다.

07

(가) 인물이 추진한 정책에 대한 설명으로 옳은 것은?

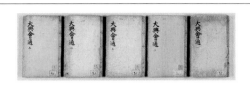

> 교사: 이 책은 고종의 아버지인 [(가)]이/가 주도하여 편
> 찬한 법전입니다. 정조 이후 80여 년 간의 사실을 보완
> 한 것으로 조선 500여 년간의 모든 법령이 담긴 법전으
> 로 평가받고 있습니다.

① 『독립신문』을 발행하였다.
② 영남 만인소를 주도하였다.
③ 조사 시찰단을 파견하였다.
④ 서원의 철폐를 단행하였다.
⑤ 조선 중립화 방안을 건의하였다.

08

자료에 나타난 사건에 대한 설명으로 옳은 것은?

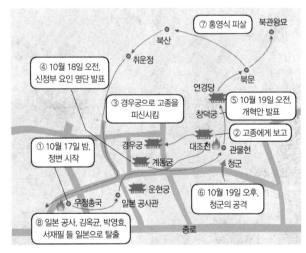

① 급진 개화파가 주도하였다.
② 단발령에 반발하여 일어났다.
③ 천주교 박해가 원인이 되었다.
④ 성리학적 질서를 수호하고자 하였다.
⑤ 보국안민과 제폭구민을 구호로 삼았다.

09

밑줄 친 '농민군'의 주장으로 옳은 것만을 〈보기〉에서 고른 것은?

이곳은 장성 황룡 전적입니다. 농민군은 전주성 점령 계획을 세우고 이를 위한 장소로 황룡을 선택하였습니다. 이곳에서의 승리를 바탕으로 농민군은 전주성까지 점령할 수 있었습니다.

• 보기 •
ㄱ. 탐관오리를 처벌하라!
ㄴ. 조세 제도를 개혁하라!
ㄷ. 『조선책략』의 유포를 금하라!
ㄹ. 청과의 사대 관계를 폐지하라!

① ㄱ, ㄴ ② ㄱ, ㄷ ③ ㄴ, ㄷ
④ ㄴ, ㄹ ⑤ ㄷ, ㄹ

10

(가) 정부의 정책으로 옳은 것만을 〈보기〉에서 고른 것은?

학생: 이 그림은 곤룡포를 입은 고종 황제의 모습입니다. 곤룡포의 색깔이 황제를 뜻하는 노란색으로 되어 있기 때문에 (가) 을/를 수립한 이후에 그려진 작품임을 알 수 있습니다.

• 보기 •
ㄱ. 지계를 발급하였다.
ㄴ. 재판소를 설치하였다.
ㄷ. 원수부를 설치하였다.
ㄹ. 태양력 사용을 결정하였다.

① ㄱ, ㄴ ② ㄱ, ㄷ ③ ㄴ, ㄷ
④ ㄴ, ㄹ ⑤ ㄷ, ㄹ

11

(가) 단체에 대한 설명으로 옳은 것만을 〈보기〉에서 고른 것은?

안창호가 평양에 세운 대성 학교의 모표래. 민족 학교의 대표적인 사례라고 하더라.

대성 학교는 공화 정체의 국가 수립을 목표로 한 (가) 의 일원이었던 그가 교육을 통한 구국을 위해 세웠다고 해.

• 보기 •
ㄱ. 태극 서관과 자기 회사를 설립하였다.
ㄴ. 정부와 함께 관민 공동회를 개최하였다.
ㄷ. 남만주 삼원보에 독립운동 기지를 세웠다.
ㄹ. 일본의 황무지 개간권 요구 반대 운동을 전개하였다.

① ㄱ, ㄴ ② ㄱ, ㄷ ③ ㄴ, ㄷ
④ ㄴ, ㄹ ⑤ ㄷ, ㄹ

12

자료와 같은 조치에 대한 설명으로 옳은 것은?

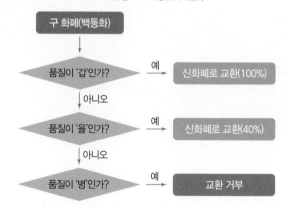

① 을미개혁에 따른 조치였다.
② 메가타의 주도로 진행되었다.
③ 기기창이 설치되는 계기가 되었다.
④ 황국 중앙 총상회의 지원을 받았다.
⑤ 임오군란이 일어나는 배경이 되었다.

13

다음 자료를 보고 물음에 답하시오.

위 문서는 서원경 부근 4개 촌락의 인구 구성과 토지 면적, 가축의 수 등 경제 상황을 상세하게 담고 있는 문서로 1933년 일본 도다이사 쇼소인에서 발견되었다.

(1) 제시된 문서의 명칭을 쓰시오.

_____

(2) 해당 문서를 제작한 목적을 2가지만 서술하시오.

_____

14

다음 자료를 보고 물음에 답하시오.

평서대원수는 급히 격문을 띄우노니 관서 사람들은 모두 이 격문을 들으라. …… 조정에서 관서를 버림이 썩은 흙과 다름없다. 심지어 권세 있는 집의 노비들도 관서 사람을 보면 반드시 '평안도 놈'이라고 말한다. – 「패림」 –

(1) 제시된 자료에 나타난 봉기의 명칭을 쓰시오.

_____

(2) 봉기가 일어난 배경을 2가지만 서술하시오.

_____

15

다음 자료를 보고 물음에 답하시오.

(가)	(나)
〈의정부와 궁내부의 분리〉	〈재판소 설치〉

(1) (가), (나)와 같은 정책이 추진된 개혁의 명칭을 각각 쓰시오.

_____

(2) 해당 개혁들의 의의와 한계를 각각 1가지씩 서술하시오.

• 의의 :

_____

• 한계 :

_____

16

다음 자료를 보고 물음에 답하시오.

오호라 작년 10월에 저들이 한 행위는 만고에 일찍이 없던 일로서, 억압으로 ㉠한 조각의 종이에 조인하여 5백 년 전해 오던 종묘사직이 드디어 하룻밤에 망했으니 …… 나라가 이와 같이 망해 갈진대 어찌 한번 싸우지 않을 수 있는가.

– 최익현, 「면암집」 –

(1) ㉠에 해당하는 조약의 명칭을 쓰시오.

_____

(2) 해당 조약에 담긴 주요 내용을 2가지만 서술하시오.

_____

01

(가) 국가에 대한 설명으로 옳은 것은?

① 8조법으로 사회를 유지하였다.
② 낙랑, 왜 등지에 철을 수출하였다.
③ 영고라 불리는 제천 행사가 있었다.
④ 고구려에 정복당하여 공납을 바쳤다.
⑤ 천군이 다스리는 소도라는 지역이 있었다.

02

밑줄 친 '이 왕'이 시행한 정책으로 옳은 것만을 〈보기〉에서 고른 것은?

이 사진은 이 왕 때, 이차돈이 순교하는 장면을 새겨 놓은 비석입니다. 이차돈의 순교를 계기로 신라는 불교를 공인하였습니다.

─ 보기 ─
ㄱ. 율령을 반포하였다.
ㄴ. 금관가야를 정복하였다.
ㄷ. 평양으로 수도를 옮겼다.
ㄹ. 마립간 왕호를 사용하였다.

① ㄱ, ㄴ   ② ㄱ, ㄷ   ③ ㄴ, ㄷ
④ ㄴ, ㄹ   ⑤ ㄷ, ㄹ

03

(가) 국가에 대한 설명으로 옳은 것은?

대조영은 본래 고구려의 별종이다. …… 대조영은 …… 동쪽으로 가서 계루부(桂婁部)의 옛 땅을 차지하고, 동모산(東牟山)에 웅거하여 성을 쌓고 살았다.
─ 『구당서』 ─

① 해동성국이라 불렸다.
② 22담로에 왕족을 파견하였다.
③ 귀족 회의로 화백 회의가 있었다.
④ 중앙 교육 기관으로 태학이 있었다.
⑤ 군사 조직으로 9서당 10정이 있었다.

04

(가) 왕이 시행한 정책으로 옳은 것은?

이 사진은 종묘에 봉안된 (가) 와/과 노국 대장 공주의 그림입니다. (가) 은/는 원 쇠퇴기 반원 개혁 정책을 추진하였습니다.

① 훈요 10조를 남겼다.
② 우산국을 정복하였다.
③ 노비안검법을 시행하였다.
④ 전민변정도감을 설치하였다.
⑤ 9주 5소경 체제를 마련하였다.

05

(가) 왕에 대한 설명으로 옳은 것은?

사진은 (가) 의 왕자와 손자인 단종의 태실이 모여 있는 공간입니다. 특히 세조의 태실은 즉위한 이후 가봉비를 세워 두었습니다.

① 홍문관을 설치하였다.
② 초계문신제를 시행하였다.
③ 6조 직계제를 시행하였다.
④ 정동행성 이문소를 폐지하였다.
⑤ 여진족을 몰아내고 4군 6진을 설치하였다.

06

다음 자료에 나타난 시기의 사회 모습으로 옳은 것은?

- 연속해서 기근이 들어 구제할 대책이 없자 공명첩을 파는 규정이 말할 수 없이 어지러워졌습니다. 그래서 …… 그 대상이 갓난아이라도 쌀을 받고 공명첩을 주는 상황까지 이르렀습니다.
- 근래에 전황이 매우 심합니다. 그 폐단을 바로잡으려면 돈을 더 만들어야 합니다. 만약 상평통보를 주조하는 데 필요한 재료의 양보다 적은 양으로 새로운 화폐를 주조하여 …… 그 폐단을 바로잡을 수 있을 것입니다.

① 호족이 지방에서 성장하였다.
② 양반 중심의 신분제가 동요하였다.
③ 향리가 지방의 실질적 운영을 담당하였다.
④ 만적이 신분 해방을 위한 봉기를 계획하였다.
⑤ 가족 내에서 부계와 모계가 동등한 대우를 받았다.

07

(가) 사건 중에 볼 수 있는 모습으로 옳은 것은?

이곳 절두산 성지는 병인박해 당시 많은 천주교인이 처형당한 곳입니다. 이 사건 이후 프랑스가 강화도를 침략한 (가) 이/가 일어났습니다.

① 제너럴셔먼호를 공격하고 있는 관민
② 남연군의 묘를 도굴하려는 상인 일행
③ 외규장각의 도서를 약탈하는 외국 군인
④ 인천의 개항장에서 거래하는 일본 상인
⑤ 개화 정책을 반대하는 상소를 쓰는 유생

08

교사의 질문에 대한 학생의 답변으로 가장 적절한 것은?

- 제물포 조약
- 조·청 상민 수륙 무역 장정

다음 조약이 체결된 배경을 말해 볼까요?

① 급진 개화파가 정변을 일으켰어요.
② 일본이 운요호 사건을 일으켰어요.
③ 영국이 거문도를 불법 점령하였어요.
④ 프랑스 함대가 강화도를 공격하였어요.
⑤ 구식 군인들이 개화 정책 추진에 반발해 봉기하였어요.

09

(가) 운동의 과정에서 있었던 사실로 옳은 것은?

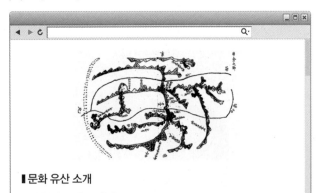

■ 문화 유산 소개
· 명칭: 『공산초비기』
· 내용: 전봉준 등이 이끈 [(가)] 당시에 치러졌던 우금치 전투 등에 참여했던 무위영 참모관인 구완희가 상대를 진압했던 전투의 상황 및 지형도를 기록한 자료이다.

① 단발령이 시행되었다.
② 헌의 6조가 결의되었다.
③ 전주 화약이 체결되었다.
④ 아관 파천이 단행되었다.
⑤ 대한국 국제가 반포되었다.

10

(가) 단체에 대한 설명으로 옳은 것은?

도전 골든벨!
1896년 서재필 등이 독립문을 건립하기 위한 자금을 마련하는 과정에서 결성되었으며, 이후 민권 운동과 함께 러시아의 이권 침탈을 견제하는 역할을 하였습니다. 이 단체는 무엇일까요?
정답: [(가)]

① 만민 공동회를 개최하였다.
② 보부상들이 대거 참여하였다.
③ 대성 학교와 오산 학교를 세웠다.
④ 고종 강제 퇴위 반대 운동을 펼쳤다.
⑤ 공화 정체의 국가 수립을 목표로 하였다.

11

(가) 조약에 대한 설명으로 옳은 것은?

이곳 덕수궁 중명전은 일본이 대한 제국의 외교권을 박탈한 [(가)]의 체결 장소로 널리 알려져 있습니다.

① 러·일 전쟁 중에 체결되었다.
② 통감부가 설치되는 계기가 되었다.
③ 대한 제국의 군대 해산을 명시하였다.
④ 각 부에 일본인 차관을 임명토록 하였다.
⑤ 한반도 내 군사적 요충지의 사용을 허가하였다.

12

(가) 운동에 대한 설명으로 옳은 것은?

역사 신문

[(가)] 기록물, 유네스코 세계기록유산에 등재!

[(가)]은/는 일본의 경제 주권 침탈에 맞서 나라의 빚을 갚기 위해 빈부귀천, 남녀노소 등을 뛰어넘어 전 국민이 참여한 경제적 주권 회복 운동이었다. 세계 역사상 유례없는 이러한 민족 운동의 가치를 높이 사, 유네스코는 관련 기록물을 세계기록유산으로 등재하였다.

① 우금치 전투에서 패배하였다.
② 개혁 정강 14개조를 발표하였다.
③ 을미사변과 단발령에 반발하였다.
④ 교조 최제우의 신원을 요구하였다.
⑤ 『대한매일신보』 등 언론의 지원을 받았다.

서술형

13

(가) 정치 기구의 성격을 서술하시오.

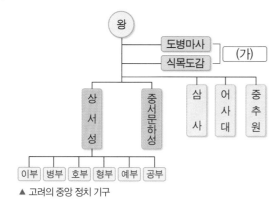

▲ 고려의 중앙 정치 기구

14

다음 자료를 읽고 물음에 답하시오.

> 먼저 경기에서 (가) 을/를 시행하였는데, 토지 결 수를 헤아려 쌀로 징수하기 때문에 백성들이 편하게 여겼다. 오직 부호들은 방납의 이익을 잃을까 백방으로 저지하여 다른 도에 확대하여 시행하지는 못하였다.

(1) (가) 제도의 명칭을 쓰시오.

(2) (가) 제도가 시행되면서 나타난 경제적 영향을 서술하시오.

15

다음 자료를 보고 물음에 답하시오.

이 조약은 조선이 외국과 맺은 최초의 근대적 조약이라는 측면에서 의의가 있어.

하지만 조선의 자주권을 침해한 불평등 조약이었다는 점도 잊으면 안 돼.

(1) 밑줄 친 '이 조약'의 명칭을 쓰시오.

(2) 밑줄 친 '이 조약'에서 불평등한 내용의 조항을 2가지만 서술하시오.

16

다음 자료를 보고 물음에 답하시오.

나 이회영은 국권 회복과 공화정 수립을 목표로 한 (가) 의 일원으로 전 재산을 바쳐 국외 독립운동 기지 건설을 위해 노력하였소.

(1) (가) 단체의 명칭을 쓰시오.

(2) (가) 단체의 주요 활동을 3가지만 서술하시오.

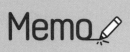

Memo

단기간 고득점을 위한 2주

전략 질주

고등 전략

내신전략 시리즈

국어/영어/수학/사회/과학

필수 개념을 꽉~ 잡아 주는 초단기 내신 전략서!

수능전략 시리즈

국어/영어/수학/사회/과학

빈출 유형을 철저히 분석하여 반영한 고효율·고득점 전략서!

book.chunjae.co.kr

교재 내용 문의 ························	교재 홈페이지 ▶ 고등 ▶ 교재상담	
교재 내용 외 문의 ····················	교재 홈페이지 ▶ 고객센터 ▶ 1:1문의	
발간 후 발견되는 오류 ·············	교재 홈페이지 ▶ 고등 ▶ 학습지원 ▶ 학습자료실	

중간고사 기말고사
고득점을 예약하자!

시험적중
내신전략

고등 **한국사**

BOOK 2

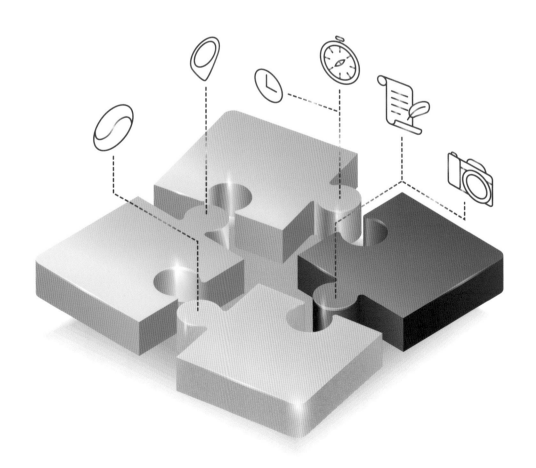

천재교육

내신전략
고등 한국사

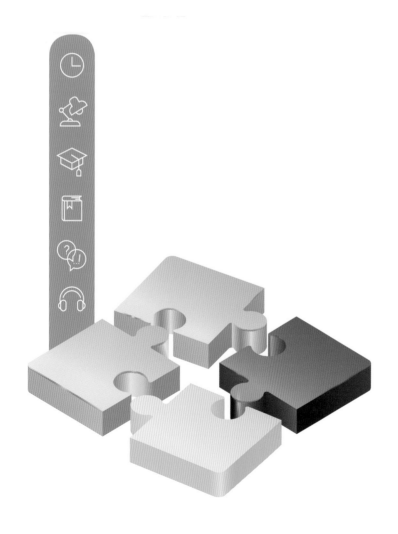

시험적중
내신전략

고등 한국사

BOOK 2

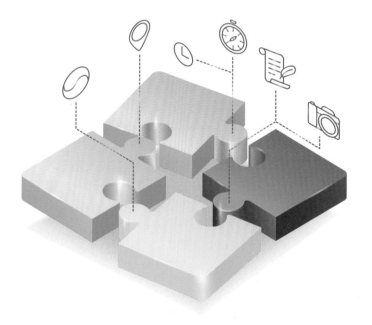

이 책의
구성과 활용

이 책은 3권으로 이루어져 있는데 본책인 BOOK 1·2의 구성은 아래와 같아.

주 도입

본격적인 본문 학습에 앞서, 재미있는 학습 만화를 살펴보며 이번 주에 공부할 내용을 확인할 수 있도록 하였습니다.

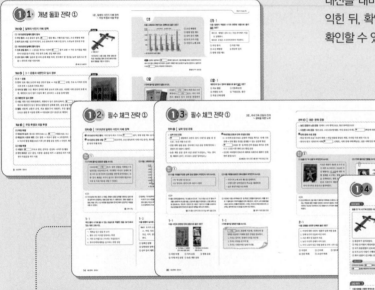

1일 개념 돌파 전략

내신을 대비하기 위해 반드시 알아야 할 기본 개념을 익힌 뒤, 확인 문제를 풀며 개념을 확실히 이해했는지 확인할 수 있도록 하였습니다.

2일 3일 필수 체크 전략

실제 내신 시험에 자주 출제되는 유형의 필수 예제와 유제를 풀어 보면서 문제 풀이 과정과 해결 전략을 이해할 수 있도록 하였습니다.

4일 교과서 대표 전략

교과서에서 다루고 있는 주제를 대표 예제로 엄선하여 수록하였으며, 많은 문제를 풀어 봄으로써 문제에 대한 적응력을 높일 수 있도록 하였습니다.

주 마무리와 권 마무리의 특별 코너들로 한국사 실력이 더 탄탄해질 거야!

주 마무리 코너

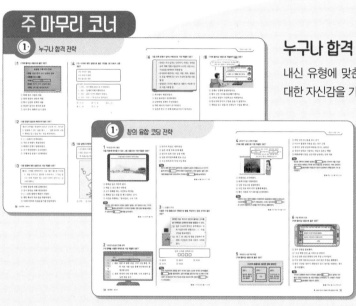

누구나 합격 전략

내신 유형에 맞춘 기본 연습 문제를 풀어 보면서 학습에
대한 자신감을 가질 수 있도록 하였습니다.

창의·융합·코딩 전략

융합적 사고력과 창의력을 키우는 문제를
풀어 보면서 다양한 문제에 대한 적응력을
높일 수 있도록 하였습니다.

권 마무리 코너

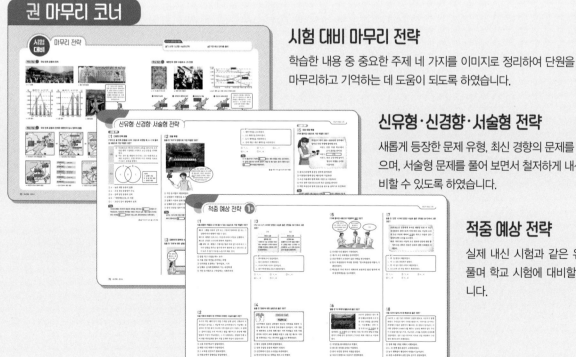

시험 대비 마무리 전략

학습한 내용 중 중요한 주제 네 가지를 이미지로 정리하여 단원을
마무리하고 기억하는 데 도움이 되도록 하였습니다.

신유형·신경향·서술형 전략

새롭게 등장한 문제 유형, 최신 경향의 문제를 다루었
으며, 서술형 문제를 풀어 보면서 철저하게 내신을 대
비할 수 있도록 하였습니다.

적중 예상 전략

실제 내신 시험과 같은 유형의 모의고사를
풀며 학교 시험에 대비할 수 있도록 하였습
니다.

이 책의
차례

이광수는 일본에서 유학하였으며, 신체시를 발표하였습니다.

일본 유학 경험을 바탕으로 문학 활동을 펼치겠어.

그는 1917년 1월부터 장편 소설 「무정」을 연재하기 시작하였어요.

일제의 침략에 의해 국권을 잃은 상황과 계몽사상을 작품에 표현해 봐야겠어.

이광수는 일본 도쿄에서 「2·8 독립 선언서」를 작성한 뒤, 중국 상하이로 가 신한 청년당에 가담하였습니다.

우리 민족의 독립을 위하여 나도 힘을 보태겠어.

동해

하지만 1924년 『동아일보』에 자치 운동을 내세운 「민족적 경륜」을 발표하여 사회적 파장을 일으켰어요.

일단 일본의 식민 지배를 받아들이고, 그 안에서 조선인의 자치를 인정받아야 해.

이광수는 계몽 운동에 앞장섰다가 1937년에 안창호와 함께 투옥되었다가 풀려났습니다. 이후 그는 본격적으로 친일 행위에 나섰지요.

창씨개명을 했으니 내 이름은 이제 가야마 미쓰로야.

광복 후 이광수는 친일 반민족 행위로 체포되어 서대문 형무소에 수감되었으며, 6·25 전쟁 때 납북되었다가 얼마 뒤 사망하였습니다.

일제에 협력해서 친일 문학을 했다지?

일제가 일으킨 침략 전쟁에 참여해야 한다고 선동했다는군.

김구는 동학 농민 운동 당시 선봉장 역할을 하였으며, 항일 의병 부대에 가담하여 활동하였습니다.

또 1905년에 을사늑약이 체결되자, 을사늑약 철회를 주장하는 연설을 하기도 했어요.

1911년 김구는 조선 총독의 암살을 모의했다는 혐의로 체포되어 감옥에 갇혔다가 풀려났습니다.

1919년 3·1 운동 직후에 상하이로 망명한 김구는 대한민국 임시 정부에 참여하였습니다.

김구는 1931년에 한인 애국단을 조직하고 적극적인 의열 투쟁을 주도하였어요. 한인 애국단 단원으로 이봉창, 윤봉길 등이 활동하였습니다.

광복 이후 김구는 통일된 민족 국가를 세우기 위해 남한만의 단독 정부 수립을 반대하며 남북 협상을 주도하는 등 노력하였으나 1949년에 암살되었습니다.

1주 1일 개념 돌파 전략 ①

개념 ❶ | 일제의 식민지 지배 정책

(1) 1910년대 일제의 통치 방식

① 무단 통치: 조선 총독부 설치, [❶_____] 경찰 제도 시행(즉결 처분), 조선 태형령 제정

② 토지 조사 사업: 신고주의 방식, 조선 총독부의 지세 수입 증가, 소작농의 경작권 부정

(2) 1920년대 일제의 통치 방식

① 민족 분열 통치: 3·1 운동을 계기로 이른바 [❷_____] 통치 표방 ➡ 치안 유지법을 제정하여 독립운동가 탄압, 식민 통치 은폐, 친일 세력 양성

② 산미 증식 계획: 일본의 쌀 부족 문제 해결 목적, 한국에서 쌀 생산을 늘려 일본으로 반출 ➡ 한국의 식량 사정 악화

답 ❶ 헌병 ❷ 문화

Quiz

▲ 태형 도구

1910년대 (보통 경찰, 헌병 경찰)은 즉결 처분권을 통해 한국인에게 태형 등의 형벌을 가할 수 있었다.

개념 ❷ | 3·1 운동과 대한민국 임시 정부

(1) 3·1 운동

① 전개: 민족 대표 33인의 독립 선언서 발표 ➡ 서울 [❶_____] 공원, 주요 도시에서 만세 시위 전개 ➡ 농촌과 국외로 확산

② 의의 및 영향: 모든 계층이 참여한 최대 규모의 민족 운동, 다양한 사회 운동의 토대 마련, 대한민국 임시 정부 수립의 계기, 중국의 5·4 운동 등에 영향

(2) 대한민국 임시 정부

① 수립: 대한 국민 의회(연해주), 대한민국 임시 정부(상하이), [❷_____] 정부(서울) ➡ 상하이의 대한민국 임시 정부로 통합(민주 공화제 정부, 삼권 분립 채택)

② 활동: 연통제·교통국 운영, 외교 활동(구미 위원부), 무장 활동 ➡ 국민 대표 회의(1923) 결렬 후 이승만 탄핵 ➡ 이동녕과 김구 중심으로 재정비

답 ❶ 탑골 ❷ 한성

Quiz

▲ 상하이의 대한민국 임시 정부 청사

1919년 9월에 통합된 대한민국 임시 정부는 정부 위치를 외교 활동에 유리한 (　　　　)(으)로 정하였다.

개념 ❸ | 무장 투쟁과 의열 투쟁

(1) 무장 투쟁

① 독립군의 승리: 봉오동 전투(1920. 6.), [❶_____] 대첩(1920. 10.)

② 독립군의 시련과 재편: 간도 참변 ➡ 자유시 참변 ➡ 3부(참의부, 정의부, 신민부) 성립 ➡ 미쓰야 협정 체결(1925) 이후 3부 통합 운동 전개 ➡ 국민부, 혁신 의회로 재편

(2) 의열 투쟁

① 의열단: [❷_____] 주도로 결성, 김익상·김상옥·나석주 등 활동

② 한인 애국단: 김구 결성, 이봉창·윤봉길 의거 ➡ 윤봉길 의거 이후 중국 국민당 정부가 한국 독립운동 적극 지원

답 ❶ 청산리 ❷ 김원봉

Quiz

▲ 봉오동 전투와 청산리 대첩

1920년 6월 홍범도의 대한 독립군과 여러 독립군 부대는 (봉오동, 상하이)에서 일본군을 격파하였다.

01

다음 그래프와 관련 있는 정책으로 옳은 것은?

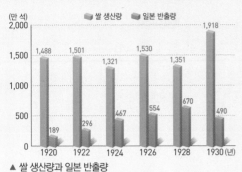

▲ 쌀 생산량과 일본 반출량

① 조선 태형령
② 헌병 경찰 제도
③ 산미 증식 계획
④ 토지 조사 사업
⑤ 식민지 노예 교육

풀이 일제는 일본에서 [❶　　　] 문제가 일어나자, 식량 확보를 위해 1920년부터 한국에서 산미 증식 계획을 추진하였다. 일제가 계획한 대로 쌀 생산이 늘지는 않았으나, 일본으로의 쌀 [❷　　　]은/는 예정대로 진행되었다.

답 ❶ 쌀 부족 ❷ 반출

01-1

다음 법령이 적용된 시기와 관련된 내용으로 옳지 않은 것은?

> 제11조 태형은 감옥 또는 즉결 관서에서 비밀로 집행한다.
> 제13조 본령은 조선인에 한하여 적용한다.

① 무단 통치
② 즉결 처분
③ 조선 태형령
④ 통감부 설치
⑤ 헌병 경찰 제도

02

(가)에 들어갈 알맞은 말을 쓰시오.

사진은 [(가)]에서 펴낸 외교 선전 책자이다. [(가)]은/는 여러 지역에서 세워진 임시 정부를 통합하여 1919년 9월 상하이에 수립되었다.

풀이 대한민국 임시 정부는 미국에 [❶　　　]을/를 설치하여 외교 활동을 전개하였고, 외교 선전 책자를 간행하여 [❷　　　] 침략의 부당성을 널리 알리고자 하였다.

답 ❶ 구미 위원부 ❷ 일제

02-1

대한민국 임시 정부의 활동으로 옳지 않은 것은?

① 외교 활동
② 연통제 운영
③ 의열단 조직
④ 『독립신문』 발간
⑤ 독립 공채 발행

03

다음 인물들과 관계 깊은 단체로 가장 적절한 것은?

| • 김원봉 | • 김익상 | • 김상옥 | • 김지섭 | • 나석주 |

① 신간회
② 신민회
③ 의열단
④ 조선 공산당
⑤ 한인 애국단

풀이 의열단은 만주 지린에서 [❶　　　] 등이 주도하여 조직한 단체이다. 의열단 단원이었던 김익상은 식민 통치의 최고 기구인 [❷　　　]에 폭탄을 던졌다. 김상옥은 종로 경찰서에, 김지섭은 일본 왕궁에, 나석주는 동양 척식 주식회사에 폭탄을 투척하였다.

답 ❶ 김원봉 ❷ 조선 총독부

03-1

(가)에 들어갈 알맞은 말을 쓰시오.

> 1931년에 김구는 임시 정부의 침체를 극복하고자 [(가)]을/를 결성하였다. [(가)]의 이봉창은 일왕 암살을 시도하였고, 윤봉길은 상하이 훙커우 공원에서 의거를 일으켰다.

개념 ❶ │ 다양한 민족 운동의 전개

(1) 실력 양성 운동
① **물산 장려 운동**: 평양에서 조만식 등이 주도, [❶] 애용·근검저축 등 주장
② **민립 대학 설립 운동**: 고등 교육을 통한 민족의 실력 양성 도모

(2) 학생 항일 운동 6·10 만세 운동(1926), 광주 학생 항일 운동(1929) 전개

(3) 민족 유일당 운동 비타협적 민족주의 세력과 [❷] 세력 연대 ➡ 신간회 결성

답 ❶ 토산품 ❷ 사회주의

Quiz

1926년에 순종의 사망을 계기로 사회주의 단체, 천도교 청년회, 학생 대표들은 (3·1 운동, 6·10 만세 운동)을 계획하였다.

개념 ❷ │ 대중·문화 운동

(1) 다양한 대중 운동
① **농민 운동**: 소작 쟁의(암태도 소작 쟁의) ➡ 1930년대 항일 투쟁으로 발전
② **노동 운동**: 노동 쟁의(원산 총파업) ➡ 1930년대 항일 투쟁으로 발전
③ **여성 운동**: [❶] 결성 ➡ 문맹 퇴치, 계몽 활동 전개
④ **형평 운동**: 조선 형평사 조직 ➡ 백정에 대한 편견과 차별 철폐 운동 전개

(2) 민족 문화 수호 운동 한글 연구([❷]의 한글 맞춤법 통일안 제정, 우리말 사전 편찬 시도 등), 한국사 연구(민족주의 사학, 사회 경제 사학, 실증 사학)

답 ❶ 근우회 ❷ 조선어 학회

Quiz

일제의 식민 사관에 맞서 박은식, 신채호 등은 한국사의 주체적 발전과 민족의 자주성을 강조하는 (민족주의, 실증) 사학을 발전시켰다.

Clip! 실증 사학

이병도, 손진태 등은 문헌 고증을 통해 우리 역사를 객관적으로 서술하려는 실증 사학을 정립하였다. 이들은 진단 학회를 조직하고, 『진단 학보』를 발행하였다.

개념 ❸ │ 전시 동원 체제 ~ 광복을 위한 노력

(1) 전시 동원 체제
① **전시 동원 체제**: 병참 기지화 ➡ 식민지 공업화, 남면북양 정책
② **자원 수탈**: 국가 총동원법 제정(1938) ➡ 물자 수탈(미곡·금속류 공출, 식량 배급제 실시), 인력 수탈(징용, 징병, 일본군 '위안부')

(2) 민족 말살 통치 황국 신민화 정책(일선 동조론과 [❶] 일체 주장) ➡ 황국 신민 서사 암송, 신사 참배·창씨개명 강요

(3) 1930년대 국외 민족 운동
① **한·중 연합 작전**: 한국 독립군(지청천), 조선 혁명군(양세봉)이 중국군과 연합
② **중국 관내의 민족 운동**: 일제의 [❷] 점령 ➡ 조선 민족 혁명당, 조선 의용대
③ **대한민국 임시 정부의 재정비**: 충칭 정착, 한국 독립당 결성, 한국광복군 창설

(4) 1940년대 무장 투쟁과 건국 준비 활동
① **무장 투쟁**: 한국광복군(국내 진공 작전 계획), 조선 의용군(중국 팔로군과 연합)
② **건국 준비**: 대한민국 임시 정부(조소앙의 [❸]), 조선 독립 동맹, 조선 건국 동맹

답 ❶ 내선 ❷ 만주 ❸ 삼균주의

Quiz

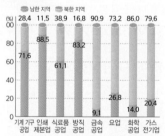

▲ 남북한 지역의 공업 생산액 비율(1940)

1930년대 이후 일제는 식민지 공업화와 남면북양 정책을 추진하는 등 전쟁에 필요한 물자를 효율적으로 수탈하기 위해 ( ) 정책을 시행하였다.

01

(가)에 들어갈 알맞은 말을 쓰시오.

> 1929년 11월부터 광주 지역 학생들은 민족 차별 중지 등을 내걸고 ▢(가)▢ 을/를 전개하였다. ▢(가)▢ 은/는 3·1 운동 이후 최대 규모의 항일 민족 운동으로 발전하였다.

풀이 1929년 광주 지역 학생들은 '식민지 ❶▢▢▢ 철폐', '일본 제국주의 타도', '민족 해방' 등을 주장하며 대규모 시위를 벌였다. 당시 ❷▢▢▢ 은/는 광주에 진상 조사단을 파견하였다.

답 ❶ 교육 ❷ 신간회

01-1

(가)에 들어갈 알맞은 말을 쓰시오.

비타협적 민족주의 세력	사회주의 세력
⬇	⬇

조선 민흥회 결성, 정우회 선언
⬇
▢(가)▢ 결성(1927)

02

(가)에 들어갈 알맞은 말을 쓰시오.

> 사진은 조선 ▢(가)▢ 의 제6회 전 조선 정기 대회 포스터이다. 조선 ▢(가)▢ 은/는 1923년에 진주에서 창립된 조직으로, 백정에 대한 차별 철폐 운동을 전개하였다.

풀이 갑오개혁으로 신분 제도가 폐지된 이후에도 ❶▢▢▢ 에 대한 차별은 사라지지 않았다. 이와 같은 차별에 항의하여 1923년 진주에서 조선 형평사가 조직되어 ❷▢▢▢ 운동을 전개하였다.

답 ❶ 백정 ❷ 형평

02-1

밑줄 친 '이 단체'로 옳은 것은?

> 1927년 신간회가 결성되자, 민족주의 계열과 사회주의 계열로 나누어 있었던 여성 운동 진영도 통합 단체인 이 단체를 결성하였다. 이 단체는 여성들을 대상으로 한 문맹 퇴치 및 계몽 활동에 힘을 쏟았다.

① 근우회　　　② 진단 학회
③ 조선어 학회　　　④ 조선 형평사
⑤ 조선 노동 총동맹

03

다음 지도의 (가)에 들어갈 단체로 옳은 것은?

① 신간회
② 의열단
③ 조선 의용대
④ 대한민국 임시 정부
⑤ 조선 민족 전선 연맹

풀이 1940년 충칭에 자리 잡은 대한민국 임시 정부는 중국 국민당 정부와 교섭하여 지청천을 총사령관으로 하는 ❶▢▢▢ 을/를 창설하였다. 또 ❷▢▢▢ 을/를 주석으로 하는 단일 지도 체제를 만들었다.

답 ❶ 한국광복군 ❷ 김구

03-1

(가)에 들어갈 단체를 쓰시오.

> 1937년 김원봉이 이끄는 조선 민족 혁명당은 조선 민족 전선 연맹을 결성하였으며, 1938년에 산하 무장 조직으로 ▢(가)▢ 을/를 창설하였다. ▢(가)▢ 은/는 중국 국민당 정부의 지원을 받으며 주로 일본군에 대한 심리전이나 포로 심문, 후방 공작 활동을 전개하였다.

1 다음 가상 대화가 이루어진 시기에 볼 수 있는 모습으로 가장 적절한 것은?

① 칼을 차고 수업하는 교사
② 한국광복군에 입대하는 청년
③ 국채 보상 운동에 참여하는 상인
④ 대한 제국 선포식에 참석하는 관리
⑤ 치안 유지법으로 구속되는 독립운동가

2 밑줄 친 '정부'에 대한 설명으로 옳지 <u>않은</u> 것은?

> 이 <u>정부</u>는 우리 역사상 최초의 민주 공화제 정부로 대통령제를 채택하였다. 또한 삼권 분립에 입각하여 임시 의정원, 국무원, 법원을 각각 구성하였다.

①『독립신문』을 발간하였다.
② 연통제와 교통국을 운영하였다.
③ 블라디보스토크에서 수립되었다.
④ 3·1 운동의 영향으로 수립되었다.
⑤ 구미 위원부를 두고 외교 활동을 전개하였다.

3 밑줄 친 '그'에 대한 설명으로 옳은 것은?

① 대한 독립군을 이끌었다.
② 한인 애국단을 결성하였다.
③ 헤이그에 특사로 파견되었다.
④ 물산 장려 운동을 주도하였다.
⑤ 상하이 훙커우 공원에서 의거를 일으켰다.

바탕 문제

1920년대 경제적 실력 양성을 위해 벌인 국산품 애용 운동은?

⇨ 1920년 조만식 등은 **❶** 에서 조선 물산 장려회를 조직하여 **❷** 을/를 전개하였다. 이 운동은 '내 살림 내 것으로', '조선 사람 조선 것' 등의 구호를 내세웠다.

᛭ ❶ 평양 **❷** 물산 장려 운동

---

4 (가) 민족 운동에 대한 설명으로 옳은 것은?

이 광고는 경성 방직 주식회사에서 ⎡ (가) ⎤ 의 일환으로 토산품 애용을 권장하는 광고이다. '우리가 만든 것 우리가 쓰자'라는 표어가 눈에 띈다.

① 일본인 재정 고문이 주도하였다.
② 황국 중앙 총상회를 조직하였다.
③ 『대한매일신보』의 지원을 받았다.
④ 조만식 등이 평양에서 시작하였다.
⑤ 중국의 5·4 운동 등에 영향을 끼쳤다.

바탕 문제

일제가 실시한 황국 신민화 정책의 내용은?

⇨ 침략 전쟁을 확대한 일제는 한국인의 민족의식을 말살하여 저항을 잠재우고, 침략 전쟁에 효율적으로 동원하고자 하였다. 이에 일제는 황국 신민을 양성한다는 목표 아래 **❶** 을/를 강제로 외우게 하였으며, 전국 각지에 **❷** 을/를 세우고 매월 1일을 애국일로 정해 참배를 의무화하였다.

᛭ ❶ 황국 신민 서사 **❷** 신사

---

5 다음 자료의 상황이 나타난 시기 일제의 정책으로 옳지 <u>않은</u> 것은?

우리들은 대일본 제국의 신민입니다!
우리들은 마음을 합하여 천황 폐하께 충의를 다합니다!

① 조선 태형령을 시행하였다.
② 미곡 공출제를 단행하였다.
③ 국가 총동원법을 선포하였다.
④ 일본군 '위안부'를 강제로 끌고 갔다.
⑤ 성과 이름을 일본식으로 바꾸도록 강요하였다.

바탕 문제

대한민국 임시 정부가 창설한 정규군은?

⇨ 1940년 대한민국 임시 정부는 지청천을 총사령관으로 하는 **❶** 을/를 창설하였다. 일제가 1941년에 **❷** 을/를 일으키자, 대한민국 임시 정부는 대일 선전 포고를 하고 연합군과 합동 작전을 전개하였다.

᛭ ❶ 한국광복군 **❷** 태평양 전쟁

---

6 (가)에 들어갈 독립군 부대의 활동으로 옳은 것은?

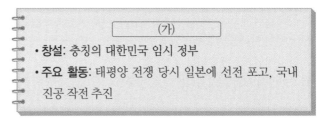

⎡ (가) ⎤
• **창설**: 충칭의 대한민국 임시 정부
• **주요 활동**: 태평양 전쟁 당시 일본에 선전 포고, 국내 진공 작전 추진

① 양세봉의 지휘하에 활동하였다.
② 쌍성보 전투에서 일본군을 무찔렀다.
③ 인도·미얀마 전선에 파견되어 활약하였다.
④ 청산리 대첩에서 일본군에 큰 승리를 거두었다.
⑤ 적극적인 투쟁을 펼치고자 화북 지방으로 이동하였다.

전략 ❶ 1910년대 일제의 식민지 지배 정책

✤ **1910년대 무단 통치**: 식민 통치 최고 기구로 **❶**〔　　　　〕 설치, 헌병 경찰 제도 실시(즉결 처분권 행사), 조선 태형령 시행

✤ **1910년대 경제 수탈**: **❷**〔　　　　〕(신고주의, 조선 총독부의 지세 수입 증가), 회사령 공포(허가제, 한국인의 기업 설립 및 자본 축적 억제 목적)

🗒 ❶ 조선 총독부 ❷ 토지 조사 사업

필수 예제 1

(1) (가)에 들어갈 알맞은 말을 쓰시오.

> 1910년대 〔 (가) 〕은/는 일반 경찰을 지휘하고 독립운동을 탄압하였으며, 치안뿐만 아니라 징세와 위생 사무 등 한국인의 일상생활 전반에 관여하였다. 또한 정식 재판을 거치지 않고도 한국인에게 벌금이나 구류 등 즉결 처분을 내릴 수 있었다.

(2) 다음 그래프와 같은 변화를 가져온 일제의 정책을 쓰시오.

▲ 조선 총독부 지세 수입액 변화

풀이

(1) 1910년대 무단 통치 시기에는 헌병이 경찰 업무를 지휘하고 일반 행정 업무까지 관장하는 헌병 경찰 제도가 시행되었다. 헌병 경찰은 경찰범 처벌 규칙, 조선 태형령 등을 통해 한국인에게 강압적인 처분을 내릴 수 있었다.

🗒 헌병 경찰

(2) 일제는 1910년부터 1918년까지 근대적 토지 소유권 확립을 표방하며 토지 조사 사업을 실시하였다. 신고주의 원칙에 따라 시행된 이 사업의 결과, 미신고 토지와 국·공유지 등이 조선 총독부로 넘겨졌으며, 조선 총독부의 지세 수입이 대폭 늘어났다.

🗒 토지 조사 사업

1-1

무단 통치 시기에 볼 수 있는 모습으로 적절한 것을 〈보기〉에서 있는 대로 고르시오.

> • 보기 •
> ㄱ. 제복을 입고 칼을 찬 교사
> ㄴ. 황국 신민 서사를 암송하는 학생
> ㄷ. 치안 유지법으로 구속되는 독립운동가
> ㄹ. 한국인에게 태형을 실시하는 헌병 경찰

1-2

다음 법령이 실시된 시기의 경제 정책으로 옳은 것은?

> 제4조 토지의 소유자는 조선 총독이 정하는 기간 내에 주소, 씨명, 명칭 및 소유지의 소재, 지목, 자번호, 사표, 등급, 지적, 결수를 임시 토지 조사 국장에게 신고해야 한다.

① 당백전 발행
② 회사령 시행
③ 남면북양 정책 단행
④ 화폐 정리 사업 실시
⑤ 산미 증식 계획 추진

전략 ❷ | 1920년대 일제의 식민지 지배 정책

✦1920년대 민족 분열 통치(이른바 ❶ ☐): 가혹한 식민 통치 은폐, 친일 세력 양성 목적

표방	실제
문관 총독 임명 가능	문관 총독 임명된 적 없음.
• 보통 경찰 제도로 전환 • 조선 태형령 폐지	• 경찰 관서와 인원, 비용 등 증가 • 치안 유지법 제정(1925)
한국인의 신문, 잡지 발행 허용	신문 검열 강화(기사 삭제, 정간·폐간)

● 1920년대 경제 수탈: ❷ ☐ (증산량보다 많은 양 반출, 한국의 식량 사정 악화), 회사령 폐지(신고제, 일본 자본과 기업의 자유로운 한국 진출)

답 ❶ 문화 통치 ❷ 산미 증식 계획

필수 예제 2

(1) 다음 방침이 발표된 배경이 된 사건을 쓰시오.

> 총독은 문무관 중에서 임용할 수 있는 길을 열었고, 헌병에 의한 경찰 제도를 바꿔 보통 경찰에 의한 경찰 제도로 바꾸었다. 또 복제를 개정하여 일반 관리와 교원 등의 제복 대검을 폐지하고 …….
> – 사이토 마코토, 「조선 총독부 관보」, 1919. 9. –

풀이

(1) 3·1 운동을 계기로 무단 통치의 한계를 느낀 일제는 이른바 문화 통치를 표방하며, 문관 총독 임명과 보통 경찰 제도 시행, 언론·출판·집회·결사의 자유 등을 약속하였다. 하지만 이는 가혹한 식민 통치를 은폐하여 우리 민족의 저항을 무마하고, 친일 세력을 적극적으로 양성하려는 민족 분열 통치에 불과하였다.

답 3·1 운동

(2) 다음과 같은 결과를 가져온 일제의 정책을 쓰시오.

> • 한국의 식량 사정 악화
> • 만주로부터 잡곡 수입 증가
> • 식민지 지주제 강화, 소작료 인상
> • 수리 조합비, 비료 대금 등 농민 부담 증가

(2) 일제는 일본의 쌀 부족 문제를 해결하고자 1920년부터 한국에서 산미 증식 계획을 시행하였다. 그러나 늘어난 생산량보다 훨씬 많은 양의 쌀을 일본으로 반출하면서 한국의 식량 상황은 악화되었다. 또 한국 농민들은 수리 조합비와 비료 대금을 떠맡게 되었으며, 소작료까지 인상되어 생활이 날로 어려워졌다.

답 산미 증식 계획

2-1
(가)에 들어갈 제도를 쓰시오.

> 3·1 운동을 계기로 강압적인 무단 통치로는 한국을 지배하기 어렵다고 판단한 일제는 헌병 경찰 제도를 폐지하고 (가) 을/를 시행하였다. 그러나 실제로는 경찰 관서와 인원, 비용 등이 훨씬 늘어났다.

2-2
다음 정책을 시행한 결과로 가장 적절한 것은?

> 일제는 1920년에 허가제였던 회사령을 폐지하고 회사 설립을 신고제로 바꾸었다.

① 국채 보상 운동이 전개되었다.
② 일본에서 쌀 소동이 발생하였다.
③ 소작농의 관습적 경작권이 부정되었다.
④ 일본의 기업들이 한국에 쉽게 진출하였다.
⑤ 조선 총독부의 지세 수입이 크게 증가하였다.

전략 ③ │ 3·1 운동과 대한민국 임시 정부

3·1 운동
- 배경: 민족 자결주의, 고종의 서거, 2·8 독립 선언 등
- 전개: 주요 도시에서 만세 시위 전개 ➡ 전국, 국외 확산
- 일제의 탄압: 제암리 학살 사건, 유관순 등 순국
- 의의: 우리 역사상 최대 규모의 민족 운동
- 영향: ❶ □□□□ 수립의 계기, 항일 운동 활성화, 일제의 통치 방식 변화(무단 통치 ➡ 이른바 문화 통치), 중국의 5·4 운동 등 반제국주의 운동에 영향

✦ **대한민국 임시 정부**
- 성립: 한성 정부의 법통 계승, 상하이의 대한민국 임시 정부와 대한 국민 의회 통합 ➡ 민주 공화제, 삼권 분립 채택
- 활동:『독립신문』발간, 연통제·교통국 운영, 외교 활동(파리 강화 회의에 독립 청원서 제출, 구미 위원부 설치), 독립 공채 발행 등
- 위기: ❷ □□□□ 개최(1923) ➡ 창조파와 개조파의 대립으로 결렬 ➡ 침체

🔑 ❶ 대한민국 임시 정부 ❷ 국민 대표 회의

필수 예제 ③

(1) 다음 선언서가 발표된 민족 운동이 무엇인지 쓰시오.

> 우리는 우리 조선이 독립한 나라임과 조선 사람이 자주적인 민족임을 선언한다. …… 낡은 시대의 유물인 침략주의·강권주의에 희생되어 역사가 있은 지 몇 천 년 만에 처음으로 다른 민족의 억누름에 뼈아픈 괴로움을 당한 지 이미 십 년이 지났으니 …… 아, 새로운 세계가 눈앞에 펼쳐졌도다.
> – 「기미 독립 선언서」, 1919. –

(2) (가)에 들어갈 알맞은 말을 쓰시오.

> 독립운동의 방향을 두고 갈등이 벌어지는 가운데, 여러 민족 운동가들은 독립운동의 새로운 방향을 논의하기 위해 (가) 을/를 개최하였다. 그러나 임시 정부를 해체하고 새로운 정부를 수립하자는 창조파와 임시 정부의 조직만 바꾸자는 개조파의 대립으로 별다른 성과를 거두지 못하고 결렬되었다.

풀이

(1) 1919년 천도교, 기독교, 불교계 지도자들로 구성된 민족 대표들은 독립 선언서를 준비하고 전국에 배포하였다. 1919년 3월 1일, 민족 대표들은 독립 선언식을 가졌으며, 탑골 공원을 비롯하여 평양, 원산 등에서 수많은 시민과 학생들이 독립 만세 운동을 전개하였다.

🔑 3·1 운동

(2) 대한민국 임시 정부의 연통제와 교통국이 일제의 탄압으로 무너지고, 외교 활동이 부진한 가운데 이승만의 위임 통치 청원 사실이 알려지면서 갈등이 고조되었다. 이러한 위기를 타개하기 위해 1923년에 국민 대표 회의가 소집되었다.

🔑 국민 대표 회의

3-1
밑줄 친 '이 운동' 이후 일제가 무단 통치 대신 시행한 통치 방식을 쓰시오.

▲ 미국 필라델피아 시가행진 (1919. 4.)

1919년 3월 초부터 시작된 이 운동은 국외로 확산되었다. 미국 필라델피아에서는 미주 지역의 한인들이 모여 3일간 한인 자유 대회를 열고 시가행진을 벌였다.

3-2
(가), (나)에 들어갈 알맞은 말을 각각 쓰시오.

> 대한민국 임시 정부는 (가) (이)라는 비밀 행정 조직을 만들어 독립운동 자금과 국내 정보를 모았다. 서울에 총판, 도·군·면에 독판, 군감, 면감을 두고 중요한 정보를 수집하였다. 또한 통신 기관인 (나) 을/를 만들어 국내 인사와의 연락과 이동, 독립운동 자금 모집 등을 담당하게 하였다.

전략 ④ | 1920년대 무장 투쟁과 의열 투쟁

✡ **1920년대 무장 투쟁**: 봉오동 전투(홍범도의 대한 독립군 등), **❶**□□□□□(김좌진의 북로 군정서 등) → 간도 참변 → 자유시 참변 → 3부 결성 → 미쓰야 협정 체결 → 3부 통합 운동(혁신 의회, 국민부로 재편)

✡ **의열 투쟁**

단체	의열단	한인 애국단
설립	김원봉의 주도로 만주 지린에서 결성	**❷**□□이/가 상하이에서 조직
활동	• 신채호의 「조선 혁명 선언」을 활동 지침으로 삼음. • 김익상(조선 총독부), 김상옥(종로 경찰서), 나석주(동양 척식 주식회사) 등이 폭탄 투척	• 이봉창의 일왕 암살 시도 • 윤봉길의 상하이 훙커우 공원 의거 → 이후 중국 국민당 정부가 대한민국 임시 정부를 적극 지원

目 ❶ 청산리 대첩 ❷ 김구

필수 예제 ④

(1) 다음 사건이 무엇인지 쓰시오.

> 일제는 조선과 관동 지방 및 연해주에 주둔하던 일본군을 동원하여 간도에 거주하는 한국인을 무차별 학살하였다. 이때 간도 지방의 우리 동포 1만여 명이 잔인하게 학살당하고 2,500여 채의 민가와 30여 채의 학교가 불태워졌다.

(2) 다음 인물과 의열 투쟁 활동을 바르게 연결하시오.

① 김상옥 •　　• ㉠ 일왕 암살 시도
② 나석주 •　　• ㉡ 종로 경찰서 폭탄 투척
③ 이봉창 •　　• ㉢ 상하이 훙커우 공원 의거
④ 윤봉길 •　　• ㉣ 동양 척식 주식회사 폭탄 투척

풀이

(1) 일제는 청산리 대첩을 전후하여 독립군의 근거지를 없앤다는 구실로 간도 지역의 한인 촌락을 습격하고 민간인을 학살하는 간도 참변을 일으켰다(1920~1921).

目 간도 참변

(2) 의열단의 김상옥과 나석주는 각각 종로 경찰서와 동양 척식 주식회사에 폭탄을 투척하였다. 한인 애국단의 이봉창은 도쿄에서 일왕 암살을 시도하였고, 윤봉길은 상하이 훙커우 공원에서 의거를 일으켰다.

目 ①-㉡ ②-㉣ ③-㉠ ④-㉢

4-1

밑줄 친 '이 전투'가 무엇인지 쓰시오.

▲ 김좌진과 북로 군정서

일본군은 훈춘 사건을 구실로 만주의 독립군 근거지를 공격하였다. 김좌진의 북로 군정서를 비롯한 여러 독립군 부대는 일본군을 <u>이 전투</u>에서 크게 무찔렀다.

4-2

(가)에 들어갈 인물로 옳은 것은?

> 김원봉의 요청으로 　(가)　이/가 작성한 「조선 혁명 선언」은 의열단의 활동 지침이 되었다. 여기에는 폭력 투쟁을 통한 민중의 직접 혁명을 추구하는 의열단의 기본 정신이 잘 나타나 있다.

① 김구　　　② 김상옥　　　③ 신채호
④ 윤봉길　　⑤ 홍범도

1 ㉠~㉤에 대한 설명으로 옳지 <u>않은</u> 것은?

> **탐구 보고서**
>
> △학년 △반 ○○○
>
> 1. 주제: 일제 강점기 문화 통치의 실상
> 2. 내용
>
> | 표면 | 실상 |
> |------|------|
> | 문관 총독 임명 가능 | ㉠ |
> | 보통 경찰 제도 시행 | ㉡ |
> | ㉢ | 사전 검열과 기사 삭제 |
> | ㉣ | 학교 수 부족, 비용 부담 |
> | 도 평의회 설치 | ㉤ |

① ㉠ – 광복 때까지 문관 총독은 단 한 명도 임명되지 않았다.

② ㉡ – 경찰의 인원과 비용 등이 크게 증가하였다.

③ ㉢ – 『대한매일신보』가 창간되었다.

④ ㉣ – 일본인과 한국인을 동등하게 교육하겠다고 주장하였다.

⑤ ㉤ – 자문 기구에 불과하였다.

2 다음 자료를 활용한 탐구 활동으로 가장 적절한 것은?

▲ 폐허가 된 제암리 마을

미국인 선교사 스코필드는 제암리 학살 소식을 미국 언론에 폭로하였다. 선교사 노블도 다음과 같이 당시의 참상을 전했다. "그들은 재가 되어 버린 교회와 숯덩이가 된 시신들을 보았으며, 살이 타면서 나는 냄새를 맡고 병이 날 지경이었다. 곡물 창고와 가축들도 모두 불에 탔다."

① 간도 참변의 배경을 조사한다.

② 광성보 전투를 기록한 자료를 탐구한다.

③ 동학 농민 운동의 전개 과정을 알아본다.

④ 3·1 운동 당시 일제의 탄압 사례를 살펴본다.

⑤ 전시 동원 체제와 인적 수탈의 내용을 찾아본다.

3 (가)에 대한 설명으로 옳은 것은?

이곳은 아일랜드계 영국인 조지 루이스 쇼가 설립한 무역 회사로, (가) 의 독립운동 자금 모집 등을 담당하는 교통국 역할을 수행하였습니다.

① 블라디보스토크에 수립되었다.
②「조선 혁명 선언」을 활동 지침으로 삼았다.
③ 고종을 복위시키려는 복벽주의를 지향하였다.
④ 삼권 분립에 입각한 민주 공화제를 채택하였다.
⑤ 광주 학생 항일 운동에 진상 조사단을 파견하였다.

Tip
대한민국 임시 정부는 독립운동 자금을 조달하고 국내 정보를 모으기 위해 비밀 행정 조직으로 **①** 을/를 두었으며, 통신 기관으로 **②** 을/를 두어 국내 인사와의 연락과 이동, 독립운동 자금 모집 등을 담당하게 하였다.

답 **①** 연통제 **②** 교통국

4 (가), (나) 시기 사이에 있었던 사실로 옳은 것은?

(가) 홍범도 등이 이끄는 독립군이 봉오동 골짜기에서 일본군에 큰 승리를 거두었다.
(나) 러시아 자유시에서 지휘권을 둘러싼 갈등이 벌어졌고, 여기에 러시아 혁명군까지 개입하면서 많은 사상자가 발생하였다.

① 2·8 독립 선언이 발표되었다.
② 북만주 지역에 신민부가 수립되었다.
③ 조선 혁명군이 중국군과 연합 작전을 펼쳤다.
④ 북로 군정서 등이 청산리 대첩에서 승리하였다.
⑤ 일제가 만주 군벌과 미쓰야 협정을 체결하였다.

Tip
봉오동 전투에서 패배한 일제가 훈춘 사건을 구실로 만주의 독립군 근거지를 공격하였으나, 독립군은 **①** 에서 큰 승리를 거두었다. 이후 일제가 자행한 간도 참변 등을 피해 러시아로 이동한 독립군 **②** (으)로 큰 피해를 입었다.

답 **①** 청산리 대첩 **②** 자유시 참변

5 (가)에 대한 설명으로 옳은 것은?

한국사 신문

19△△년 △월 △일

의열단, (가) 에 폭탄을 투척하다

1921년 9월 김원봉의 밀령을 받은 의열단 소속 김익상은 국내로 들어와 전기 수리공으로 위장하고 (가) 에 폭탄을 던졌다. 그가 총독실로 오인하고 던진 비서과의 폭탄은 불발이었으나 회계과장실의 폭탄은 폭발하였다.

① 헌의 6조에 따라 설립되었다.
② 을사늑약에 의해 설치되었다.
③ 제1차 갑오개혁을 주도하였다.
④ 식민지 농업 경영을 위해 설립되었다.
⑤ 국권 강탈 이후 식민 통치의 최고 기구로 설치되었다.

Tip
1919년 김원봉의 주도로 만주 지린에서 결성된 **①** 은/는 일제의 식민 통치 기관을 파괴하는 등 의열 투쟁을 전개하였다. 김익상은 조선 총독부에, **②** 은/는 동양 척식 주식회사와 조선 식산 은행에 폭탄을 투척하였다.

답 **①** 의열단 **②** 나석주

1주 3일 필수 체크 전략 ①

전략 ❶ | 실력 양성 운동

● 실력 양성 운동

- **❶ [　　　]**: 평양에서 조만식 등이 시작('내 살림 내 것으로', '조선 사람 조선 것')
- 민립 대학 설립 운동: 전국적인 모금 운동 전개('한민족 1천만이 한 사람이 1원씩')
- 농촌 계몽 운동: 문자 보급 운동(『조선일보』, '아는 것이 힘, 배워야 산다'), 브나로드 운동(『동아일보』)

✪ 학생 항일 운동과 민족 유일당 운동

- 6·10 만세 운동(1926): 순종의 사망을 계기로 만세 시위 전개 ➡ 민족 협동 전선을 결성할 수 있는 공감대 형성
- **❷ [　　　]**(1929): 한·일 학생 간의 충돌을 계기로 전개 ➡ 3·1 운동 이후 최대 규모 항일 운동
- 신간회: 비타협적 민족주의 세력과 사회주의 세력이 연대하여 결성(1927)

🔖 ❶ 물산 장려 운동 ❷ 광주 학생 항일 운동

필수 예제 ①

(1) 다음 구호를 주장한 실력 양성 운동이 무엇인지 각각 쓰시오.

> (가) '내 살림 내 것으로'
> (나) '한민족 1천만이 한 사람이 1원씩'

(2) 다음 격문을 발표한 민족 운동이 무엇인지 쓰시오.

> - 식민지적 노예 교육 제도를 철폐하라.
> - 만행의 광주 중학(일본인 학교)을 폐쇄하라!
> - 일본 제국주의를 타도하라!

풀이

(1) 물산 장려 운동에서는 '내 살림 내 것으로', '조선 사람 조선 것' 등의 구호를 내세우며 토산품 애용, 근검저축 등을 주장하였다. 민립 대학 설립 운동에서는 '한민족 1천만이 한 사람이 1원씩'의 구호를 내세우며 모금 운동을 벌여 한국인의 힘으로 대학을 세우고자 하였다.

🔖 (가) 물산 장려 운동 (나) 민립 대학 설립 운동

(2) 1929년 10월 나주역에서 한·일 학생 간 충돌이 일어났다. 이를 계기로 11월에 광주 지역 학생들은 민족 차별 중지, 식민지 교육 철폐 등을 내걸고 대규모 시위를 전개하였다. 시위는 전국으로 확산되었으며, 신간회는 광주에 진상 조사단을 파견하기도 하였다.

🔖 광주 학생 항일 운동

1-1

다음 사진과 관련된 민족 운동으로 옳은 것은?

▲ 『조선일보』가 발행한 문자 보급 운동 교재　　▲ 『동아일보』의 브나로드 운동 포스터

① 의열 투쟁　　② 자치 운동　　③ 형평 운동
④ 국채 보상 운동　　⑤ 농촌 계몽 운동

1-2

(가)에 들어갈 알맞은 말을 쓰시오.

> [　(가)　]은/는 회장에 이상재, 부회장에 홍명희를 선출하고 아래와 같은 강령을 발표한다.
> 1. 우리는 정치적·경제적 각성을 촉구함.
> 2. 우리는 단결을 공고히 함.
> 3. 우리는 기회주의를 일체 부인함.

전략 ❷ | 대중·문화 운동

- **농민 운동과 노동 운동**: 암태도 소작 쟁의(1923), 원산 총파업(1929)
- **다양한 사회 운동**: 청년 운동, 소년 운동(방정환), 여성 운동(근우회), **❶** [   ](백정에 대한 차별 철폐 운동)
- ✿ **민족 문화 수호 운동**
  - 한글 연구와 보급: 조선어 학회 ➡ 한글 맞춤법 통일안 제정, 우리말 사전 편찬 시도 등
  - 한국사 연구: 민족주의 사학(**❷** [   ], 신채호), 사회 경제 사학(백남운), 실증 사학(진단 학회)

📋 ❶ 형평 운동 ❷ 박은식

필수 예제 2

(1) 밑줄 친 '이 신분'이 무엇인지 쓰시오.

이것은 형평사 제6회 전 조선 정기 대회 포스터이다. 1923년 조선 형평사는 <u>이 신분</u>에 대한 차별 철폐를 요구하는 형평 운동을 전개하였다. 형평 운동은 언론과 사회주의 계열의 지지를 얻어 전국적인 운동으로 발전하였다.

(2) (가)에 들어갈 인물을 쓰시오.

한국사 인물 카드
- **이름:** [(가)]
- **주요 활동**
  - 대한민국 임시 정부 제2대 대통령
  - 『한국통사』, 『한국독립운동지혈사』 저술

풀이

(1) 갑오개혁으로 신분 제도가 폐지된 이후에도 도축이나 고기 파는 일을 하는 백정에 대한 차별은 완전히 사라지지 않았다. 이러한 차별에 항의하여 1923년 진주에서 조선 형평사가 조직되어 형평 운동을 전개하였다.

📋 백정

(2) 박은식, 신채호 등은 민족주의 사학을 근대 역사학으로 정립하였으며, 독립운동의 일환으로 역사를 연구하였다. 특히 박은식은 『한국통사』를 지어 일본의 침략 과정을 폭로하였으며, 『한국독립운동지혈사』를 통해 한국 독립운동의 역사를 저술하였다.

📋 박은식

2-1

다음 강령을 선언한 단체로 옳은 것은?

> 1. 여성에 대한 사회적·법률적 일체 차별 철폐
> 2. 일체 봉건적 인습과 미신 타파
> 3. 조혼 폐지 및 결혼의 자유
> 5. 농민 부인의 경제적 이익 옹호
> 6. 부인 노동의 임금 차별 철폐 및 산전·산후 임금 지불

① 국민부   ② 근우회   ③ 정우회
④ 진단 학회   ⑤ 조선어 학회

2-2

밑줄 친 '이 사람'이 누구인지 쓰시오.

> <u>이 사람</u>은 사회 경제 사학을 내세워 우리 역사가 '원시 공산제, 고대 노예제, 중세 봉건제, 근대 자본제'라는 세계사의 보편적인 발전 법칙에 따라 발전하였다는 것을 강조하였다. 이로써 일제가 내세운 식민 사관의 정체성론을 반박하는 이론적 근거를 제시하였다.

전략 ③ | **전시 동원 체제와 민족 말살 통치**

● **전시 동원 체제:** 병참 기지화 정책(식민지 공업화, 남면북양 정책), 인적·물적 자원 수탈(**❶**[　　　] 제정 ➜ 징병, 징용, 일본군 '위안부', 공출 등)

✿ **민족 말살 통치:** 한국인의 민족의식을 말살하여 침략 전쟁에 효율적으로 동원하려는 목적 ➜ **❷**[　　　] 정책(내선일체 주장, 황국 신민 서사 암송, 신사 참배 및 일본식 성명 사용 강요 등), 교육과 사상 통제

답 ❶ 국가 총동원법 ❷ 황국 신민화

 3

(1) 밑줄 친 '이 정책'이 무엇인지 쓰시오.

 그림은 내지(일본)와 조선이 하나라는 '내선일체'를 표현한 것이다. 침략 전쟁을 확대한 일제는 한국인을 일왕에게 충성하는 백성으로 만들기 위해 <u>이 정책</u>을 실시하면서 '내선일체'를 강조하였다.

풀이

(1) 일제는 침략 전쟁을 확대하는 가운데 한국인을 전쟁에 동원하기 위해 황국 신민화 정책을 펼쳤다. 이 과정에서 '일선 동조론', '내선일체' 등의 주장을 강조하였으며, 황국 신민 서사를 강제로 외우게 하고 신사 참배, 궁성 요배, 창씨개명 등을 강요하였다.

답 황국 신민화 정책

(2) 다음 법령이 제정된 시기를 연표에서 골라 기호를 쓰시오.

> 제4조 정부는 전시에 국가 총동원상 필요할 때에는 칙령이 정하는 바에 따라 제국 신민을 징용하여 총동원 업무에 종사하게 할 수 있다.

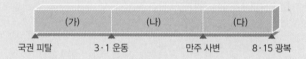

(2) 제시된 법령은 1938년에 제정된 국가 총동원법의 일부이다. 일제는 만주 사변(1931)과 중·일 전쟁(1937) 등 침략 전쟁을 벌이면서 전쟁에 필요한 자원을 효율적으로 동원하기 위해 국가 총동원법을 제정하고 공출, 징병, 징용 등을 단행하였다.

답 (다)

3-1
(가)에 들어갈 알맞은 말을 쓰시오.

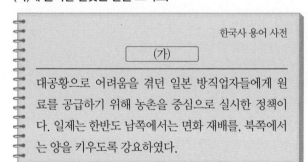

한국사 용어 사전

[　(가)　]

대공황으로 어려움을 겪던 일본 방직업자들에게 원료를 공급하기 위해 농촌을 중심으로 실시한 정책이다. 일제는 한반도 남쪽에서는 면화 재배, 북쪽에서는 양을 키우도록 강요하였다.

3-2
다음 방침이 실시된 시기의 정책으로 옳은 것은?

> 1. 일본식으로 성명을 고치지 않은 사람은 자제를 학교에 입학시킬 수 없다.
> 4. 일본식으로 성명을 고치지 않은 사람에 대해서는 행정 기관에서 행하는 모든 사무를 취급하지 않는다.

① 회사령
② 미곡 공출제
③ 조선 태형령
④ 화폐 정리 사업
⑤ '남한 대토벌' 작전

전략 ❹ | 광복을 위한 노력

✯ 1930년대 국외 민족 운동
- 한·중 연합 작전: 한국 독립군(지청천)–중국 호로군, 조선 혁명군(양세봉)–중국 의용군
- 중국 관내의 항일 투쟁: 김원봉 주도로 [❶] 결성
  → 대부분은 중국 공산당의 근거지인 화북 지방으로 이동

✯ 1940년대 무장 투쟁과 건국 준비 활동
- 대한민국 임시 정부: 충칭 정착, 대한민국 건국 강령 발표 (조소앙의 삼균주의에 기반), 대일 선전 포고
- [❷]: 대한민국 임시 정부의 정규군으로 창설 → 인도·미얀마 전선 투입, 국내 진공 작전 준비

🔑 ❶ 조선 의용대 ❷ 한국광복군

필수 예제 4

(1) 다음 전투들의 공통점으로 가장 적절한 것은?

> • 사도하자 전투   • 영릉가 전투

① 한국광복군이 주도하였다.
② 조선 의용대가 활약하였다.
③ 간도 참변의 배경이 되었다.
④ 한·중 연합 작전으로 치러진 전투이다.
⑤ 미쓰야 협정이 체결되는 결과를 가져왔다.

(2) 다음 포고문을 발표한 단체를 쓰시오.

> 우리는 삼천만 한인과 정부를 대표하여 삼가 중국, 영국, 미국 등 기타 여러 나라가 일본에 전쟁을 선포한 것이 일본을 격패(擊敗)하게 하고 동아시아를 재건하는 가장 유효한 수단이 됨을 축하하며, 이에 특히 다음과 같이 성명하노라.
> 1. 한국 전 인민은 현재 이미 반침략 전선에 참가하였으니 한 개의 전투 단위로서 선전한다.

풀이

(1) 1931년 만주 사변이 일어나자 만주 지역의 독립군은 중국 항일 무장 세력과 함께 한·중 연합 작전을 전개하였다. 한국 독립군은 쌍성보 전투와 대전자령 전투에서 승리를 거두었으며, 조선 혁명군은 영릉가 전투와 흥경성 전투를 승리로 이끌었다.

🔑 ④

(2) 제시된 자료는 대한민국 임시 정부가 발표한 대일 선전 포고문이다. 1940년 충칭에 정착한 대한민국 임시 정부는 1941년에 일본이 태평양 전쟁을 일으키자 정식으로 일본에 선전 포고를 하고 연합군과 합동 작전을 전개하였다.

🔑 대한민국 임시 정부

4-1
다음 전투들이 일어난 배경으로 가장 적절한 것은?

① 간도 참변   ② 만주 사변   ③ 중·일 전쟁
④ 자유시 참변   ⑤ 태평양 전쟁

4-2
(가) 부대의 활동으로 옳은 것은?

> 대한민국 임시 정부는 1940년에 김구를 주석으로 선출하고, 충칭에서 지청천을 총사령관으로 하는 [(가)]을/를 창설하였다.

① 러시아령 자유시로 이동하였다.
② 13도 창의군 결성을 주도하였다.
③ 인도·미얀마 전선에 파견되었다.
④ 흥경성 전투에서 승리를 거두었다.
⑤ 중국 공산당의 팔로군과 연합 전선을 형성하였다.

1 다음 주장을 내건 민족 운동에 대한 설명으로 옳은 것은?

> 내 살림 내 것으로! / 보아라! 우리의 먹고 입고 쓰는 것이 다 우리의 손으로 만든 것이 아니었다. 이것이 세상에 제일 무섭고 위태한 일인 줄을 오늘에 야 우리는 깨달았다. …… 입어라! 조선 사람이 짠 것을 / 먹어라! 조선 사람 이 만든 것을 / 써라! 조선 사람이 지은 것을 / 조선 사람, 조선 것.

① 조선 형평사가 주도하였다.
②『대한매일신보』의 지원을 받았다.
③ 순종의 인산일을 계기로 일어났다.
④ 평양에서 시작되어 전국으로 확산되었다.
⑤ 일본의 황무지 개간권 요구를 철회시켰다.

Tip
1920년 8월 평양에서 [❶] 등이 조선 물산 장려회를 조직하고 우리가 만든 물건을 쓰자는 [❷]을/를 전개하였다. 이 운동 은 1923년 서울에서 조선 물산 장려회가 조직 되면서 전국으로 퍼져 나갔다.

답 ❶ 조만식 ❷ 물산 장려 운동

2 (가)에 들어갈 내용으로 가장 적절한 것은?

① 『독립신문』을 발행하였어요.
② 6·10 만세 운동을 주도하였어요.
③ 오산 학교와 대성 학교를 설립하였어요.
④ 농민의 자치 조직으로 전라도에 설치되었어요.
⑤ 광주 학생 항일 운동 때 진상 조사단을 파견하였어요.

Tip
비타협적 민족주의자들과 [❶]들은 정 우회 선언 등을 계기로 1927년에 [❷] 을/를 창립하여 민족 협동 전선을 결성하였다.

답 ❶ 사회주의자 ❷ 신간회

3 다음 주장을 내건 민족 운동에 대한 설명으로 옳은 것은?

> 공평은 사회의 근본이고 애정은 인류의 본령이다. 그러한 까닭으로 우리는 계급을 타파하고 모욕적 칭호를 폐지하며 교육을 장려하여, 우리도 참다운 인간이 되는 것을 기하자는 것이 우리의 주장이다. 지금까지 조선의 백정은 어떠한 지위와 압박을 받아 왔는가?

① '가갸날'을 제정하였다.
② 민립 대학을 설립하고자 하였다.
③ 조선 형평사의 주도로 전개되었다.
④ 고종의 강제 퇴위를 반대하는 운동을 펼쳤다.
⑤ 어린이를 인격적으로 대우할 것을 주장하였다.

Tip
갑오개혁으로 신분 제도가 폐지된 이후에도 백정에 대한 차별이 계속되자, 이에 항의하여 1923년 [❶]에서 조선 형평사가 조직 되어 [❷]을/를 전개하였다.

답 ❶ 진주 ❷ 형평 운동

4 다음 자료를 활용한 탐구 활동으로 가장 적절한 것은?

> 조선에서 실시된 징용은 절대적 강제력이 있어
> 서, 갈 것인가 말 것인가 하는 개인의 의사는 무
> 시되고 목적지는 물론이고 일하는 장소조차 안
> 가르쳐 줍니다. 저 역시 떠나는 날에야 행선지가
> 야하다 제철소라는 것을 알게 되었습니다.

① 3·1 운동의 결과를 정리한다.
② 간도 참변이 일어난 배경을 살펴본다.
③ 치안 유지법이 제정된 목적을 알아본다.
④ 1910년대 일제의 경제 정책을 조사한다.
⑤ 전시 동원 체제에서의 수탈 사례를 찾아본다.

5 (가), (나) 시기에 있었던 대한민국 임시 정부의 활동으로 옳은 것만을 〈보기〉에서 고른 것은?

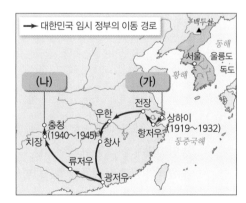

• 보기 •

ㄱ. (가) – 건국 강령을 발표하였다.
ㄴ. (가) – 한인 애국단을 결성하였다.
ㄷ. (나) – 국민 대표 회의를 개최하였다.
ㄹ. (나) – 대일 선전 포고를 발표하였다.

① ㄱ, ㄴ   ② ㄱ, ㄷ   ③ ㄴ, ㄷ
④ ㄴ, ㄹ   ⑤ ㄷ, ㄹ

대표 예제 **1**

밑줄 친 '이 시기'에 있었던 사실로 옳은 것은?

이것은 일제가 태형을 집행할 때 사용하던 도구이다. 이 시기에 일제는 한국인에게만 태형을 집행하는 등 강압적인 무단 통치를 실시하였다.

① 통감부가 설치되었다.
② 치안 유지법이 제정되었다.
③ 국가 총동원법이 선포되었다.
④ 토지 조사 사업이 시행되었다.
⑤ 회사 설립이 신고제로 운영되었다.

개념 가이드

1910년대 일제는 [**①**]에게 즉결 처분의 권한을 부여하였으며, [**②**]을/를 제정하여 한국인에게만 태형을 가할 수 있도록 하였다.

🖳 **①** 헌병 경찰 **②** 조선 태형령

대표 예제 **2**

다음 법령을 시행한 목적으로 가장 적절한 것은?

제1조 회사의 설립은 조선 총독의 허가를 받아야 한다.
제5조 회사가 허가의 조건에 위반하거나 …… 조선 총독은 사업의 정지와 폐쇄를 명할 수 있다.

① 물산 장려 운동을 방해하기 위해
② 한국인의 기업 활동을 억제하기 위해
③ 전쟁에 물자를 효율적으로 동원하기 위해
④ 조선 총독부의 지세 수입을 증대하기 위해
⑤ 일본 자본과 기업의 한국 진출을 장려하기 위해

개념 가이드

일제는 1910년에 [**①**]을/를 공포하여 한국인의 기업 설립과 자본 축적을 [**②**]하고자 하였다.

🖳 **①** 회사령 **②** 억제

대표 예제 **3**

(가)에 들어갈 내용으로 가장 적절한 것은?

◎ 탐구 주제: [(가)]
◎ 탐구 활동
 • 문관 총독이 임명된 사례를 찾아본다.
 • 경찰 관서와 보통 경찰의 수를 조사한다.
 • 『조선일보』, 『동아일보』의 검열 사례를 살펴본다.

① 문화 통치의 실상
② 회사령 공포의 목적
③ 을사늑약 체결의 결과
④ 전시 동원 체제의 내용
⑤ 민족 유일당 운동의 결과

개념 가이드

1919년에 일어난 [**①**]을/를 계기로 일제는 [**②**] 통치를 표방하였다. 그러나 이는 가혹한 식민 통치를 은폐하고, 친일 세력을 양성하여 민족을 분열시키려는 것이었다.

🖳 **①** 3·1 운동 **②** 문화

대표 예제 **4**

다음 그래프와 같은 상황이 초래한 결과로 옳은 것은?

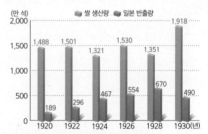
▲ 1920년대 쌀 생산량과 일본 반출량

① 일본에서 쌀 소동이 일어났다.
② 한국의 식량 사정이 악화되었다.
③ 미신고 토지가 국유지로 편입되었다.
④ 대한 제국의 지세 수입이 증가하였다.
⑤ 함경도와 황해도에서 방곡령이 내려졌다.

개념 가이드

제1차 세계 대전 이후 일본에서 [**①**]이/가 급속히 진행되면서 쌀 부족 문제가 발생하자, 일제는 1920년부터 [**②**]을/를 추진하였다.

🖳 **①** 산업화 **②** 산미 증식 계획

대표 예제 5

밑줄 친 '이 운동'의 영향으로 옳은 것은?

> 서울을 비롯하여 평양, 원산 등에서 만세 시위가 전개
> 되면서 이 운동이 시작되었다. 이 운동은 전국 주요 도
> 시와 농촌으로 퍼져 나갔다. 이 운동은 신분과 직업, 종
> 교의 구별 없이 남녀노소를 가리지 않고 거의 모든 지
> 역에서 전 계층이 참여한 민족 운동이었다.

① 회사령이 공포되었다.
② 조선 태형령이 제정되었다.
③ 헌병 경찰 제도가 시행되었다.
④ 대한 제국의 외교권이 박탈되었다.
⑤ 대한민국 임시 정부가 수립되었다.

개념 가이드

1919년 3월 1일 민족 대표들은 태화관에서 **❶**을/를 발표하였다.
비슷한 시각에 탑골 공원을 비롯하여 평양, 원산 등에서도 만세 시위가 전
개되면서 **❷**이/가 시작되었다.

🔒 ❶ 독립 선언서 ❷ 3·1 운동

대표 예제 6

(가)에 대한 설명으로 옳은 것만을 〈보기〉에서 고른 것은?

 사진은 ⎡(가)⎤이/가 발
행한 외교 선전 책자이다.
⎡(가)⎤은/는 파리 강화
회의에 김규식을 파견하고,
구미 위원부를 설치하는 등 외교 활동을 펼쳤다.

┌─ 보기 ─
ㄱ. 『독립신문』을 발행하였다.
ㄴ. 대한국 국제를 제정하였다.
ㄷ. 연통제와 교통국을 운영하였다.
ㄹ. 도 평의회, 면 협의회 등을 설치하였다.

① ㄱ, ㄴ   ② ㄱ, ㄷ   ③ ㄴ, ㄷ
④ ㄴ, ㄹ   ⑤ ㄷ, ㄹ

개념 가이드

대한민국 임시 정부는 **❶**을/를 발행하여 독립운동 소식을 전하
고, 미국에 **❷**을/를 설치하여 외교 활동을 벌였다.

🔒 ❶ 『독립신문』 ❷ 구미 위원부

대표 예제 7

다음 협정이 체결될 당시 상황으로 옳은 것은?

> • 한국인이 무기를 가지고 다니거나 한국으로 침입하
>   는 것을 엄금하며 위반자는 검거하여 일본 경찰에 인
>   도한다.
> • 일본이 지명하는 독립운동가를 체포하여 일본 경찰
>   에 인도한다.

① 만주에 3부가 설립되었다.
② 일제가 만주 사변을 일으켰다.
③ 서울 진공 작전이 전개되었다.
④ 통감부가 내정 전반을 장악하였다.
⑤ 대한민국 임시 정부가 충칭에 정착하였다.

개념 가이드

간도 참변과 자유시 참변으로 큰 타격을 입은 만주의 독립운동 세력은 조
직을 정비하여 **❶**을/를 설립하였다. 일제는 1925년 만주 군벌과
❷을/를 체결하고 독립군을 탄압하였다.

🔒 ❶ 3부 ❷ 미쓰야 협정

대표 예제 8

(가) 단체에 대한 설명으로 옳은 것은?

> | 한국사 묻고 답하기 |
> Q. ⎡(가)⎤에 대하여 설명해 주세요.
> ↳ A. 3·1 운동 이후에 등장하였어요.
> ↳ A. 김원봉 등이 만주에서 설립하였어요.
> ↳ A. 김익상이 조선 총독부에 폭탄을 투척하였어요.

① 원산 총파업을 지원하였다.
② 영릉가 전투에서 활약하였다.
③ 「조선 혁명 선언」을 지침으로 삼았다.
④ 고종 강제 퇴위 반대 운동을 전개하였다.
⑤ 상하이 홍커우 공원에서 의거를 일으켰다.

개념 가이드

1919년에 김원봉은 만주 지린에서 **❶**을/를 조직하였다. 이후 김
원봉의 요청으로 **❷**이/가 작성한 「조선 혁명 선언」을 활동 지침
으로 삼았다.

🔒 ❶ 의열단 ❷ 신채호

대표 예제 9

밑줄 친 '이 운동'에 대한 탐구 활동으로 가장 적절한 것은?

> 이 운동은 '한민족 1천만이 한 사람이 1원씩'의 구호를 내세우며 모금 운동을 전개하였다. 그러나 일제의 감시와 방해에 가뭄과 홍수까지 겹치면서 모금이 저조해진 탓에 결국 중단되었다.

① 치안 유지법의 내용을 분석한다.
② 2·8 독립 선언의 영향을 찾아본다.
③ 대한 제국의 차관 규모를 살펴본다.
④ 경성 제국 대학이 설립된 배경을 알아본다.
⑤ 함경도와 황해도의 방곡령 횟수를 조사한다.

개념 가이드

조선 민립 대학 기성회는 모금 운동을 통해 ❶ ⬜⬜⬜⬜ 운동을 추진하였으나 일제의 탄압 등으로 중단되었다. 한편 일제는 고등 교육에 대한 한국인의 교육열을 무마하고, 한국에 거주하는 일본인의 고등 교육을 위해 1924년 ❷ ⬜⬜⬜⬜ 을/를 설립하였다.

🔑 ❶ 민립 대학 설립 ❷ 경성 제국 대학

대표 예제 11

(가)에 들어갈 내용으로 가장 적절한 것은?

이 도시는 어디일까요?

> 강화도 조약으로 개항하였다.
> 최초의 근대 교육 기관이 설립되었다.
> (가)

학생 역사퀴즈

① 조선 형평사가 창립되었다.
② 국채 보상 운동이 시작되었다.
③ 대한민국 임시 정부가 수립되었다.
④ 일제 강점기 최대의 총파업이 발생하였다.
⑤ 임오군란의 결과 제물포 조약이 체결되었다.

개념 가이드

강화도 조약으로 부산, 인천, ❶ ⬜⬜⬜ 이/가 개항하였다. 1929년에는 일본인이 한국인 노동자를 구타한 사건을 계기로 ❷ ⬜⬜⬜⬜ 이/가 일어났다.

🔑 ❶ 원산 ❷ 원산 총파업

대표 예제 10

(가), (나) 시기 사이에 있었던 사실로 옳은 것은?

> (가) 순종의 장례일에 학생들은 장례 행렬이 지나는 곳곳에서 격문을 뿌리며 만세 시위를 벌였다.
> (나) 나주역에서 일본인 남학생이 한국인 여학생을 희롱하면서 한·일 학생 간에 충돌이 일어났다.

① 신간회가 창립되었다.
② 중·일 전쟁이 발발하였다.
③ 치안 유지법이 제정되었다.
④ 제1차 조선 교육령이 발표되었다.
⑤ 대한민국 임시 정부가 수립되었다.

개념 가이드

순종의 인산일을 기해 1926년에 ❶ ⬜⬜⬜⬜ 이/가 일어났다. 1929년에는 한·일 학생 간 충돌을 계기로 ❷ ⬜⬜⬜⬜ 이/가 발생하였다.

🔑 ❶ 6·10 만세 운동 ❷ 광주 학생 항일 운동

대표 예제 12

(가) 단체에 대한 사실로 옳은 것은?

> **한국사 신문**
>
> ⬜⬜(가)⬜⬜ 이/가 일제의 탄압으로 강제로 해산된 이후 우리말 사전 편찬이 위기를 맞았다. 그러나 1945년 9월 8일 서울역 창고에서 방대한 양의 우리말 사전 원고가 발견되면서 연구가 크게 진전될 것으로 보인다.

① '가갸날'을 제정하였다.
② 민족주의 사학을 정립하였다.
③ 브나로드 운동을 주도하였다.
④ 한글 맞춤법 통일안을 제정하였다.
⑤ 식민 사관을 바탕으로 『조선사』를 편찬하였다.

개념 가이드

조선어 연구회는 1931년에 ❶ ⬜⬜⬜⬜ (으)로 확대 개편되었다. 이후 한글 맞춤법 통일안을 마련하고 ❷ ⬜⬜⬜ 사전 편찬을 시작하였다.

🔑 ❶ 조선어 학회 ❷ 우리말

대표 예제 13

다음 정책이 시행된 시기를 연표에서 옳게 고른 것은?

> 일제는 전국 각지에 신사를 세우고, 매월 1일을 애국일로 정해 신사 참배를 의무화하였다. 또한 한국인의 성과 이름을 일본식으로 바꾸도록 강요하고, 이에 불응한 사람을 차별하였다.

(가)	(나)	(다)	(라)	(마)
▲ 을사 늑약	▲ 국권 피탈	▲ 3·1 운동	▲ 만주 사변	▲ 8·15 광복	▲ 6·25 전쟁

① (가)　② (나)　③ (다)　④ (라)　⑤ (마)

개념 가이드

일제는 침략 전쟁을 확대하면서 **❶** 정책을 실시하여 황국 신민 서사를 암송하게 하고, **❷** 참배와 궁성 요배를 강요하였다.

답 ❶ 황국 신민화 ❷ 신사

대표 예제 14

다음 작품의 배경이 된 시기에 있었던 일로 옳은 것은?

감독님, 이번 작품을 소개해 주시지요.

네. 이번 작품은 만주 사변 이후 전시 동원 체제를 배경으로 강제 징용된 한국 청년들의 참혹한 상황을 담았습니다.

① 광주 학생 항일 운동이 일어났다.
② 동양 척식 주식회사가 설립되었다.
③ 조선 총독부가 회사령을 제정하였다.
④ 105인 사건으로 신민회가 해체되었다.
⑤ 징병제로 한국인이 전쟁에 동원되었다.

개념 가이드

일제는 1931년에 **❶** 을/를 일으키고 이후 침략 전쟁을 확대하면서 **❷** 체제를 구축하였다.

답 ❶ 만주 사변 ❷ 전시 동원

대표 예제 15

(가) 부대에 대한 설명으로 옳은 것은?

> 대한민국 임시 정부는 1919년 정부가 공포한 군사 조직법에 의거하여 중화민국 총통의 특별 허락으로 중화민국 영토 내에서 [(가)] 을/를 조직하고 1940년 [(가)] 총사령부를 창설함을 선포한다.

① 서일을 총재로 두었다.
② 쌍성보 전투에서 승리하였다.
③ 인도·미얀마 전선에 파견되었다.
④ 미쓰야 협정으로 활동이 위축되었다.
⑤ 중국 화북 지역으로 근거지를 이동하였다.

개념 가이드

1940년 충칭에 정착한 대한민국 임시 정부는 정규군으로서 **❶** 을/를 창설하고 **❷** 을/를 총사령관으로 임명하였다.

답 ❶ 한국광복군 ❷ 지청천

대표 예제 16

(가) 단체에 대한 설명으로 옳은 것은?

▲ 1940년대 주요 민족 운동 단체

① 대일 선전 포고를 하였다.
② 연통제와 교통국을 운영하였다.
③ 여운형을 중심으로 조직되었다.
④ 자유시 참변으로 타격을 입었다.
⑤ 중국 국민당 정부의 지원을 받았다.

개념 가이드

태평양 전쟁이 막바지에 이르자 국내외 민족 운동 세력은 광복을 준비하였다. 국내에서는 **❶** 을/를 중심으로 하여 비밀리에 **❷** 을/를 조직하고 건국 강령을 발표하였다.

답 ❶ 여운형 ❷ 조선 건국 동맹

01 밑줄 친 '이 시기'에 있었던 사실로 옳은 것은?

 사진은 어느 공립 보통학교의 졸업식 사진이다. 앞줄에 제복을 입고 칼을 찬 교사들의 모습에서 <u>이 시기</u> 강압적인 분위기를 느낄 수 있다.

① 13도 창의군이 결성되었다.
② 헌병 경찰 제도가 시행되었다.
③ '남한 대토벌' 작전이 실시되었다.
④ 광주 학생 항일 운동이 전개되었다.
⑤ 일본군 '위안부'가 강제 동원되었다.

> **Tip**
> 일제는 1910년대에 ❶ [　　] 통치를 실시하여, ❷ [　　] 경찰이 일반 경찰의 업무를 담당하게 하고 치안은 물론 한국인의 일상생활까지 관여하게 하였다.

답 ❶ 무단 ❷ 헌병

02 다음 상황을 배경으로 시행된 정책에 대한 설명으로 가장 적절한 것은?

> 일본에서의 쌀 소비는 연간 6천 5백만여 석인데, 일본 내 생산고는 5천 8백만여 석을 넘지 못해 해마다 그 부족분을 제국의 다른 지역 및 외국의 공급에 의지하는 형편이다.

① 지계아문을 통해 진행되었다.
② 신고주의 원칙에 따라 이루어졌다.
③ 조선 총독부의 지세 수입을 증가시켰다.
④ 암태도 소작 쟁의가 원인이 되어 추진되었다.
⑤ 한국의 식량 사정이 악화되는 결과를 가져왔다.

> **Tip**
> 일제는 일본 내 쌀 부족 문제를 해결하고자 1920년부터 한국에서 ❶ [　　]을/를 실시하였다. 이 과정에서 한국 농민들은 수리 조합비와 ❷ [　　]을/를 떠맡게 되었다.

답 ❶ 산미 증식 계획 ❷ 비료 대금

03 다음 헌법을 발표한 단체의 활동으로 옳지 <u>않은</u> 것은?

> 제1조 대한민국은 대한 인민으로 조직한다.
> 제2조 대한민국의 주권은 대한 인민 전체에 있다.
> 제4조 대한민국의 인민은 일체 평등하다.
> 제5조 대한민국의 입법권은 의정원이, 행정권은 국무원이, 사법권은 법원이 행사한다.

① 독립 공채를 발행하였다.
② 연통제와 교통국을 운영하였다.
③ 태극 서관과 자기 회사를 설립하였다.
④ 구미 위원부를 두어 외교 활동을 전개하였다.
⑤ 김규식으로 하여금 파리 강화 회의에 독립 청원서를 제출하도록 하였다.

> **Tip**
> 대한민국 임시 정부는 국민 주권에 입각한 ❶ [　　] 정부임을 표방하였고, 임시 의정원, 국무원, 법원을 두어 ❷ [　　]의 원칙을 실현하고자 하였다.

답 ❶ 민주 공화제 ❷ 삼권 분립

04 다음 사건을 계기로 일어난 사실로 가장 적절한 것은?

> 1920년 9월 12일 오전 5시경 마적 300여 명이 훈춘을 공격하여 약 3시간에 걸쳐 약탈과 방화를 일삼았다. 그리고 10월 2일 또다시 마적단 무리가 훈춘의 일본 영사관을 불태우고 일본인 거류지를 공격하였다. 이 사건은 일제가 만주에 군대를 투입할 구실을 만들기 위해 중국 마적을 매수하여 일으킨 사건이다.

① 청산리 대첩이 일어났다.
② 한성 정부가 수립되었다.
③ 제암리 학살 사건이 일어났다.
④ 일본군이 경복궁을 점령하였다.
⑤ 일제가 태평양 전쟁을 일으켰다.

> **Tip**
> 일제는 ❶ [　　]에서 패배한 이후 훈춘 사건을 조작하고 이를 빌미로 대규모 병력을 만주에 동원하였다. 그러나 북로 군정서 등 여러 독립군 부대는 ❷ [　　]에서 일본군을 무찔렀다.

답 ❶ 봉오동 전투 ❷ 청산리 대첩

05 밑줄 친 ㉠에 대한 설명으로 옳은 것은?

> **이달의 책 소개**
>
> ◎ 제목: 『상록수』
> ◎ 저자: 심훈
> ◎ 작품 설명: 이 작품은 『동아일보』에 연재된 작품으로, 일제 강점기 피폐한 농촌 문제 해결을 위해 진행된 ㉠ <u>농촌 계몽 운동</u>을 배경으로 한다.

① 언론사의 주도로 전개되었다.
② 암태도 소작 쟁의를 일으켰다.
③ 황무지 개간권 요구를 저지하였다.
④ 양전 사업을 통해 지계를 발급하였다.
⑤ 조선 민립 대학 기성회가 중심이 되었다.

Tip

1920년대 후반부터 [❶]의 문자 보급 운동과 『동아일보』의 [❷] 등 농촌 계몽 운동이 전개되었다. 또 학생들은 마을마다 야학을 열어 농민들에게 한글을 가르쳤다.

답 ❶ 『조선일보』 ❷ 브나로드 운동

06 (가) 단체의 활동으로 옳은 것은?

> 광주 학생 항일 운동 당시 [(가)]은/는 일본 경찰이 부당하게 한국인 학생을 처우한 사실을 조사하기 위해 광주에 진상 조사단을 파견하였다.

① 형평 운동을 전개하였다.
② 원산 총파업을 지원하였다.
③ 정우회 선언을 발표하였다.
④ 6·10 만세 운동을 주도하였다.
⑤ 삼원보에 독립운동 기지를 건설하였다.

Tip

1927년에 조직된 민족 협동 전선 단체인 [❶]은/는 1929년에 일어난 원산 [❷]와/과 광주 학생 항일 운동 등 각종 민족 운동을 적극적으로 지원하였다.

답 ❶ 신간회 ❷ 총파업

07 다음 규정이 발표된 시기에 볼 수 있는 모습으로 가장 적절한 것은?

> **국민학교 규정**
>
> 제2조 ① 교육 칙어의 취지에 기초하여 교육 전반에 걸쳐 황국의 도를 수련시키고, …… 황국 신민이라는 자각을 철저하게 하는 데 힘을 써야 한다.
> 제2조 ② …… 충량한 황국 신민의 자질을 익혀서 내선일체, 신애 협력의 미풍을 기르는 데 힘을 쏟아야 한다.

① 식량을 배급하는 관리
② 단발령에 저항하는 유생
③ 태형을 집행하는 헌병 경찰
④ 국채 보상 운동에 참여하는 상인
⑤ 신간회의 강연회에 참석하는 학생

Tip

일제는 침략 전쟁을 확대하면서 [❶] 통치를 시행하였다. 이 시기에는 황국 신민화 정책의 일환으로 소학교의 명칭을 '황국 신민의 학교'라는 의미의 [❷](으)로 바꾸었다.

답 ❶ 민족 말살 ❷ 국민학교

08 (가), (나) 독립군에 대한 설명으로 옳은 것은?

① (가) – 청산리 대첩을 승리로 이끌었다.
② (가) – 대한민국 임시 정부의 정규군이었다.
③ (나) – 이봉창, 윤봉길이 의거를 일으켰다.
④ (나) – 인도·미얀마 전선에 파견되었다.
⑤ (가), (나) – 중국 항일 무장 세력과 연합하였다.

Tip

북만주에서는 지청천이 이끄는 [❶]이/가 중국 호로군과 연합하였고, 남만주에서는 [❷]이/가 이끄는 조선 혁명군이 중국 의용군과 연합하였다.

답 ❶ 한국 독립군 ❷ 양세봉

01 (가)에 들어갈 내용으로 옳은 것은?

모둠별 수행 평가 안내

• **주제**: 무단 통치 시기 일제의 정책
• **모둠별 조사 내용**
　1모둠: 　　　(가)　　　
　2모둠: 토지 조사 사업의 결과
　3모둠: 회사령 제정의 목적

① 화폐 정리 사업의 내용
② 헌병 경찰의 권한과 역할
③ 황국 신민화 정책의 내용
④ 통감부 설치의 계기와 목적
⑤ 산미 증식 계획의 실시 결과

02 다음 방침이 발표된 배경으로 옳은 것은?

새로이 관제를 개정하여 총독은 문무관 어느 쪽이라
도 임용될 수 있는 길을 열고, …… 일반 관리와 교원
이 제복을 입고 칼을 차는 것을 폐지하였다.

① 3·1 운동이 전개되었다.
② 치안 유지법이 제정되었다.
③ 태평양 전쟁이 발발하였다.
④ 국가 총동원법이 공포되었다.
⑤ 국채 보상 운동이 전개되었다.

03 다음 법령에 대한 설명으로 가장 적절한 것은?

제1조 국체를 변혁하거나 사유 재산 제도를 부인하
　　　는 것을 목적으로 결사를 조직하거나, 그 뜻을 알
　　　고도 이에 가입한 자는 10년 이하의 징역 또는 금
　　　고에 처한다.

① 헌병 경찰에 의해 집행되었다.
② 전시 동원을 위해 제정되었다.
③ 3·1 운동 발발의 배경이 되었다.
④ 대한 제국의 외교권을 박탈하였다.
⑤ 사회주의자와 독립운동가를 탄압하였다.

04 (가)~(다)에 대한 설명으로 옳은 것만을 〈보기〉에서 고른 것은?

(가) 국민부 성립
(나) 자유시 참변
(다) 봉오동 전투

—— 보기 ——
ㄱ. (가) – 3부 통합 운동으로 조직되었다.
ㄴ. (나) – 일제에 의해 자행되었다.
ㄷ. (다) – 훈춘 사건이 배경이 되었다.
ㄹ. (다) – (나) – (가) 순으로 일어났다.

① ㄱ, ㄷ　　　② ㄱ, ㄹ　　　③ ㄴ, ㄷ
④ ㄴ, ㄹ　　　⑤ ㄷ, ㄹ

05 다음 설명과 관련된 지역을 지도에서 옳게 고른 것은?

• 신민회의 이회영 등이 경학사를 수립하였다.
• 신흥 강습소(이후 신흥 무관 학교로 개편)가 설립되
　어 독립군을 양성하였다.

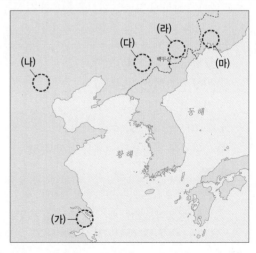

① (가)　② (나)　③ (다)　④ (라)　⑤ (마)

06 다음 민족 운동이 일어난 배경으로 가장 적절한 것은?

> • 의복은 우선 남자는 두루마기, 여자는 치마를 음력 계해 정월 1일로부터 조선인 산품 또는 가공품을 염색하여 착용할 일
> • 음식물에 대하여는 식염, 사탕, 과자, 청량음료 등을 제외하고는 모두 조선인 물산을 사용할 일
> • 일용품은 조선인 제품으로 대용이 가능한 것은 이를 사용할 일

① 회사령이 제정되었다.
② 원산 총파업이 발생하였다.
③ 남면북양 정책이 추진되었다.
④ 대한 제국의 차관이 증가하였다.
⑤ 일본과 한국 간 관세 철폐 움직임이 일어났다.

07 (가) 단체의 활동으로 옳은 것은?

> ⎡ (가) ⎤은/는 1927년 2월 15일에 '정치적·경제적·사회적 각성 촉진', '단결 공고', '기회주의 부인'의 3대 강령을 가지고 탄생하였다. 그 강령 및 지도 정신을 통하여 ⎡ (가) ⎤은/는 비타협적 민족 운동의 이론을 대표하며 동시에 민족 단일당의 수립을 목표로 하고 출세함이 판명되어 …… 합병 이후에 초유의 일대 정치적 단결을 이루었다.

① 만민 공동회를 개최하였다.
② 광주 학생 항일 운동을 지원하였다.
③ 고종 강제 퇴위 반대 운동을 펼쳤다.
④ 삼원보에 독립운동 기지를 건설하였다.
⑤ 백정에 대한 차별 철폐를 위해 노력하였다.

08 (가)에 들어갈 내용으로 적절하지 <u>않은</u> 것은?

① 강제로 전쟁에 동원되었어요.
② 황국 신민 서사를 암송해야 했어요.
③ 소학교 명칭이 국민학교로 바뀌었어요.
④ 한국사와 한국어 수업을 들을 수 없었어요.
⑤ 제복을 입고 칼을 찬 선생님이 수업을 했어요.

09 (가)에 들어갈 내용으로 옳은 것은?

① 한인 애국단 조직
② 조선 건국 동맹 결성
③ 물산 장려 운동 전개
④ 조선 의용대 창설 주도
⑤ 한국광복군 총사령관 역임

1 1910년대 무단 통치

다음 자료에 배치할 수 있는 그림 내용으로 가장 적절한 것은?

〈가상 현실〉 1910년대 한국의 모습

① 관복을 입은 의정부 관리
② 책을 든 경성 제국 대학생
③ 신사 참배를 하는 국민학교 학생들
④ 제복을 입고 칼을 찬 채 수업하는 교사
⑤ 사건을 취재하는 『동아일보』 소속 기자

> **Tip**
> 1910년 대한 제국의 국권을 강탈한 일제는 식민 통치의 최고 기구로 **❶**　　　을/를 설치하였다. 1910년대 일제는 헌병 경찰 제도를 바탕으로 강압적인 **❷**　　 통치를 실시하였다.

답 ❶ 조선 총독부 ❷ 무단

2 1920년대 일제의 경제 정책

(가) 정책을 시행한 목적으로 가장 적절한 것은?

한국사 원격 수업		
	수업	참가 학생	질문방

3월	**학습 주제:** (가)
4월	1. 내용: 일본 벼 품종 보급, 수리 시설 확충, 화
5월	학 비료 사용 등을 통해 한국에서의 쌀
6월	생산량 증대
7월	2. 결과: 한국의 식량 사정 악화, 수리 조합비 등
8월	
9월	농민 부담 증가

① 만주의 독립군 세력 탄압
② 일본 내 쌀 부족 문제 해결
③ 한국의 민족 자본 성장 억제
④ 일본 방직업자에게 원료 공급
⑤ 조선 총독부의 지세 수입 확보

> **Tip**
> 제1차 세계 대전 이후 일본에서는 산업화가 급속히 진행되고 도시 인구가 늘어나면서 **❶**　　　 부족 문제가 발생하였다. 이에 일제는 일본 내의 식량 확보를 위해 1920년부터 한국에서 **❷**　　　을/를 실시하였다.

답 ❶ 쌀 ❷ 산미 증식 계획

3 3·1 운동의 전개

다음은 수업 활동으로 진행된 방 탈출 게임이다. 암호 숫자로 옳은 것은?

> [규칙] 다음 퀴즈의 빈칸에 들어갈 숫자들을 차례대로 입력하면 방을 탈출할 수 있다.
> Q1. 일본 도쿄의 한국인 유학생들은 민족 자결주의의 영향으로 □·□ 독립 선언을 발표하였다.
> Q2. 19□□년 3월 1일 탑골 공원에서 학생과 시민들의 만세 시위가 시작되었다.

암호 숫자를 입력하시오.
□ □ □ □

① 2818　　　② 2819　　　③ 3118
④ 3119　　　⑤ 5418

> **Tip**
> 민족 자결주의의 영향을 받아 1919년 일본 도쿄의 한국인 유학생들은 **❶**　　　을/를 발표하였다. 같은 해 탑골 공원 및 주요 도시에서 만세 시위가 전개되면서 우리 역사상 최대 규모의 민족 운동인 **❷**　　　이/가 시작되었다.

답 ❶ 2·8 독립 선언 ❷ 3·1 운동

4 대한민국 임시 정부의 활동

(가)에 대한 설명으로 가장 적절한 것은?

> 지금 보고 있는 사진은 상하이에 있었던 (가) 청사입니다. (가) 은/는 우리 역사상 최초의 민주 공화제 정부로, 삼권 분립 제도를 채택하였습니다.

① 의열단을 조직하였다.

② 복벽주의를 지향하였다.

③ 신흥 강습소를 설립하였다.

④ 국민 대표 회의 이후 침체에 빠졌다.

⑤ 태극 서관과 자기 회사를 운영하였다.

> **Tip**
>
> 대한민국 임시 정부의 활동이 어려워지자 독립운동의 방향을 논의하고자 1923년에 ❶[　　　　] 이/가 개최되었다. 그러나 창조파와 ❷[　　　　] (으)로 나뉘어 대립하여 큰 성과를 거두지 못하고 결렬되었다.
>
> 🔑 ❶ 국민 대표 회의 ❷ 개조파

5 1920년대 국외 무장 투쟁

(가)에 들어갈 내용으로 옳은 것은?

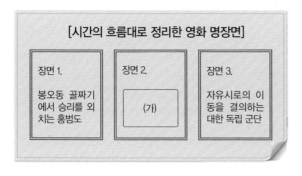

[시간의 흐름대로 정리한 영화 명장면]

장면 1.	장면 2.	장면 3.
봉오동 골짜기에서 승리를 외치는 홍범도	(가)	자유시로의 이동을 결의하는 대한 독립 군단

① 대일 선전 포고문을 읽는 김구

② 미쓰야 협정의 내용을 읽는 만주 군벌

③ 홍커우 공원 단상에 폭탄을 던지는 윤봉길

④ 청산리 일대로 이동하는 대규모 일본군 행렬

⑤ 태화관에서 독립 선언서를 낭독하는 민족 대표

> **Tip**
>
> 봉오동 전투에서 패배한 일제는 ❶[　　　　] 을/를 조작하여 이를 구실로 삼아 대규모 병력을 만주에 보내 독립군을 공격하였다. 이에 김좌진의 ❷[　　　　] 을/를 비롯한 독립군은 청산리 일대에서 전투를 벌여 크게 승리하였다.
>
> 🔑 ❶ 훈춘 사건 ❷ 북로 군정서

6 의열 투쟁의 전개

(가)에 들어갈 내용으로 옳은 것은?

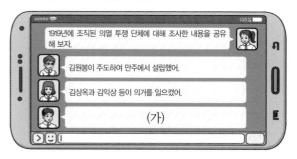

> 1919년에 조직된 의열 투쟁 단체에 대해 조사한 내용을 공유해 보자.
>
> 김원봉이 주도하여 만주에서 설립했어.
>
> 김상옥과 김익상 등이 의거를 일으켰어.
>
> (가)

① 건국 강령을 발표했어.

②「조선 혁명 선언」을 지침으로 삼았어.

③ 조선 민족 전선 연맹의 산하 무장 조직이었어.

④ 미국 전략 정보국(OSS)과 국내 진공 작전을 계획했어.

⑤ 중국 국민당 정부가 대한민국 임시 정부를 지원하는 계기를 마련했어.

> **Tip**
>
> 1919년 김원봉의 주도로 만주에서 설립된 ❶[　　　　] 은/는 일제의 식민 통치 기관을 파괴하는 등 의열 투쟁을 전개하였다. 또 신채호가 작성한 ❷[　　　　] 을/를 활동 지침으로 삼았다.
>
> 🔑 ❶ 의열단 ❷「조선 혁명 선언」

7 실력 양성 운동의 전개

(가)에 들어갈 내용으로 옳은 것은?

◎ 학습 주제: 실력 양성 운동의 전개

◎ 학습 활동: 육각형 카드를 관련 있는 단어 카드끼리 분류
해 보세요.

① 자치 운동　　　　② 3·1 운동

③ 브나로드 운동　　④ 국채 보상 운동

⑤ 광주 학생 항일 운동

Tip

3·1 운동 이후 일부 민족주의자들은 먼저 실력을 키워 독립을 준비하자는 ❶□□□을/를 전개하였다. 이 민족 운동은 산업과 ❷□□, 문화 분야 등에서 전개되었다.

🖪 ❶ 실력 양성 운동 ❷ 교육

8 민족 유일당 운동

(가)에 들어갈 내용으로 옳은 것은?

십자말풀이로 배우는 한국사

❶ _____ (가) _____

❷ 청산리 대첩을 전후하여 일제가 간도의 한인들을 학살한 사건

❸ 1927년 설립된 여성 운동 진영의 민족 협동 전선 단체

❹ 1924년 대한민국 임시 정부 산하 기관으로서 만주 지안을 중심으로 한 지역에 세워진 기구

① 3부 통합 운동을 통해 조직된 단체

② 한글 맞춤법 통일안을 제정한 학회

③ 도쿄 유학생들이 조직한 연극 공연 단체

④ 안창호와 양기탁 등이 결성한 비밀 결사 단체

⑤ 정우회 선언을 계기로 창립된 민족 협동 전선 단체

Tip

사회주의 계열의 단체인 ❶□□□은/는 1926년 민족주의 세력과 제휴하는 내용의 선언을 발표하였다. 이를 계기로 1927년에 ❷□□□이/가 창립되었다.

🖪 ❶ 정우회 ❷ 신간회

9 근대 역사학의 발전

〈보기〉의 ㉠~㉫을 아래 A~C의 근대 역사학 분류 상자에 옳게 분류한 것은?

• 보기 •

㉠ 신채호　　㉡ 백남운　　㉢ 이병도

㉣ 유물 사관　㉤『한국통사』　㉥ 진단 학회

A 상자	B 상자	C 상자
민족주의 사학	사회 경제 사학	실증 사학

	A 상자	B 상자	C 상자
①	㉠, ㉤	㉡, ㉣	㉢, ㉥
②	㉠, ㉤	㉡, ㉥	㉢, ㉣
③	㉡, ㉣	㉠, ㉤	㉢, ㉥
④	㉡, ㉣	㉢, ㉥	㉠, ㉤
⑤	㉢, ㉤	㉡, ㉥	㉠, ㉣

Tip

신채호와 박은식은 대표적인 ❶□□□ 사학자로서 한국사의 주체적인 발전과 민족의 자주성을 강조하였다. 백남운은 유물 사관의 입장에서 한국사를 연구하여, 일제의 정체성론을 비판하였다. ❷□□□, 손진태 등은 문헌 고증을 통해 우리 역사를 객관적으로 서술하려고 하였으며, 진단 학회를 조직하였다.

🖪 ❶ 민족주의 ❷ 이병도

10 민족 말살 통치 시기 정책

다음 자료에 등장하는 정책이 시행된 시기에 있었던 사실로 옳은 것은?

> 문학으로 보는 한국사
>
> ### 논 이야기
>
> 채만식
>
> 물론 일본이 항복을 하였으니 전쟁은 끝이 난 것이요. 전쟁이 끝이 났으니 벼 공출을 비롯하여 솔뿌리 공출이야, 마초 공출이야, 채소 공출이야, 가지가지의 그 억울하고 성가신 공출이 없어지고 말 것이었다. 또 열여덟 살배기 손자 용길이가 징용에 뽑혀 나갈 염려가 없을 터이었다. ……

① 회사령이 폐지되었다.

② 국가 총동원법이 제정되었다.

③ 화폐 정리 사업이 전개되었다.

④ 토지 조사 사업이 추진되었다.

⑤ 대한 제국의 군대가 해산되었다.

Tip

일제는 침략 전쟁을 확대하면서 1938년에 ❶ [　　　　]을/를 제정하고 한국의 인적·물적 자원을 수탈하였다. 이에 징용과 징병, 미곡과 금속류의 ❷ [　　　] 제도를 실시하였다.

답 ❶ 국가 총동원법 ❷ 공출

11 한·중 연합 작전의 전개

(가)에 들어갈 내용으로 옳은 것은?

> (가) 이/가 배경이 되어 벌어진 항일 무장 투쟁과 관련된 단어들을 워드 클라우드 기법으로 표현한 것입니다.

쌍성보

1930년대

한국 독립군　지청천

한·중 연합

조선 혁명군

영릉가　양세봉

① 만주 사변

② 러·일 전쟁

③ 청·일 전쟁

④ 태평양 전쟁

⑤ 제1차 세계 대전

Tip

1931년 일제가 만주를 침략하자 만주의 독립군 세력은 ❶ [　　　] 작전을 전개하였다. ❷ [　　　]은/는 쌍성보와 대전자령 전투에서, 조선 혁명군은 영릉가와 흥경성 전투에서 승리를 거두었다.

답 ❶ 한·중 연합 ❷ 한국 독립군

12 충칭 시기 대한민국 임시 정부의 활동

(가)에 들어갈 내용으로 옳은 것은?

> **실시간 협업 수업 플랫폼**
>
> ### 한국사 원격 수업
>
> **🧑 선생님**
> 대한민국 임시 정부가 충칭에 정착한 시기의 활동을 공유해 봅시다.
>
> **🧑 △△△**
> (가)
>
> **🧑 □□□**
> 한국광복군을 창설하였어요.
>
> **🧑 ☆☆☆**
> 대일 선전 포고를 하였어요.
>
> ↗ 공유하기

① 국가 총동원법을 제정하였어요.

② 연통제와 교통국을 조직하였어요.

③ 미쓰야 협정으로 활동이 위축되었어요.

④ 중국 공산당 팔로군과 연합 작전을 펼쳤어요.

⑤ 민주 국가 건설을 위한 건국 강령을 발표하였어요.

Tip

대한민국 임시 정부는 1932년 일제의 탄압으로 ❶ [　　　]을/를 떠난 뒤 1940년 충칭에 정착하였다. 그리고 1941년에 조소앙의 ❷ [　　　]에 기반한 건국 강령을 발표하였다.

답 ❶ 상하이 ❷ 삼균주의

Ⅳ. 대한민국의 발전

1945년 8월 15일 우리 민족은 광복을 맞이하였고, 통일 정부를 수립하기 위해 노력하였습니다.

> 곧 독립이 될 것 같으니 우리의 손으로 건국을 준비합시다!

1945년 12월에는 미국, 영국, 소련의 외무 장관이 모스크바에 모여 한국 문제를 논의하였어요.

> 한국에 임시 민주 정부 수립, 미·소 공동 위원회 설치, 최장 5년간의 신탁 통치 실시 결정!

모스크바 3국 외상 회의의 신탁 통치 결정을 둘러싸고 좌우 대립이 극렬해졌어요.

> 모스크바 3국 외상 회의 결정 지지!
>
> 신탁 통치 절대 반대!
>
> 좌익
>
> 우익

1948년에 5·10 총선거가 시행되었고, 이를 바탕으로 8월 15일에 대한민국 정부가 수립되었습니다.

> 대한민국 정부 수립을 선포합니다.

1950년 6월 25일 북한의 남침으로 전쟁이 시작되었고, 6·25 전쟁으로 남북 분단이 고착화되었습니다.

> 씻을 수 없는 동족상잔의 비극

1960년 이승만 정부의 독재와 3·15 부정 선거에 저항하여 4·19 혁명이 일어났어요.

> 독재 정권 타도
>
> 부정 선거 규탄

4강 민주화를 위한 노력 ~ 남북 화해와 통일을 위한 노력

1961년 박정희 등 일부 군인 세력은 반공을 국시로 쿠데타를 일으켜 권력을 장악하였어요.

반공이 국시다!

학생과 민주 인사들은 박정희 정부의 유신 체제에 저항하며 민주화 운동을 전개하였습니다.

민주주의는 대한민국의 국시다!

1980년 광주에서 5·18 민주화 운동이 일어나자, 신군부는 이를 무력으로 진압하였습니다.

전두환 정부의 4·13 호헌 조치 등에 맞서 국민들은 1987년 6월 민주 항쟁을 펼쳤어요.

직선제로 개헌하라!

6월 민주 항쟁으로 대통령 직선제 개헌이 이루어졌고, 1995년에는 지방 자치제가 전면적으로 시행되는 등 민주주의가 한층 발전하고 있습니다.

우리 지역의 대표는 우리 손으로 뽑자!

기표소

투표소

우리나라는 한때 외환 위기를 겪기도 하였지만 눈부신 경제 성장을 이룩하였으며, 세계적인 문화 콘텐츠 강국으로 나아가고 있답니다.

한류

개념 ❶ | 8·15 광복과 통일 정부 수립을 위한 노력

(1) 8·15 광복과 국토 분단

① 8·15 광복 이후 국내 정세: 조선 건국 준비 위원회 조직, 여러 정당 설립(한국 민주당·조선 공산당 등), 독립운동 세력의 귀국(김구 등)

② 국토의 분단: 38도선 분할 ➡ 미국(남)과 소련(북)의 군정 실시

(2) 통일 정부 수립을 위한 노력

① **모스크바 3국 외상 회의**: 미·소 공동 위원회 설치, 조선 임시 정부 수립, 최장 5년간의 [❶]을/를 거친 한국의 독립 등 결정 ➡ 좌우 대립 격화

② **미·소 공동 위원회와 좌우 합작 운동**: 제1차 미·소 공동 위원회(결렬) ➡ 이승만의 [❷] 발언(남한 단독 정부 수립 주장) ➡ 여운형과 김규식의 좌우 합작 운동(여운형 암살로 중단) ➡ 제2차 미·소 공동 위원회(결렬) ➡ 한국 문제를 유엔에 이관

③ **유엔의 결정**: 유엔 감시하의 남북한 총선거 결정 ➡ 유엔 한국 임시 위원단 파견 ➡ 소련 측의 입북 거부 ➡ 선거 가능한 지역(38도선 이남 지역)의 총선거 결정

④ **단독 정부 수립 반대 움직임**: 남북 협상(김구·김규식), 제주 4·3 사건 등

답 ❶ 신탁 통치 ❷ 정읍

Quiz

제1차 미·소 공동 위원회가 결렬되자, 이승만은 정읍에서 (남북한 통일, 남한만의 단독) 정부 수립을 주장하였다.

Clip! 좌우 합작 운동

제1차 미·소 공동 위원회의 결렬과 이승만을 중심으로 제기된 단독 정부 수립 주장으로 분단의 위기가 높아지자, 여운형과 김규식 등은 좌우 합작 위원회를 조직하였다. 좌우 합작 위원회는 1946년 10월에 '통일 임시 정부 수립, 유상 매입과 무상 분배 원칙하의 토지 개혁, 반민족 행위자 처벌' 등을 주요 내용으로 하는 '좌우 합작 7원칙'을 발표하였다.

개념 ❷ | 대한민국 정부 수립과 6·25 전쟁 및 4·19 혁명

(1) 대한민국 정부 수립과 새 정부의 과제

① **정부 수립**: 5·10 총선거 ➡ 제헌 헌법 공포([❶] 중심제) ➡ 대한민국 정부 수립(유엔 총회가 유엔 감시하의 선거가 가능했던 지역에서 유일한 합법 정부임을 승인)

② **새 정부의 과제**: 농지 개혁(유상 매입·유상 분배), 식민지 잔재 청산(반민족 행위 처벌법 제정·반민족 행위 특별 조사 위원회 구성)

(2) 6·25 전쟁과 전후의 변화

① **6·25 전쟁**: 북한군의 기습 남침 ➡ 유엔군 참전(인천 상륙 작전) ➡ 중국군 개입(1·4 후퇴) ➡ 38도선 부근에서 전선 교착 ➡ 정전 협정 체결, 한·미 상호 방위 조약 체결

② **이승만의 독재**: 발췌 개헌(집권 연장을 위한 대통령 직선제 개헌, 1952), 사사오입 개헌(개헌 당시 대통령에 한해 [❷] 제한 철폐, 1954)

③ **원조 경제**: 미국의 원조(농산물, 소비재 중심) ➡ 삼백 산업 등 소비재 공업 발달

(3) 4·19 혁명과 장면 내각 수립

① **4·19 혁명**: 이승만 정부의 독재와 부패, 3·15 부정 선거 ➡ 마산 시위 ➡ 전국으로 시위 확산 ➡ 경찰의 발포, 비상계엄 선포 ➡ 대학교수단의 시국 선언 ➡ 이승만 퇴진

② **장면 내각의 수립**: 내각 책임제와 양원제 국회 구성을 핵심으로 한 헌법 개정 ➡ 대통령 윤보선 선출, 국무총리 장면 당선

답 ❶ 대통령 ❷ 중임

Quiz

▲ 한국의 농산물 부족량과 도입량

이승만 정부는 ( )의 경제 원조에 힘입어 전후 복구와 경제 건설에 나섰다.

01

다음은 모스크바 3국 외상 회의의 결정 내용을 도식화한 것이다. (가)에 들어갈 알맞은 말을 쓰시오.

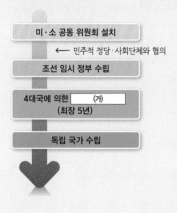

미·소 공동 위원회 설치

← 민주적 정당·사회단체와 협의

조선 임시 정부 수립

4대국에 의한 (가) (최장 5년)

독립 국가 수립

풀이 1945년 12월 모스크바 3국 외상 회의에서 미·소 **❶**　　　　　의 설치, 조선 임시 정부의 수립, 최장 5년간의 신탁 통치를 거친 한국의 **❷**　　　　이/가 결정되었다.

답 ❶ 공동 위원회 **❷** 독립

01-1

다음 연설을 한 인물로 옳은 것은?

우리는 자주독립의 통일 정부를 수립할 것이며, …… 나는 통일된 조국을 건설하려다가 38도선을 베고 쓰러질지언정 일신에 구차한 안일을 취하여 단독 정부를 세우는 데는 협력하지 아니하겠다.

① 김구　　　　　② 안창호
③ 양기탁　　　　④ 이광수
⑤ 이승만

02

(가)~(라) 지도를 시기 순서대로 나열하시오.

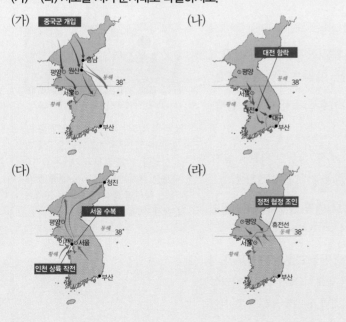

(가) 중국군 개입

(나) 대전 함락

(다) 서울 수복 / 인천 상륙 작전

(라) 정전 협정 조인

풀이 6·25 전쟁 초기에는 국군과 유엔군이 열세였지만, **❶**　　　　상륙 작전이 성공하면서 전세가 역전되었다. 그러나 **❷**　　　　이/가 개입하면서 국군과 유엔군은 다시 후퇴하였다. 이후 38도선 부근에서 전선이 교착되었다가, 1953년에 정전 협정이 체결되었다.

답 ❶ 인천 **❷** 중국군

02-1

다음 자료와 관련된 사건으로 옳은 것은?

- 지역별로 4할 정도를 사전 기표하여 투표함에 미리 넣어 둘 것
- 3~9인조를 편성하여 조장이 조원의 표를 확인하고 자유당 선거 운동원에게 보여 주고 투표함에 넣도록 할 것
- 민주당 측 참관인을 매수하여 투표 참관을 포기시키거나 그것이 여의치 않을 때는 적절한 구실을 만들어 축출할 것

① 농지 개혁
② 발췌 개헌
③ 5·10 총선거
④ 제헌 헌법 공포
⑤ 3·15 부정 선거

개념 ❶ | 민주화를 위한 노력과 경제 성장

(1) 5·16 군사 정변과 민주주의의 시련

① 5·16 군사 정변: '혁명 공약' 발표, 국가 재건 최고 회의를 통해 군정 시행

② 박정희 정부: 한·일 국교 정상화 추진(6·3 시위 ➡ 한·일 기본 조약 체결), 베트남 파병 (브라운 각서 체결, 경제 성장의 발판), ❶⬚⬚⬚⬚⬚⬚(장기 집권 기반 마련) .

(2) 유신 체제 박정희 영구 집권 가능, 대통령 권한 극대화 ➡ 개헌 청원 1백만 인 서명 운동, 3·1 민주 구국 선언, ❷⬚⬚⬚ 민주화 운동 등 유신 반대 운동 ➡ 박정희 피살 (10·26 사태), 유신 체제 붕괴

(3) 신군부의 등장 12·12 군사 반란 ➡ 서울의 봄 ➡ 5·18 민주화 운동

(4) 대한민국의 경제 성장 1960년대 수출 중심의 정책, 경공업 육성 ➡ 1970년대 중화학 공업 육성 ➡ 1980년대 중반 3저 호황

답 ❶ 3선 개헌 ❷ 부·마

개념 ❷ | 민주주의의 발전 및 남북 화해와 통일을 위한 노력

(1) 6월 민주 항쟁과 민주주의의 진전

① 6월 민주 항쟁: 대통령 ❶⬚⬚⬚ 개헌 운동 ➡ 4·13 호헌 조치 ➡ 박종철 고문치사 사건 축소·은폐 시도 발각 ➡ 이한열 피격 ➡ 범국민적 민주화 운동 ➡ 6·29 민주화 선언

② 직선제 개헌 후 정부: 노태우 정부(북방 외교) ➡ 김영삼 정부(금융 실명제, 역사 바로 세우기 추진, 경제 협력 개발 기구 가입, 외환 위기) ➡ 김대중 정부(평화로운 여야 정권 교체, 국제 통화 기금의 구제 금융 조기 상환) ➡ 노무현 정부(한·미 자유 무역 협정 체결)

(2) 다양한 사회 운동 노동·농민 운동 활성화(6월 민주 항쟁 이후 노동자 대투쟁 전개), 지방 자치제 확대, 시민운동 활성화

(3) 외환 위기 국제 통화 기금(IMF)에 구제 금융 신청 ➡ 구조 조정, 노사정 위원회 설치, 금 모으기 운동 ➡ 지원금 조기 상환, 실업자·비정규직 노동자 증가, 빈부 격차 심화

(4) 북한의 3대 세습 김일성(주체사상, 사회주의 헌법 제정으로 권력 절대화) ➡ 김정일 ('선군 정치') ➡ 김정은(시장 경제 요소 도입, 핵 실험 강행으로 국제적 고립 심화)

(5) 남북 관계의 변화 7·4 남북 공동 성명(박정희 정부) ➡ 이산가족 고향 방문(전두환 정부) ➡ 남북 기본 합의서(노태우 정부) ➡ 북한의 핵 확산 금지 조약(NPT) 탈퇴(김영삼 정부) ➡ 대북 화해 협력 정책(햇볕 정책), 제1차 남북 정상 회담, 6·15 남북 공동 선언 (❷⬚⬚⬚ 정부) ➡ 제2차 남북 정상 회담, 10·4 남북 정상 선언(노무현 정부) ➡ 연평도 포격, 천안함 사건(이명박 정부) ➡ 대북 압박(박근혜 정부) ➡ 제3차 정상 회담, 4·27 판문점 선언(문재인 정부)

답 ❶ 직선제 ❷ 김대중

01

(가)에 들어갈 알맞은 말을 쓰시오.

▲ 민주 수호 범시민 궐기 대회(1980. 5. 26.)

1980년 5월 광주에서는 신군부의 비상계엄 확대와 휴교령에 반대하며 [(가)]이/가 일어났다. 신군부는 공수 부대를 투입하여 [(가)]을/를 무자비하게 진압하였다.

풀이 12·12 군사 반란으로 집권한 전두환 등 ❶[ ]은/는 계엄령을 전국으로 확대하였고, 이에 저항하여 5·18 민주화 운동이 시작되었다. 시위 진압 과정에서 계엄군이 투입되어 무차별 발포하자, 시민들은 ❷[ ]을/를 조직해 맞섰다. 5·18 민주화 운동과 관련된 많은 기록물은 유네스코 세계 기록 유산으로 등재되기도 하였다.

답 ❶ 신군부 ❷ 시민군

01-1

밑줄 친 '정부'에 해당하는 시기로 옳은 것은?

- 학생과 시민들이 '굴욕적 대일 외교 반대', '불법적 친일 정권 퇴진'을 외치며 6·3 시위를 전개하였으나, 정부는 비상계엄령을 선포한 가운데 한·일 협정을 체결하였다.
- 미국의 한국군 파병 요청에 대하여 정부는 브라운 각서를 체결하고 베트남 파병을 강행하였다.

① 이승만 정부
② 장면 내각
③ 박정희 정부
④ 전두환 정부
⑤ 노태우 정부

02

김대중 정부에 관한 설명으로 옳은 것을 〈보기〉에서 있는 대로 고르시오.

보기
ㄱ. 7·4 남북 공동 성명을 발표하였다.
ㄴ. 소련, 중국 등 사회주의 국가들과 수교하였다.
ㄷ. 분단 이후 최초의 평화적인 정권 교체로 성립되었다.
ㄹ. 남북 정상 회담을 열고 6·15 남북 공동 선언을 발표하였다.

풀이 1997년 제15대 대통령 선거에서 야당 후보 김대중이 대통령에 당선되어 분단 이후 처음으로 ❶[ ]을/를 통한 평화적인 여야 정권 교체가 이루어졌다. 2000년에는 김대중 대통령이 ❷[ ]을/를 방문하여 제1차 남북 정상 회담을 열었다.

답 ❶ 선거 ❷ 평양

02-1

다음 그래프와 같은 변화가 나타난 계기가 된 사건을 쓰시오.

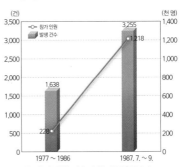

▲ 노동 쟁의 발생 건수와 참여 인원 증가

개념 돌파 전략 ②

광복 이후 한국의 독립 문제가 논의된 회의는?

⇨ 1945년 12월 미국, 영국, 소련의 외무 장관들이 **①** 에서 한국의 독립 문제를 논의하였다. 이 회의에서 조선 임시 정부 수립 및 이를 지원할 **②** 의 설치, 최장 5년간의 신탁 통치 실시 등이 결정되었다.

🔘 ❶ 모스크바 3국 외상 회의 ❷ 미·소 공동 위원회

1 밑줄 친 '회의'에 대한 설명으로 가장 적절한 것은?

이 회의에서 결정된 한반도에 대한 신탁 통치에 결사반대한다!

① 카이로에서 개최되었다.
② 농지 개혁을 추진하였다.
③ 군사 분계선 설정을 규정하였다.
④ 5·10 총선거 실시를 결정하였다.
⑤ 좌우 대립이 격화되는 결과를 가져왔다.

광복 이후 친일 반민족 행위자를 처벌하기 위해 설치된 기구는?

⇨ 제헌 국회는 1948년 9월에 반민족 행위 처벌법을 제정하고, **①** (반민 특위)을/를 구성하였다. 반민 특위는 반민족 행위를 광범위하게 조사하고 사법 처리에 나섰으나, **②** 정부의 소극적인 태도와 친일 세력의 방해로 활동에 제약을 받았다.

🔘 ❶ 반민족 행위 특별 조사 위원회 ❷ 이승만

2 (가) 단체에 대한 설명으로 옳은 것은?

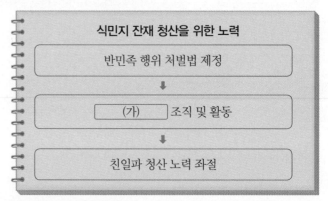

① 발췌 개헌안을 통과시켰다.
② 좌우 합작 7원칙을 발표하였다.
③ 박정희 정부 시기에 활동하였다.
④ 신군부 세력의 퇴진을 요구하였다.
⑤ 당시 정부와 친일 세력의 방해로 활동에 어려움을 겪었다.

1950년에 시작되어 1953년 정전 협정 체결로 매듭지어진 전쟁은?

⇨ 6·25 전쟁은 북한의 기습 **①** (으)로 시작되었다. 전쟁 초기에는 국군과 유엔군이 열세였지만, **②** 작전을 통해 전세를 역전시키고 서울을 수복하였다.

🔘 ❶ 남침 ❷ 인천 상륙

3 밑줄 친 '전쟁'의 영향으로 옳지 <u>않은</u> 것은?

전쟁 중에 국군과 유엔군은 인천 상륙 작전을 성공시켜 서울을 수복하였다. 그러나 중국군이 전쟁에 개입하면서 국군과 유엔군은 서울을 다시 빼앗겼다. 이후 전쟁은 38도선 부근에서 교착 상태에 빠졌다.

① 이산가족이 발생하였다.
② 남북 간 이념 대립이 심화되었다.
③ 김구 등이 남북 협상을 추진하였다.
④ 남북한에서 독재 체제가 강화되었다.
⑤ 한·미 상호 방위 조약이 체결되었다.

3·15 부정 선거를 배경으로 일어난 혁명은?

⇨ 1960년 정·부통령 선거에서 자행된 3·15 부정 선거에 저항하여 ❶ 이/가 일어났다. 그 결과 이승만이 대통령직에서 물러났으며, ❷ 와/과 양원제 국회 구성을 골자로 한 개헌이 단행되었다.

閏 ❶ 4·19 혁명 ❷ 내각 책임제

4 밑줄 친 '부정 선거'의 영향으로 가장 적절한 것은?

> 1960년 정·부통령 선거에서 이승만 정부는 자유당의 이기붕을 부통령으로 당선시키기 위해 대대적인 부정 선거를 벌였다.

① 6·3 시위가 일어났다.
② 4·19 혁명이 전개되었다.
③ 6월 민주 항쟁이 일어났다.
④ 사사오입 개헌안이 통과되었다.
⑤ 5·18 민주화 운동이 발생하였다.

신군부 세력에 맞서 1980년에 광주에서 일어난 민주화 운동은?

⇨ 전두환 등을 중심으로 하는 신군부 세력이 1979년 ❶ 군사 반란을 통해 정권을 장악하자, 1980년 광주의 학생과 시민들이 신군부 퇴진과 ❷ 철회를 요구하며 5·18 민주화 운동을 전개하였다.

閏 ❶ 12·12 ❷ 계엄령

5 (가)에 들어갈 사건으로 옳은 것은?

이것은 1980년 [(가)] 당시 작성된 한 고등학생의 일기이다. 여기에는 신군부 세력에 저항하여 일어난 [(가)] 당시의 상황이 생생하게 기록되어 있으며, 유네스코 세계 기록 유산으로 등재되었다.

① 6월 민주 항쟁   ② 제주 4·3 사건
③ 5·18 민주화 운동   ④ 부·마 민주화 운동
⑤ 광주 학생 항일 운동

제1차 남북 정상 회담을 연 정부는?

⇨ 2000년 평양에서 최초의 남북 정상 회담을 연 ❶ 정부는 통일 방안과 남북 간 교류 활성화 방안 등을 합의한 결과를 담은 ❷ 을/를 발표하였다.

閏 ❶ 김대중 ❷ 6·15 남북 공동 선언

6 (가)에 들어갈 내용으로 옳은 것은?

> **한국사 수행 평가**
> • 주제: ○○○ 정부 시기의 정치·경제
> • 모둠별 발표 주제
> – 1모둠: 선거를 통한 평화적인 여야 정권 교체
> – 2모둠: 대북 화해 협력 정책 실시
> – 3모둠: 제1차 남북 정상 회담 개최
> – 4모둠: [(가)]

① 금융 실명제 실시
② 4·13 호헌 조치 발표
③ 3·1 민주 구국 선언 발표
④ 사회주의 국가들과의 수교
⑤ 국제 통화 기금의 구제 금융 조기 상환

전략 ❶ | 통일 정부 수립을 위한 노력

✿ **모스크바 3국 외상 회의(1945. 12.):** 미·소 공동 위원회 설치, 조선 임시 정부 수립, 최장 5년간의 신탁 통치 시행 등 결정

● **좌우 합작 운동(1946~1947):** 제1차 미·소 공동 위원회 결렬, [**❶**]의 정읍 발언 ➡ 여운형과 김규식 등 중도 세력이 좌우 합작 운동 전개(좌우 합작 7원칙 발표)

✿ **한반도 문제의 유엔 이관:** 제2차 미·소 공동 위원회 결렬 ➡ 미국이 한반도 문제를 유엔에 이관 ➡ 유엔 총회가 인구 비례에 따른 총선거 실시 결정 ➡ 유엔 한국 임시 위원단 파견 ➡ 소련의 유엔 한국 임시 위원단 입북 거부 ➡ 유엔 소총회가 선거 가능 지역(38도선 이남 지역)의 총선거 결정

● **남북 협상(1948. 4.):** 김구와 김규식이 [**❷**] 수립에 반대하면서 추진 ➡ 평양에서 회의 개최

달 ❶ 이승만 ❷ 단독 정부

 1

(1) 다음에서 설명하는 위원회의 명칭을 쓰시오.

> • 1946년 3월부터 5월에 덕수궁에서 개최되었다.
> • 한반도에 민주주의 임시 정부 수립 및 신탁 통치 문제를 협의하기 위해 개최되었으나, 협의에 참여할 대상을 둘러싼 미·소의 대립으로 결렬되었다.

(2) 밑줄 친 '이 운동'이 무엇인지 쓰시오.

> 제1차 미·소 공동 위원회 결렬과 이승만의 정읍 발언으로 단독 정부 수립론이 대두하자, 여운형과 김규식 주도로 이 운동을 전개하였다. 이 운동을 통해 남북을 통합한 임시 정부를 수립하여 분단을 막고자 하였다.

풀이

(1) 모스크바 3국 외상 회의의 결과에 따라 이듬해 제1차 미·소 공동 위원회가 개최되었다. 미국과 소련은 조선 임시 정부를 자국에 유리하게 구성하고자 하였고, 합의점을 찾지 못해 회의는 결렬되었다.

달 제1차 미·소 공동 위원회

(2) 한반도가 분단될 수 있다는 우려가 커지는 가운데, 여운형과 김규식 등은 미군정의 지원을 받아 좌우 합작 운동을 전개하였다. 그러나 토지 개혁, 친일파 처리를 둘러싸고 좌익과 우익이 대립하였다.

달 좌우 합작 운동

1-1

다음 사건들을 일어난 순서대로 나열하시오.

> (가) 제1차 미·소 공동 위원회가 결렬되었다.
> (나) 미국이 한반도 문제를 유엔에 이관하였다.
> (다) 유엔 총회에서 유엔 감시하의 남북한 총선거가 결정되었다.
> (라) 이승만이 남한만의 단독 정부 수립을 주장하는 정읍 발언을 발표하였다.

1-2

(가)에 들어갈 인물로 옳은 것은?

> **한국사 인물 카드**
>
> [(가)]의 주요 활동
> - 조선 건국 동맹 결성
> - 조선 건국 준비 위원회 결성
> - 좌우 합작 운동 주도

① 김구   ② 김원봉   ③ 신채호
④ 여운형   ⑤ 이승만

전략 ❷ | 대한민국 정부 수립과 제헌 국회의 활동

● **대한민국 정부 수립**: 5·10 총선거 실시(직접·평등·비밀·보통 선거 원칙에 따라 치러진 우리나라 최초의 민주 선거) ➡ [❶   ] 구성 ➡ 제헌 헌법 공포(국호 '대한민국', 민주 공화제, 대통령 중심제, 대통령 간선제 명시) ➡ 이승만 대통령이 정부 수립 선포(1948. 8. 15.)

✮ **제헌 국회의 활동**: 친일파를 청산하기 위한 반민족 행위 처벌법 제정(1948), 유상 매입·유상 분배의 원칙에 따른 토지 분배를 규정한 [❷   ] 제정(1949) 및 개정 후 시행(1950)

답 ❶ 제헌 국회 ❷ 농지 개혁법

 필수 예제 2

(1) 밑줄 친 '헌법'의 명칭을 쓰시오.

 사진은 1948년 5·10 총선거 결과 구성된 국회의 개원식 모습이다. 이 국회는 7월 17일 <u>헌법</u>을 공포하였다.

(2) (가)에 들어갈 알맞은 말을 쓰시오.

> 정부는 1950년 국회에서 관련 법이 통과되자 이에 따라 유상 매입, 유상 분배 방식으로 [(가)]을/를 추진하였다. [(가)]의 결과 전통적 지주·소작제가 붕괴되었고, 대부분의 농민이 자기 소유의 토지를 갖게 되었다.

풀이

(1) 5·10 총선거로 제헌 국회가 구성되었고, 이 국회에서 제헌 헌법을 공포하였다.

주요 내용	삼권 분립 및 대통령 중심제 채택, 국회에서 대통령과 부통령 선출(간선제)
특징	대한민국 임시 정부의 법통을 계승한 민주 공화국임을 표방

답 제헌 헌법

(2) 제헌 국회가 1949년 농지 개혁법을 제정하였고, 이승만 정부는 1950년 3월부터 농지 개혁을 시행하였다.

배경	국민의 토지 분배와 지주제 개혁 요구
내용	• 1가구당 토지 소유 제한(최대 3정보) • 3정보 이상의 토지는 유상 매입(지가 증권 발행), 유상 분배

답 농지 개혁

2-1
(가), (나)에 들어갈 알맞은 말을 각각 쓰시오.

 1948년에 유엔 한국 임시 위원단의 감시 아래 남한에서 우리 역사상 최초의 민주적 보통 선거인 [(가)]이/가 시행되었다. 선거 결과 198명의 국회 의원이 선출되어 [(나)]이/가 구성되었다.

2-2
밑줄 친 '이 국회'의 활동으로 옳은 것은?

> <u>이</u> 국회는 대한민국 임시 정부를 계승한다는 의미에서 국호를 '대한민국'으로 결정하고, 1948년 7월 17일에 헌법을 공포하였다.

① 관민 공동회를 개최하였다.
② 김구를 주석으로 선출하였다.
③ 연통제와 교통국을 운영하였다.
④ 좌우 합작 7원칙을 발표하였다.
⑤ 반민족 행위 처벌법을 제정하였다.

전략 ❸ | 6·25 전쟁

● **배경**: 북위 38도선 일대에서 군사 충돌, 소련과 중국의 대북 군사 지원 약속, 미국의 애치슨 선언 발표 등

✦**전개**: 북한군의 기습 남침(1950) ➡ 서울 함락 ➡ 낙동강 방어선 구축 ➡ 국군과 유엔군의 인천 상륙 작전 ➡ 서울 수복 ➡ 국군과 유엔군의 압록강 유역 진출 ➡ 중국군 개입 ➡ 서울 재함락(❶　　　　) ➡ 서울 재수복 ➡ 38도선을 중심으로 전선 교착 ➡ 정전 협정 조인(1953)

● **정전 협정**: 군사 분계선 설정, ❷　　　　 교환 방식을 두고 갈등 ➡ 정전 협정 조인으로 군사 분계선(휴전선) 설정, 비무장 지대 설치

✦**영향**: 분단 고착화, 남북한에서의 독재 체제 강화, 한·미 상호 방위 조약 체결, 미국과 중국의 영향력 증대, 전쟁 특수로 인한 일본의 경제 성장과 군사적 재무장 등

🔲 ❶ 1·4 후퇴 ❷ 포로

 필수 예제 ❸

(1) 밑줄 친 '선언'의 명칭을 쓰시오.

1950년 1월에 미국 국무 장관은 미국의 태평양 방위선에서 한반도와 타이완을 제외한다는 <u>선언</u>을 발표하였다.

(2) 다음 사건들을 일어난 순서대로 나열하시오.

> (가) 1·4 후퇴
> (나) 정전 협정 체결
> (다) 인천 상륙 작전
> (라) 낙동강 방위선 구축

풀이

(1) 1950년 1월 미국 국무 장관 애치슨은 태평양 방위선을 '알류샨 열도 – 일본과 오키나와 – 필리핀 군도'로 이어지는 선으로 한다는 애치슨 선언을 발표하였다. 이에 따라 한국과 타이완은 미국의 극동 방위선에서 제외되었다.

🔲 애치슨 선언

(2) 6·25 전쟁은 북한군 남침(1950) ➡ 서울 함락 ➡ 낙동강 방위선까지 후퇴 ➡ 인천 상륙 작전 ➡ 서울 수복 ➡ 압록강 유역까지 진출 ➡ 중국군 개입 ➡ 서울 재함락(1·4 후퇴) ➡ 38도선 부근에서 전선 교착 ➡ 정전 협상 시작 ➡ 정전 협정 체결 순으로 전개되었다.

🔲 (라) – (다) – (가) – (나)

3-1

밑줄 친 '이 작전'의 명칭을 쓰시오.

낙동강 방위선을 구축하고 북한군의 남하를 저지하던 국군과 유엔군은 1950년 9월 15일에 <u>이 작전</u>을 감행하여 전세를 역전하고 서울을 수복하였다.

3-2

(가)에 들어갈 알맞은 말을 쓰시오.

1953년 7월 27일, 유엔군과 북한군·중국군 사이에 　(가)　 이/가 체결되었다. 1951년부터 　(가)　 을/를 체결하기 위한 협상이 2년이나 이어졌고, 38도선 부근에서는 치열한 공방전이 전개되었다.

전략 ④ │ 이승만 정부의 독재와 4·19 혁명

발췌 개헌(1952): 집권 연장을 위해 대통령 **❶** ▢▢▢ 개헌 추진 → 임시 수도 부산 인근에 계엄령 선포, 개헌 반대 야당 의원 구속(부산 정치 파동) → 개헌안 가결 → 이승만 재선 성공

● **사사오입 개헌(1954):** 개헌 당시 대통령(이승만)에 한해 중임 제한 철폐 추진 → 1표 차이로 개헌안 부결 → 사사 오입 논리를 내세워 개헌안 통과 선포

4·19 혁명(1960): 이승만 정부의 독재와 부정부패, 3·15 부정 선거 → 부정 선거 규탄 시위 전개 → 마산 앞 바다에서 **❷** ▢▢▢ 의 시신 발견 → 전국으로 시위 확산 → 경찰의 발포, 비상계엄 선포 → 대학교수단의 시국 선언 → 이승만 퇴진, 내각 책임제와 양원제 국회 구성을 골자로 한 개헌 → 장면 내각 수립

🈸 **❶** 직선제 **❷** 김주열

필수예제 4

(1) 다음 사건을 무엇이라고 하는지 쓰시오.

> 이승만 대통령과 여당인 자유당은 개헌 당시 대통령 이던 이승만에 한해 중임 제한을 철폐한다는 내용의 개헌을 강행하였다. 개헌안은 한 표가 모자라서 부결 되었지만, 이튿날 자유당은 억지 논리로 개헌안이 통 과되었다고 선포하였다.

(2) 다음 사건을 계기로 일어난 민주화 운동을 쓰시오.

> 이승만 정부는 1960년 3월 15일 정·부통령 선거에서 자유당의 이기붕을 부통령에 당선시키기 위해 3~9인 조 투표, 4할 사전 투표, 투표함 바꿔치기 등 각종 부 정을 자행하였다. 이에 전국에서 부정 선거를 규탄하 는 시위가 전개되었다.

풀이

(1) 당시 국회에서 개헌안이 통과되려면 재적 의원 203명 중 3분의 2인 136명 이상의 찬성표가 필요하였다. 실제 투표 결과 135명이 찬성하 여 1표 차이로 부결되었다. 이에 자유당은 사사오입(반올림)을 적용하 여 135명만 찬성해도 된다고 주장하며 개헌안을 통과시켰다. 이를 통 해 이승만은 장기 독재의 기반을 마련하였다.

🈸 사사오입 개헌

(2) 1960년 3·15 부정 선거를 규탄하는 시위가 마산, 서울을 비롯하여 전국으로 확산되었다. 이승만 정부는 시위대에게 발포하는 한편, 비상 계엄을 선포하였다. 대학교수단도 시국 선언에 나서자, 결국 이승만은 대통령직에서 물러났다. 4·19 혁명은 시민들이 참여하여 이승만 독 재 정권을 무너뜨린 민주 혁명이었다.

🈸 4·19 혁명

4-1

다음에서 설명하는 역사적 사실로 옳은 것은?

> 6·25 전쟁 중 대통령 직선제 를 골자로 하는 개헌안이 경찰 과 군인이 국회를 포위한 상태 에서 국회 의원들의 기립 투표 로 통과되었다.

① 농지 개혁 ② 발췌 개헌
③ 5·10 총선거 ④ 사사오입 개헌
⑤ 3·15 부정 선거

4-2

(가)에 들어갈 사건으로 옳은 것은?

① 4·19 혁명 ② 6·25 전쟁
③ 5·10 총선거 ④ 제주 4·3 사건
⑤ 반민족 행위 처벌법 제정

1 다음 상황이 나타나게 된 배경으로 옳은 것은?

① 남북 협상이 추진되었다.
② 좌우 합작 운동이 전개되었다.
③ 모스크바 3국 외상 회의가 개최되었다.
④ 제1차 미·소 공동 위원회가 결렬되었다.
⑤ 미국이 한반도 문제를 유엔으로 이관하였다.

> **Tip**
> 1945년 12월 미국, 소련, 영국의 외무 장관들이 ❶ ⬚ 에서 한국의 독립 문제를 논의하였다. 회의의 결정 사항이 국내에 전해지자, ❷ ⬚ 을/를 둘러싸고 좌우의 갈등이 극렬해졌다.
>
> 답 ❶ 모스크바 3국 외상 회의 ❷ 신탁 통치

2 다음 자료에 나타난 단체에 대한 설명으로 옳은 것은?

그림에서 악수하고 있는 왼쪽 인물은 여운형이고, 오른쪽 인물은 김규식이다. 이들 위에 '좌우 합작'이라는 글자가 적혀 있다.

① 김구를 주석으로 선출하였다.
② 교조 신원 운동을 전개하였다.
③ 통일 정부 수립 운동을 펼쳤다.
④ 「조선 혁명 선언」을 활동 지침으로 삼았다.
⑤ 반민족 행위 처벌법을 근거로 하여 구성되었다.

> **Tip**
> 제1차 미·소 공동 위원회 결렬 이후 이승만의 ❶ ⬚ 발언으로 남한만의 단독 정부 수립 주장이 제기되자, 중도 성향의 여운형과 ❷ ⬚ 이/가 중심이 되어 좌우 합작 운동을 전개하였다.
>
> 답 ❶ 정읍 ❷ 김규식

3 밑줄 친 '선거'의 결과로 옳은 것은?

> 1948년 5월, 38도선 이남 지역에서 유엔 한국 임시 위원단의 감시 아래 국회 의원을 뽑기 위한 선거가 치러졌다. 이 선거는 21세 이상의 모든 국민에게 투표권이 부여된 우리 역사상 최초의 민주 선거였다.

① 남북 협상이 추진되었다.
② 제헌 국회가 구성되었다.
③ 제주 4·3 사건이 발생하였다.
④ 조선 건국 준비 위원회가 조직되었다.
⑤ 모스크바 3국 외상 회의가 개최되었다.

Tip
1948년 5월에 우리 역사상 최초의 민주 선거인 **❶** 이/가 시행되었다. 이를 통해 구성된 국회는 7월 17일에 **❷** 을/를 공포하였다.

답 ❶ 5·10 총선거 ❷ 헌법(제헌 헌법)

4 (가), (나) 시기 사이에 있었던 사실로 옳은 것만을 〈보기〉에서 고른 것은?

> (가) 미국은 한국을 미국의 태평양 방위선에서 제외한다는 애치슨 선언을 발표하였다.
> (나) 국군은 북한을 돕기 위해 참전한 중국군의 공세에 밀려 다시 수도를 빼앗기고 평택 인근까지 후퇴하였다.

> • 보기 •
> ㄱ. 유엔군의 파병이 결정되었다.
> ㄴ. 인천 상륙 작전이 전개되었다.
> ㄷ. 38도선 부근에서 전선이 교착되었다.
> ㄹ. 소련의 제의로 정전 협상이 시작되었다.

① ㄱ, ㄴ   ② ㄱ, ㄷ   ③ ㄴ, ㄷ
④ ㄴ, ㄹ   ⑤ ㄷ, ㄹ

Tip
6·25 전쟁 중 국군과 유엔군이 압록강까지 진출하자, **❶** 이/가 참전하였다. 이들의 공세에 밀려 국군과 유엔군은 서울을 다시 빼앗겼는데, 이를 **❷** (이)라고 한다.

답 ❶ 중국군 ❷ 1·4 후퇴

5 (가) 민주화 운동이 일어나게 된 계기로 가장 적절한 것은?

① 정전 협정이 체결되었다.
② 발췌 개헌안이 통과되었다.
③ 3·15 부정 선거가 일어났다.
④ 단독 정부 수립론이 대두하였다.
⑤ 최장 5년간의 신탁 통치가 결정되었다.

Tip
1960년 3·15 부정 선거를 계기로 하여 일어난 **❶** 은/는 **❷** 독재 정권을 무너뜨린 민주 혁명으로, 이후 민주주의 발전에 중요한 토대가 되었다.

답 ❶ 4·19 혁명 ❷ 이승만

전략 ❶ | 박정희 정부

● **5·16 군사 정변**: 박정희를 중심으로 한 일부 군인들이 쿠데타로 정권 장악 ➡ ❶ [   ] 회의를 설치하여 군정 실시

✖ **박정희 정부**: 한·일 협정 체결로 한·일 국교 정상화(6·3 시위 발생), ❷ [   ] 전쟁에 파병(브라운 각서 체결), 3선 개헌(장기 집권의 기반 마련)

✖ **유신 체제**: 비상계엄 선포, 국회 해산 ➡ 유신 헌법 제정 (1972. 10.) ➡ 통일 주체 국민 회의에서 박정희를 대통령으로 선출 ➡ 3·1 민주 구국 선언 등 유신 반대 운동 전개 ➡ YH 무역 사건 ➡ 김영삼을 국회 의원직에서 제명 ➡ 부·마 민주화 운동 ➡ 10·26 사태로 박정희 피살, 유신 체제 붕괴(1979)

🅐 ❶ 국가 재건 최고 ❷ 베트남

필수 예제 ①

(1) 박정희 정부 시기에 있었던 일만을 〈보기〉에서 있는 대로 고르시오.

┌─ 보기 ─
ㄱ. 6·3 시위가 일어났다.
ㄴ. 농지 개혁이 추진되었다.
ㄷ. 베트남 전쟁에 국군을 파병하였다.
ㄹ. 4·19 혁명으로 대통령이 하야하였다.
└─

(2) 다음에서 설명하는 헌법의 명칭을 쓰시오.

┌─
1972년 비상 국무 회의에서 의결·공고되고 이후 국민 투표로 확정된 헌법이다. 이 헌법에 따라 대통령의 임기는 6년으로 늘어났고, 중임 횟수에도 제한이 없어졌다. 또한 대통령이 의장인 통일 주체 국민 회의에서 간접 선거로 대통령을 선출하게 하였다.
└─

풀이

(1) 박정희 정부는 한·일 협정을 체결하여 경제 개발 정책 추진에 필요한 자금을 확보하였다. 이 과정에서 굴욕적인 한·일 회담에 저항하는 6·3 시위가 일어났다. 한편 박정희 정부는 미국으로부터 한국군의 현대화와 경제 발전을 위한 기술 및 차관 제공 등을 약속받고 베트남 파병을 단행하였다.

🅐 ㄱ, ㄷ

(2) 유신 헌법의 특징과 주요 내용은 다음과 같다.

대통령 영구 집권 가능	• 통일 주체 국민 회의를 통해 임기 6년의 대통령을 간접 선거로 선출 • 대통령 중임 제한 조항 삭제
대통령의 권한 극대화	국회 해산권, 국회 의원 3분의 1 추천권, 긴급 조치권, 법관 인사권 부여

🅐 유신 헌법

1-1

(가)에 들어갈 알맞은 말을 쓰시오.

┌─
한국사 신문

1965년 [(가)], 즉 한·일 기본 조약이 체결됨으로써 일본과의 국교가 정상화되었다. 그러나 [(가)]은/는 일본의 식민 지배에 대한 사과를 명문화하지 않았고, 일본군 '위안부'나 강제 동원 희생자 등 개인의 피해에 대한 배상 문제를 제대로 다루지 못했다는 한계가 있다.
└─

1-2

다음에서 설명하는 사건으로 옳은 것은?

┌─
1970년을 전후로 냉전 체제가 완화되고, 경제가 침체되자 정부에 대한 국민의 불만이 커졌다. 이에 박정희 정부는 1972년 전국에 비상계엄을 선포하여 국회를 해산하고 헌법을 개정하였다.
└─

① 3선 개헌   ② 발췌 개헌   ③ 10월 유신
④ 사사오입 개헌   ⑤ 5·16 군사 정변

전략 ❷ | 5·18 민주화 운동과 6월 민주 항쟁

● **신군부 세력의 등장과 저항**: 12·12 군사 반란으로 전두환 등의 신군부 세력이 정권 장악 ➡ 시민과 학생들이 신군부 세력의 퇴진, 유신 헌법 폐지 등을 요구하는 시위 전개(1980, 서울의 봄)

✿ **5·18 민주화 운동(1980)**: [❶ ____] 지역 학생과 시민들이 계엄령 철회를 요구하며 시위 ➡ 계엄군의 폭력적 진압 ➡ 시민군 조직 ➡ 계엄군이 시민군을 무력으로 진압

✿ **6월 민주 항쟁(1987)**: 직선제 개헌 운동 본격화 ➡ 4·13 호헌 조치 발표 ➡ [❷ ____] 고문치사 사건 축소·은폐 시도 발각 ➡ 민주화 시위의 전국 확산 ➡ 이한열 최루탄 피격 ➡ 호헌 철폐, 독재 타도, 직선제 쟁취 등을 주장하며 시위 전개 ➡ 6·29 민주화 선언 발표 ➡ 5년 단임의 대통령 직선제 개헌

🔒 ❶ 광주 ❷ 박종철

필수예제 **2**

(1) 다음에서 설명하는 민주화 운동을 쓰시오.

> 1980년 광주 지역 학생과 시민들은 계엄령 철폐를 요구하며 시위를 벌였는데, 계엄군이 이를 무자비하게 진압하였다. 시위대는 계엄군에 맞서 시민군을 조직하여 저항하였으나 무력 진압되었다.

풀이

(1) 전두환 등 신군부 세력이 권력을 장악하고 계엄령을 전국으로 확대하자, 광주의 학생과 시민들이 신군부 퇴진과 계엄령 철회 등을 요구하며 5·18 민주화 운동을 전개하였다. 그러나 신군부는 공수 부대를 투입하여 시위를 무력으로 진압하였다.

🔒 5·18 민주화 운동

(2) (가)에 들어갈 민주화 운동을 쓰시오.

> [(가)]
> • **배경**: 대통령 직선제 요구 확산, 전두환 정부의 4·13 호헌 조치 발표 등
> • **주요 주장**: 호헌 철폐, 독재 타도, 직선제 쟁취

(2) 대통령 직선제 개헌 요구가 확산되는 가운데 전두환 정부가 4·13 호헌 조치를 발표하자, 국민들은 이에 맞서 호헌 철폐, 독재 타도를 요구하며 시위를 전개하였다. 6월 민주 항쟁의 결과 6·29 민주화 선언이 발표되고 대통령 직선제 개헌이 이루어졌다.

🔒 6월 민주 항쟁

2-1

다음 민주화 운동이 전개된 시기를 연표에서 옳게 고른 것은?

> 전남 대학교 정문에서 학생들은 비상계엄 해제를 요구하며 계엄군과 대치하였다. 계엄군은 학생과 시민들을 무차별적으로 진압하였다. 계엄군의 과잉 진압에 분노한 시민들이 합류하면서 시위는 더욱 확대되었다.

(가)	(나)	(다)	(라)	(마)
대한민국 정부 수립	6·25 전쟁 발발	4·19 혁명	3선 개헌	12·12 군사 반란	6월 민주 항쟁

① (가)　② (나)　③ (다)　④ (라)　⑤ (마)

2-2

(가)~(다)에 들어갈 알맞은 말을 각각 쓰시오.

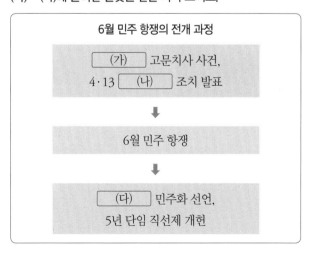

6월 민주 항쟁의 전개 과정

[(가)] 고문치사 사건,
4·13 [(나)] 조치 발표

⬇

6월 민주 항쟁

⬇

[(다)] 민주화 선언,
5년 단임 직선제 개헌

전략 ③ | 경제 성장과 외환 위기

- ☆ **박정희 정부**: 제1·2차 경제 개발 5개년 계획(경공업 육성, 노동 집약적 산업 중심, 수출 주도형 성장) → 제3·4차 경제 개발 5개년 계획(❶   공업 육성, 자본 집약적 산업 중심, 두 차례 석유 파동으로 경제 악화)

- ● **1980년대 중반 이후**: 3저 호황(저금리, 저유가, 저달러) → 기술 집약적 산업 성장, 지속적인 경제 성장

- ☆ **노동 문제**: 저임금, 장시간 노동, 열악한 노동 환경 대두 → 전태일 분신 사건(1970) 이후 노동 운동 본격화

- ● **외환 위기**: 1990년대 일부 기업의 무분별한 사업 확장, 금융 불안으로 외국 투자자들의 자본 회수 → 환율 급등, 외환 보유고 고갈 → 김영삼 정부, ❷   (IMF)에 구제 금융 신청 → 김대중 정부 시기 금 모으기 운동 등 전개

                                              🖹 ❶ 중화학 ❷ 국제 통화 기금

필수 예제 ③

(1) 다음 사건들이 일어났던 시기의 정부를 쓰시오.

> - 전태일 분신
> - 경부 고속 국도 개통
> - 두 차례의 석유 파동
> - 경제 개발 5개년 계획 추진

(2) 다음 상황을 극복하기 위해 일어난 운동을 쓰시오.

> 1990년대 후반 원화의 환율이 치솟고 외환 보유고가 급감하면서 외환 위기가 발생하자, 결국 정부는 1997년 11월에 국제 통화 기금(IMF)에 구제 금융을 신청하였다.

풀이

(1) 박정희 정부는 경제 성장을 통해 정권의 정당성을 확보하고자 경제 개발 5개년 계획을 추진하였다. 1970년에 경부 고속 국도가 개통되었고, 1977년에는 수출액 100억 달러를 달성하였다. 이 시기에는 전태일 분신 사건이 일어나기도 하였다.

                    🖹 박정희 정부

(2) 국제 통화 기금(IMF)은 한국에 외환을 지원해 주는 대신, 부실기업을 정리하고 정부 재정 지출도 줄일 것을 요구하였다. 이에 김대중 정부는 기업과 은행의 강도 높은 구조 조정을 추진하였고, 국민들은 금 모으기 운동에 자발적으로 참여하였다.

                    🖹 금 모으기 운동

3-1

(가)에 들어갈 인물을 쓰시오.

> **한국사 인물 카드**
>
> 평화 시장에서 재단사로 일하던 (가) 은/는 노동청에 진정서를 보내는 등 노동 실태에 항의하였다. 그러나 그 이후에도 노동 환경이 나아지지 않자, 자기 몸을 불살라 노동 현실을 개선하고자 하였다.

3-2

(가)에 들어갈 알맞은 말을 쓰시오.

> 정부는 은행과 기업에 대한 강도 높은 구조 조정을 추진하고 있습니다. 한편 국민들은 금 모으기 운동에 동참하고 있습니다.
>
> (가) **극복 노력**

전략 ❹ | 남북 화해·협력을 위한 노력

● **박정희 정부**: 닉슨 독트린 발표 후 냉전 완화, 미국의 남북 대화 요구, 주한 미군의 일부 철수 → 자주·평화·민족적 대단결의 통일 원칙에 합의한 7·4 남북 공동 성명 발표(1972)

✿ **노태우 정부**: 남북한 유엔 동시 가입, 남북 기본 합의서 채택(남북 사이의 화해와 불가침 및 교류·협력에 관한 합의서, 1991), 한반도 비핵화 공동 선언 발표

✿ **김대중 정부**: 대북 화해 협력 정책(햇볕 정책), 금강산 관광 사업 시작, 제1차 남북 정상 회담 및 ❶ [   ] 발표(2000) → 개성 공단 건설, 경의선 철도 복구 사업 추진

● **노무현 정부**: 제2차 남북 정상 회담 및 ❷ [   ] (남북 관계 발전과 평화 번영을 위한 선언) 채택

📖 ❶ 6·15 남북 공동 선언 ❷ 10·4 남북 정상 선언

필수예제 4

(1) 각 정부의 통일을 위한 노력을 바르게 연결하시오.

① 박정희 정부 ·　　　　· ㉠ 남북 기본 합의서

② 노태우 정부 ·　　　　· ㉡ 7·4 남북 공동 성명

③ 김대중 정부 ·　　　　· ㉢ 제2차 남북 정상 회담

④ 노무현 정부 ·　　　　· ㉣ 6·15 남북 공동 선언

(2) 다음 선언문을 발표한 정부를 쓰시오.

> 1. 남과 북은 6·15 공동 선언을 고수하고 적극 구현해 나간다.
> 4. 남과 북은 현 정전 체제를 종식하고 항구적인 평화 체제를 구축해 나가야 한다는 데 인식을 같이하고 …… 종전을 선언하는 문제를 추진하기 위해 적극 협력해 나가기로 하였다.

풀이

(1) 정부별 남북 화해·협력을 위한 노력은 다음과 같다.

박정희 정부	7·4 남북 공동 성명 → 남북 조절 위원회 설치
노태우 정부	남북한 유엔 동시 가입, 남북 기본 합의서 채택, 한반도 비핵화 공동 선언 발표
김대중 정부	제1차 남북 정상 회담, 6·15 남북 공동 선언 발표
노무현 정부	제2차 남북 정상 회담, 10·4 남북 정상 선언 채택

📖 ①-㉡ ②-㉠ ③-㉣ ④-㉢

(2) 노무현 정부는 김대중 정부의 대북 화해 협력 정책을 계승하였다. 2007년 평양에서 열린 제2차 남북 정상 회담에서 10·4 남북 정상 선언(남북 관계 발전과 평화 번영을 위한 선언)을 채택하였다. 이 선언에서 남북한은 6·15 남북 공동 선언을 바탕으로 남북 관계를 확대·발전시킬 것을 합의하였다.

📖 노무현 정부

4-1
다음 성명을 발표한 정부를 쓰시오.

> 첫째, 통일은 외세에 의존하거나 외세의 간섭을 받지 않고 자주적으로 해결하여야 한다.
> 둘째, 통일은 서로 상대방을 반대하는 무력행사에 의거하지 않고 평화적 방법으로 실현하여야 한다.
> 셋째, 사상과 이념·제도의 차이를 초월하여 하나의 민족으로서 민족적 대단결을 도모하여야 한다.

4-2
밑줄 친 '이 정부'로 옳은 것은?

이 정부는 2000년 평양에서 분단 이후 최초로 남북 정상 회담을 개최하고, 6·15 남북 공동 선언을 발표하였다.

① 박정희 정부　② 전두환 정부　③ 노태우 정부
④ 김대중 정부　⑤ 노무현 정부

1 (가)에 들어갈 내용으로 옳은 것은?

| 5·16 군사 정변 | ➡ | (가) | ➡ | 제5대 대통령에 박정희 당선 |

① 유신 체제 성립
③ 한·일 협정 체결
⑤ 국가 재건 최고 회의 설치
② 6·25 전쟁 발발
④ 사사오입 개헌 단행

> **Tip**
> 박정희와 일부 군인들은 ❶ 군사 정변으로 권력을 장악하였다. 군사 정변 세력은 ❷ 을/를 설치하고 이를 통해 군정을 실시하였다.
>
> 답 ❶ 5·16 ❷ 국가 재건 최고 회의

2 (가) 정부 시기에 있었던 사실로 옳은 것만을 〈보기〉에서 고른 것은?

(가) 은/는 베트남 전쟁에 파병하는 대가로 미국으로부터 국군 현대화와 경제 개발에 필요한 기술 및 차관을 제공받았어.

하지만 수많은 젊은이가 희생되었으며, 지금까지 많은 참전 군인이 고엽제 피해로 고통받고 있어.

> **Tip**
> 박정희 정부는 ❶ 각서를 통해 미국으로부터 경제 개발에 필요한 기술 및 차관 제공 등을 약속받고, ❷ 전쟁에 파병을 단행하였다.
>
> 답 ❶ 브라운 ❷ 베트남

• 보기 •
ㄱ. 대통령이 하야하였다.
ㄴ. 3선 개헌이 단행되었다.
ㄷ. 제헌 국회가 구성되었다.
ㄹ. 한·일 국교가 정상화되었다.

① ㄱ, ㄴ   ② ㄱ, ㄷ   ③ ㄴ, ㄷ
④ ㄴ, ㄹ   ⑤ ㄷ, ㄹ

3 밑줄 친 '군사 반란' 이후에 일어난 사건으로 옳은 것은?

> 피고 전두환은 군사 반란을 일으켜 군 내부 질서를 파괴하고 헌법 질서를 문란하게 하였다. 수괴로서 범한 반란으로 피해를 입은 피해자 및 그 유족 등이 정신적·육체적 고통에서 벗어나지 못하고 있다.

> **Tip**
> 전두환 등 신군부가 ❶ 반란으로 권력을 장악하자, 학생과 시민들은 신군부 퇴진과 계엄령 철폐, ❷ 폐지 등을 요구하며 민주화 운동을 벌였다.
>
> 답 ❶ 12·12 군사 ❷ 유신 헌법

① 4·19 혁명이 일어났다.
② 발췌 개헌안이 통과되었다.
③ 유엔 한국 임시 위원단이 파견되었다.
④ 유신 헌법안이 국민 투표로 확정되었다.
⑤ 신군부 퇴진을 요구하는 민주화 운동이 전개되었다.

4 (가) 민주화 운동에 대한 설명으로 옳은 것은?

> 1980년 [(가)] 당시 공수 부대가 투입되어 시민들을 구타하며 진압에 나섰습니다. 광주 시민들은 시민군을 조직하여 저항하였으나, 계엄군은 이를 무자비하게 진압하였습니다.

① 4·13 호헌 조치에 저항하였다.
② 6·29 민주화 선언이 발표되었다.
③ 3·15 부정 선거가 원인이 되었다.
④ 비상계엄 철폐와 신군부 퇴진을 요구하였다.
⑤ 10·26 사태가 일어나 유신 체제가 무너지는 계기가 되었다.

Tip

1980년 **❶** 에서 학생들이 비상계엄 확대와 휴교령에 반대하는 시위를 벌였다. 이에 신군부는 **❷** 부대를 투입하여 무자비하게 진압하였다.

답 ❶ 광주 ❷ 공수

5 다음 사건이 일어난 시기의 경제 상황으로 가장 적절한 것은?

> ### 한국사 신문
>
> 전태일 분신!
>
> 평화 시장의 재단사로 일하던 전태일은 근로 기준법 준수 등 노동 문제 개선을 요구하며 분신하였다.

① 회사령이 제정되었다.
② 농지 개혁이 시행되었다.
③ 금 모으기 운동이 일어났다.
④ 경제 개발 5개년 계획이 추진되었다.
⑤ 정부가 국제 통화 기금(IMF)에 구제 금융을 신청하였다.

Tip

박정희 정부는 **❶** 을/를 추진하여 경제 성장을 이루었다. 그러나 **❷** 분신 사건이 일어나는 등 열악한 노동 환경 문제가 대두하기도 하였다.

답 ❶ 경제 개발 5개년 계획 ❷ 전태일

6 (가)에 들어갈 내용으로 옳은 것은?

> ### 한국사 수행 평가
> • 주제: ○○○ 정부 시기 남북 화해를 위한 노력
> • 모둠별 발표 주제
> – 1모둠: [(가)]
> – 2모둠: 남북 기본 합의서 채택
> – 3모둠: 한반도 비핵화 공동 선언 발표

① 개성 공단 조성 합의   ② 남북한 유엔 동시 가입
③ 7·4 남북 공동 성명 발표   ④ 6·15 남북 공동 선언 발표
⑤ 제1차 남북 정상 회담 개최

Tip

사회주의 국가와 수교하는 북방 외교를 추진하였던 **❶** 정부는 북한에도 유화적인 태도를 보였다. 이에 1991년에 남북한이 유엔에 **❷** 하고 남북 기본 합의서를 채택하는 성과를 이루었다.

답 ❶ 노태우 ❷ 동시 가입

대표 예제 **1**

(가) 시기에 있었던 사실만을 〈보기〉에서 고른 것은?

	(가)	
▲		▲
8·15 광복		제1차 미·소 공동 위원회 개최

— 보기 —
ㄱ. 한국광복군이 창설되었다.
ㄴ. 좌우 합작 위원회가 구성되었다.
ㄷ. 모스크바 3국 외상 회의가 열렸다.
ㄹ. 미군과 소련군이 38도선을 경계로 한반도를 분할
점령하였다.

① ㄱ, ㄴ   ② ㄱ, ㄷ   ③ ㄴ, ㄷ
④ ㄴ, ㄹ   ⑤ ㄷ, ㄹ

개념 가이드

8·15 광복 후 미군과 소련군은 북위 [❶]을/를 경계로 한반도를 분할 점령하였다. 이후 1945년 12월에는 미국, 영국, 소련의 외무 장관이 [❷]을/를 열고 한국 문제를 논의하였다.

답 ❶ 38도선 ❷ 모스크바 3국 외상 회의

대표 예제 **2**

다음 연설이 행해진 시기를 연표에서 옳게 고른 것은?

> 나는 통일된 조국을 건설하려다 38도선을 베고 쓰러질지언정 일신에 구차한 안일을 취하여 단독 정부를 세우는 데는 협력하지 아니하겠다.

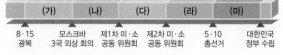

(가)	(나)	(다)	(라)	(마)
▲	▲	▲	▲	▲
8·15 광복	모스크바 3국 외상 회의	제1차 미·소 공동 위원회	제2차 미·소 공동 위원회	5·10 총선거	대한민국 정부 수립

① (가)   ② (나)   ③ (다)   ④ (라)   ⑤ (마)

개념 가이드

제2차 미·소 공동 위원회 결렬 이후 미국은 한반도 문제를 유엔에 이관하였고, 유엔 총회는 남북한 [❶]을/를 결정하였다. 그러나 소련 측의 거부로 유엔 [❷]에서 선거가 가능한 지역(남한)만의 총선거를 다시 결정하였다.

답 ❶ 총선거 ❷ 소총회

대표 예제 **3**

밑줄 친 '헌법'에 대한 설명으로 옳은 것은?

> 제헌 국회에서 제정한 헌법은 전문에 대한민국 정부가 3·1 운동의 정신과 대한민국 임시 정부의 정통성을 계승하여 재건되었다고 명시하였다.

① 사사오입의 논리를 통해 통과되었다.
② 대통령의 임기를 7년으로 규정하였다.
③ 대통령의 중임 제한 조항을 삭제하였다.
④ 내각 책임제와 양원제 국회 구성을 핵심으로 하였다.
⑤ 국회의 간접 선거를 통한 대통령 선출을 규정하였다.

개념 가이드

5·10 총선거로 구성된 제헌 국회는 [❶]을/를 공포하였다. 이 헌법에서는 민주 공화제와 삼권 분립, 대통령 중심제를 채택하였으며, 대통령을 [❷]에서 선출하는 간선제를 규정하였다.

답 ❶ 제헌 헌법 ❷ 국회

대표 예제 **4**

밑줄 친 '위원회'에 대한 설명으로 옳은 것은?

> 제헌 국회에서 제정한 반민족 행위 처벌법에 따라 구성된 위원회에서 주요 친일파를 조사·기소하였다.

① 미군정의 지원을 받았다.
② 광복 이후 치안을 유지하였다.
③ 여운형과 김규식이 중심이 되었다.
④ 우리말 사전을 편찬하고자 하였다.
⑤ 이승만 정부의 방해로 활동에 제약을 받았다.

개념 가이드

제헌 국회에서 제정한 [❶]에 따라 조직된 반민족 행위 특별 조사 위원회는 친일파의 행적을 조사하여 처벌하고자 하였으나, [❷] 정부의 방해로 어려움을 겪다가 해체되었다.

답 ❶ 반민족 행위 처벌법 ❷ 이승만

대표 예제 5

밑줄 친 '이 전쟁'에 대한 설명으로 옳은 것만을 〈보기〉에서 고른 것은?

> 이 전쟁은 1950년에 발발하였다가 1953년 정전 협정이 체결되면서 매듭지어졌다. 이 전쟁의 영향으로 수많은 이산가족이 생겨났으며, 남북 분단이 고착화되고 한반도는 냉전의 최전선이 되었다.

• 보기 •
ㄱ. 조선 의용대가 가담하였다.
ㄴ. 유엔군과 중국군이 참전하였다.
ㄷ. 이승만 대통령 집권 시기에 일어났다.
ㄹ. 이른바 '남한 대토벌' 작전이 전개되었다.

① ㄱ, ㄴ ② ㄱ, ㄷ ③ ㄴ, ㄷ
④ ㄴ, ㄹ ⑤ ㄷ, ㄹ

개념 가이드

1950년에 북한군의 남침으로 [❶]이/가 일어났다. 전쟁으로 수많은 사상자와 이산가족이 생겨났고, 한반도에 남북 [❷] 체제가 고착화되었다.

답 ❶ 6·25 전쟁 ❷ 분단

대표 예제 6

(가) 개헌에 대한 설명으로 옳은 것은?

1차 개헌	대통령 직선제 개헌
2차 개헌	(가)
3차 개헌	내각 책임제 및 양원제 국회 구성 개헌

① 대통령의 3선을 허용하였다.
② 5년 단임의 대통령제를 규정하였다.
③ 박정희의 영구 집권을 위해 단행되었다.
④ 이승만에 한해 중임 제한 규정을 철폐하였다.
⑤ 통일 주체 국민 회의에서 대통령을 선출하게 하였다.

개념 가이드

이승만 정부는 1952년 대통령 직선제를 규정한 [❶] 개헌을 통과시켰고, 1954년에는 개헌 당시 대통령에 한해 중임 제한을 철폐하는 [❷] 개헌을 단행하였다.

답 ❶ 발췌 ❷ 사사오입

대표 예제 7

(가) 정부 시기의 경제 상황에 대한 설명으로 옳은 것만을 〈보기〉에서 고른 것은?

> [(가)] 시기의 경제
> 1. 귀속 재산 처리: 민간에 매각
> 2. 전후 복구 사업: 6·25 전쟁으로 황폐화된 농지, 파괴된 산업 시설 복구 노력

• 보기 •
ㄱ. 3저 호황이 나타났다.
ㄴ. 삼백 산업이 발달하였다.
ㄷ. 중화학 공업을 집중적으로 육성하였다.
ㄹ. 미국으로부터 대규모 경제 원조를 받았다.

① ㄱ, ㄴ ② ㄱ, ㄷ ③ ㄴ, ㄷ
④ ㄴ, ㄹ ⑤ ㄷ, ㄹ

개념 가이드

이승만 정부 시기에는 [❶]의 원조에 의존하는 원조 경제가 발전하였다. 또한 원조 물자를 가공하는 면방직, 제분, 제당 등 [❷] 산업을 중심으로 소비재 공업이 발달하였다.

답 ❶ 미국 ❷ 삼백

대표 예제 8

다음 상황이 일어나게 된 배경으로 가장 적절한 것은?

> **한국사 신문**
>
> 마침내 이승만 대통령이 대통령직에서 물러나 하와이로 망명하였다. 이로써 이승만의 독재 정권이 무너졌다.

① 미군정이 시작되었다.
② 4·19 혁명이 일어났다.
③ 냉전 체제가 완화되었다.
④ 신군부가 권력을 장악하였다.
⑤ 모스크바 3국 외상 회의가 열렸다.

개념 가이드

4·19 혁명은 [❶]와/과 이승만 정부의 독재 정치에 반발하여 일어났다. 그 결과 대통령이 하야하였고, [❷] 내각이 수립되었다.

답 ❶ 3·15 부정 선거 ❷ 장면

대표 예제 9

밑줄 친 '정부' 시기에 있었던 사실로 옳은 것은?

 1964년 6월 3일 학생과 시민들이 거리로 나와 한·일 협상에 반대하는 시위를 벌였다. 그러나 정부는 계엄령을 선포하고 군대를 동원하여 시위를 탄압하면서 1965년 한·일 협정을 체결하였다.

① 농지 개혁법을 제정하였다.
② 발췌 개헌안을 통과시켰다.
③ 3·15 부정 선거를 자행하였다.
④ 베트남 전쟁에 한국군을 파병하였다.
⑤ 반민족 행위 특별 조사 위원회를 구성하였다.

개념 가이드

박정희 정부는 일본과 [❶]을/를 체결하여 일본과의 국교를 정상화하였으며, 미국의 요청에 따라 [❷] 전쟁에 한국군을 파병하였다. 이를 통해 경제 개발에 필요한 각종 자금을 확보하였다.

🔑 ❶ 한·일 협정 ❷ 베트남

대표 예제 11

(가)에 들어갈 내용으로 가장 적절한 것은?

> **대한민국 경제의 발전**
>
> 제1~4차 경제 개발 5개년 계획 추진
> ↓
> (가)
> ↓
> 국제 통화 기금의 긴급 구제 금융 지원

① 국채 보상 운동　　② 금 모으기 운동
③ 물산 장려 운동　　④ 삼백 산업 발달
⑤ 3저 호황과 경제 성장

개념 가이드

박정희 정부 말기에 한국 경제는 제2차 [❶] 파동으로 위기를 맞았다. 그러나 1980년대 중후반에는 저금리, 저유가, 저달러의 [❷] 호황에 힘입어 고도성장을 이루었다.

🔑 ❶ 석유 ❷ 3저

대표 예제 10

밑줄 친 '새로운 헌법'이 적용된 시기에 있었던 사실로 옳은 것은?

 통일 주체 국민 회의는 새로운 헌법에 따라 구성된 기구로, 1972년 12월 박정희를 제8대 대통령으로 선출하였다.

① 금융 실명제가 도입되었다.
② 산미 증식 계획이 추진되었다.
③ 4·13 호헌 조치가 발표되었다.
④ 3·15 부정 선거가 자행되었다.
⑤ 대통령에게 긴급 조치권이 부여되었다.

개념 가이드

1972년 박정희 정부는 영구 집권을 위해 [❶]을/를 통과시켰다. 이 헌법은 대통령에게 [❷]을/를 부여하여 국민의 기본권을 제약할 수 있었다.

🔑 ❶ 유신 헌법 ❷ 긴급 조치권

대표 예제 12

밑줄 친 '사건'의 영향으로 가장 적절한 것은?

 1987년 1월 20일 오늘 우리는 고문으로 억울하게 죽은 학우 박종철의 추모제를 거행하고 본 사건의 진상 규명을 요구하며 교문 앞까지 침묵시위를 거행한다.

① 4·19 혁명이 전개되었다.
② 6월 민주 항쟁이 일어났다.
③ 6·10 만세 운동이 추진되었다.
④ 5·18 민주화 운동이 시작되었다.
⑤ 3·1 운동이 전국적으로 확대되었다.

개념 가이드

1987년 박종철 고문치사 사건과 [❶] 정부의 4·13 호헌 조치 발표 등을 계기로 '호헌 철폐, 독재 타도, [❷] 쟁취' 등을 요구하는 6월 민주 항쟁이 일어났다.

🔑 ❶ 전두환 ❷ 직선제

대표 예제 13

(가)에 들어갈 내용으로 옳은 것은?

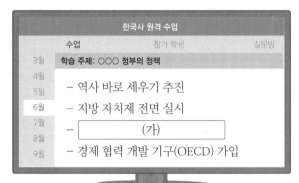

한국사 원격 수업		
수업	참가 학생	질문방

3월 학습 주제: ○○○ 정부의 정책
4월
5월 − 역사 바로 세우기 추진
6월 − 지방 자치제 전면 실시
7월 −   (가)
8월
9월 − 경제 협력 개발 기구(OECD) 가입

① 중국과 수교　　② 금융 실명제 실시
③ 서울 올림픽 개최　　④ 경부 고속 국도 개통
⑤ 대북 화해 협력 정책 추진

개념 가이드

김영삼 정부는 투명한 금융 거래를 정착시키고 부당한 정치 자금의 거래 등을 막기 위해 ❶〔　〕을/를 실시하였고, ❷〔　〕 전면 실시, 역사 바로 세우기 등을 추진하였다.

답 ❶ 금융 실명제 ❷ 지방 자치제

대표 예제 14

(가), (나) 시기의 경제 상황에 대한 설명으로 옳은 것만을 〈보기〉에서 고른 것은?

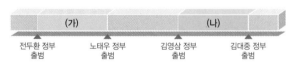

(가)		(나)	
전두환 정부 출범	노태우 정부 출범	김영삼 정부 출범	김대중 정부 출범

• 보기 •
ㄱ. (가) − 제1차 석유 파동이 일어났다.
ㄴ. (가) − 무역 수지 흑자를 달성하였다.
ㄷ. (나) − 외환 보유고가 바닥을 드러냈다.
ㄹ. (나) − 노동 집약적 경공업을 육성하였다.

① ㄱ, ㄴ　　② ㄱ, ㄷ　　③ ㄴ, ㄷ
④ ㄴ, ㄹ　　⑤ ㄷ, ㄹ

개념 가이드

1980년대 중후반 ❶〔　〕을/를 맞아 지속적으로 경제가 성장하였으나, 1990년대 후반 ❷〔　〕이/가 발생하여 김영삼 정부가 국제 통화 기금(IMF)에 구제 금융을 신청하였다.

답 ❶ 3저 호황 ❷ 외환 위기

대표 예제 15

(가), (나) 시기 사이에 있었던 사실로 옳은 것만을 〈보기〉에서 고른 것은?

(가)

남북한은 자주·평화·민족적 대단결의 통일 원칙에 합의하고 7·4 남북 공동 성명을 채택하였다.

(나)

평양에서 분단 이후 최초로 남북 정상 회담이 열려 6·15 남북 공동 선언이 채택되었다.

• 보기 •
ㄱ. 연평도 포격 사건이 일어났다.
ㄴ. 남북 기본 합의서가 채택되었다.
ㄷ. 남북한이 유엔에 동시 가입하였다.
ㄹ. 10·4 남북 정상 선언이 발표되었다.

① ㄱ, ㄴ　　② ㄱ, ㄷ　　③ ㄴ, ㄷ
④ ㄴ, ㄹ　　⑤ ㄷ, ㄹ

개념 가이드

노태우 정부 시기에 남북한은 유엔에 동시 가입하였으며, 남북 사이의 화해와 불가침 및 교류·협력에 관한 합의서(❶〔　〕)를 채택하여 통일 3대 원칙을 재확인하고 남북이 통일을 지향하는 과정에서 잠정적으로 형성되는 특수 관계임을 인정하였다. 이어 한반도 ❷〔　〕 공동 선언에도 합의하였다.

답 ❶ 남북 기본 합의서 ❷ 비핵화

01 다음 상황이 나타나게 된 배경으로 가장 적절한 것은?

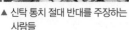 

▲ 신탁 통치 절대 반대를 주장하는 사람들

▲ 삼상 결정 절대 지지를 주장하는 사람들

① 제주 4·3 사건이 일어났다.
② 좌우 합작 위원회가 결성되었다.
③ 모스크바 3국 외상 회의가 개최되었다.
④ 제2차 미·소 공동 위원회가 결렬되었다.
⑤ 이승만이 남한 단독 정부 수립을 주장하였다.

Tip

모스크바 3국 외상 회의에서 한반도에 대한 [❶] 통치가 결정된 것이 알려지자 우익 세력은 이에 [❷]하였고, 좌익 세력은 반대하다가 지지하는 것으로 입장을 바꾸었다.

답 ❶ 신탁 ❷ 반대

02 (가)에 들어갈 내용으로 옳은 것은?

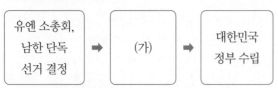

| 유엔 소총회, 남한 단독 선거 결정 | → | (가) | → | 대한민국 정부 수립 |

① 6·25 전쟁 발발
② 한국광복군 창설
③ 5·10 총선거 실시
④ 3·15 부정 선거 자행
⑤ 조선 건국 준비 위원회 조직

Tip

유엔 소총회에서 남한 단독 선거가 결정됨에 따라 1948년에 [❶]이/가 실시되었다. 그 결과 구성된 제헌 국회는 국호를 '대한민국'으로 정하고, 제헌 [❷]을/를 공포하였다.

답 ❶ 5·10 총선거 ❷ 헌법

03 다음 상황 이후에 일어난 일로 옳은 것은?

1956년 제3대 대통령 및 제4대 부통령 선거에서 이승만은 대통령에 당선되었다. 그러나 진보적인 정책을 내세운 조봉암이 돌풍을 일으켰고, 부통령에는 야당인 민주당의 장면이 선출되었다. 위기감을 느낀 이승만 정부는 독재 체제를 강화하였다.

① 남북 협상이 추진되었다.
② 6·25 전쟁이 발발하였다.
③ 사사오입 개헌이 단행되었다.
④ 3·15 부정 선거가 자행되었다.
⑤ 반민족 행위 처벌법이 제정되었다.

Tip

이승만 정부는 사사오입 개헌으로 초대 대통령의 [❶] 제한을 없앴다. 이후 선거에서 자유당의 이승만이 대통령에 당선되었지만, 부통령에는 민주당의 [❷]이/가 당선되었다.

답 ❶ 중임 ❷ 장면

04 (가) 민주화 운동에 대한 설명으로 옳은 것은?

이 사진은 [(가)]이/가 전개될 당시 대학교수단이 이승만 대통령의 퇴진을 요구하며 시위에 나선 모습입니다.

① 호헌 철폐를 주장하였다.
② 유신 체제에 반대하여 일어났다.
③ 박종철의 사망이 배경이 되었다.
④ 장면 내각이 성립하는 계기가 되었다.
⑤ 굴욕적인 한·일 회담에 반발하여 일어났다.

Tip

이승만 정부의 독재와 [❶] 선거에 반발하여 4·19 혁명이 일어났다. 그 결과 이승만이 하야하였고, [❷]와/과 양원제 국회 구성을 특징으로 하는 개헌이 이루어져 장면 내각이 수립되었다.

답 ❶ 3·15 부정 ❷ 내각 책임제

05 다음 사건의 영향으로 가장 적절한 것은?

> ## 한국사 신문
>
> 정부가 신민당사에서 농성 중이던 YH 무역 여성 노동자들을 폭력적으로 진압하자, 야당은 정부를 강력하게 규탄하였다. 여당은 이를 구실로 김영삼 신민당 총재를 국회에서 제명하였다. 이에 반발하여 부산과 마산에서 대대적인 시위가 일어났다.

① 유신 체제가 수립되었다.
② 10·26 사태가 발생하였다.
③ 5·16 군사 정변이 일어났다.
④ 한·미 상호 방위 조약이 체결되었다.
⑤ 대통령 중심제가 내각 책임제로 바뀌었다.

> **Tip**
> 1979년 YH 무역 사건 등을 계기로 대대적인 [❶] 반대 시위가 일어났다. 이러한 가운데 박정희 대통령이 측근에 의해 피살되는 [❷] 이/가 발생하여 유신 체제가 무너졌다.

답 ❶ 유신 체제 ❷ 10·26 사태

06 다음 헌법에 따라 성립한 정부 시기에 있었던 사실로 옳은 것은?

> 제39조 ① 대통령은 대통령 선거인단에서 무기명 투표로 선거한다.
> 제45조 대통령 임기는 7년으로 하며 중임할 수 없다.

① 남북 협상이 추진되었다.
② 한·일 협정이 체결되었다.
③ 농지 개혁법이 통과되었다.
④ 베트남 전쟁에 국군을 파병하였다.
⑤ 야간 통행금지 해제 등 유화 정책이 시행되었다.

> **Tip**
> 5·18 민주화 운동을 무력으로 진압한 신군부는 대통령 임기 7년 단임제와 선거인단에 의한 [❶] 을/를 특징으로 한 개헌을 단행하였다. 새로운 헌법에 따라 [❷] 이/가 다시 대통령에 당선되었다.

답 ❶ 간선제 ❷ 전두환

07 (가) 민주화 운동에 대한 설명으로 옳은 것만을 〈보기〉에서 고른 것은?

> 1987년 1월 박종철이 경찰의 수사를 받는 과정에서 사망하는 사건이 일어났다. 이후 박종철 고문치사 사건을 축소·은폐하려던 전두환 정부의 음모가 드러났고, 이는 [(가)] 이/가 전개되는 계기가 되었다.

> • 보기 •
> ㄱ. 4·13 호헌 조치에 반발하였다.
> ㄴ. 대통령 직선제 개헌을 이끌어 냈다.
> ㄷ. 시민군이 조직되어 계엄군에 맞섰다.
> ㄹ. 장면 내각이 성립하는 계기가 되었다.

① ㄱ, ㄴ　　② ㄱ, ㄷ　　③ ㄴ, ㄷ
④ ㄴ, ㄹ　　⑤ ㄷ, ㄹ

> **Tip**
> 박종철 고문치사 사건, 4·13 호헌 조치 등이 발단이 되어 일어난 [❶] 결과, 노태우를 통해 대통령 직선제 개헌 요구를 수용한다는 [❷] 이/가 발표되었다.

답 ❶ 6월 민주 항쟁 ❷ 6·29 민주화 선언

08 다음 선언을 발표한 정부 시기에 있었던 사실로 옳은 것은?

> 1. 남과 북은 6·15 공동 선언을 고수하고 적극 구현해 나간다.
> 5. 남과 북은 민족 경제의 균형적 발전과 공동의 번영을 위해 경제 협력 사업을 …… 지속적으로 확대 발전시켜 나가기로 하였다.

① 금강산 관광을 시작하였다.
② 남북 기본 합의서를 채택하였다.
③ 남북한이 유엔에 동시 가입하였다.
④ 7·4 남북 공동 성명을 발표하였다.
⑤ 제2차 남북 정상 회담을 개최하였다.

> **Tip**
> 노무현 정부는 분단 이후 두 번째로 남북 [❶] 을/를 개최하고, 그 논의 결과를 담아 [❷] 정상 선언을 발표하였다. 이를 통해 6·15 남북 공동 선언을 구현할 구체적인 방안들을 현실화하고자 하였다.

답 ❶ 정상 회담 ❷ 10·4 남북

01 밑줄 친 '정부' 시기에 있었던 사실로 옳은 것은?

> 북위 38도선 이남의 조선에는 오직 한 정부가 있을 뿐이다. …… 관리라든가 경찰이라든가 국민 전체를 대표하였노라는 대소 회합이라든가 조선 인민 공화국이라든지 그 내각은 권위와 세력과 실재가 전혀 없는 것이다.
>
> — 미군정 장관 육군 소장 —

① 6·25 전쟁이 발발하였다.
② 새마을 운동이 전개되었다.
③ 치안 유지법이 공포되었다.
④ 조선 건국 동맹이 결성되었다.
⑤ 모스크바 3국 외상 회의가 열렸다.

02 (가)에 들어갈 내용으로 옳은 것은?

> ### 대한민국 정부 수립 과정
> 1. 5·10 총선거: 38도선 이남 지역에서 실시, 우리 역사상 최초의 민주 선거
> 2. 단독 선거에 대한 반발: [(가)]
> 3. 선거 결과: 제헌 국회 구성 ➡ 제헌 헌법 제정 ➡ 이승만을 대통령으로 한 대한민국 정부 수립

① 4·19 혁명
② 좌우 합작 운동
③ 제주 4·3 사건
④ 6·29 민주화 선언
⑤ 부·마 민주화 운동

03 (가)에 들어갈 내용으로 옳은 것은?

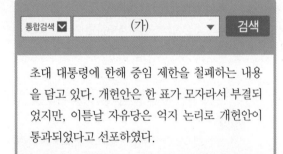

> 초대 대통령에 한해 중임 제한을 철폐하는 내용을 담고 있다. 개헌안은 한 표가 모자라서 부결되었지만, 이튿날 자유당은 억지 논리로 개헌안이 통과되었다고 선포하였다.

① 3선 개헌
② 발췌 개헌
③ 유신 헌법
④ 사사오입 개헌
⑤ 6·29 민주화 선언

04 (가)에 들어갈 탐구 주제로 가장 적절한 것은?

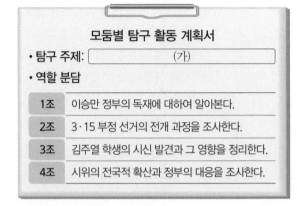

모둠별 탐구 활동 계획서
• 탐구 주제: [(가)]
• 역할 분담

1조	이승만 정부의 독재에 대하여 알아본다.
2조	3·15 부정 선거의 전개 과정을 조사한다.
3조	김주열 학생의 시신 발견과 그 영향을 정리한다.
4조	시위의 전국적 확산과 정부의 대응을 조사한다.

① 일본의 패망과 8·15 광복
② 미·소 공동 위원회의 활동
③ 신탁 통치를 둘러싼 좌우 대립
④ 4·19 혁명의 원인과 전개 과정
⑤ 베트남 전쟁의 전개 과정과 한국군 파병

05 (가)에 들어갈 내용으로 가장 적절한 것은?

> 혁명 이후 허정 과도 정부가 성립되어 내각 책임제와 양원제 국회 구성을 주요 내용으로 한 헌법 개정이 이루어졌다. 이후 새로 구성된 국회에서 윤보선을 대통령으로, 장면을 국무총리로 선출하여 새로운 정부가 출범하였다. 이 정부는 _____ (가) _____

① 금융 실명제를 도입하였다.
② 경부 고속 국도를 개통하였다.
③ 두 차례에 걸쳐 석유 파동을 겪었다.
④ 경제 개발 5개년 계획안을 마련하였다.
⑤ 국제 통화 기금(IMF)에 구제 금융을 신청하였다.

06 밑줄 친 '정부' 시기에 있었던 사실로 옳지 <u>않은</u> 것은?

사진 속 조형물은 <u>정부</u>에서 1977년 수출 100억 달러 달성을 기념하기 위하여 광화문에 설치한 기념 아치 이다.

① 두 차례의 석유 파동을 겪었다.

② 3저 호황으로 수출 규모가 늘어났다.

③ 베트남 파병의 대가로 미국의 지원을 받았다.

④ 전태일이 근로 기준법 준수를 요구하며 분신하였다.

⑤ 한·일 협정을 체결하여 경제 개발에 필요한 자금을 일부 확보하였다.

07 다음 자료와 관련된 민주화 운동으로 옳은 것은?

광주 시민 궐기문

우리는 왜 총을 들 수밖에 없었는가? …… 정부 당 국에서는 17일 야간에 계엄령을 확대 선포하고 일 부 학생과 민주 인사, 정치인을 도무지 믿을 수 없는 구실로 불법 연행하였습니다. …… 계엄 당국은 18 일 오후부터 공수 부대를 대량 투입하여 시내 곳곳 에서 학생, 젊은이들에게 무차별 살상을 자행하였 으니 ……

① 6·3 시위

② 4·19 혁명

③ 5·18 민주화 운동

④ 부·마 민주화 운동

⑤ 3·1 민주 구국 선언

08 다음 발표 이후 일어난 사실로 옳은 것은?

> 전두환 대통령은 헌법에 규정된 대통령 간선제를 고수 하겠다고 발표하였습니다. 또 일체의 개헌 논의를 금지 하였습니다.

① 6월 민주 항쟁   ② 정전 협정 체결

③ 5·16 군사 정변   ④ 5·18 민주화 운동

⑤ 유신 체제 반대 운동

09 (가) 정부 시기에 있었던 사실로 옳은 것은?

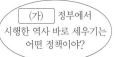

> (가) 정부에서 시행한 역사 바로 세우기는 어떤 정책이야?

> 일제 강점기의 잔재를 청산하기 위해 조선 총독부 건물을 철거했고, 전두환·노태우 두 명의 전 대통령을 법정에 세우기도 했지.

① 북방 외교를 추진하였다.

② 부·마 민주화 운동이 일어났다.

③ 지방 자치제를 전면 실시하였다.

④ 베트남 전쟁에 국군을 파병하였다.

⑤ 중앙정보부를 설치하여 권력 기반을 강화하였다.

10 (가) 시기의 통일 노력으로 옳은 것은?

	(가)	
▲ 김대중 정부 출범		▲ 노무현 정부 출범

① 남북 기본 합의서를 채택하였다.

② 남북한이 유엔에 동시 가입하였다.

③ 7·4 남북 공동 성명을 발표하였다.

④ 10·4 남북 정상 선언을 발표하였다.

⑤ 분단 이후 최초로 남북 정상 회담을 가졌다.

1 통일 정부 수립을 위한 노력

(가)에 들어갈 사진 자료로 옳은 것은?

한국사 인물 카드

(가)

- 생몰 연대: 1876~1949년
- 호: 백범
- 대표 저서: 『백범일지』
- 주요 활동: 대한민국 임시 정부 초대 경무국장을 역임했고, 1940년 주석에 취임하였다. 광복 이후에는 남한 단독 선거에 반대하여 남북 협상을 추진하기도 하였다.

① 김구

② 김규식

③ 김원봉

④ 여운형

⑤ 이승만

Tip

김구는 대한민국 임시 정부가 충칭으로 이동한 후 ❶_____에 취임하여 활동하였다. 광복을 맞이한 이후에는 남한만의 단독 선거가 결정되자 이에 반대하여 김규식과 함께 ❷_____을/를 추진하였다.

답 ❶ 주석 ❷ 남북 협상

2 대한민국 정부 수립 과정

다음은 어느 학생의 형성 평가 답안지이다. 학생이 받은 형성 평가 점수로 옳은 것은?

형성 평가

대한민국 정부 수립 과정

○학년 ○반 ○○○

빈칸에 알맞은 말을 써서 문장을 바르게 완성하시오. [각 1점]

(1) 광복 직후 여운형은 안재홍 등과 함께 독립 국가 건설을 위한 준비 기관인 (**조선 건국 동맹**)을/를 결성하였다.

(2) 모스크바 3국 외상 회의에서 미국 등 4개국에 의한 최장 5년간의 (**신탁 통치**) 실시 등이 결정되었다.

(3) 제2차 미·소 공동 위원회가 성과 없이 끝나자 미국은 한국 문제를 (**유엔**)에 이관하였다.

(4) 유엔 소총회에서 선거가 가능한 지역에서의 총선거를 결정하자 (**이승만**)와/과 김규식은 통일 정부 수립을 논의하기 위해 평양을 방문하였다.

(5) 5·10 총선거 결과 구성된 국회에서 민주 공화제를 기본으로 한 (**제헌 헌법**)을/를 제정·공포하였다.

① 1점 ② 2점 ③ 3점 ④ 4점 ⑤ 5점

Tip

제2차 미·소 공동 위원회가 결렬되자 미국은 한국 문제를 ❶_____에 이관하였고, 여기에서 남북한 인구 비례에 의한 ❷_____을/를 결정하였다. 그러나 소련 측의 거부로 선거가 가능한 지역에서만 선거를 시행하기로 다시 결정하였다.

답 ❶ 유엔 ❷ 총선거

3 제헌 국회의 활동

(가)와 같은 변화가 나타난 배경으로 가장 적절한 것은?

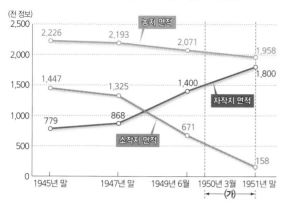

① 대동법이 시행되었다.
② 지계가 처음 발급되었다.
③ 농지 개혁이 실시되었다.
④ 국가 총동원법이 제정되었다.
⑤ 토지 조사 사업이 추진되었다.

Tip

제헌 국회에서 제정한 **①**〔　　　〕의 유상 매입·유상 분배의 원칙에 따라 토지를 재분배한 결과, 전통적인 지주·소작제가 붕괴하고 **②**〔　　　〕이/가 증가하였다.

🔑 **①** 농지 개혁법 **②** 자작농

4 이승만 정부의 독재와 저항

(가)에 들어갈 내용으로 가장 적절한 것은?

다큐멘터리 제작 기획안

◆ **프로그램명**: 독재와 그에 대한 저항

◆ **기획 의도**: 이승만 정부 시기 독재와 그에 대한 시민들의 저항을 시간의 흐름대로 알아보고 한국 민주주의가 성숙해 가는 과정을 이해한다.

◆ **주요 장면**

　#3. 기립 투표로 통과되는 발췌 개헌안

　#4.〔　　(가)　　〕

　　……

　#8. 4·19 혁명으로 대통령직에서 물러나는 이승만

① 금 모으기 운동에 참여하는 시민들
② 5·10 총선거로 구성되는 제헌 국회
③ 사사오입 개헌 결과를 전하는 신문 기자
④ 광주 학생 항일 운동에 앞장서는 고등학생
⑤ 반민족 행위 특별 조사 위원회를 습격하는 경찰

Tip

이승만 정부는 발췌 개헌, **①**〔　　　〕 개헌 등 두 차례의 개헌을 통해 장기 집권의 기반을 마련하였다. 그러나 이승만 독재 정권은 1960년 3·15 부정 선거로 촉발된 **②**〔　　　〕(으)로 무너졌다.

🔑 **①** 사사오입 **②** 4·19 혁명

5 박정희 정부의 독재

다음 사건의 영향으로 가장 적절한 것은?

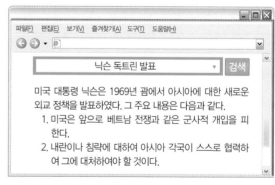

① 유신 헌법이 확정되었다.
② 얄타 회담이 개최되었다.
③ 이승만 정부가 출범하였다.
④ 내각 책임제로의 개헌이 이루어졌다.
⑤ 제1차 미·소 공동 위원회가 결렬되었다.

Tip

닉슨 독트린으로 냉전 완화의 분위기가 고조되자 **①**〔　　　〕을/를 내세우며 독재 체제를 강화하던 박정희 정부에 큰 위협이 되었다. 이에 박정희 정부는 **②**〔　　　〕을/를 단행하고 헌법을 개정하였다.

🔑 **①** 반공 **②** 10월 유신

6 유신 체제의 성립

(가) 헌법에 대한 설명으로 옳은 것만을 〈보기〉에서 고른 것은?

장준하 등 재야인사들이 개헌 청원 1백만 인 서명 운동을 전개하여 (가) 에 저항했지만, 정부에서 긴급 조치를 내려 탄압했어.

(가)

• 보기 •

ㄱ. 대통령에게 긴급 조치권을 부여하였다.

ㄴ. 초대 대통령에 한해 중임 제한을 철폐하였다.

ㄷ. 통일 주체 국민 회의에서 대통령을 선출하였다.

ㄹ. 대통령 선거인단이 7년 임기의 대통령을 선출하였다.

① ㄱ, ㄴ　　　　② ㄱ, ㄷ　　　　③ ㄴ, ㄷ

④ ㄴ, ㄹ　　　　⑤ ㄷ, ㄹ

Tip

박정희 정부는 1972년 ❶ □□ 헌법을 제정해 국민 투표로 통과시키고 강력한 독재 정치를 시행하였다. 이 시기 대통령은 국민의 기본권을 제약할 수 있는 ❷ □□ 등 초헌법적인 권한을 가지고 있었다.

❶ 유신 ❷ 긴급 조치권

7 신군부의 등장과 민주화 운동

(가) 민주화 운동에 대한 설명으로 옳은 것은?

이것은 신군부 세력에 저항하여 광주에서 일어난 (가) 당시 기록물입니다. (가) 와/과 관련된 많은 기록물은 세계 기록 유산에 등재되었습니다.

CAMPUS LIFE

① 일제의 무단 통치에 저항하였다.

② 순종의 인산일을 기해 발생하였다.

③ 3·15 부정 선거를 규탄하며 일어났다.

④ 시민군이 조직되어 계엄군에 저항하였다.

⑤ 4·13 호헌 조치에 맞서 직선제 개헌을 요구하였다.

Tip

신군부의 계엄령 확대에 반발해 1980년 광주에서 일어난 ❶ □□ 은/는 이후 민주화 운동의 밑거름이 되었으며, 관련 기록물들은 유네스코 ❷ □□ 에 등재되었다.

❶ 5·18 민주화 운동 ❷ 세계 기록 유산

8 6월 민주 항쟁

다음 자료에 나타난 사건에 대한 설명으로 옳은 것만을 〈보기〉에서 고른 것은?

민주 헌법 쟁취하자!

4·13 호헌 조치 철폐하라!

호헌철폐

독재타도

• 보기 •

ㄱ. 김주열의 죽음이 계기가 되어 일어났다.

ㄴ. 시위 중 이한열이 경찰이 쏜 최루탄에 맞았다.

ㄷ. 6·29 민주화 선언이 발표되는 결과를 가져왔다.

ㄹ. YH 무역 사건을 계기로 부산과 마산에서 전개되었다.

① ㄱ, ㄴ　　　　② ㄱ, ㄷ　　　　③ ㄴ, ㄷ

④ ㄴ, ㄹ　　　　⑤ ㄷ, ㄹ

Tip

전두환 정부 시기 ❶ □□ 고문치사 사건으로 시민들의 분노가 커지던 상황에서 정부가 ❷ □□ 을/를 발표하여 직선제 개헌 논의를 중단시키려 하자 6월 민주 항쟁이 일어났다.

❶ 박종철 ❷ 4·13 호헌 조치

9 현대 정치의 변화

(가)에 들어갈 내용으로 가장 적절한 것은?

(가) 에 대하여 조사한 내용을 공유해 보자.

나는 조선 총독부 청사 철거에 대하여 알아보았어. 철거는 광복 50주년 되는 날에 시작되었다고 해. 사진은 철거 전후의 모습이야.

나는 두 명의 전 대통령을 법정에 세운 일을 조사해 보았어. 이들은 내란죄 등으로 중형을 선고받았어.

① 장면 내각의 경제 정책
② 박정희 정부의 10월 유신
③ 노태우 정부의 북방 외교 추진
④ 김영삼 정부의 역사 바로 세우기
⑤ 김대중 정부의 대북 화해 협력 정책

Tip

김영삼 정부는 공직자 윤리법을 개정하여 고위 공직자 재산을 공개하고 금융 ❶ [　　]을/를 실시하였다. 또 지방 자치제를 전면적으로 시행하였으며, 일제 강점기의 잔재인 ❷ [　　] 청사를 철거하였다.

[답] ❶ 실명제 ❷ 조선 총독부

10 통일을 위한 노력

(가) 정부 시기의 통일 정책으로 옳은 것은?

(가) 정부 시기에 와서야 분단 이후 최초로 남북 정상 회담이 이루어졌구나.

① 남북 기본 합의서를 채택하였다.
② 남북한이 유엔에 동시 가입하였다.
③ 7·4 남북 공동 성명을 발표하였다.
④ 6·15 남북 공동 선언을 발표하였다.
⑤ 한반도 비핵화 공동 선언에 합의하였다.

Tip

김대중 정부는 한반도 평화 정책과 남북 교류 확대를 위해 '햇볕 정책'이라고 불리는 적극적인 ❶ [　　] 정책을 추진하였다. 2000년에는 평양에서 분단 이후 최초로 ❷ [　　]을/를 개최하였다.

[답] ❶ 대북 화해 협력 ❷ 남북 정상 회담

마무리 전략

핵심 개념 ① 국내 민족 운동의 전개

▲ 3·1 운동

▲ 물산 장려 운동

▲ 소작 쟁의

▲ 노동 쟁의

▲ 형평 운동

3·1 운동 이후 국내에서 실력 양성 운동이 전개되었어요. 한편 농민과 노동자들은 사회주의 세력과 연대하여 일제에 저항하였으며, 각계각층에서 다양한 사회 운동이 일어났답니다.

핵심 개념 ② 국외 민족 운동의 전개와 대한민국 임시 정부의 활동

▲ 1910년대 국외 독립운동 기지

▲ 1920년대 무장 독립운동

▲ 1930년대 항일 무장 투쟁

우리 민족은 만주, 연해주, 상하이 등 국외에서도 일제에 끊임없이 저항하였어요.

▲ 대한민국 임시 정부의 통합

1차 개헌(1919)	대통령 중심제
2차 개헌(1925)	국무령제
3차 개헌(1927)	국무위원 중심의 집단 지도 체제
4차 개헌(1940)	주석 지도 체제
5차 개헌(1944)	주석, 부주석 지도 체제

▲ 임시 정부의 개헌 과정

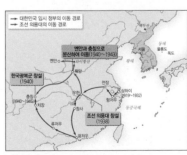

▲ 대한민국 임시 정부와 조선 의용대의 이동

이어서 **공부할 내용**

☑ 신유형·신경향·서술형 전략   ☑ 적중 예상 전략 ❶, ❷회

핵심 개념 ③ 대한민국 정부 수립과 6·25 전쟁

▲ 5·10 총선거 포스터

▲ 제헌 국회 개원식

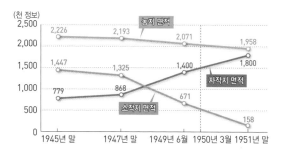

▲ 농지 개혁 실시 전후 자작지 면적의 변화

㉮ 북한군의 남침

㉯ 유엔군의 참전과 북진

㉰ 중국군의 개입

㉱ 전선의 교착과 휴전

▲ 6·25 전쟁의 전개 과정

> 1948년 남한에는 대한민국 정부가 수립되어 농지 개혁 등 과제를 수행하였어요. 그러나 1950년 6·25 전쟁이 일어나 남과 북에 막대한 피해를 남겼어요.

핵심 개념 ④ 민주화 운동과 오늘날의 대한민국

▲ 4·19 혁명(1960)

▲ 5·18 민주화 운동(1980)

▲ 6월 민주 항쟁(1987)

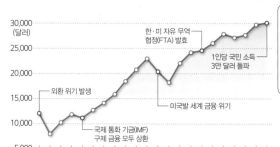

▲ 외환 위기 이후 1인당 국민 소득 추이와 주요 사건

> 우리나라의 민주주의는 4·19 혁명, 5·18 민주화 운동, 6월 민주 항쟁 등을 거치며 발전하였으며, 지속적인 경제 성장을 이루고 있어요. 한편에서는 통일을 위한 노력도 이어지고 있답니다.

▲ 제1차 남북 정상 회담(2000)

신유형·신경향·서술형 전략

01 다양한 민족 운동

(가)의 갑, 을 민족 운동을 (나)의 그림으로 표현할 때, A~C에 들어갈 내용으로 가장 적절한 것은?

(가)	갑: 이상재 등은 한국인 본위의 교육을 펼치고자 조선 민립 대학 기성회를 조직하고 모금 운동을 전개하였다. 을: '아는 것이 힘, 배워야 산다'라는 구호 아래 한글 교재를 보급하고, 문맹 퇴치와 미신 타파를 목표로 브나로드 운동을 벌였다.

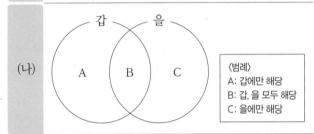

(나)

〈범례〉
A: 갑에만 해당
B: 갑, 을 모두 해당
C: 을에만 해당

① A – 농촌 계몽 운동의 일환
② A – 조선 청년 총동맹이 주도
③ B – 실력 양성 운동의 성격
④ B – 『대한매일신보』의 지원
⑤ C – 조만식 등이 평양에서 전개

Tip

1920년대에는 한국인의 힘으로 대학을 세우려는 ❶ _____ 운동이 전개되었으며, 1920년대 후반에는 언론사 주도로 농촌 계몽 운동이 전개되었다. 이처럼 ❷ _____ 운동은 산업, 교육, 문화 분야에서 이루어졌다.

🔲 ❶ 민립 대학 설립 ❷ 실력 양성

02 의열 투쟁

밑줄 친 '의거'의 영향으로 가장 적절한 것은?

저는 중국 상하이 훙커우 공원에 마련된 윤봉길 전시실에 와 있습니다. 이곳은 윤봉길의 의거가 있었던 곳이며, 지금은 윤봉길과 관련된 자료들이 전시되어 있습니다.

① 치안 유지법이 제정되었다.
② 김원봉이 의열단을 조직하였다.
③ 일제가 이른바 문화 통치를 시행하였다.
④ 일제와 만주 군벌이 미쓰야 협정을 체결하였다.
⑤ 중국 국민당 정부가 한국 독립운동 세력을 지원하였다.

Tip

김구는 1931년에 의열 투쟁 단체인 ❶ _____ 을/를 창설하였다. 이 단체의 단원이었던 ❷ _____ 은/는 상하이 훙커우 공원 의거를 일으켰다.

🔲 ❶ 한인 애국단 ❷ 윤봉길

03 대한민국 정부의 수립

밑줄 친 '국회'에 대한 설명으로 옳은 것만을 〈보기〉에서 고른 것은?

이번 영화의 배경을 소개해 주세요.

영화는 대한민국 정부 수립 직후 국회가 친일파 청산을 위해 구성한 반민족 행위 특별 조사 위원회에서 운영하였던 특별 재판소를 배경으로 하고 있습니다.

• 보기 •

ㄱ. 제헌 헌법을 공포하였다.

ㄴ. 3선 개헌안을 통과시켰다.

ㄷ. 농지 개혁법을 제정하였다.

ㄹ. 경제 개발 5개년 계획안을 마련하였다.

① ㄱ, ㄴ   ② ㄱ, ㄷ   ③ ㄴ, ㄷ

④ ㄴ, ㄹ   ⑤ ㄷ, ㄹ

Tip

5·10 총선거로 구성된 ❶⬚은/는 제헌 헌법을 제정·공포하였다. 또 일제 강점기의 반민족 행위자 처벌 및 재산 몰수 등의 조항이 담긴 ❷⬚(반민법)을 제정하였다.

📋 ❶ 제헌 국회 ❷ 반민족 행위 처벌법

---

04 현대 사회의 변화

(가)에 들어갈 내용으로 가장 적절한 것은?

① 산업화의 영향

② 민주주의의 발전

③ 통일을 위한 노력

④ 외환 위기 극복 방안

⑤ 역사 바로 세우기 사업

Tip

1960년 이승만 정부의 독재에 저항한 ❶⬚, 신군부 퇴진과 계엄 철폐를 요구한 5·18 민주화 운동, 전두환 정부에 직선제 개헌을 요구하며 일어난 ❷⬚ 등을 거치면서 우리나라의 민주주의가 발전하였다.

📋 ❶ 4·19 혁명 ❷ 6월 민주 항쟁

---

05 국외 무장 투쟁

(가)에 들어갈 내용으로 가장 적절한 것은?

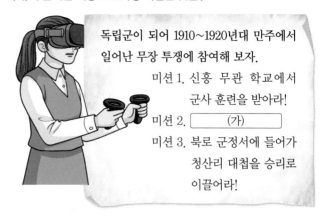

> 독립군이 되어 1910~1920년대 만주에서 일어난 무장 투쟁에 참여해 보자.
> 미션 1. 신흥 무관 학교에서 군사 훈련을 받아라!
> 미션 2.   (가)
> 미션 3. 북로 군정서에 들어가 청산리 대첩을 승리로 이끌어라!

① 중국군과 함께 흥경성 전투에 참여하라!

② 이봉창과 함께 한인 애국단에 가입하라!

③ 조선 의용대와 함께 화북 지방으로 이동하라!

④ 미국 전략 정보국(OSS)의 특수 훈련을 받아라!

⑤ 대한 독립군과 함께 일본군을 봉오동 골짜기로 유인하라!

Tip

신민회가 설립한 신흥 강습소는 이후 ❶⬚(으)로 개편되어 무장 투쟁을 준비하였다. 3·1 운동 이후 만주 지역의 독립군은 봉오동 전투와 ❷⬚에서 일본군에 큰 승리를 거두었다.

📋 ❶ 신흥 무관 학교 ❷ 청산리 대첩

06 전시 동원 체제와 민족 말살 통치

(가) 통치 시기에 볼 수 있는 모습으로 적절한 것만을 〈보기〉에서 고른 것은?

사진으로 만나는 한국사

이 장면은 1936년 베를린 올림픽 마라톤 경기에서 손기정이 금메달을 차지하는 순간입니다. 이는 일제의 ⎣ (가) ⎦ 통치 아래 고통받던 한국인들에게 큰 희망과 기쁨을 선사하였습니다. 일제는 침략 전쟁을 확대하면서 한국인의 정신을 지배하여 전쟁에 효율적으로 동원하고자 ⎣ (가) ⎦ 통치를 실시하였습니다.

• 보기 •
ㄱ. 공출로 쌀을 빼앗기는 농민
ㄴ. 황국 신민 서사를 암송하는 국민학생
ㄷ. 일반 경찰 업무를 수행하는 헌병 경찰
ㄹ. 제복을 입고 칼을 차고 있는 보통학교 교사

① ㄱ, ㄴ   ② ㄱ, ㄷ   ③ ㄴ, ㄷ
④ ㄴ, ㄹ   ⑤ ㄷ, ㄹ

Tip
일제는 침략 전쟁을 확대하면서 한국인의 민족의식을 말살하여 침략 전쟁에 본격적으로 동원하기 위해 ❶ ⎣   ⎦ 통치를 시행하였다. 이를 위해 한국인을 일왕에 충성하는 백성으로 동화시키고자 ❷ ⎣   ⎦ 정책을 강요하였다.

🔲 ❶ 민족 말살 ❷ 황국 신민화

07 6·25 전쟁

(가)에 들어갈 사진으로 옳은 것은?

다큐멘터리 제작 기획안
◈ **프로그램명**: 영상으로 보는 6·25 전쟁
◈ **기획 의도**: 6·25 전쟁 과정의 주요 사건들을 일어난 순서대로 알아본다.
◈ **주요 장면**

▲ 인천 상륙 작전 → (가) → ▲ 1·4 후퇴

① ▲ 유엔군 파병 결의   ② ▲ 중국군 참전

③ ▲ 5·10 총선거   ④ ▲ 사사오입 개헌

⑤ ▲ 정전 협정 체결

Tip
6·25 전쟁 초기 국군과 유엔군은 ❶ ⎣   ⎦ 방위선을 구축하고 북한군의 남하를 저지하였다. 이후 ❷ ⎣   ⎦을/를 성공시켜 서울을 수복하고 압록강까지 진격하였다. 그러나 중국군의 개입으로 다시 서울을 빼앗겼다가 되찾기도 하였다. 이후 전선은 38도선 인근에서 교착 상태에 빠졌다.

🔲 ❶ 낙동강 ❷ 인천 상륙 작전

08 1910년대 일제의 경제 정책

다음 그래프를 보고 물음에 답하시오.

(단위: 천 정보)

▲ 동양 척식 주식회사 소유지 증가표

(1) 위와 같은 변화를 가져온 일제의 정책을 쓰시오.

(2) (1) 정책의 시행 결과 한국인 농민이 어떤 피해를 입었는지 서술하시오.

Tip

일제는 1910년대에 **①**[　　　] 을/를 실시하여 일본인의 토지 소유를 쉽게 하고 **②**[　　　]을/를 안정적으로 확보하고자 하였다.

🔑 **①** 토지 조사 사업 **②** 지세

09 대한민국 임시 정부의 활동

다음과 같은 논쟁이 벌어진 회의의 명칭을 쓰고, 회의가 개최된 배경을 두 가지 서술하시오.

창조파는 신뢰를 잃은 기관을 개조하는 방식으로는 투쟁할 수 없다고 하며, 임시 정부가 독립운동 전반과 연계가 부족함을 내세웠다. 개조파는 새로운 기관을 설립하면 독립운동은 두 개의 중심을 지니게 될 것이고, 내부 투쟁만 커질 것이라고 보았다.

Tip

대한민국 임시 정부의 외교 활동이 부진한 가운데 **①**[　　　]의 국제 연맹 위임 통치 청원 사실이 밝혀지면서, 독립운동의 방향을 두고 갈등이 고조되어 **②**[　　　]이/가 개최되었다.

🔑 **①** 이승만 **②** 국민 대표 회의

10 경제 성장과 노동 운동

다음 사건이 일어난 시기의 정부를 쓰고, 이를 통해 알 수 있는 노동자의 처지를 서술하시오.

1970년 11월 평화 시장 재단사였던 전태일은 근로 기준법 준수 등 노동 문제 개선을 요구하며 분신하였다. 이 사건을 계기로 노동 문제에 대한 사회적 관심이 커지고 노동 운동이 본격화되었다.

Tip

박정희 정부는 **①**[　　　]을/를 추진하여 급속한 경제 성장을 이루었다. 그러나 이 과정에서 수출품의 가격 경쟁력을 유지하기 위해 노동자에게 낮은 임금을 강요하는 **②**[　　　] 정책을 펴고, 노동자의 생계비를 최소화하고자 곡물 가격을 낮게 유지하는 저곡가 정책을 추진하였다.

🔑 **①** 경제 개발 5개년 계획 **②** 저임금

11 남북 화해를 위한 노력

다음 자료를 보고 밑줄 친 '정부' 시기에 추진된 남북 관계 개선 노력을 두 가지 서술하시오.

한국사 신문

○○○○년 ○월 ○일

냉전 체제가 해체되는 국제 정세 속에서 우리 <u>정부</u>는 북방 외교를 추진하며 소련, 중국, 베트남 등 사회주의 국가들과 수교하였다.

Tip

1990년대를 전후하여 사회주의 진영이 붕괴하자, **①**[　　　] 정부는 북방 외교를 추진하였다. 이러한 분위기 속에서 1991년에 남북한이 동시에 **②**[　　　]에 가입하였다.

🔑 **①** 노태우 **②** 유엔

01

다음 법령이 적용된 시기에 볼 수 있는 모습으로 가장 적절한 것은?

> 제1조 3개월 이하의 징역 또는 구류에 처하여야 할 자는 그 상황에 따라 태형에 처할 수 있다.
> 제11조 태형은 감옥 또는 즉결 관서에서 비밀로 집행한다.
> 제13조 본령은 조선인에 한하여 적용한다.
> 시행 규칙 1조 태형은 수형자를 형판 위에 엎드리게 하고 그 자의 양팔을 좌우로 벌리게 하여 형판에 묶고 양다리도 같이 묶은 후 볼기 부분을 노출시켜 태로 친다.

① 칼을 차고 수업을 하는 교사
② 서울 진공 작전을 준비하는 의병
③ 인터뷰를 요청하는 『동아일보』 기자
④ 단체로 신사에 참배하러 가는 국민학생
⑤ 치안 유지법으로 구속당하는 사회주의자

02

다음 자료의 배경이 된 지역에서 있었던 사실로 옳은 것은?

> 우리가 억만 세에 잊지 못할 수치를 당한 날에, 신한촌의 거류민들은 음식을 그 전날에 미리 준비하였다가, 이날에는 집집마다 연기를 내지 아니하고 한식절과 같이 지냈다. 또 밤에는 집마다 불을 끄지 아니하고 밤을 새우며 온 촌중에 애통 발분의 기상이 가득하였고, 그 각 사회에서는 권업회 안에 모여 연합 대연설회를 열어 격절 강개한 연설이 있었다더라.

① 신흥 무관 학교가 설립되었다.
② 대한 국민 의회가 수립되었다.
③ 2·8 독립 선언서가 발표되었다.
④ 대종교에서 중광단을 창설하였다.
⑤ 임병찬이 독립 의군부를 조직하였다.

03

(가), (나) 시기 사이에 있었던 사실로 옳은 것만을 <보기>에서 고른 것은?

(가)	(나)
한국사 신문 **정우회 선언** 사회주의 사상 단체였던 정우회는 비타협적 민족주의와의 연대를 주장하는 정우회 선언을 발표하였다.	**한국사 신문** **신간회 해소** 집행부의 온건한 활동 방향으로 갈등을 빚던 신간회는 코민테른의 노선 변화 등으로 결국 해소를 결정하였다.

> • 보기 •
> ㄱ. 한국광복군이 창설되었다.
> ㄴ. 원산 총파업이 전개되었다.
> ㄷ. 조선어 학회 사건이 일어났다.
> ㄹ. 광주 학생 항일 운동이 발생하였다.

① ㄱ, ㄴ   ② ㄱ, ㄷ   ③ ㄴ, ㄷ
④ ㄴ, ㄹ   ⑤ ㄷ, ㄹ

04

밑줄 친 '운동'에 대한 설명으로 옳은 것은?

> [역사 속 그날]
>
> **학생의 날**
>
> 나주역에서 일본인 남학생이 한국인 여학생을 희롱한 사건을 계기로 한·일 학생 간에 충돌이 일어났다. 이후 경찰의 편파적인 조치에 대해 광주 지역 학생들은 민족 차별 중지와 식민지 교육 철폐를 내걸고 11월 3일 대규모 시위를 전개하였고 이는 전국적인 <u>운동</u>으로 확대되었다.

① 황국 신민화 정책에 반발하였다.
② 민족 유일당 운동의 배경이 되었다.
③ 신간회에서 진상 조사단을 파견하였다.
④ 한국인의 힘으로 대학을 세우고자 하였다.
⑤ 대한민국 임시 정부 수립의 계기가 되었다.

05

(가)에 들어갈 내용으로 적절하지 <u>않은</u> 것은?

일제 강점기 민족 문화를 지키려는 노력에 관하여 이야기해 볼까?

한글 맞춤법 통일안이 제정되었어.

(가)

① 우리말 사전 편찬이 시작되었어.

② 제1차 조선 교육령을 공포하였어.

③ 진단 학회가 조직되어 실증 사학을 연구하였어.

④ 한국 독립운동의 역사를 정리한 『한국독립운동지혈사』가 편찬되었어.

⑤ 백남운은 우리 역사가 세계사의 보편적인 발전 법칙에 따라 발전하였음을 강조하였어.

06

밑줄 친 '이 부대'의 활동으로 옳은 것은?

1937년 김원봉은 중도 좌파 단체들과 함께 조선 민족 전선 연맹을 결성하였다. 이듬해에는 산하 무장 조직으로 <u>이 부대</u>를 창설하였다. <u>이 부대</u>의 다수 병력은 더욱 적극적인 항일 투쟁을 펼치기 위해 중국 공산당의 근거지인 화북 지방으로 이동하였다.

① 지청천을 총사령관으로 하였다.

② 봉오동 전투를 승리로 이끌었다.

③ 중국 국민당 정부의 지원을 받았다.

④ 자유시 참변으로 사상자가 발생하였다.

⑤ 만주에서 한·중 연합 작전을 전개하였다.

07

밑줄 친 '군정' 시기에 있었던 사실로 옳은 것만을 〈보기〉에서 고른 것은?

> 본관(本官)은 본관에게 부여된 태평양 방면 미 육군 총사령관의 권한으로써 이에 북위 38도 이남의 조선과 조선 주민에 대하여 <u>군정</u>을 세우고 다음과 같은 점령에 관한 조건을 포고한다. ……
>
> 제1조 북위 38도 이남의 조선 영토와 인민에 대한 통치의 모든 권한은 당분간 본관의 권한 아래에서 시행한다.

• 보기 •

ㄱ. 한·일 협정이 체결되었다.

ㄴ. 미·소 공동 위원회가 열렸다.

ㄷ. 한·미 상호 방위 조약이 체결되었다.

ㄹ. 모스크바 3국 외상 회의가 개최되었다.

① ㄱ, ㄴ   ② ㄱ, ㄷ   ③ ㄴ, ㄷ

④ ㄴ, ㄹ   ⑤ ㄷ, ㄹ

08

다음 사건이 일어나게 된 배경으로 옳은 것은?

> 1947년 3·1절 기념 시위에서 경찰의 발포로 사상자가 발생하였다. 주민들은 항의 시위를 벌였으며, 시위자를 검거하는 과정에서 수많은 일반인이 체포되는 등 갈등이 일어났다. 이러한 상황에서 1948년 4월 제주도 남로당 세력과 일부 주민이 무장봉기를 일으키자, 미군정은 군경을 동원해 강경하게 진압하였다. 정부 수립 이후까지 지속된 진압 과정에서 수만 명의 제주도민이 희생되었다.

① 경제 개발 5개년 계획이 시행되었다.

② 6·25 전쟁 결과 분단이 고착화되었다.

③ 농지 개혁법이 제정되어 자영농이 늘어났다.

④ 유엔 소총회에서 남한 단독 선거가 결정되었다.

⑤ 5·16 군사 정변으로 군인 세력이 권력을 장악하였다.

09

밑줄 친 '전쟁'에 대한 설명으로 옳은 것만을 〈보기〉에서 있는 대로 고른 것은?

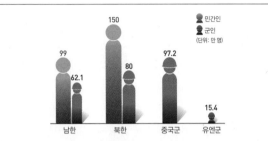

전쟁은 엄청난 인적 피해를 가져왔다. 남북의 군인과 민간인 수백만 명이 죽거나 부상을 입었으며, 수십만 명의 전쟁고아와 천만 명에 가까운 이산가족이 생겨났다. 특히 민간인의 희생이 컸는데, 수많은 민간인이 학살, 폭격, 상호 보복 등으로 희생되었다.

• 보기 •
ㄱ. 박정희 정부 시기에 일어났다.
ㄴ. 전쟁 중 인천 상륙 작전이 실행되었다.
ㄷ. 전쟁 중 대통령 직선제 개헌이 단행되었다.
ㄹ. 전쟁 특수에 힘입어 고도의 경제 성장을 이루었다.

① ㄱ, ㄷ   ② ㄱ, ㄹ   ③ ㄴ, ㄷ
④ ㄱ, ㄴ, ㄹ   ⑤ ㄴ, ㄷ, ㄹ

10

(가) 정부 시기에 있었던 사실로 옳지 <u>않은</u> 것은?

▲ 재판을 받기 위해 대기하고 있는 조봉암

제3대 대통령 및 제4대 부통령 선거에서 진보적인 정책을 내세운 조봉암이 돌풍을 일으켰으며, 부통령에는 야당인 민주당의 장면 후보가 당선되었다. 이에 위기감을 느낀 [(가)] 정부는 진보당을 해체하고, 조봉암을 처형하였다.

① 6·25 전쟁이 일어났다.
② 『경향신문』을 폐간하였다.
③ 베트남 파병을 단행하였다.
④ 국가 보안법을 개정하였다.
⑤ 3·15 부정 선거가 치러졌다.

11

다음 담화문이 발표된 시기의 상황으로 옳은 것은?

계엄 사령관의 광주 지역 사태에 관한 담화(1980)
지난 18일 수백 명의 대학생에 의해 제기된 평화적 시위가 오늘의 엄청난 사태로 확산된 것은 상당수의 다른 지역 불순 인물 및 고정 간첩들이 사태를 극한적인 상태로 유도하기 위하여 …… 계획적으로 지역감정을 자극·선동하고 난동 행위를 선도한 데 기인한 것이다.

① 3선 개헌이 단행되었다.
② 제1차 석유 파동이 일어났다.
③ 경제 개발 5개년 계획안이 처음 마련되었다.
④ 3·15 부정 선거에 반대하는 시위가 벌어졌다.
⑤ 신군부 세력이 권력을 장악하고 반대 시위를 진압하였다.

12

다음 선언이 발표된 배경으로 가장 적절한 것은?

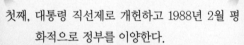

첫째, 대통령 직선제로 개헌하고 1988년 2월 평화적으로 정부를 이양한다.
둘째, 대통령 선거법을 개정하여 자유로운 출마와 경쟁을 공개적으로 보장한다.
넷째, 인간의 기본권을 존중하기 위해 개헌안에 기본권 강화 조항을 보완한다.

① 4·19 혁명이 일어났다.
② 6월 민주 항쟁이 전개되었다.
③ 대한민국 정부가 수립되었다.
④ 노태우가 대통령에 당선되었다.
⑤ 평화적인 정권 교체가 이루어졌다.

서술형

13

다음을 읽고 물음에 답하시오.

> (관제 개정의 취지는) 각기 일시동인(一視同仁) 하여 …… 시세에 맞추어 시정의 편리함을 도모하는 데 있다. 즉, ㉠ 총독은 문무관 중에서 임용할 수 있는 길을 열었고, ㉡ 헌병에 의한 경찰 제도를 바꿔 보통 경찰에 의한 경찰 제도로 바꾸었다. 또 복제를 개정하여 일반 관리와 교원 등의 제복 대검(帶劍)을 폐지하고 조선인의 임용과 대우 등을 고려하였다.

(1) 위 방침을 발표하게 된 배경이 된 사건을 쓰시오.

_____

(2) 밑줄 친 ㉠, ㉡이 실제로는 어떻게 행해졌는지 각각 서술하시오.

- ㉠:

_____

- ㉡:

_____

14

다음 자료의 상황이 나타나게 된 배경을 서술하시오.

▲ 양세봉 흉상

조선 혁명군의 총사령관이었던 양세봉은 중국 의용군 총사령관 이춘윤과 협의하여 한·중 연합 작전을 전개하였다. 연합군은 영릉가성을 공격하여 탈환하고 이듬해 흥경성을 공략하여 격퇴하였다. 이후 노구대 전투, 쾌대모자 전투 등에서 연이어 승리를 거두었다.

_____

15

다음 성명의 명칭을 쓰고, 이 성명이 발표된 세계사적 배경을 서술하시오.

> 첫째, 통일은 외세에 의존하지 않고 자주적으로 해결한다.
> 둘째, 통일은 무력을 사용하지 않고 평화적으로 실현한다.
> 셋째, 사상과 이념, 제도의 차이를 넘어 민족적 대단결을 도모한다.

_____

_____

_____

_____

16

다음 운동이 벌어지게 된 배경을 서술하시오.

1998년 1월부터 4월까지 국민들은 자발적인 금 모으기 운동을 전개하였다. 각계각층의 사람들이 금을 기탁하며 참여를 독려하였고, 전국적으로 200톤이 넘는 금이 모였다. 정부는 이렇게 모인 금을 수출하여 외환 보유고를 크게 늘릴 수 있었다. 당시 금 모으기 운동은 '제2의 국채 보상 운동'이라고 불리기도 하였다.

_____

_____

01

밑줄 친 '이 사업'에 대한 설명으로 옳은 것은?

1910년부터 시행된 이 사업의 결과 소작농의 경작권은 보호받지 못하게 되었다고 해.

또한 국유지나 문중의 공유지도 소유권을 인정받지 못하였다고 해.

① 지계를 발급하였다.
② 메가타의 주도로 실시되었다.
③ 한국인의 회사 설립을 억제하려는 목적이었다.
④ 일본 내 쌀 부족 문제를 해결하기 위해 실시되었다.
⑤ 조선 총독부의 지세 수입이 증가하는 결과를 가져왔다.

02

(가) 운동이 일어난 배경으로 옳은 것만을 〈보기〉에서 고른 것은?

지난 기미년의 ____(가)____ 은/는 곧 우리의 전통적인 독립의 의지를 만방에 천명한 것이고 국제 정세의 순리에 병진하는 자유·정의·진리의 함성이었습니다. 그럼에도 불구하고 일본의 무력적인 압박으로 말미암아 우리의 자유와 평등을 주장한 이 ____(가)____ 은/는 몹시 가슴 아프게 꺾이었습니다. 우리의 지난 민족 종교계 대표들은 자진해서 일본 경찰에 체포되어 갔습니다. 그것은 당당한 우리의 평화적인 행동으로 독립의 절규를 상징하는 일대 시위 운동이었습니다.

• 보기 •
ㄱ. 순종이 서거하였다.
ㄴ. 2·8 독립 선언이 발표되었다.
ㄷ. 민족 자결주의가 제창되었다.
ㄹ. 대한민국 임시 정부가 수립되었다.

① ㄱ, ㄴ ② ㄱ, ㄷ ③ ㄴ, ㄷ
④ ㄴ, ㄹ ⑤ ㄷ, ㄹ

03

다음 의거를 주도한 단체에 대한 설명으로 옳은 것만을 〈보기〉에서 고른 것은?

세계사 신문

어제 오후 2시에 열병식을 마치고 환궁하던 일왕이 도중에 돌연 저격당하였다. 한국인이 저격한 것으로 알려졌는데, 불행하게도 뒤따르던 마차를 폭파했을 뿐 일왕이 탄 마차는 명중하지 못하였다.

• 보기 •
ㄱ. 김구가 상하이에서 결성하였다.
ㄴ. 단원들이 황푸 군관 학교에 입학하였다.
ㄷ. 대한민국 임시 정부의 침체를 극복하고자 하였다.
ㄹ. 신채호의 「조선 혁명 선언」을 활동 지침으로 삼았다.

① ㄱ, ㄴ ② ㄱ, ㄷ ③ ㄴ, ㄷ
④ ㄴ, ㄹ ⑤ ㄷ, ㄹ

04

밑줄 친 '만세 운동'에 대한 설명으로 가장 적절한 것은?

오늘은 순종의 장례일을 기해 전개된 만세 운동에 대해 이야기해 볼까 합니다.

역사 지킴이: 학생들의 활약상이 궁금합니다.
한국사 고수: 3·1 운동과 비교해 보고 싶어요.

① 중국의 5·4 운동에 영향을 주었다.
② 민족 말살 통치를 배경으로 발생하였다.
③ 신간회의 지원 아래 전국으로 확산되었다.
④ 민족 협동 전선 구축의 토대를 마련하였다.
⑤ 대한민국 임시 정부가 수립되는 계기가 되었다.

05

다음 판결문과 관련된 단체에 대한 설명으로 옳은 것은?

> **(1) 주문**
> 피고인 이극로·최현배·이희승·정인승·이중화·이우승·김양수·장현식·김도연·이인·김법린 및 정태진에 대한 본건을 함흥 지방 법원의 공판에 부침.
>
> **(2) 이유**
> …… 겉으로는 문화 운동의 가면을 쓰고 조선 독립을 목적한 실력 배양 단체로서 본건이 검거되기까지 10여 년이나 오랫동안 조선 민족에 대하여 조선의 어문 운동을 전개하여 온 것이다.

① 형평 운동을 주도하였다.
② 한글 맞춤법 통일안을 제정하였다.
③ 식민 사관의 정체성론을 비판하였다.
④ 전국 각지에 지회를 둔 대중 단체였다.
⑤ 여성을 대상으로 한 계몽 활동에 앞장섰다.

06

(가) 부대에 대한 설명으로 옳은 것만을 〈보기〉에서 고른 것은?

> 장준하와 김준엽 일행은 충칭을 향해 대장정에 올랐다. 그들은 일본군이 점령한 지역을 통과하기 위해 장사꾼으로 변장하기도 하였다. 마침내 그들은 ___(가)___ 훈련반이 있던 린촨안에 도착했고, 이듬해 ___(가)___ 와/과 미국 전략 정보국(OSS)이 계획한 국내 진공 작전에 합류하였다.

• 보기 •
ㄱ. 지청천이 총사령관을 맡았다.
ㄴ. 인도·미얀마 전선에 참여하였다.
ㄷ. 영릉가 전투에서 승리를 거두었다.
ㄹ. 김원봉이 중국 국민당 정부의 지원을 받아 창설하였다.

① ㄱ, ㄴ　　　② ㄱ, ㄷ　　　③ ㄴ, ㄷ
④ ㄴ, ㄹ　　　⑤ ㄷ, ㄹ

07

(가)에 들어갈 말로 옳은 것은?

> ___(가)___ 의 결과가 공식적으로 발표되기도 전에 국내 언론은 "미국은 한국의 즉시 독립을 제안한 반면, 소련은 최장 5년간 4개국이 통치할 것을 주장하였다."라고 잘못 보도하였다. 이후 결정을 지지하는 좌익 세력의 시위와 반대하는 우익 세력의 시위가 격렬하게 일어나 좌우의 갈등이 격화되었다.

① 남북 협상　　　② 좌우 합작 운동
③ 5·16 군사 정변　　④ 미·소 공동 위원회
⑤ 모스크바 3국 외상 회의

08

(가), (나) 시기 사이에 있었던 사실로 옳은 것은?

(가)	(나)
한국사 신문 미국과 소련이 임시 민주 정부 수립을 위한 협의 대상에 참여할 정당과 사회단체의 범위를 놓고 대립함으로써 결국 제1차 미·소 공동 위원회가 결렬되었다.	**한국사 신문** 미국과 소련의 견해 차이가 좁혀지지 않아 제2차 미·소 공동 위원회가 다시 결렬되었다. 이에 미국이 곧 한반도 문제를 유엔에 상정할 것이라는 전망이 나오고 있다.

① 대한민국 정부 수립이 선포되었다.
② 김구가 북한으로 가 남북 협상을 추진하였다.
③ 소련이 유엔 한국 임시 위원단의 입북을 거부하였다.
④ 3·15 부정 선거에 반발하여 4·19 혁명이 전개되었다.
⑤ 이승만이 정읍에서 남한 단독 정부 수립을 주장하였다.

09

(가), (나) 시기 사이에 있었던 사실로 옳은 것만을 〈보기〉에서 고른 것은?

(가)

신군부의 정권 장악에 반대하여 일어난 '서울의 봄'

↓

(나)

직선제 개헌을 요구하며 일어난 6월 민주 항쟁

• 보기 •
ㄱ. 3선 개헌이 단행되었다.
ㄴ. 12·12 군사 반란이 일어났다.
ㄷ. 정부가 4·13 호헌 조치를 발표하였다.
ㄹ. 박종철이 경찰의 고문으로 사망하였다.

① ㄱ, ㄴ   ② ㄱ, ㄷ   ③ ㄴ, ㄷ
④ ㄴ, ㄹ   ⑤ ㄷ, ㄹ

10

(가) 정부 시기에 있었던 사실로 옳은 것은?

1992년에 시행된 대통령 선거에서 5·16 군사 정변 이후 30여 년 만에 민간인 출신인 ___(가)___ 이/가 대통령에 당선되었다. ___(가)___ 정부는 이러한 의미를 강조하여 문민정부라고 하였다.

① 중국과 수교를 맺었다.
② 10월 유신을 단행하였다.
③ 금융 실명제를 시행하였다.
④ 발췌 개헌안을 통과시켰다.
⑤ 한·일 기본 조약을 체결하였다.

11

(가)에 들어갈 내용으로 가장 적절한 것은?

경제 개발 5개년 계획이 추진되면서 산업화와 도시화가 빠르게 진행되었다. 도시로 인구가 집중되어 주택난, 교통난, 실업 등 여러 문제가 나타났다. 반면 농어촌의 인구는 크게 줄었으며, 도시와 농촌의 소득 격차는 점점 커졌다. 이에 박정희 정부는 1970년부터 농가의 소득을 증대하고 농촌의 환경을 개선하기 위하여 _____(가)_____

① 새마을 운동을 추진하였다.
② 금 모으기 운동을 전개하였다.
③ 국채 보상 운동을 주도하였다.
④ 경제 협력 개발 기구(OECD)에 가입하였다.
⑤ 미국과 자유 무역 협정(FTA)을 체결하였다.

12

다음 회담을 추진한 정부의 통일 정책으로 옳은 것은?

남북 고위급 회담에서 상호 체제 인정, 내정 불간섭, 무력 사용 금지를 명시한 남북 기본 합의서를 채택하였습니다.

남북 고위급 회담 진행

① 금강산 관광을 시작하였다.
② 개성 공단 조성에 합의하였다.
③ 남북한이 유엔에 동시 가입하였다.
④ 10·4 남북 정상 선언을 발표하였다.
⑤ 최초의 남북 정상 회담을 개최하였다.

13

다음을 읽고 물음에 답하시오.

> 실상 저들 자본가 중산 계급은 …… 그 이면에는 외래의 경제적 정복 계급을 축출하여 새로운 착취 계급으로서 자신들이 그 자리를 대신하려는 것이다. 이래서 저들은 민족적·애국적인 척하는 감상적 미사여구로 눈물을 흘리며 저들과 이해관계가 전혀 다른 노동 계급의 후원을 갈구하는 것이다.
>
> – 「동아일보」, 1923. 3. 20. –

(1) 위와 같은 비판을 받은 민족 운동을 쓰시오.

_____

(2) (1)의 민족 운동에서 내세운 구호와 주장을 두 가지 서술하시오.

_____

_____

14

다음 그래프를 보고 물음에 답하시오.

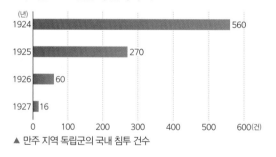

▲ 만주 지역 독립군의 국내 침투 건수

(1) 위 그래프와 같은 변화가 나타나게 된 배경을 서술하시오.

_____

_____

(2) 위 상황에 대한 만주 지역 독립운동 세력의 대응을 서술하시오.

_____

15

다음을 읽고 물음에 답하시오.

> 제53조 ① 대통령과 부통령은 국민의 보통, 평등, 직접, 비밀 투표에 의하여 각각 선거한다.
>
> 제55조 ① 대통령과 부통령의 임기는 4년으로 한다. 단, 재선에 의하여 1차 중임할 수 있다.
>
> 부칙 3호 이 헌법 공포 당시 대통령에 대하여는 제55조 ①항 단서의 제한을 적용하지 아니한다.

(1) 위의 개헌을 가리키는 명칭을 쓰시오.

_____

(2) 위의 개헌을 단행하는 과정에서 나타난 절차적 문제점을 서술하시오.

_____

_____

16

다음을 읽고 물음에 답하시오.

> 제40조 ① 통일 주체 국민 회의는 국회 의원 정수의 3분의 1에 해당하는 수의 국회 의원을 선거한다.
>
> 제40조 ② ①항의 국회 의원 후보자는 대통령이 일괄 추천하며, 후보자 전체에 대한 찬반 투표에 부쳐 …… 당선을 결정한다.

(1) 위 헌법의 명칭을 쓰시오.

_____

(2) 위 헌법에 따라 대통령에게 부여된 권한을 세 가지 서술하시오.

_____

_____

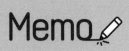

포기와 시작

누군가는 **포기**하는 시간

누군가는 **시작**하는 시간

코앞으로 다가온 시험엔
최단기 내신 · 수능 대비서로 막판 스퍼트!

7일 끝 (중·고등)

10일 격파 (고등)

book.chunjae.co.kr

교재 내용 문의 ························ 교재 홈페이지 ▶ 고등 ▶ 교재상담

교재 내용 외 문의 ······················ 교재 홈페이지 ▶ 고객센터 ▶ 1:1문의

발간 후 발견되는 오류 ·············· 교재 홈페이지 ▶ 고등 ▶ 학습지원 ▶ 학습자료실

중간고사 기말고사
고득점을 예약하자!

시험적중
내신전략

고등 한국사

BOOK 3
정답과 해설

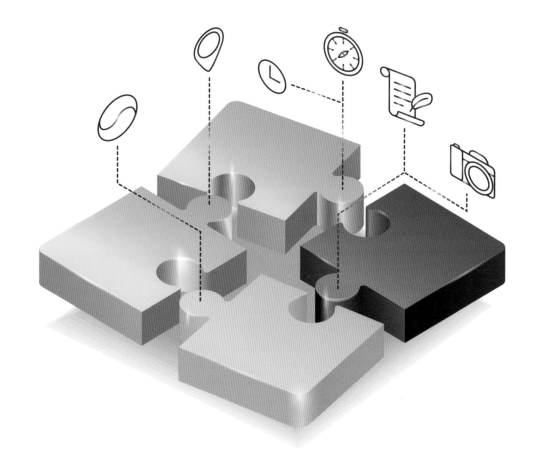

천재교육

정답과 해설
포인트 **3**가지

▶ 혼자서도 이해할 수 있는 친절한 문제 풀이

▶ 예시 답안과 구체적 평가 요소 제시로
  실전 서술형 문항 완벽 대비

▶ 오답도 자세하게 분석하여
  고등 한국사 과목을 한층 더 쉽게!

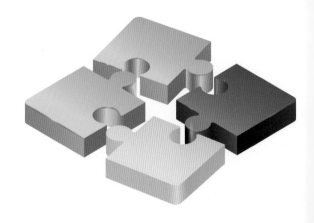

Book 1

정답과 해설

1주 I. 전근대 한국사의 이해

1주 1일 개념 돌파 전략 ①

1강_고대 국가의 지배 체제~고려의 통치 체제와 국제 질서의 변동

| 8쪽 | 개념 ❶ 고인돌　　개념 ❷ 도병마사

| 9쪽 | 01 (가) 4세기 (나) 6세기　　01-1 ③

　　 02 몽골(원)　　02-1 ④

2강_고려의 사회와 사상 ~ 양반 신분제 사회와 상품 화폐 경제

| 10쪽 | 개념 ❶ 지눌　　개념 ❷ 인조반정　　개념 ❸ 균역법

| 11쪽 | 01 의천　　01-1 안향

　　 02 (가) 동인 (나) 서인　　02-1 의정부

　　 03 ④　　03-1· 대동법

1주 1일 개념 돌파 전략 ②

1 ③　2 ③　3 ②　4 ⑤　5 ②　6 ④

1 구석기 시대의 생활 모습

(가) 시대는 구석기 시대이다. 구석기 시대에는 ㄴ. 식량을 구하기 위해 이동 생활을 하였으며, ㄷ. 동굴이나 바위 그늘, 막집에 거주하였다.

오답 피하기 ㄱ. 덩이쇠를 왜, 낙랑에 수출한 것은 철기 시대 변한의 모습이다.

ㄹ. 청동기 시대에는 군장이 등장하여 청동기로 자신의 권위를 높였다.

2 통일 신라의 통치 체제 개편

제시된 지도는 통일 신라의 지방 행정 조직인 9주 5소경을 나타낸다. ③ 통일 신라의 지방 행정 조직 지도를 통해 통일 신라 시대의 통치 체제 개편이 학습 주제로 가장 적절하다는 것을 알 수 있다.

더 알아보기⁺ 9주 5소경 체제

① 9주의 설치
본래의 신라 땅에 3주를, 백제 땅에 3주를, 고구려의 남쪽 지역에 3주를 설치하여 9주를 설치하였다.

② 5소경의 설치
지방 세력을 통제하고, 신라의 수도가 동남쪽에 치우친 것을 보완하기 위해 설치하였다.

3 고려의 통치 체제 정비

(가) 왕은 고려 광종이다. 광종은 과거제를 시행하였으며, 노비안검법을 실시하여 불법적으로 노비가 된 사람을 해방하였다.

① 화랑도를 개편하였다. (×)
→ 신라 진흥왕의 정책이다.

② 노비안검법을 시행하였다. (○)
→ 고려 광종의 정책이다. 이를 통해 호족의 경제적, 군사적 기반을 약화시키고, 국가 재정을 확보하였다.

③ 훈요 10조를 후대 왕에게 남겼다. (×)
→ 고려 태조의 정책이다.

④ 남진 정책을 위해 평양으로 수도를 옮겼다. (×)
→ 고구려 장수왕의 정책이다.

⑤ 시무 28조를 받아들여 통치 체제를 정비하였다. (×)
→ 고려 성종의 정책이다.

4 고려 역사서의 편찬

밑줄 친 '이 책'은 김부식의 『삼국사기』이다. ⑤ 김부식의 『삼국사기』는 현재 전하는 역사서 중 가장 오래되었으며, 유교적 합리주의 사관을 바탕으로 작성되고, 기전체로 서술되었다.

오답 피하기 ① 현재 전하는 가장 오래된 역사서이다.

② 유교적 합리주의 사관을 바탕으로 작성되었다.

③ 고구려 계승 의식을 강조하는 것은 이규보가 동명왕(주몽)의 삶과 업적을 서술한 「동명왕편」이다.

④ 단군을 민족의 시조로 내세운 역사서는 고려 후기 일연의 『삼국유사』, 이승휴의 『제왕운기』가 있다.

5 조선의 통치 체제 정비

(가) 왕은 조선 전기 세종이다. ㄱ. 세종 때 훈민정음이 창제되었고, ㄹ. 의정부 서사제가 시행되었다.

오답 피하기 ㄴ. 6조 직계제는 태종 때 처음 시행되었으며, 세조 때에도 왕 중심의 정치를 실현하기 위해 시행되었다.

ㄷ. 조선의 기본 법전인 『경국대전』은 세조 때 편찬이 시작되어 성종 때 완성·반포되었다.

6 조선 후기 수취 체제의 개편

밑줄 친 '이 법'은 대동법이다. ④ 대동법의 시행으로 공인이 등장하였으며, 상품 화폐 경제 발달에 영향을 주었다.

오답 피하기 ① 균역법에 대한 설명이다.

② 양반들에게도 군포를 징수한 것은 조선 말 흥선 대원군이 시행한 호포제의 내용이다.

③ 유향소는 지방 사족들의 향촌 자치 기구로 조선 전기부터 설치되어 운영되어 왔다.

⑤ 세도 정치 시기에 정치 기강이 해이해지고, 수령과 아전이 백성을 수탈하면서 나타난 현상이다.

더 알아보기⁺ 대동법의 시행

대동법은 조선 후기 광해군 때 처음 실행되어 이후 전국적으로 확산되었다. 대동법은 공납의 폐단인 방납의 문제점을 해결하고자 토지를 기준으로 1결당 쌀 12두를 징수하였다. 이에 지주들과 방납업자들의 반발이 극심하였다. 또한, 관청의 수요 물품을 조달하는 공인이 등장하였으며, 이들의 활동으로 상품 화폐 경제가 전국적으로 발달하였다.

1주 2일 필수 체크 전략 ①

Book 1 14~17쪽

1-1 ㄷ, ㄹ   1-2 ④   2-1 ⑤

2-2 수도가 나라의 동남쪽에 치우친 약점을 보완하고 지방 세력을
통제하기 위해 설치하였다.

3-1 (가) 태조 (나) 성종   3-2 ②   4-1 ③

4-2 권문세족

1-1 구석기 시대의 생활 모습

제시된 유물은 구석기 시대의 대표적인 유물인 주먹도끼이다. 구석
기 시대에는 ㄷ. 동굴이나 바위 그늘, 막집에 거주하였고, ㄹ. 식량을
구하기 위해 이동 생활을 하였다.

1-2 청동기 시대의 유물

④ 청동기 시대의 군장은 청동기를 활용해 자신의 권위를 높였다. 대
표적인 청동기로 비파형 동검, 거친무늬 거울 등이 있다.

오답 피하기 ① 주먹도끼는 구석기 시대의 대표적인 유물이다.
② 슴베찌르개는 구석기 시대의 대표적인 유물이다.
③ 철제 농기구는 철기 시대의 대표적인 유물이다.
⑤ 빗살무늬 토기는 신석기 시대의 대표적인 유물이다.

2-1 고구려 장수왕의 남진 정책

5세기 고구려의 장수왕은 남진 정책을 추진하기 위해 중국 남북조와
외교 관계를 안정시키고, 국내성에서 평양으로 수도를 옮겼다.

선택지 바로 보기

① 광개토 대왕 때의 일이다. (×)
→ 장수왕 때의 일이다.

② 성왕이 사비로 수도를 옮긴 것이다. (×)
→ 백제 성왕은 6세기 웅진에서 사비로 수도를 옮겼다.

③ 신라가 나·당 동맹을 맺는 배경이 되었다. (×)
→ 신라는 7세기 백제의 공격으로 위기에 처하자 당과 동맹을 맺었다.

④ 고구려가 마한을 정복하는 결과를 가져왔다. (×)
→ 백제는 근초고왕 때 마한의 소국들을 정복하고 남해안까지 진출하였다.

⑤ 장수왕이 남진 정책을 추진하기 위해 시행되었다 (○)
→ 장수왕은 남진 정책을 추진하기 위해 국내성에서 평양성으로 수도를 옮겼다.

2-2 통일 신라의 통치 체제 개편

제시된 지도의 (가)는 통일 신라 시대의 지방 행정 조직인 5소경이
다. 5소경은 신라의 수도가 나라의 동남쪽에 치우쳐 있다는 약점을
보완하고, 옛 고구려와 백제 영토의 지방 세력을 통제하기 위해 설치
되었다.

3-1 고려의 통치 체제 정비

(가) 왕은 고려 태조, (나) 왕은 고려 성종이다. 고려 태조는 고구려
계승 의식을 바탕으로 북진 정책을 추진하여 평양을 서경으로 삼으
며 중시하였고, 북쪽으로 청천강 유역까지 진출하였다. 고려 성종은
최승로의 시무 28조를 받아들여 유교 정치 이념을 바탕으로 통치 체
제를 정비하였으며, 지방 12목에 지방관을 파견하였다.

더 알아보기⁺ 고려의 통치 체제 정비와 호족 세력

1. 태조: 호족을 회유하기 위해 혼인 정책과 사성 정책을 시행하였고, 호족을 견
제하기 위해 기인 제도와 사심관 제도를 시행하였다.
2. 광종: 노비안검법을 실시하여 호족의 경제적, 군사적 기반을 약화시켰으며,
과거제를 시행하여 정치 세력의 교체를 꾀하였다.
3. 성종: 최승로의 시무 28조를 수용하여 유교적 통치 이념을 바탕으로 중앙과
지방 조직을 정비하였으며, 지방 호족을 향리로 편입시켜 통제하였다.

3-2 국제 질서의 변동과 고려의 대응

② 12세기 여진이 고려의 국경을 침략하자, 윤관은 별무반의 편성을
건의하였고, 이를 바탕으로 여진을 정벌하고 동북 9성을 개척하였
다. 이후 여진의 동북 9성 반환 요청을 수용하였고, 여진이 금을 건
국한 후 고려에 군신 관계를 요구하자 이자겸 등 집권 문벌 세력은
이를 수용하였다.

오답 피하기 ① 거란과의 전쟁에서 서희가 외교 담판으로 강동 6주를 확
보하였다.
③ 별무반은 윤관의 건의로 편성되었다.
④ 귀주 대첩은 거란의 침입 때 강감찬이 이끌었던 전투이다.
⑤ 금의 군신 관계 요구를 받아들인 것은 이자겸 등 문벌 세력이다.

4-1 무신 정권기 농민, 천민의 봉기

사노비 만적이 일으킨 봉기는 무신 정권 시기에 발생하였다. ③ 무신
정권 시기는 무신 정변이 일어난 시기부터 무신 정권이 붕괴한 개경
환도까지이다.

자료 분석

사노비 만적 등 6명이 북산에서 땔나무를 베다가 공·사노비들을 불러 모
아 모의하며 말하기를, "…… 장수와 재상에 어찌 처음부터 씨가 있겠는가.
때가 되면 누구나 차지할 수 있는 것이다. 어찌 우리라고 뼈 빠지게 일만 하
면서 채찍 아래에서 고통만 당하겠는가."

– 「고려사」 –

제시된 사료는 사노비 만적이 봉기를 계획하는 내용이다. 무신 정권 시기에는
신분제의 동요로 인해 천민들의 신분 해방 운동이 발생하였다.

4-2 원 간섭기 새로운 지배층

원 간섭기에는 친원 성향의 새로운 지배층인 권문세족이 등장하였다.
이들은 고위 관직을 독점하였고, 막대한 농장과 노비를 소유하였다.

1주 2일 필수 체크 전략 ②

Book 1 18~19쪽

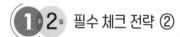

1 ②   2 ④   3 ④   4 ②   5 ④   6 ③

1 청동기 시대의 사회 모습

(가) 시대는 청동기 시대이다. 청동기 시대에는 농경이 발달하면서
농업 생산 도구로 간석기인 반달 돌칼이 사용되었고, 지배층의 무덤
인 고인돌이 만들어졌다. ② 지배층인 군장은 비파형 동검 등 청동기
를 사용하여 자신의 권위를 높였다.

정답과 해설

오답 피하기 ① 철기 시대에 철제 무기가 보급되었다.
③ 신석기 시대에 농경과 목축이 처음 시작되었다.
④ 구석기 시대에는 사냥을 하며 이동 생활을 하였다.
⑤ 구석기 시대에는 돌을 깨뜨려 주먹도끼, 슴베찌르개 등 뗀석기를 만들어 사용하였다.

2 백제의 발전

(가) 국가는 백제이다. 칠지도는 백제가 일본에 선물로 보낸 유물로 백제와 왜의 긴밀한 관계를 보여 주는 유물이다. ④ 백제는 4세기 근초고왕 때 마한의 소국들을 정복하여 남해안까지 진출하였다.

오답 피하기 ① 신라는 법흥왕 때 금관가야를 병합하였다.
② 고구려는 주몽이 졸본 지역에서 건국하였다.
③ 신라는 나·당 동맹을 맺어 백제와 고구려를 멸망시키고 삼국을 통일하였다.
⑤ 고구려의 귀족 회의 기구로는 제가 회의가 있었다. 제가 회의에서는 국가의 중요한 일들을 결정하였다.

3 발해의 건국과 발전

발해의 온돌 유적은 고구려의 문화를 계승한 대표적인 사례이다. 또한, 일본에 보낸 외교 문서에서 고려 왕이라 칭한 것도 고구려를 계승하고자 하는 의지를 엿볼 수 있는 사례이다. ④ 발해는 건국 초부터 고구려 계승 의식을 분명히 하였다.

더 알아보기⁺ 한민족의 온돌 문화

온돌 문화는 중국식 난방 문화와 구별되는 한민족 고유의 주거 기술을 보여 주는 문화유산이며, 2018년에 국가 무형 문화재로 지정되었다.

4 고려의 건국과 통치 체제 정비

(가) 왕은 고려 태조이다. 고려 태조 왕건 청동상은 태조 왕건의 릉인 개성 현릉에서 출토되어 평양의 조선 중앙 역사 박물관에 소장되어 있다. ㄴ. 태조는 호족을 통제하기 위해 기인 제도와 사심관 제도를 시행하였고, ㄷ. 고구려 계승 의식을 바탕으로 북진 정책을 추진하였으며, 평양을 서경으로 삼아 중시하였다.

오답 피하기 ㄱ. 성종은 지방에 12목을 설치하고 지방관을 파견하였다.
ㄹ. 성종은 최승로의 시무 28조를 받아들여 유교 정치 이념을 바탕으로 통치 체제를 정비하였다.

5 고려 무신 정권 시기 하층민의 봉기

사노비였던 만적은 신분 질서에 저항하여 봉기하고자 하였으나 사전에 계획이 유출되면서 실패하였다.

선택지 바로 보기

① 삼별초를 조직하였다. (×)
→ 최씨 무신 정권의 최우이다.
② 정변을 일으켜 문신을 제거하였다. (×)
→ 무신 정변을 일으켰던 정중부, 이의방 등이다.
③ 서경으로 천도할 것을 주장하였다. (×)
→ 묘청 등 서경 세력이다.
④ 신분 질서에 저항해 봉기하고자 하였다. (○)
→ 무신 정권 시기 신분 질서가 동요하면서 만적 등 하층민의 봉기가 발생하였다.
⑤ 거란과의 담판을 통해 강동 6주를 확보하였다. (×)
→ 고려 전기 서희이다.

6 공민왕의 반원 개혁 정치

③ 원의 쇠퇴를 계기로 개혁 정책을 추진하던 공민왕은 권문세족의 세력을 약화시키고 국가 재정을 확보하기 위해 신돈을 등용하여 전민변정도감을 설치하였다.

오답 피하기 ① 최씨 무신 정권이 몽골에 항전하기 위해 강화도로 수도를 옮겼다.
② 고려 광종은 호족의 경제적, 군사적 기반을 약화시키기 위해 노비안검법을 시행하였다.
④ 최충헌, 최우는 무신 정권을 확립하기 위해 교정도감, 정방 등 독자적 권력 기구를 설치하였다.
⑤ 몽골은 고려의 내정에 간섭하기 위해 다루가치라는 관리를 파견하였다.

더 알아보기⁺ 공민왕의 반원 개혁 정치

공민왕은 기철 등 친원 세력을 숙청하고, 정동행성 이문소를 폐지하였으며, 쌍성총관부를 공격하여 철령 이북의 땅을 수복하였다. 또한, 신돈을 등용하고 전민변정도감을 설치하여 권문세족을 억압하였으며, 신진 사대부를 등용하여 개혁을 뒷받침하게 하였다.

1주**3**일 필수 체크 전략 ①　　　　Book 1 20~23쪽

1-1 (가)노비 (나)향리	1-2 ③	2-1 ②
2-2 ⑤		
3-1 (가)4군 6진 (나)쓰시마섬		
3-2 ⑤	4-1 ⑤	4-2 ③

1-1 고려의 신분 구조

(가)는 노비, (나)는 향리이다. 고려 시대의 노비는 재산으로 간주되어 매매, 증여, 상속이 가능한 천민이었다. 고려 시대의 향리는 지방 토착 세력이자 속현과 특수 행정 구역의 실질적 운영을 담당한 지배층 하위에 있는 신분이었다.

1-2 고려의 종교와 사상

고려 초기 불교계가 교종과 선종으로 나누어 대립하고 있을 때, 이를 해결하기 위해 노력을 기울인 승려는 의천이다.

① 원효 (×)
→ 통일 신라의 승려로 화쟁과 일심 사상을 내세웠으며, 불교의 대중화에 기여하였다.
② 의상 (×)
→ 통일 신라의 승려로 화엄 사상을 내세웠고, 많은 제자를 길렀다.
③ 의천 (○)
→ 고려 전기 대각국사 의천은 천태종을 개창하고, 교종을 중심으로 선종을 포용하기 위해 교관겸수를 주장하였다.
④ 지눌 (×)
→ 고려 후기 무신 정권 시기의 승려로, 수선사 결사 운동을 일으켰다. 선종 중심의 교종 통합을 주장하면서 정혜쌍수와 돈오점수를 내세웠다.
⑤ 혜심 (×)
→ 고려 후기 무신 정권 시기의 승려로 지눌을 계승하였고, 유불일치설을 내세워 성리학이 수용되는 사상적 바탕을 마련하였다.

2-1 조선의 통치 체제 정비

(가) 왕은 조선 세종이다. 세종은 집현전을 설치하고, ② 훈민정음을 창제하였다.

오답 피하기 ① 태조 이성계는 조선을 건국하였다.
③ 태조 이성계는 한양으로 수도를 옮겼다.
④ 조선 후기 영조와 정조는 탕평 정치를 시행하였다.
⑤ 세조 때 『경국대전』 편찬이 시작되었으며, 성종 때 완성·반포하였다.

2-2 조선 후기 정치 운영의 변화

(가) 왕은 조선 후기 탕평 정치를 시행한 영조이다. 영조는 성균관 앞에 탕평비를 세우고 붕당의 폐해를 해결하기 위해 다양한 개혁을 시행하였다. ⑤ 영조는 탕평 정치를 시행하였다.

오답 피하기 ① 고려 태조는 훈요 10조를 후대 왕에게 남겼다.
② 6세기 신라 지증왕은 우산국을 정복하였다.
③ 조선 태종 때 호패법이 시행되었다.
④ 조선 세종 때 훈민정음이 창제되었다.

3-1 조선 전기 대외 관계

(가)는 4군 6진, (나)는 쓰시마섬이다. 조선 전기에 조선은 일본, 여진과 교린 관계를 맺었다. 교린 관계는 회유책과 강경책이 동시에 이루어졌는데, 세종 때 강경책으로 여진을 정벌하고 4군과 6진을 개척하였고, 왜구의 근거지인 쓰시마섬을 정벌하였다.

더 알아보기+ 4군 6진과 쓰시마섬 정벌

조선 전기에 조선은 여진을 회유하기 위해 무역소를 설치하고 거래를 허용하였으며, 귀순을 장려하였다. 동시에 강경책으로 여진을 정벌하고 4군과 6진을 개척하였다. 또한, 일본을 회유하기 위해 3포를 개방하고 제한적으로 무역을 허용하였고, 강경책으로 왜구의 근거지인 쓰시마섬을 토벌하였다.

3-2 양 난 – 왜란과 호란

후금이 국호를 청으로 바꾸고 조선에 군신 관계를 요구하자, 조선에서는 주화론과 척화론이 대립하였다. 결국 척화론이 승리하고, ⑤ 청의 군신 관계 요구를 조선이 거부하면서 병자호란이 발발하였다.

오답 피하기 ① 비변사는 1510년 3포 왜란이 발생하면서 설치되었다.
② 북벌 운동은 병자호란에서 패배한 이후 지배층을 중심으로 추진되었다.
③ 임진왜란 이후 도요토미 히데요시가 사망하면서 도쿠가와 이에야스가 새로 에도 막부를 수립하였다.
④ 광해군은 왜란 이후 명과 후금(청)의 전쟁에 휘말리지 않기 위해서 중립 외교를 시행하였다.

4-1 조선 후기 농민 봉기의 발생

지도의 봉기는 평안도 지역에 대한 차별이 원인이 되어 일어난 홍경래의 난이다.

① 예송 논쟁 (×)
→ 현종 때 효종과 효종비의 상복을 입는 기간을 두고 벌어진 논쟁이다.
② 방납의 폐단 (×)
→ 공납 납부 과정에서 발생하는 폐단으로 이를 해결하기 위해 대동법이 시행되었다.
③ 금난전권 폐지 (×)
→ 정조 때 육의전을 제외한 시전 상인의 금난전권이 폐지되면서 자유로운 상행위가 가능해졌고, 사상이 성장하였다.
④ 삼정이정청 설치 (×)
→ 세도 정치 시기 삼정의 문란으로 농민 봉기가 발생하자, 정부는 이를 해결하기 위해 삼정이정청을 설치하였다.
⑤ 평안도 지역 차별 (○)
→ 평안도 지역에 대한 차별이 원인이 되어 홍경래의 난이 발생하였다.

자료 분석

홍경래의 난은 평안도 지역에 대한 차별과 지배층의 수탈에 반발하여 발생한 봉기이다. 몰락 양반이었던 홍경래의 주도하에 상인과 광산업자 등이 참여하여 청천강 이북 지역을 대부분 점령하였으나, 관군에게 진압되었다.

4-2 조선 후기 수취 체제의 개편

조선 후기 국가 재정을 확보하고, 민생을 안정시키기 위해 수취 체제의 개편이 이루어졌다. 토지세의 폐단을 시정하기 위해 영정법이, 방납의 폐단을 해결하기 위해 대동법이, 농민의 군포 부담을 줄여 주기 위해 균역법이 시행되었다. ③ 농민의 군포 부담이 증가하는 군역의 폐단이 발생하면서 균역법이 시행되었다.

오답 피하기 ① 영정법은 풍흉에 관계없이 토지세를 토지 1결당 4~6두로 고정한 법이다.

② 대동법은 방납의 폐단을 해결하기 위한 법으로 공납을 현물이 아닌 토지 1결당 쌀 12두로 부과하였다.

④ 호패법은 16세 이상의 남성이 신분을 확인할 수 있도록 호패를 지니고 다니게 한 법이다.

⑤ 노비종모법은 어머니가 노비인 경우에만 자녀를 노비로 삼도록 하여 노비를 축소하고 양인을 증가시키고자 한 법이다.

1주 3일 필수 체크 전략 ② Book 1 24~25쪽

1 ⑤ **2** ③ **3** ② **4** ④ **5** ① **6** ②

1 고려 전기의 역사서

밑줄 친 '이 책'은 고려 전기 김부식이 왕명에 따라 편찬한 『삼국사기』이다. 김부식의 『삼국사기』는 유교적 합리주의 사관에 따라 서술되었으며, 기전체로 편찬되었다. ⑤『삼국사기』는 유교적 합리주의 사관에 따라 서술되었기 때문에 단군 신화나 불교 설화를 인정하지 않았다.

오답 피하기 ① 고구려 계승 의식을 담은 역사서로는 고려 후기 이규보의 「동명왕편」이 있다.

② 자주 의식이 강조된 역사서로는 고려 후기에 편찬된 역사서들이 대표적이다.

③ 불교 설화와 단군 신화를 담고 있는 역사서는 고려 후기에 집필된 일연의 『삼국유사』이다.

④ 동명왕의 업적을 칭송하는 역사서는 이규보의 「동명왕편」이다.

2 조선의 통치 체제 정비

(가) 왕은 계유정난으로 즉위한 세조이다. 세조는 집현전을 폐지하고 경연을 중지하였으며, 6조 직계제를 시행하여 왕 중심의 정치를 추구하였다. ③ 조선 태종, 세조 때 6조 직계제가 시행되어 왕 중심의 정치가 시행되었다.

오답 피하기 ① 균역법은 조선 후기 영조 때 제정되었다.

② 훈민정음은 조선 전기 세종 때 창제되었다.

④ 전민변정도감은 고려 말 공민왕이 신돈을 등용하여 설치하였다.

⑤ 홍문관을 설치한 것은 조선 전기 성종 때이다.

더 알아보기⁺ 6조 직계제

6조 직계제는 6조가 직접 왕에게 보고하고, 왕이 6조에 직접 명령을 내리는 제도이다. 태종과 세조 때 6조 직계제가 시행되어 왕권을 강화하였다.

3 양 난의 발발 – 왜란과 호란

밑줄 친 '이 전쟁'은 임진왜란이다. 임진왜란 당시 곽재우, 조헌 등 의병이 활약하였으며, 이순신의 수군이 왜군의 진격을 막아 내었다.

선택지 바로 보기

① 을지문덕이 살수에서 외적을 격퇴하였다. (×)
→ 7세기 고구려와 수의 전쟁이다.

② 권율이 행주산성에서 일본군을 물리쳤다. (○)
→ 임진왜란 당시 관군의 활약은 권율의 행주 대첩과 김시민의 진주 대첩이 대표적이다.

③ 윤관이 별무반을 이끌고 여진을 정벌하였다. (×)
→ 고려 전기 12세기의 상황이다.

④ 이성계가 황산 전투에서 왜군을 섬멸하였다. (×)
→ 고려 말 공민왕 때 홍건적과 왜구의 침입이 있던 시기의 일이다.

⑤ 김윤후가 처인성에서 몽골 장수를 사살하였다. (×)
→ 고려 후기 13세기 몽골의 침입 당시 하층민의 항쟁이다.

4 조선 후기 탕평 정치 – 영조와 정조

(가) 왕은 수원 화성을 건설하고, 장용영을 설치한 정조이다. ④ 정조는 젊고 재능 있는 관료들을 선발하여 규장각에서 학문을 연구하도록 하고, 재교육하여 정조의 개혁 정책을 뒷받침할 인재를 육성한 초계문신제를 시행하였다.

오답 피하기 ① 균역법은 영조 때 시행되었다.

② 훈민정음은 세종 때 창제되었다.

③ 쌍성총관부를 무력으로 탈환한 것은 고려 말 공민왕 때이다.

⑤ 22담로에 왕족을 파견한 것은 6세기 백제 무령왕 때이다.

5 조선 후기 수취 체제의 개편

(가) 제도는 조선 후기에 시행된 대동법이다. 대동법은 광해군 때 경기도에서 시험적으로 시행되었고, 이후 숙종 때 전국으로 확대 시행되었다. ㄱ. 공인의 활동을 통해 상품 화폐 경제가 발달하였다. ㄴ. 대동법으로 지역마다 부과되던 특산물을 쌀과 동전으로 징수하게 되면서 관청의 수요품을 조달하는 공인이 등장하였다.

오답 피하기 ㄷ. 세금 부족분 보충을 위해 결작을 추가로 징수한 것은 균역법이다.

ㄹ. 풍흉에 관계없이 일정량의 세금을 징수하도록 한 것은 조선 후기 시행된 영정법이다.

6 세도 정치 시기 농민 봉기의 발생

제시된 격문을 발표한 인물은 홍경래이다. 몰락 양반인 홍경래는 평안도 지역에 대한 차별과 지배층의 수탈에 반발하여 상인, 광산업자 등을 포함한 봉기를 일으켰다. 이들은 초기에 청천강 이북 지역 대부분을 장악하였으나, 관군에 진압되었다.

선택지 바로 보기

① 서경으로 천도할 것을 주장하였다. (×)
→ 고려 전기 묘청 등 서경 세력의 주장이다.

② 평안도 지역 차별에 반발해 봉기하였다. (○)
→ 홍경래의 난은 평안도 지역 차별에 대한 반발로 발생하였다.

③ 노비 신분에서 벗어나고자 난을 일으켰다. (×)
→ 고려 후기 만적의 난이 대표적이다.

④ 고구려 유민을 이끌고 발해를 건국하였다. (×)
→ 대조영은 고구려 유민과 말갈인을 이끌고 동모산에서 발해를 건국하였다.

⑤ 녹읍을 폐지하고 관료들에게 관료전을 지급하였다. (×)
→ 통일 신라 신문왕의 정책이다.

대표 예제	**1** ②	**2** ②	**3** ①	**4** ②	**5** ④
	6 ④	**7** ⑤	**8** ⑤	**9** ④	**10** ⑤	**11** ②
	12 ④	**13** ①	**14** ④	**15** ③	**16** ①	

1 구석기 시대의 생활 모습

(가) 시대는 뗀석기가 사용되던 구석기 시대이다. ② 구석기 시대에는 사냥을 하며 이동 생활을 하였고, 동굴이나 막집에서 거주하였다.

> **오답 피하기** ① 철제 무기는 철기 시대에 보급되었다.
③ 농경과 목축이 처음 시작된 것은 신석기 시대이다.
④ 지배 계급인 군장이 등장한 것은 청동기 시대이다.
⑤ 반달 돌칼을 사용하여 수확했던 시기는 청동기 시대이다.

2 신라 법흥왕의 불교 공인

제시된 자료는 6세기 신라 법흥왕 때 이차돈의 순교 장면을 담고 있다. ② 신라에서는 이차돈의 순교를 계기로 불교를 공인하였다.

> **오답 피하기** ① 동예의 제천 행사는 무천이다.
③ 풍수지리설은 신라 하대에 유행하였다.
④ 고구려 소수림왕 때 유학 교육 기관으로 태학이 설치되었다.
⑤ 발해는 당의 문물을 수용하고 유학 교육 기관으로 중앙에 주자감을 두었으며, 6부 명칭에 유교적 덕목을 반영하는 등 유학을 장려하였다.

3 발해의 불교 문화 유산

이불병좌상과 석등은 발해의 대표적인 불교 문화 유산이다. 따라서 (가) 국가는 발해이다.

> **선택지 바로 보기**
>
> ① 해동성국이라 불리었다. (○)
> → 발해는 주변 국가로부터 '해동성국'이라 불렸다.
> ② 관료에게 관료전을 지급하였다. (×)
> → 통일 신라의 신문왕 때 관료전이 지급되었고, 녹읍이 폐지되었다.
> ③ 국내성에서 평양으로 천도하였다. (×)
> → 고구려 장수왕 때 남진 정책을 추진하면서 평양으로 천도하였다.
> ④ 당과 동맹을 맺고 백제를 멸망시켰다. (×)
> → 신라는 당과 동맹을 맺고 나·당 연합군을 결성하여 백제를 멸망시켰다.
> ⑤ 마한을 정복하고 남해안까지 진출하였다. (×)
> → 백제는 근초고왕 때 마한의 소국들을 정복하고 남해안까지 진출하였다.

> **자료 분석**
>
> ◀ 이불병좌상
> ◀ 석등
>
> 위의 이불병좌상은 발해의 동경에서 출토된 것으로 현재 남아 있는 이불병좌상 중 그 형태가 가장 완전하다. 석등은 발해의 상경 제2 절터에 남아 있으며 높이가 6.3m이다. 고구려의 양식과 함께 통일 신라의 영향을 받은 것으로 추정된다.

4 고려의 통치 체제 정비

제시된 자료는 고려 광종이 과거제를 시행하는 내용이다. ② 고려 광종은 호족 세력을 약화시키기 위해 노비안검법을 시행하였다. 노비안검법은 본래 양인이었으나 억울하게 노비가 된 사람들을 조사하여 양인으로 신분을 회복시켜 주는 정책이다.

> **오답 피하기** ① 고려 태조는 후대 왕에게 훈요 10조를 남겼다.
③ 6조 직계제는 조선 태종과 세조 때 왕 중심의 정치를 시행하기 위해 실시하였다.
④ 고려 말 공민왕은 원의 간섭으로 빼앗긴 영토를 되찾기 위해 쌍성총관부를 공격하여 탈환하였다.
⑤ 신라 진흥왕은 화랑도를 국가 조직으로 개편하였다.

5 고려 문벌 사회의 동요

제시된 자료는 서경 천도 운동을 주도한 묘청 등 서경 세력의 주장이다. 서경 세력은 서경으로 수도를 옮기고 황제를 칭하며 독자적인 연호를 사용할 것을 주장하였다. ④ 묘청 등 서경 세력은 금을 정벌할 것을 주장하였다.

> **오답 피하기** ① 윤관은 별무반을 조직하여 여진을 정벌하고 동북 9성을 쌓았다.
② 고려 말 신진 사대부는 성리학을 수용하였다.
③ 정중부, 이의방 등 무신들이 정변을 일으켜 정권을 장악하였다.
⑤ 문벌은 왕실과 폐쇄적인 혼인 관계를 맺어 권력을 독점하였다.

> **더 알아보기⁺ 묘청의 서경 천도 운동**
>
>
>
> 고려 전기 인종 때 묘청 등 서경 세력은 서경으로 수도를 옮기고 황제를 칭하며 연호를 사용할 것을 주장하였다. 또한, 금과의 군신 관계를 끊고 정벌할 것을 주장하였다. 그러나 서경 천도가 실행되지 않자 난을 일으켰고, 김부식이 이끄는 관군에 진압되었다.

6 무신 정권과 농민, 하층민의 봉기

제시된 자료는 무신 정권 시기에 발생한 망이·망소이의 봉기이다. 이 봉기는 무신 정권의 가혹한 수탈에 저항하여 일어났다. ④ (라) 무신 정권 시기는 무신들이 권력을 장악한 무신 정변부터 무신 정권이 붕괴한 개경 환도까지이다.

> **더 알아보기⁺ 망이·망소이의 난**
>
> 망이·망소이의 난은 고려 시대 특수 행정 구역인 '소'에서 발생했다. 이들은 일반 군현민보다 차별 대우를 받았기 때문에 봉기를 일으켰으며, 당시 무신 정권은 공주 명학소를 충순현으로 승격시키고 수령을 파견하여 회유하고자 하였다. 그러나 망이·망소이가 다시 봉기하자 충순현을 명학소로 강등하고 토벌군을 보내 진압하였다.

7 원 간섭기 고려의 사회 변화

⑤ 노비안검법을 시행하여 호족의 세력을 약화한 것은 고려 초기 광종 때의 일이다.

오답 피하기 ① 원 간섭기에 고려 왕은 원 황제의 부마가 되었다.
② 원 간섭기에는 몽골인 다루가치가 파견되어 고려의 내정에 간섭하였다.
③ 원 간섭기에 고려는 영토 내에 쌍성총관부, 동녕부, 탐라총관부가 설치되어 영토를 상실하였다.
④ 원 간섭기에 원은 고려에 수시로 공물과 공녀, 환관 등을 요구하였다.

자료 분석

고려가 원(몽골)에 항복하고 개경으로 환도하면서 원 간섭기가 시작되었다. 원 간섭기에 고려 왕조의 자주성이 훼손되었다. 왕실 용어가 황제국에서 제후국으로 격하되었고, 정치 제도도 2성 6부제에서 첨의부 4사 체제로 격하되었다.

8 고려 말 신진 사대부의 성장

신진 사대부는 공민왕 때 성균관과 과거제를 정비하면서 성장하였다. 이들은 성리학을 수용하고 고려 사회의 모순을 개혁하고자 하는 현실적인 경향을 보였다. ⑤ 신진 사대부는 권문세족이 차지한 대농장으로 인한 문제와 권문세족과 결탁한 불교계의 폐단을 개혁하고자 하였다.

오답 피하기 ① 최씨 무신 정권은 강화도로 천도하여 몽골에 항전하였다.
② 고려 전기 서희는 거란과의 외교 담판을 통해 강동 6주를 확보하였다.
③ 고려 태조 때 중앙 관료를 출신 지역의 사심관으로 임명하여 지방 통치를 보완하는 사심관 제도를 시행하였다.
④ 최씨 무신 정권은 삼별초를 조직하여 군사적 기반을 강화하였다.

9 고려의 경제 상황

제시된 문화유산은 고려의 목판 인쇄술을 보여 주는 팔만대장경판이다. 따라서 밑줄 친 '이 나라'는 고려이다. 팔만대장경은 몽골의 침략을 부처의 힘으로 물리치고자 제작되었다. ④ 고려 시대에는 개경 인근의 벽란도가 국제 무역항으로 크게 번성하였다.

선택지 바로 보기

① 신라 촌락 문서를 작성하였다. (×)
→ 신라는 농민을 철저하게 파악하고 공정하게 세금을 징수하기 위해 신라 촌락 문서를 작성하였다.
② 농경과 목축이 처음 시작되었다. (×)
→ 신석기 시대에 농경과 목축이 처음 시작되었다.
③ 백성에게 정전을 나누어 주었다. (×)
→ 통일 신라 성덕왕 때 백성에게 정전을 나누어 주었고, 이를 통해 국가 재정을 확보하였다.
④ 벽란도가 국제 무역항으로 번성하였다. (○)
→ 벽란도는 송, 여진, 아라비아 상인 등이 왕래하는 국제 무역항으로 번성하였다.
⑤ 상평통보가 주조되어 전국에서 사용되었다. (×)
→ 조선 후기 상품 화폐 경제가 발달하면서 상평통보가 전국에서 유통되었다.

더 알아보기⁺ 국제 무역항 벽란도

고려 시대에 개경과 가까운 거리에 있던 예성강 하구의 벽란도는 국제 무역항으로 번성하였다.

10 조선의 통치 체제 정비

(가) 왕은 조선 전기 4군 6진을 개척한 세종이다. 세종은 집현전을 설치하여 경연을 정기적으로 시행하였으며, 훈민정음을 창제하였다. ⑤ 세종은 6조가 의정부에 먼저 보고하면 정승이 심의한 후 왕의 심의를 받아 시행하는 의정부 서사제를 시행하여 왕권과 신권의 조화를 추구하였다.

오답 피하기 ① 신라는 6세기 지증왕 때 우산국을 정복하였다.
② 고려 광종은 과거제를 시행하여 유교적 소양을 갖춘 관료를 선발하였다.
③ 고려 태조는 기인 제도를 시행하여 지방 호족을 통제하였다.
④ 고려 말 공민왕은 신돈을 등용하고, 전민변정도감을 설치하여 권문세족이 불법으로 빼앗은 토지와 백성을 본래대로 되돌리려 하였다.

11 사림의 대두와 정치 운영의 변화

(가) 인물은 조선 중종 때 사림 조광조이다. 중종반정으로 공신들이 권력을 장악하자 조광조 등 사림이 등용되었다. ② 조광조는 현량과 실시를 건의하여 사림을 등용하였고, 공신의 위훈을 삭제하자고 주장하였다가 사화로 죽임을 당하였다.

오답 피하기 ① 최씨 무신 정권은 교정도감 등 독자적 권력 기구를 설치하여 정권을 유지하였다.
③ 1907년 김광제와 서상돈이 대구에서 국채 보상 운동을 제창하였고, 서울에서 국채 보상 기성회가 조직되어 운동을 주도하였다.
④ 조선 후기의 사회 경제적 모순을 극복하기 위해 박지원, 박제가 등이 청의 문물 수용과 상공업 진흥을 주장하였다.
⑤ 통일 신라의 승려 의상은 당에서 유학하고 돌아와 화엄종을 개창하였다.

12 양 난– 왜란과 호란

자료에 제시된 논쟁은 청이 조선에 군신 관계를 요구하자 발생한 주화론과 척화론이다. ④ (라) 후금은 정묘호란으로 조선과 형제의 맹약을 체결한 이후 청으로 국호를 바꾸고, 조선에 군신 관계를 요구하였다. 조선에서는 주화론과 척화론이 대립하였으나, 척화론이 승리하여 청의 군신 관계 요구를 거부하였고, 병자호란이 발발하였다.

13 조선 후기 탕평 정치

(가) 왕은 조선 후기 영조이다. 영조는 탕평파를 육성하고, 붕당의 근

거지인 서원을 정리하여 붕당의 세력을 약화시켰다. ① 영조 때 균역법이 시행되어 농민의 군포 부담이 줄어들었다.

오답 피하기 ② 정조는 수원 화성을 건설하였다.
③ 정조는 초계문신제를 통해 젊은 관료들을 재교육하였다.
④ 6세기에 백제 무령왕은 지방을 통제하기 위하여 22담로에 왕족들을 파견하였다.
⑤ 고종은 제2차 갑오개혁 때 교육 입국 조서를 반포하였다.

더 알아보기+ 영조와 정조의 개혁 정치

[영조]
1. 탕평비 건립
2. 서원 정리, 산림 부정
3. 균역법 실시
4. 신문고 부활
5. 노비종모법 실시
6. 『속대전』 편찬

[정조]
1. 규장각 설치
2. 초계문신제 실시
3. 장용영 설치
4. 신해통공. 서얼 차별 완화
5. 수원 화성 건설
6. 『대전통편』 편찬

14 조선 후기 신분제의 동요

조선 후기에는 상품 화폐 경제의 발달 등 사회 변화로 인해 상민의 수는 줄어들고 양반의 수가 늘어났다. 또한, 소수의 양반이 권력을 독점하고 대다수는 몰락하는 양반층의 분화도 나타났다. ④ 양반층의 분화, 양반 수의 증가 등으로 인해 조선 후기 신분제가 동요하였다.

오답 피하기 ① 고려 문벌 사회가 동요하면서 이자겸의 난, 묘청의 서경 천도 운동이 발생하였다.
② 신라 하대에 중앙에서 진골 귀족이 왕위 쟁탈전을 벌이면서 지방 통제력이 약화하였고, 그 결과 지방에서 호족이 성장하였다.
③ 고려 문벌 사회의 동요와 무신에 대한 차별이 원인이 되어 정중부, 이의방 등 무신들이 정변을 일으켜 권력을 장악하였다.
⑤ 조선의 건국 또는 반정 과정에 참여하여 정권을 장악한 훈구 세력이 권력을 독점하자, 지방 사림이 새롭게 중앙에 진출하였고, 이들 간의 대립이 사화의 발생으로 이어졌다.

15 조선 후기 상품 화폐 경제의 발달

조선 후기 모내기법(이앙법)이 전국으로 확대되면서 한 사람이 경작할 수 있는 범위가 크게 늘어나는 광작이 유행하였다. 그 결과 농민층이 분화되어 부농층이 성장하였고, 대다수는 임노동자 등으로 몰락하였다. 또한, 조선 후기에는 상품 화폐 경제가 발달하면서 동전인 상평통보가 전국에 유통되었다.

선택지 바로 보기

① 전시과 제도가 운영되었다. (×)
→ 전시과 제도는 고려 경종 때 처음 시행되어 목종, 문종 때 개정되었다.
② 백성에게 정전이 지급되었다. (×)
→ 신라 성덕왕 때 백성에게 정전을 지급하여, 국가 재정을 확보하고자 하였다.
③ 상평통보가 전국에 유통되었다. (○)
→ 조선 후기 상품 화폐 경제가 발달하면서 상평통보가 전국에서 유통되었다.
④ 청해진에서 해상 무역을 주도하였다. (×)
→ 청해진은 통일 신라 흥덕왕 때 장보고의 요청으로 완도에 설치되었다.
⑤ 벽란도에 아라비아 상인이 왕래하였다. (×)
→ 개경 인근의 벽란도는 고려 시대 국제 무역항으로 송, 거란, 여진, 아라비아 상인 등이 왕래하였다.

더 알아보기+ 조선 후기 모내기법(이앙법)의 확산

일반적으로 모내기법을 귀중하게 여기는 이유는 세 가지가 있다. 김매기의 수고를 줄이는 것이 첫째이다. 두 땅의 힘으로 하나의 모를 서로 기르는 것이 둘째이다. 옛 흙을 떠나 새 흙으로 가서 고갱이를 씻어 내어 더러운 것을 제거하는 것이 셋째이다.

– 서유구, 『임원경제지』 –

조선 후기에는 모내기법이 전국으로 확산하면서 농업 생산량이 크게 늘었고, 벼와 보리의 이모작이 가능하여 생산량이 배로 늘어났다.

16 조선 후기 사회 개혁론의 대두

조선 후기 사회, 경제적 변화에 따라 나타난 문제점을 해결하기 위해 다양한 사회 개혁론이 대두하였다. 토지 소유를 제한하여 농업 중심으로 문제를 해결하자는 주장과 상공업 진흥을 통해 문제를 해결하자는 주장이 대표적이다. ① 박제가는 청의 문물을 수용하고, 상공업을 진흥하여 문제를 해결하고자 하였다.

오답 피하기 ② 이익, 정약용 등은 토지 제도의 개혁을 통해 문제를 해결하고자 하였다.
③ 세도 정치 시기 삼정의 문란으로 농민 봉기가 발생하자 이를 해결하기 위해 삼정이정청을 설치하고, 암행어사를 파견하였다.
④ 병자호란 직전 청의 군신 관계 요구를 수용하여 전쟁을 피하고 화의를 맺어야 한다는 주화론이 있었다.
⑤ 고려 전기에는 의천이 교종을 중심으로 선종을 포용하고자 하였고, 후기에는 지눌이 선종을 중심으로 교종을 포용하고자 하였다.

교과서 대표 전략 ②

Book 1 30~31쪽

01 ⑤ 02 ① 03 ① 04 ⑤ 05 ② 06 ④ 07 ② 08 ④

01 신석기 시대의 생활 모습

제시된 빗살무늬 토기가 제작된 시기는 신석기 시대이다. 신석기 시대에는 농경과 목축이 시작되었으며, 강가나 바닷가에 움집을 짓고 부족을 중심으로 마을을 이루어 정착 생활을 하였다. ⑤ 신석기 시대에는 돌을 갈아 만든 간석기와 흙을 빚어 만든 토기를 사용하였다.

오답 피하기 ① 청동기 시대에 군장은 자신의 권위를 높이기 위해 비파형 동검과 같은 청동기를 사용하였다.
② 철기 시대에는 철제 농기구가 보급되면서 농업 생산량이 늘어났다.
③ 청동기 시대 지배층은 자신의 권위를 높이기 위해 거대한 고인돌을 만들었다.
④ 구석기 시대에는 사냥과 채집을 위해 이동 생활을 하였으며, 주로 동굴이나 막집에서 생활하였다.

02 철기 시대 여러 나라의 성장

제시된 자료는 제가들이 다스리는 사출도가 있는 부여이다. ① (가) 부여는 쑹화강 유역에 자리를 잡고 중국과 교류하며 발전하였다.

(가): 부여에는 제가가 다스리는 사출도가 있었으며, 제천 행사로 영고가 있었다.

(나): 고구려는 졸본 지역에서 성장하였으며, 혼인 풍습으로 서옥제, 제천 행사로 동맹이 있었다.

(다): 옥저는 정치적 발전이 늦었으며, 해산물이 풍부하였고, 혼인 풍습으로 민며느리제가 있었다.

(라): 동예에는 특산물로 단궁, 과하마, 반어피가 있었으며, 책화와 족외혼의 풍습이 있었다. 제천 행사로 무천이 있었다.

(마): 삼한은 벼농사가 발달하였고, 변한 지역에서 철이 주변 지역으로 수출되었다. 천군이 다스리는 신성한 지역인 소도가 있었다.

03 국제 질서의 변동과 고려의 대응

빗금친 지역은 거란의 침입 때 서희가 거란의 장수 소손녕과의 외교 담판으로 확보한 강동 6주이다.

선택지 바로 보기

① 서희가 외교 담판으로 확보한 지역이다. (○)
→ 거란의 침입 때 서희가 외교 담판으로 확보한 지역이다.

② 장수왕이 남진 정책으로 확보한 지역이다. (×)
→ 고구려 장수왕은 평양으로 천도하고 백제의 한성을 함락시켰다. 장수왕이 확보한 지역은 한강 유역이다.

③ 최씨 무신 정권이 항전을 위해 천도한 곳이다. (×)
→ 최씨 무신 정권은 몽골의 침입에 저항하기 위해 강화도로 수도를 옮겼다.

④ 묘청이 천도를 주장하며 반란을 일으킨 곳이다. (×)
→ 묘청은 서경으로 수도를 옮길 것을 주장하였으나 실패하였다.

⑤ 대조영이 고구려 유민을 이끌고 발해를 세운 곳이다. (×)
→ 대조영은 만주 동모산 인근에서 발해를 건국하였다.

더 알아보기⁺ 거란의 침입과 고려의 대응

거란의 침입 때 서희는 외교 담판을 통해 강동 6주를 확보하였으나, 이후 거란은 다시 침략하였다. 강감찬이 귀주에서 거란을 크게 물리친 이후 송, 거란, 고려 사이의 세력 균형이 이루어졌으며, 이후 고려는 북방 민족의 침략을 막기 위해 천리장성을 축조하였다.

04 고려의 종교와 사상

고려 시대 불교의 교종과 선종 간 대립을 해결하기 위해 고려 전기에는 의천이 교관겸수를 내세워 교종을 중심으로 선종을 통합하려고 시도하였다. ⑤ 고려 후기 지눌은 선종을 중심으로 교종을 포용하고자 하였으며, 정혜쌍수와 돈오점수를 주장하였다.

오답 피하기 ① 고려 말 신진 사대부는 성리학을 수용하였다.
② 고려 후기 승려 일연은 『삼국유사』를 저술하여 단군을 우리 민족의 시조

로 내세웠고, 다양한 불교 설화를 기록하였다.
③ 고려 전기 거란의 침략 때 부처의 힘을 빌려 외적을 물리치기 위해 『초조대장경』을 조판하였다.
④ 통일 신라의 승려 혜초는 중앙아시아와 인도를 여행하고 『왕오천축전』을 저술하였다.

05 조선의 통치 체제 정비

(가) 왕은 조선 세종이다. 세종은 의정부 서사제를 시행하여 왕권과 신권의 조화를 추구하였다. ② 세종은 집현전을 설치하고, 훈민정음을 창제하였다.

오답 피하기 ① 백제는 6세기 성왕 때 웅진에서 사비로 수도를 옮겼다.
③ 수원 화성은 조선 후기 정조 때 건설되었다.
④ 대동법은 조선 후기 광해군 때 처음 시행되었다.
⑤ 고려 말 공민왕은 신돈을 등용하여 전민변정도감을 설치하였다.

더 알아보기⁺ 조선의 통치 체제 정비

1. 태조: 조선을 건국하고 한양으로 수도를 옮겼다. 정도전은 『조선경국전』을 편찬하여 재상 중심의 정치를 주장하였다.
2. 태종: 6조 직계제를 시행하여 왕 중심의 통치 체제를 정비하였다.
3. 세종: 의정부 서사제를 시행하여 왕권과 신권의 조화를 추구하였다. 집현전을 설치하고 훈민정음을 창제하였다. 4군 6진을 개척하고, 쓰시마섬을 토벌하였다.
4. 세조: 6조 직계제를 시행하였고, 집현전과 경연을 폐지하였다.
5. 성종: 집현전을 계승한 홍문관을 설치하였고, 『경국대전』을 완성, 반포하였다.

06 양 난- 왜란과 호란

밑줄 친 '이 전쟁'은 임진왜란이다. 임진왜란에서 이순신은 수군을 이끌고 일본군의 수륙 병진 작전을 좌절시켰다. ④ 임진왜란 당시 곽재우는 의병을 일으켜 활약하였다.

오답 피하기 ① 정묘호란 이후 청이 조선에 군신 관계를 요구하자 척화론과 주화론이 대립하였다. 조선에서 척화론이 우세해지자 병자호란이 발발하였다.
② 고려 후기 몽골이 고려에 침입하자, 최씨 무신 정권은 강화도로 수도를 옮겨 항전하였다.
③ 병자호란이 발발하자 인조는 남한산성에서 항전하였으나 결국 삼전도에서 청에 항복하고 군신 관계를 맺었다.
⑤ 고려 전기 윤관은 별무반을 조직해 여진을 정벌하고, 동북 9성을 쌓았다.

더 알아보기⁺ 왜란과 호란

[왜란]	[호란]
1. 배경: 3포 왜란, 비변사 설치	1. 배경: 인조반정, 친명배금
2. 전개: 일본군의 침략, 이순신의 수군 활약, 의병의 활약, 명군의 참전	2. 전개: 정묘호란 → 형제맹약 → 청, 군신 관계 요구 → 주화론과 척화론 대립 → 병자호란 → 삼전도의 항복
3. 영향: 조선 황폐화, 명 쇠퇴 → 여진의 성장, 일본의 성리학, 도자기 문화 발달	3. 영향: 북벌론 대두

07 조선 후기 탕평 정치

제시된 사진은 수원 화성이다. 수원 화성은 조선 후기 정조 때 건설되었다. ② 정조는 왕권을 강화하기 위해 규장각을 설치하였고, 초계문신제를 시행하여 재능 있는 젊은 관료를 재교육하였다.

오답 피하기 ① 고려 후기 최씨 무신 정권은 교정도감 등 독자적 권력 기구를 설치하여 정권을 유지하고자 하였다.
③ 통일 신라의 신문왕은 지방을 9주 5소경으로 정비하였다. 특히 5소경은 수도인 금성이 나라의 동남쪽에 치우친 한계를 보완하고 지방 세력을 회유하고 통제하기 위한 목적으로 설치하였다.
④ 6세기 신라 진흥왕은 화랑도를 국가적 조직으로 개편하였다.
⑤ 고려 말 공민왕은 반원 개혁 정책으로 쌍성총관부를 공격하여 영토를 수복하였다.

08 조선 후기 상품 화폐 경제
사진은 조선 후기에 전국적으로 유통되었던 동전인 상평통보이다.

선택지 바로 보기

① 과전법이 시행되었다. (×)
→ 과전법은 고려 말 위화도 회군으로 권력을 장악한 이성계가 신진 사대부의 경제적 기반을 마련하기 위해 시행한 토지 제도이며, 조선 건국 이후에도 시행되었다.
② 백성에게 정전이 지급되었다. (×)
→ 통일 신라의 성덕왕 때 백성에게 정전이 지급되었으며, 이를 통해 국가 재정을 확보하고자 하였다.
③ 산미 증식 계획이 시작되었다. (×)
→ 1920년 일제는 일본 내 식량 부족 문제를 해결하기 위해 산미 증식 계획을 시작하였다.
④ 모내기법이 전국으로 확대되었다. (○)
→ 조선 후기 상품 화폐 경제가 발달하면서 농업 생산량을 늘리기 위해 모내기법 등 농법의 개량이 이루어졌다.
⑤ 벽란도가 국제 무역항으로 번성하였다. (×)
→ 고려 시대 벽란도는 송, 거란, 여진, 아라비아 상인 등이 왕래하는 국제 무역항으로 번성하였다.

1주 누구나 합격 전략

Book 1 32~33쪽

| 01 ⑤ | 02 ⑤ | 03 ③ | 04 ① | 05 ③ |
| 06 ④ | 07 ⑤ | 08 ④ | 09 ⑤ | 10 ④ |

01 철기 시대 여러 나라의 성장
(가) 국가는 고구려이다. 고구려는 졸본 지역에서 5부 연맹체로 성장하였다. ⑤ 고구려는 전쟁이나 중대한 범죄자의 처벌 등 국가의 중요한 일을 제가 회의에서 왕과 각 부의 지배자가 모여 결정하였다.

오답 피하기 ① 삼한에는 천군이 다스리는 신성 지역인 소도가 있었다.
② 동예에는 무천이라는 제천 행사가 있었다.
③ 부여에는 제가가 다스리는 사출도가 있었다.
④ 전기 가야 연맹은 김해의 금관가야를 중심으로 연맹을 형성하였다. 5세기 고구려 광개토 대왕의 공격으로 금관가야가 쇠퇴하면서 후기 가야 연맹의 주도권은 고령의 대가야로 이동하였다.

02 삼국의 교류와 항쟁
밑줄 친 '왕'은 백제의 성왕이다. 성왕은 웅진에서 사비로 수도를 옮기고 국호를 남부여로 개칭하였다. ⑤ 성왕은 신라와 연합하여 한강 하류를 일시적으로 회복하였으나 진흥왕의 배신으로 신라에 빼앗겼고, 관산성 전투에서 전사하였다.

오답 피하기 ① 4세기 고구려 미천왕은 낙랑군을 한반도에서 축출하였다.
② 6세기 백제 무령왕은 지방 22담로에 왕족을 파견하여 지방 통제력을 강화하였다.
③ 4세기 신라 내물 마립간은 신라에서 김씨의 왕위 세습을 확립하였다.
④ 6세기 신라 법흥왕 때 이차돈의 순교를 계기로 신라에서 불교가 공인되었다.

더 알아보기+ 6세기 백제의 중흥 시도

장수왕의 남진 정책으로 한성을 빼앗긴 백제는 웅진으로 수도를 옮겼다. 백제는 동성왕 때 신라와 동맹을 강화하고, 무령왕 때 중국 남조와 교류하면서 국력을 회복하였다. 또한, 22담로에 왕족을 파견하여 지방 통제력을 강화하기도 하였다. 6세기 성왕은 사비로 천도하고, 신라와 연합하여 한강 하류 지역을 일시 회복하기도 하였다.

03 가야 연맹의 발전
(가)는 고령의 대가야, (나)는 김해의 금관가야이다. 전기 가야 연맹은 김해의 금관가야를 중심으로 발전하였고, 후기 가야 연맹은 고령의 대가야를 중심으로 발전하였다.

선택지 바로 보기

① 태학을 설립하였다. (×)
→ 고구려는 소수림왕 때 유학 교육 기관으로 중앙에 태학을 설치하였다.
② 마한의 소국을 병합하였다. (×)
→ 백제 근초고왕 때 마한의 소국들을 정복하여 남해안까지 진출하였다.
③ 고구려의 공격으로 세력이 위축되었다. (○)
→ 고구려 광개토 대왕의 공격으로 금관가야가 쇠퇴하면서 가야 연맹의 주도권이 고령의 대가야로 넘어갔다.
④ 최고 통치자가 마립간 칭호를 사용하였다. (×)
→ 4세기 신라 내물왕부터 최고 통치자가 마립간 칭호를 사용하였다.
⑤ 백제의 공격을 받아 멸망하였다. (×)
→ 금관가야는 신라 법흥왕, 대가야는 신라 진흥왕의 공격으로 멸망하였다.

04 통일 신라의 통치 체제 정비
제시된 자료는 신라 촌락 문서이다. 신라 촌락 문서는 통일 신라 시대에 농민을 철저하게 파악하고, 공정하게 세금을 징수하기 위한 목적으로 작성되었다. ① 신라 촌락 문서는 변동 사항을 기록하기 위해 3년마다 작성하였다.

오답 피하기 ② 천신 신앙과 시조 신앙이 반영된 것은 제천 행사이다.
③ 통일 신라의 원효, 의상 등 승려들의 노력으로 불교가 대중화되면서 민간까지 확대되었다.
④ 신라 촌락 문서에는 서원경 부근 4개 촌락 농민들의 토지, 인구, 가축 등이 기록되어 있다.
⑤ 임신서기석의 내용과 원광의 세속 5계 등을 통해 신라가 유학 교육을 장려한 사실을 알 수 있다.

05 고려의 통치 체제 정비
(가) 왕은 고려 광종이다. 광종은 후주 출신 신하 쌍기의 건의를 수용하고 과거제를 시행하여 유교적 소양을 갖춘 관료들을 선발하였다.

③ 고려 광종은 노비안검법을 시행하여 불법으로 노비가 된 사람을 양인으로 해방하였다. 그 결과 양인의 수가 늘어나 국가 재정이 확충되었고, 호족의 경제적, 군사적 기반은 약화되었다.

오답 피하기 ① 고려 태조는 후삼국을 통일하고 발해 유민까지 포섭하여 민족의 재통합을 이루었다.
② 고려 성종은 최승로의 시무 28조를 받아들여 지방에 12목을 설치하고 지방관을 파견하였다.
④ 고려 후기 최씨 무신 정권은 교정도감 등 독자적 권력 기구를 설치하여 정권을 유지하고자 하였다.
⑤ 고려 말 공민왕은 전민변정도감을 설치하여 권문세족이 불법적으로 빼앗은 토지와 노비를 원래 주인에게 되돌려 주었고, 쌍성총관부를 공격하여 원(몽골)에 빼앗긴 영토를 되찾았다.

06 고려 무신 정권 시기 하층민의 봉기

제시된 자료는 사노비였던 만적이 신분 차별에 저항하여 봉기를 계획하는 내용이다. ④ 고려 무신 정권 시기 신분 질서가 흔들리면서 천민 등 하층민의 봉기가 발생하였다.

오답 피하기 ① 문벌 사회의 동요와 무신에 대한 차별 대우로 인해 무신 정변이 발생하였다.
② 신라 말 중앙 진골 귀족의 왕위 쟁탈전과 지방 호족의 성장으로 이중의 수탈을 당했던 농민들이 봉기를 일으켰다.
③ 조선 후기 양반 수의 급격한 증가와 양반층의 분화로 대다수 양반이 몰락하자 양반 중심의 신분 질서가 동요하였다.
⑤ 1876년 강화도 조약이 체결되자 위정척사 세력은 조약 체결과 개항에 반발하였다.

07 조선의 통치 체제 정비

밑줄 친 '왕'은 조선 세종이다. 세종은 집현전을 설치하고 학문 연구와 함께 경연을 담당하게 하였다.

선택지 바로 보기

① 한양 천도 (×)
→ 태조 이성계는 조선을 건국하고 한양으로 수도를 옮겼다.
② 홍문관 설치 (×)
→ 조선 성종은 집현전을 계승한 홍문관을 설치하였다.
③ 별무반 조직 (×)
→ 고려 전기 윤관은 별무반 조직을 건의하였고, 여진을 정벌하여 동북 9성을 쌓았다.
④ 『경국대전』 반포 (×)
→ 조선 성종은 『경국대전』을 완성하고 반포하였다.
⑤ 의정부 서사제 시행 (○)
→ 조선 세종은 의정부 서사제를 시행하여 왕권과 신권의 조화를 추구하였다. 태종과 세조는 6조 직계제를 시행하여 왕 중심의 통치 체제를 정비하였다.

08 양 난 – 왜란과 호란

(가) 전쟁은 병자호란이다. 병자호란에서 항복한 조선은 청과 군신 관계를 맺었다. 제시된 사진은 '대청황제공덕비' 일명 삼전도비이다. ④ 병자호란 당시 인조는 남한산성에서 항전하였으나 결국 삼전도에서 청에 항복하였다.

오답 피하기 ① 임진왜란 때 이순신은 수군을 이끌고 활약하였다.

② 고려 전기 윤관은 별무반을 이끌고 여진을 정벌하였다.
③ 조선 전기 세종 때 이종무는 왜구의 근거지인 쓰시마섬을 정벌하였다.
⑤ 고려 말 이성계는 요동 정벌을 위해 출병하였다가 위화도에서 회군하여 최영을 제거하고 권력을 장악하였다.

09 조선의 통치 체제

자료는 조선의 중앙 정치 기구이다. (가) 기구는 사헌부, 사간원, 홍문관을 지칭하는 3사이다. ⑤ 3사는 언론 활동을 담당한 기구로, 권력의 독점과 부정을 방지하기 위해 설치하였다.

오답 피하기 ① 합의제를 기본으로 하는 의정부가 국정을 총괄하였다.
② 고려의 삼사는 재정 지출과 회계를 담당하였다.
③ 의금부는 국가 중죄인을 처벌하는 사법 기구였다.
④ 성균관은 중앙에 설치된 유학 교육 기관이었다.

더 알아보기+ 고려의 중앙 정치 체제-대간

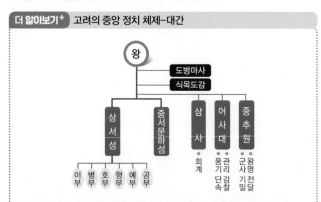

고려는 대간(어사대의 대관과 중서문하성 낭사의 간관)에게 왕과 관리의 잘못을 지적하거나 관리 임명에 동의하는 권한을 주어 권력을 견제하고 부정을 방지하고자 하였다. 고려의 대간은 조선의 3사와 비슷한 언론 기능을 담당하였다.

10 조선 후기 농민 봉기

제시된 자료는 조선 후기 발생한 임술 농민 봉기이다. 임술 농민 봉기는 세도 정치 시기에 삼정의 문란으로 지배층의 수탈이 극심해지자 발생하였다. ④ 세도 정치 시기에 왕권이 약화되고 정치 기강이 무너지면서 수령과 아전은 백성을 수탈하였다. 이에 삼정이 문란해지면서 백성들의 부담은 더욱 커졌다.

오답 피하기 ① 고려 후기 최씨 무신 정권은 교정도감 등 독자적 권력기구를 설치하여 정권을 유지하고자 하였다.
② 고려 전기 경종 때 전시과 제도가 시행되어 직역을 담당하는 정호에게 전지와 시지가 지급되었다.
③ 고려 후기 무신 정권 시기에 몽골의 침략을 받아서 황룡사 9층 목탑이 소실되었다.
⑤ 통일 신라 신문왕 때 녹읍이 폐지되었고, 관료전이 지급되었다.

1주 창의·융합·코딩 전략   Book 1   34~37쪽

1 ⑤	2 ④	3 ④	4 ②	5 ③
6 ①	7 ⑤	8 ②	9 ②	10 ④
11 ①				

1 선사 문화의 전개

빙기가 약 1만 년 전에 끝나면서 기온이 상승하여 한반도 주변의 해수면이 높아졌다. ⑤ 이때 신석기 시대가 시작되면서 농경과 목축이 시작되었다.

오답 피하기 ① 최종 빙기는 구석기 시대로, 구석기 시대는 계급이 없는 평등한 사회였다.

② 최종 빙기는 구석기 시대이다. 고인돌은 청동기 시대에 지배 계급이 등장하면서 만들어졌다.

③ 빙기가 끝나고 기온이 상승하면서 해수면이 높아졌다.

④ 빗살무늬 토기는 신석기 시대의 대표적인 유물이다.

2 여러 나라의 성장

제시된 자료는 공권력이 종교 시설에 대한 개입을 자제하는 모습을 보여 주고 있다. 이는 제정 분리 사회에서 천군이 다스리는 소도가 신성 구역으로 존재했던 것과 유사한 모습이다. ④ 천군이 주관하는 소도는 신성 구역으로 범죄자가 도망하여도 잡지 못하였다.

오답 피하기 ① 고구려는 지형이 농사에 적당하지 않아서 주변 지역을 활발히 정복하면서 성장하였다.

② 고구려에서는 천신 신앙과 시조 신앙을 바탕으로 나라를 세운 주몽에게 제사를 지냈다.

③ 옥저와 동예는 정치적 발전이 늦어 국왕이 없고 읍군, 삼로라고 불리는 군장이 자기 부족을 다스렸다.

⑤ 삼한의 변한에서는 철이 많이 생산되어 주변 지역에 수출하였다.

3 삼국과 가야의 발전

제시된 문화유산은 신라의 첨성대이다. 첨성대는 신라 선덕 여왕 때 세워진 천문 관측대이다.

선택지 바로 보기

① 대조영이 건국하였다. (×)
→ 대조영은 고구려 유민과 말갈인을 이끌고 발해를 건국하였다.

② 고구려 계승 의식을 내세웠다. (×)
→ 발해와 고려는 고구려 계승 의식을 내세웠다.

③ 남진 정책을 위해 평양으로 천도하였다. (×)
→ 5세기 고구려의 장수왕은 남진 정책을 추진하였다.

④ 이차돈의 순교를 계기로 불교를 공인하였다. (○)
→ 신라 법흥왕은 이차돈의 순교를 계기로 불교 수용에 반대하는 세력을 억누르고 불교를 공인하였다.

⑤ 광개토 대왕의 공격으로 중심 세력이 위축되었다. (×)
→ 5세기 광개토 대왕의 공격으로 전기 가야 연맹의 중심이었던 김해 지역의 금관가야가 위축되었다.

4 통일 신라와 발해의 발전

(가) 국가는 고구려를 계승한 발해이다. 발해는 전성기에 '해동성국'으로 불리었다. ② 발해는 대조영이 고구려 유민과 말갈인을 이끌고 건국하였다.

오답 피하기 ① 신라는 지증왕 때 우산국을 정복하였다.

③ 통일 신라는 신문왕 때 지방을 9주로 나누고 5소경을 설치하였다.

④ 고조선은 기원전 108년, 한 무제의 공격을 받아 멸망하였다.

⑤ 고구려는 유학 교육 기관으로 중앙에 태학, 지방에 경당을 설치하였다.

5 문벌 사회의 동요

밑줄 친 '난'은 이자겸의 난이다. 고려 인종 때 대표적인 문벌 가문인 경원 이씨의 이자겸은 왕실과의 계속된 혼인 관계를 통해 권력을 독점하고, 왕권을 위협하였다. ③ 이자겸의 난을 계기로 문벌 사회의 분열이 더욱 심해졌고, 무신 정변으로 무신들이 권력을 장악하는 결과를 초래하였다.

오답 피하기 ① 개경 환도 이후 고려가 원의 간섭을 받으면서 친원 성향의 권문세족이 새로운 지배층으로 등장하였다.

② 나·당 연합군의 공격으로 고구려가 멸망하자, 각지에서 고구려 부흥 운동이 일어났다.

④ 이자겸의 난으로 왕권이 약화되자, 인종은 묘청과 정지상을 비롯한 서경 세력의 천도 주장을 받아들여 서경으로 천도하고자 하였다. 하지만 개경 세력의 반대로 실현되지 않았고, 서경 세력은 반란을 일으켰다.

⑤ 고려 말 공민왕은 반원 개혁 정치를 뒷받침하기 위해 신진 사대부를 등용하였다.

더 알아보기⁺ 문벌 사회의 동요와 무신 정권의 성립

이자겸의 난과 묘청의 난(묘청의 서경 천도 운동)으로 문벌 사회가 동요하였고, 무신에 대한 차별 대우에 불만을 품은 무신들이 무신 정변을 일으켜, 무신들이 권력을 장악하였다.

6 원의 간섭과 고려 사회의 변화

제시된 자료는 원 간섭기에 고려에서 유행한 몽골풍이다. 고려는 몽골과 강화를 맺은 뒤 개경으로 환도하였다. 원 간섭기에는 고려 왕실의 용어와 관제가 격하되었고, 일본 원정을 위해 정동행성이 설치되었으며, 몽골인 다루가치가 파견되었다. ① 원 간섭기는 고려 정부가 몽골에 항복하고 개경으로 환도한 이후 시작되었다.

오답 피하기 ② 고려 말 공민왕이 성균관을 정비하고 과거 제도를 개혁하면서 성리학을 수용한 신진 사대부가 성장하였다.

③ 고려 전기 거란의 침입 때, 강감찬은 귀주에서 거란을 크게 물리쳤고, 이후 송, 거란, 고려 사이에 세력 균형이 이루어졌다.

④ 무신에 대한 차별 대우에 불만을 품은 무신들이 무신 정변을 일으키고 권력을 장악하였다.

⑤ 고려 전기 성종은 최승로의 시무 28조를 수용하여 유교 이념을 바탕으로 통치 체제를 정비하였다.

7 고려의 사회 구조

고려 시대에는 국가에 대한 직역이 없는 대다수 농민을 백정이라고 불렀다. 백정은 조세, 공납, 역을 부담하였으며, 법적으로 과거에 응시할 수 있는 양인이었다. 그러나 조선 시대의 백정은 천민으로 취급받았다.

---

① 대대로 직역을 세습하였어. (×)
→ 지방의 향리, 직업 군인, 서리 등은 지배층의 하위 신분층으로 대대로 직역을 세습하였다.

② 지방의 실질적인 지배자였어. (×)
→ 향리는 지방의 토착 세력이자 속현과 특수 행정 구역의 실질적 운영을 담당하는 세력이었다.

③ 일천즉천의 원칙을 적용받았어. (×)
→ 천인의 대다수인 노비는 재산으로 간주되었으며, 부모 중 한 명이 노비이면 자녀도 노비가 되는 일천즉천의 원칙이 적용되었다.

④ 일반 군현민에 비해 차별받았어. (×)
→ 고려 시대 양인 중 특수 행정 구역의 주민은 일반 군현민에 비해 차별 대우를 받았다.

⑤ 직역이 없는 대다수 농민이었어. (○)
→ 고려 시대 백정은 국가에 직역이 없는 신분층으로 양인 중 피지배층의 대다수는 농민이었다.

더 알아보기+ 고려의 신분 구조

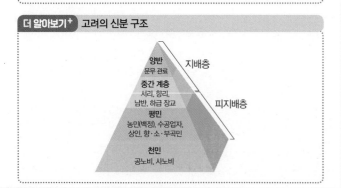

---

8 조선의 건국 과정

밑줄 친 '이 인물'은 조선을 건국한 태조 이성계이다. ② 태조는 조선을 건국하고 한양으로 수도를 옮겼다.

오답 피하기 ① 훈민정음은 조선 전기 세종 때 창제되었다.
③ 수원 화성은 조선 후기 정조 때 건설되었다.
④ 고려 말 공민왕은 전민변정도감을 설치하였다.
⑤ 녹읍이 폐지되고, 관료전이 지급된 것은 통일 신라 신문왕 때이다.

더 알아보기+ 조선의 건국 과정

이성계는 요동 정벌을 반대하면서 압록강 하류의 위화도에서 군대를 돌려 개경으로 돌아와 권력을 장악하였다. 이후 이성계는 신진 사대부와 함께 과전법을 시행하여 신진 사대부의 경제적 기반을 마련하였고, 신진 사대부 중 급진 개혁파와 손을 잡고 조선을 건국하였다.

---

9 조선의 성립과 발전

(가) 왕은 조선 세종이다. 세종은 의정부 서사제를 시행하여 왕권과 신권의 조화를 추구하였으며, 집현전을 설치하고 훈민정음을 창제하였다. ② 세종 때 조선은 4군 6진을 개척하여 영토를 압록강과 두만강 지역까지 넓혔다.

오답 피하기 ① 고려 최씨 무신 정권은 도방을 개편하고 삼별초를 조직하여 군사적 기반으로 삼았다.
③ 고려 전기 묘청 등 서경 세력이 서경 천도를 주장하며 난을 일으키자, 김부식 등의 개경 세력은 이를 진압하였다.
④ 고려 성종은 최승로의 시무 28조를 수용하여 유교 이념을 바탕으로 통치 체제를 정비하였다.
⑤ 고려 말 공민왕은 원이 약해지자 쌍성총관부를 공격하여 원에게 빼앗긴 영토를 회복하였다.

---

10 왜란과 호란

밑줄 친 '이 전쟁'은 임진왜란이다. 조선은 전쟁 초기에 수도 한양을 일본군에게 빼앗겼지만, 이순신이 이끄는 수군과 의병의 활약으로 일본군의 진격을 막았다. ④ 이순신은 수군을 이끌고 명량 해전을 비롯한 여러 해전에서 승리하여 제해권을 장악하였고, 일본군의 수륙 병진 작전을 좌절시켰다.

오답 피하기 ① 고려 전기 윤관은 '별무반'을 조직하였고, 여진을 정벌하고 동북 9성을 쌓았다.
② 고려 후기 몽골의 침입 때, 고려 정부가 몽골에 항복하고 개경으로 환도하자 삼별초는 진도로 옮겨 항전을 이어 나갔다.
③ 병자호란 당시 인조는 남한산성에서 항전하였으나, 결국 삼전도에서 항복하고 청과 군신 관계를 맺었다.
⑤ 고려 말 공민왕은 원이 약해지자 쌍성총관부를 공격하여 원에게 빼앗긴 영토를 회복하였다.

---

11 상품 화폐 경제의 발달

밑줄 친 '이 시기'는 상품 화폐 경제가 발달한 조선 후기이다. ① 조선 후기 농촌에서는 모내기법이 활발하게 보급되면서 한 사람이 넓은 면적을 경작하는 광작이 유행하여 일부 농민이 부유한 부농층으로 성장하였다.

오답 피하기 ② 전시과 제도는 고려 경종 때 제정되었으며, 직역을 담당하는 정호에 전지와 시지를 지급하였다.
③ 통일 신라 성덕왕 때 백성에게 정전이 지급되었다.
④ 1896년 고종이 러시아 공사관으로 거처를 옮긴 아관 파천 이후, 열강의 이권 침탈이 심화되었다.
⑤ 고려 시대 벽란도는 송과 여진, 아라비아 상인 등이 왕래하는 국제 무역항으로 번성하였다.

더 알아보기+ 전황

조선 후기에 대동법이 시행되고 상공업이 발달하며, 화폐 사용이 활발해지자 쌀 대신 화폐를 이용해 재산을 축적하는 부유층이 생겼다. 이에 더하여 동전을 만드는 원료인 구리 가격도 올라가면서 시중에 동전이 부족해지는 전황이 발생하였다. 전황은 상품 화폐 경제의 발달을 어렵게 만들었고, 심각한 사회 경제적 문제로 논의되었다.

2주 **Ⅱ. 근대 국민 국가 수립 운동**

2주 1일 개념 돌파 전략 ①

Book 1 40~43쪽

3강_서구 열강의 접근과 조선의 대응~ 동학 농민 운동과 갑오·을미개혁

40쪽	**개념 ❶** 호포제	**개념 ❷** 보빙사	**개념 ❸** 제2차 갑오개혁
41쪽	**01** 경복궁 중건	**01**-1 ③
	02 별기군	**02**-1 ⑤
	03 고부 농민 봉기	**03**-1 을미개혁

4강_독립 협회의 활동과 대한 제국~개항 이후 경제·사회·문화적 변화

42쪽	**개념 ❶** 헌의 6조	**개념 ❷** 독도	**개념 ❸** 원산 학사
43쪽	**01** ⑤	**01**-1 ①
	02 ①	**02**-1 ①
	03 ④	**03**-1 ③

2주 1일 개념 돌파 전략 ②

Book 1 44~45쪽

1 ① **2** ④ **3** ② **4** ① **5** ② **6** ②

1 흥선 대원군의 개혁 정치

고종의 아버지인 이 인물은 흥선 대원군이다. 흥선 대원군은 세도 정치를 펼치던 안동 김씨 세력을 축출하고 왕권 강화와 민생 안정을 위한 개혁 정치를 펼쳤다. ① 흥선 대원군은 군정의 문란을 시정하기 위해 집집마다 군포를 징수하는 호포제를 시행하여 양반층에게도 군포를 걷었다.

오답 피하기 ② 별기군은 개화 정책 추진에 따라 설치된 신식 군대이다.
③ 신분제를 폐지한 것은 제1차 갑오개혁의 내용 중 하나이다.
④ 갑신정변을 주도한 것은 김옥균, 박영효 등의 급진 개화파였다.
⑤ 근대적인 교육 제도에 대한 방향을 담은 교육 입국 조서를 반포한 것은 제2차 갑오개혁의 내용 중 하나이다.

2 강화도 조약의 특징

(가)는 1876년에 체결된 강화도 조약이다. 강화도 조약은 1873년 고종의 친정 이후 통상 수교 거부 정책이 완화된 점과 1875년 일본이 도발한 운요호 사건을 배경으로 하여 체결되었다. ④ 강화도 조약은 조선이 외국과 맺은 최초의 근대적 조약으로 부산 외에 2개 항구(원산, 인천)의 개항을 규정하였다.

오답 피하기 ① 한성 조약은 갑신정변의 결과 조선이 일본과 맺은 조약으로 배상금 지불과 공사관 신축 비용 지불 등이 주요 내용이다.
② 간도 협약은 1909년에 청과 일본이 만주 철도 부설권, 탄광 채굴권 등의 이권과 간도 영유권을 두고 맺은 조약이다.
③ 제물포 조약은 1882년 임오군란의 결과로 조선이 일본과 맺은 조약으로 배상금 지불과 함께 일본 공사관에 경비병이 주둔하는 것을 허용하는 내용을 담고 있다.
⑤ 조·미 수호 통상 조약은 1883년에 조선이 서양 국가와 맺은 최초의 조

약으로 거중 조정과 관세 조항을 규정하였다. 하지만 영사 재판권과 최혜국 대우를 규정한 불평등 조약이었다.

더 알아보기⁺ 강화도 조약의 주요 내용

> 제1관 조선은 자주국이며 일본과 평등한 권리를 가진다.
> 제4관 조선은 부산 이외에 제5관에 기재하는 2개 항구를 개항하고 일본인이 왕래 통상함을 허가한다.
> 제7관 조선국 연해를 일본국의 항해자가 자유롭게 측량하도록 허가한다.
> 제10관 일본국 국민이 조선국이 지정한 각 항구에 머무르는 동안 죄를 범한 것이 조선국 국민에게 관계되는 사건일 때는 모두 일본국 관원이 심판한다.

1876년 체결된 강화도 조약은 제1관에서 청의 간섭을 배제하기 위해 조선의 자주성을 강조한 내용이 포함되었다. 제4관은 부산 외에 2개 항구를 개항하도록 하였는데, 후일 원산과 인천으로 결정되었다. 제7관은 일본의 해안 측량권을 규정한 것이며, 제10관은 일본의 영사 재판권 내용을 담고 있다.

3 동학 농민 운동의 주요 내용

동학 농민 운동의 과정에서 농민군은 황토현 전투 등에서 승리한 후 전주성을 점령하였고, 청·일 양군이 출병하자 외세의 개입을 막기 위해 정부와 전주 화약을 체결하였다. ② 농민군은 전주 화약을 체결한 이후 전라도 일대에 집강소를 설치하여 폐정 개혁을 시도하였다.

오답 피하기 ① 척화비는 흥선 대원군이 병인양요와 신미양요를 격퇴한 후 통상 수교 거부 의지를 밝히기 위해 설립하였다.
③『조선책략』은 제2차 수신사로 일본에 다녀온 김홍집이 가져온 책으로 미국과의 수교를 주장하는 내용이 담겨 있어 유생들이 반발하였다.
④ 프랑스군이 강화도를 침입한 병인양요 당시 프랑스군은 외규장각의 도서를 약탈하였다.
⑤ 1880년대 중반 한반도를 둘러싼 열강의 대립이 격화되자 독일 영사 부들러와 유길준 등은 조선 중립화론을 주장하였다.

4 을사늑약의 특징

밑줄 친 '이 조약'은 을사늑약이다. 을사늑약은 황제의 날인과 비준 절차를 거치지 않았으며 대한 제국의 외교권을 박탈하는 내용을 담고 있었다.

선택지 바로 보기

> ① 통감부가 설치되었다. (○)
> → 을사늑약의 결과 대한 제국의 외교 업무를 관장하기 위해 통감부를 설치하였고, 이토 히로부미가 초대 통감으로 부임하였다.
> ② 러·일 전쟁이 발발하였다. (×)
> → 러·일 전쟁은 한반도를 둘러싼 러시아와 일본의 대립이 심화되는 과정에서 발생하였다. 을사늑약은 러·일 전쟁의 종결 이후에 체결되었다.
> ③ 조선 총독부가 설치되었다. (×)
> → 조선 총독부는 일본이 한국을 식민 지배하기 위해 설치한 기구로 한국 병합 조약 이후에 설치되었다.
> ④ 메가타가 재정 고문으로 파견되었다. (×)
> → 제1차 한·일 협약의 결과 외교와 재정 분야에 각각 스티븐스와 메가타가 고문으로 채용되었다.
> ⑤ 대한 제국의 군대가 강제 해산되었다. (×)
> → 헤이그 특사 파견을 빌미로 고종을 강제 퇴위시킨 일본은 순종에게 한·일 신협약을 강요하였고, 비밀 각서를 통해 대한 제국의 군대를 강제 해산하였다.

5 정미의병의 특징

자료에 군대 해산 직후라는 내용과 제시된 사진 속 의병 중 제복을 입은 군인이 있는 것으로 보아 (가) 의병이 1907년에 일어난 정미의 병임을 알 수 있다. ② 정미의병은 고종의 강제 퇴위와 대한 제국 군 대의 강제 해산에 반발하여 일어난 의병이다.

[오답 피하기] ① 단발령의 시행에 반발하여 일어난 의병은 을미의병이다. ③ 을미사변과 단발령에 반발하여 을미의병이 일어났고, 이후 러시아 공사 관으로 처소를 옮긴 고종이 의병 해산 조칙을 내리자 해산하였다. ④ 을사늑약의 강제 체결에 저항하여 일어난 의병은 을사의병이다. ⑤ 을미사변을 배경으로 일어난 의병은 을미의병이다.

[자료 분석]

1907년 일본이 고종을 강제 퇴위시키고, 한·일 신협약을 체결하며 군대까지 해산하자 전국에서 다양한 계층이 참여한 항일 의병 투쟁이 전개되었다. 유생 의병장들은 각국 영사관에 의병을 국제법상 교전 단체로 인정할 것을 요청하고 13도 창의군을 결성하여 서울 진공 작전을 추진하였으나, 선발대가 패퇴하고 총대장 이인영이 부친상을 이유로 귀향하며 실패하였다.

6 신민회의 특징

자료에서 105인 사건을 계기로 일본 경찰에 압송되었다는 내용과 안창호와 양기탁 등이 비밀 결사로 조직했다는 사실을 통해 밑줄 친 '이 단체'가 신민회임을 알 수 있다. ② 신민회는 국권 회복과 공화 정 체의 국가 수립을 목표로 한 비밀 조직으로 교육과 산업 분야 등에서 활동하였지만, 일제가 날조한 105인 사건을 계기로 와해되었다.

[오답 피하기] ① 보안회는 일본의 황무지 개간권 요구에 맞서 반대 운동을 전개한 단체이다. ③ 헌정 연구회는 의회 제도를 중심으로 한 입헌 정치 체제의 수립을 목표 로 구성된 애국 계몽 운동 단체이다. ④ 대한 자강회는 헌정 연구회를 계승한 단체로 월보를 간행하고 강연회를 개최하였다. 고종 강제 퇴위 반대 운동을 전개하다 보안법에 의해 강제 해산되었다. ⑤ 기호 흥학회는 경기도와 충청도 지역의 인사들이 중심이 되어 설립한 애 국 계몽 운동 단체이다.

[더 알아보기+] 105인 사건

안중근의 사촌 안명근이 독립운동에 필요한 자금을 모금하다가 체포되자 일제 는 이를 데라우치 총독 암살 사건으로 날조하였다. 이 사건으로 신민회 회원을 비롯한 수백 명의 애국지사가 검거되었고, 그중 105명이 유죄 판결을 받았다.

2주 2일 필수 체크 전략 ①

Book 1 46~49쪽

1-1 서원	1-2 척화비	2-1 (가) 운요호 사건 (나) 부산
2-2 ㄴ-ㄷ-ㄹ-ㄱ		3-1 (가) 임오군란 (나) 갑신정변
3-2 ⑤	4-1 ②	4-2 ③

1-1 흥선 대원군의 서원 철폐

대원군이 명령하고 있다는 점, 백성들에게 해가 된다는 점, 선현께 제사하는 곳인데 지금은 도둑의 소굴이 되었다는 점 등을 통해 (가) 에 들어갈 용어가 서원임을 알 수 있다.

[자료 분석]

> 대원군이 크게 노하여 "진실로 백성에게 해되는 것이 있으면 비록 공자가 다시 살아난다 하더라도 나는 용서하지 않겠다. 하물며 [(가)]은/는 우리 나라 선현께 제사하는 곳인데 지금은 도둑의 소굴이 되지 않았더냐."라고 말하였다.

자료에서 이야기하는 대원군은 흥선 대원군이다. "우리나라 선현께 제사하는 곳"이라는 단서를 통해 (가)가 서원임을 알 수 있다. 서원은 유학을 가르치는 학 술과 연구의 기능과 함께 선현에 제사를 지내는 기능도 함께 갖추고 있는 것이 특징이다.

1-2 척화비의 특징

자료의 비석은 흥선 대원군이 서양과의 통상 수교 거부 의지를 밝히 기 위해 세운 척화비이다.

[자료 분석]

> 서양 오랑캐가 침범하였을 때 싸우지 않는 것은 화친하는 것이요, 화친을 주장하는 것은 나라를 파는 것이다.

자료는 흥선 대원군이 병인양요와 신미양요 등 서양 세력의 침범을 물리치고 전국 각지에 세운 척화비이다. 흥선 대원군은 이를 통해 통상 수교 거부 정책에 대한 의지를 알렸다.

2-1 강화도 조약의 배경과 특징

고종의 친정과 함께 강화도 조약의 체결 배경이 되었다는 점을 통해 (가)에 들어갈 단어가 운요호 사건임을 알 수 있다. 강화도 조약은 조 선이 맺은 최초의 근대적 조약으로 부산 외에 2개 항구의 개항을 명 시하였다. 따라서 (나)에 들어갈 단어는 부산이다.

2-2 조·미 수호 통상 조약의 체결 과정

제2차 수신사로 일본에 다녀온 김홍집이 『조선책략』이라는 책을 가 져왔다. 『조선책략』에서는 러시아를 견제하기 위해 미국과 조선이 연합하고 중국, 일본과 결속을 다질 것을 제안하였다. 이에 조선은 청의 조약 알선으로 조·미 수호 통상 조약을 체결하였다. 이후 미국 공사가 부임하자 조선은 이에 대한 답례로 미국에 보빙사를 파견하였다. 따라서 〈보기〉의 사건들을 순서대로 나열하면 ㄴ-ㄷ-ㄹ-ㄱ이다.

더 알아보기⁺ 보빙사

보빙사는 1883년 조·미 수호 통상 조약을 체결한 후 미국 공사가 부임해 오자, 이에 대한 답례로 조선이 파견한 사절단이다. 1883년 7월에 출발하여 9월에 미국에 도착한 보빙사는 미국 대통령에게 국서를 전달한 다음, 40여 일 동안 공장, 전신국, 우체국, 병원, 신문사 등의 근대적 시설들과 외국 박람회를 참관하였다. 일행 중 유길준은 미국에 남아 유학하였으며, 이때의 경험을 바탕으로 「서유견문」을 집필하였다.

3-1 임오군란과 갑신정변

구식 군인들이 봉기하고 있다는 내용의 단서를 통해 (가) 사건이 1882년에 일어난 임오군란이고, 급진 개화파가 개혁 정강을 발표한다는 사실을 통해 (나) 사건이 1884년에 일어난 갑신정변임을 알 수 있다.

3-2 제물포 조약

⑤ 제시된 자료는 임오군란 이후 일본 공사관의 경비병 주둔을 인정한 제물포 조약이다.

오답 피하기 ① 을사늑약은 일본이 대한 제국의 외교권을 박탈하기 위해 강제로 체결한 조약이다.
② 한성 조약은 갑신정변의 결과 조선이 일본과 맺은 것으로 일본 공사관의 신축 비용 부담 등을 담고 있다.
③ 톈진 조약은 갑신정변의 결과 청과 일본이 체결한 것으로 청·일 양군이 조선에서 모두 철수하고, 향후 출병 시에는 상대방에게 통고할 것을 약속하였다.
④ 강화도 조약은 운요호 사건을 빌미로 하여 조선이 일본과 맺은 조약으로 부산 외 2개 항구의 개항과 해안 측량권, 영사 재판권 등을 규정하였다.

자료 분석

제4조 이번 사건으로 인해 일본이 받은 피해 및 공사를 호위한 육해군 경비 중에서 50만 원은 조선이 채워 준다. 매년 10만 원씩 5년 동안 완납한다.
제5조 일본 공사관에 군인 약간을 두어 경비한다. 그 비용은 조선국이 부담한다.

자료의 제4조에서 일본이 받은 피해 및 공사 호위를 위한 경비 중 일부를 조선이 지급한다는 내용이 제시되어 있고, 제5조에서 일본 공사관에 군인 약간을 두어 경비한다는 점을 통해 해당 조약이 임오군란의 결과 맺어진 제물포 조약임을 알 수 있다.

4-1 동학 농민 운동과 집강소

동학 농민 운동의 전개 과정에서 전주성을 점령한 농민군은 청·일양군이 출병한 소식을 알고 정부와 협상에 나서 전주 화약을 체결하였다. 이후 자진 해산한 농민군은 전라도 각지에 자치 기구인 집강소를 설치하고 폐정 개혁을 시도하였다. ② 따라서 (가)에 들어갈 기구는 집강소이다.

오답 피하기 ① 교정청은 동학 농민군과의 협상 이후 정부가 자체적인 개혁을 실시하기 위해 설치한 개혁 기구이다.
③ 비변사는 조선 전기 변방 방비를 위해 설치한 기구였으나 조선 후기에는 최고 통치 기구의 역할을 담당하였다.
④ 군국기무처는 제1차 갑오개혁을 주도한 기구이다.
⑤ 통리기무아문은 강화도 조약 이후 개화 정책의 추진을 총괄하기 위해 설치한 기구이다.

4-2 동학 농민 운동의 전개 과정

전주 화약의 체결 이후 자진 해산한 농민군은 일본군이 경복궁을 점령하였다는 소식을 듣고 다시 봉기하였다(2차 봉기). 남접과 북접이 연합한 농민군은 공주 우금치에서 일본군과 관군에 맞서 싸웠으나 패배하였고, 이후 전봉준 등 지도부가 체포되면서 실패로 끝났다. ③ 일본군의 경복궁 점령 이후 2차 봉기 당시 대표적인 전투는 우금치 전투이다.

오답 피하기 ① 보은 집회는 교조 최제우의 억울함을 해결해 달라며 동학 교도들이 전개한 교조 신원 운동 중 하나이다.
② 백산 봉기는 고부 농민 봉기의 주모자를 안핵사 이용태가 처벌하려 하자 농민군이 봉기한 1차 봉기에 해당한다.
④ 황토현 전투는 동학 농민 운동의 1차 봉기 당시 농민군이 관군에게 승리를 거둔 주요 전투 중 하나이다.
⑤ 고부 농민 봉기는 고부 군수 조병갑의 탐학에 맞서 전봉준 등이 주도하여 일으킨 봉기로 1차 봉기 이전의 사실이다.

2주 2일 필수 체크 전략 ② Book 1 50~51쪽

1 ② **2** ③ **3** ① **4** ③ **5** ② **6** ③

1 흥선 대원군의 개혁 정치

자료에서 고종의 아버지라고 제시되었고, 경복궁 중건을 위해 발행한 당백전이 자료로 제시된 점으로 보아 (가) 인물이 흥선 대원군임을 알 수 있다. ㄱ. 흥선 대원군은 군정의 문란을 시정하기 위해 양반들에게도 집집마다 군포를 걷는 호포제를 시행하였고, ㄷ. 백성을 수탈하고 민생을 해친다는 이유로 전국에 47개소를 제외한 서원을 모두 철폐하도록 하였다.

오답 피하기 ㄴ. 수신사의 일원으로 일본에서 『조선책략』을 가져온 인물은 김홍집이다.
ㄹ. 통리기무아문은 고종이 친정을 시작하고 강화도 조약을 체결한 이후 설치한 개혁 총괄 기구이다.

2 신미양요의 배경

어재연 장군이 광성보에서 활약하였다는 점, 미군의 침입에 맞서 강화도에서 분투하였다는 점 등을 통해 (가) 사건이 1871년 신미양요임을 알 수 있다.

선택지 바로 보기

① 척화비가 건립되었다. (×)
→ 척화비는 1871년 신미양요가 끝난 이후에 건립되었다.
② 외규장각 도서가 약탈되었다. (×)
→ 외규장각 도서가 약탈당한 것은 1866년 프랑스군이 강화도를 침략한 병인양요 당시의 사실이다.
③ 제너럴셔먼호 사건이 일어났다. (○)
→ 1866년 미국 상선인 제너럴셔먼호가 대동강에서 평양 관민에 의해 불에 탄 사건을 빌미로 미국이 1871년 강화도를 침략하였다.
④ 프랑스 선교사 등이 처형되었다. (×)
→ 1866년 프랑스 선교사 등 천주교 신자들이 처형된 병인박해를 빌미로 병인양요가 일어났다.
⑤ 오페르트가 남연군 묘 도굴을 시도하였다. (×)
→ 1868년 독일 상인인 오페르트가 흥선 대원군의 아버지인 남연군 묘의 도굴을 시도하였다가 실패한 이후, 통상 수교 거부 정책이 강화되었다.

3 강화도 조약의 특징

강화도 조약의 체결 장면이 제시되었고, 부산 외에 2개 항구의 개항과 해안 측량권을 포함하고 있다는 점을 통해 밑줄 친 '이 조약'이 강화도 조약임을 알 수 있다. ① 강화도 조약은 영사 재판권(치외 법권)을 포함하고 있다.

오답 피하기 ② 강화도 조약에는 최혜국 대우 조항이 포함되어 있지 않다. 최혜국 대우는 조·미 수호 통상 조약에 처음 포함되었고, 1883년 조·일 통상 장정에도 포함되었다.
③ 강화도 조약은 1876년에 체결되었으며, 러·일 전쟁은 1904년에 발발하였다.
④ 거중 조정의 내용은 1882년에 체결한 조·미 수호 통상 조약에 포함된 내용이다.
⑤ 대한 제국의 외교권을 박탈한 조약은 1905년에 강제 체결된 을사늑약이다.

4 임오군란의 결과

자료에서 개화 정책에 따라 창설된 별기군이 제시된 점, 구식 군인들이 이들과의 차별 대우 등에 반발하여 일으켰다는 점 등을 통해 (가)

사건이 1882년에 일어난 임오군란임을 알 수 있다. ③ 임오군란의 결과 조선과 일본이 체결한 제물포 조약으로 일본 공사관을 경비하기 위한 군대의 주둔이 허용되었다.

오답 피하기 ① 흥선 대원군은 프랑스를 이용해 러시아를 견제하려는 시도가 거절된 상황 속에서 천주교를 금지해야 한다는 분위기가 높아지자 1866년에 병인박해를 일으켰다.
② 척화비가 건립된 것은 1871년 신미양요 이후의 사실이다.
④ 통리기무아문은 강화도 조약의 체결 이후 개화 정책을 총괄하기 위해 설치되었다.
⑤ 1875년 일본의 운요호는 강화도를 공격하고 영종도에 상륙하여 군인들과 백성들을 살해하였다. 운요호 사건은 1876년 조선과 일본 사이에 강화도 조약이 체결되는 빌미가 되었다.

5 갑신정변의 특징

우정총국과 급진 개화파, 개혁 정강의 세 단어가 제시된 사실을 통해 (가) 사건이 1884년에 일어난 갑신정변임을 알 수 있다.

선택지 바로 보기

ㄱ. 김옥균, 박영효 등이 주도하였다. (○)
→ 갑신정변은 김옥균, 박영효, 서광범, 서재필 등의 급진 개화파가 주도하여 일어난 사건이다.
ㄴ. 『조선책략』이 유포되는 배경이 되었다. (×)
→ 황준헌의 『조선책략』은 제2차 수신사로 일본에 다녀온 김홍집이 국내에 들여와 유포되었고, 청의 알선으로 1882년 조·미 수호 통상 조약이 체결되는 배경이 되었다.
ㄷ. 한성 조약이 체결되는 결과를 가져왔다. (○)
→ 한성 조약은 갑신정변 이후 조선과 일본이 1884년에 체결한 조약으로 조선이 일본에 배상금을 지불하고, 일본 공사관 신축 비용을 지불하는 등의 내용을 담고 있다.
ㄹ. 흥선 대원군이 재집권하는 계기가 되었다. (×)
→ 1882년에 일어난 임오군란의 과정에서 흥선 대원군이 재집권하기도 하였으나 청군의 개입으로 인해 실각하였다.

6 동학 농민 운동 중의 사실

전봉준이 인물로 제시되었고, 전주 화약을 이끌어 내는 데 기여하였다는 점 등을 통해 (가) 운동이 1894년에 일어난 동학 농민 운동임을 알 수 있다.

선택지 바로 보기

① 거문도를 불법 점령하는 영국군 (×)
→ 1885년 영국군은 러시아를 견제한다는 명분하에 거문도를 불법적으로 점령하였다.
② 광성보에서 미군에 항전하는 조선군 (×)
→ 조선군이 광성보에서 미군에 항전한 것은 1871년에 있었던 신미양요 때 볼 수 있는 모습이다.
③ 우금치에서 일본군에 맞서는 농민군 (○)
→ 우금치 전투는 동학 농민 운동의 제2차 봉기 때 있었던 주요 전투 중 하나이다.
④ 개항에 반대하는 상소를 올리는 유생 (×)
→ 조선의 개항은 1876년에 체결된 강화도 조약을 통해 이루어졌다. 따라서 개항에 반대하는 상소는 그 이전에 볼 수 있는 모습이다.
⑤ 대한 제국의 군대 해산에 반발하는 군인 (×)
→ 1907년 일본이 조선과 체결한 한·일 신협약의 비밀 각서를 통해 대한 제국의 군대가 강제로 해산되었다.

2주 3일 필수 체크 전략 ①

Book 1 52~55쪽

1-1 ③	1-2 ①	2-1 을사늑약	2-2 ③
3-1 을미의병	3-2 ②	4-1 국채 보상 운동	
4-2 ③			

1-1 독립 협회의 특징

서재필 등이 정부 내의 개혁 세력과 함께 창립하였다는 점, 독립문 건립을 추진했고, 만민 공동회를 개최하였다는 점 등을 통해 (가) 단체가 독립 협회임을 알 수 있다. ③ 독립 협회는 서재필 등이 독립문 건립 과정에서 창립한 단체로 자주 국권 회복과 민권 의식 향상 등을 목표로 하였다.

오답 피하기 ① 보안회는 일본의 황무지 개간권 요구에 맞서 반대 운동을 전개한 단체이다.

② 신민회는 1907년 양기탁과 안창호 등이 조직한 비밀 결사로 국권 회복과 공화 정체의 국가 수립을 목표로 하였다.

④ 헌정 연구회는 의회 제도를 중심으로 한 입헌 정치 체제의 수립을 목표로 한 애국 계몽 운동 단체이다.

⑤ 대한 자강회는 헌정 연구회를 계승한 단체로 고종 강제 퇴위 반대 운동을 전개하다 통감부에 의해 강제 해산되었다.

1-2 광무개혁의 특징

자료에서 고종이 연호를 '광무'로 고치고, '옛것을 근본으로 삼고 새 것을 참고한다.'는 구본신참의 원칙에,따라서 개혁을 추진하였다는 사실을 통해 밑줄 친 '개혁'이 광무개혁임을 알 수 있다. ① 대한 제국은 광무개혁 당시 토지 조사를 통해 근대적 토지 소유 증명 문서인 지계를 발급하였다.

오답 피하기 ② 과거제 폐지는 제1차 갑오개혁의 내용이다.

③ 신분제 폐지는 제1차 갑오개혁의 내용이다.

④ 수령의 재판권 등을 없애고 근대적 재판소를 설치한 것은 제2차 갑오개혁의 내용이다.

⑤ 과부의 재가가 허용된 것은 제1차 갑오개혁의 내용이다.

2-1 을사늑약

일본이 대한 제국의 외교권을 박탈한 장면을 풍자하였다는 점을 통해 (가) 조약이 1905년에 강제 체결된 을사늑약임을 알 수 있다.

2-2 한·일 신협약

정미 7조약이라고도 불리는 점, 법령 제정, 고등 관리 임면 등에 대한 동의를 일본에 얻어야 하고, 각 부처에 일본인 차관을 임명하는 계기가 되었다는 점을 통해 밑줄 친 '이 조약'이 1907년에 체결된 한·일 신협약임을 알 수 있다. ③ 헤이그 특사 파견을 빌미로 고종을 강제 퇴위시킨 후 일본은 순종 황제에게 한·일 신협약을 강요하였고, 이를 통해 정부 각 부처에 일본인 차관을 임명하게 하였다.

오답 피하기 ① 을사늑약은 1905년 대한 제국의 외교권을 박탈하기 위해 일본이 강제로 체결하였다.

② 한·일 의정서는 러·일 전쟁 중 일본이 한반도의 군사적 요충지를 사용하기 위해 체결한 것이다.

④ 한국 병합 조약은 1910년 대한 제국의 국권을 강탈한 조약이다.

⑤ 제1차 한·일 협약은 재정 분야와 외교 분야에 외국인 고문을 두어 내정을 간섭하기 위해 일본이 대한 제국과 체결한 조약이다.

3-1 을미의병

자료에는 을미사변과 단발령이 나타나 있다. 이에 반발하여 일어난 의병은 을미의병이다.

자료 분석

우리 국모의 원수를 생각하며 이미 이를 갈았는데, 참혹한 일이 더하여 우리 부모에게서 받은 머리털을 풀 베듯이 베어 버리니 이 무슨 변고란 말인가. …… 이에 감히 의병을 일으키고 마침내 이 뜻을 세상에 포고하노니……

자료에서 국모의 원수를 생각하며 이를 갈았다는 것은 1895년에 일본이 명성 황후를 시해한 을미사변을 의미하며, 부모에게서 받은 머리털을 풀 베듯이 베어 버린다는 것은 을미개혁의 조치 중 단발령에 관한 내용이다.

3-2 신민회의 주요 활동

자료에서 평양 대성 학교의 건물과 학생이 제시된 점으로 보아 해당 단체가 신민회임을 알 수 있다. ② 국권 회복과 공화 정체 국가 수립을 목표로 했던 신민회는 교육 진흥을 위해 평양에 대성 학교, 정주에 오산 학교를 설립하였다.

오답 피하기 ① 보안회는 일제의 황무지 개간권 요구에 맞서 반대 운동을 벌여 이를 저지하였다.

③ 대한 협회는 대한 자강회를 계승한 단체로 훗날 친일적인 단체로 변모하였다.

④ 대한 자강회는 헌정 연구회를 계승한 단체로 고종 강제 퇴위 반대 운동을 벌이다 강제 해산되었다.

⑤ 헌정 연구회는 입헌 정치 체제 수립을 추구한 단체이다.

더 알아보기⁺ 신민회

▲ 평양 대성 학교와 학생들

- 안창호, 양기탁 등이 비밀 결사로 조직
- 목표: 공화 정체의 근대 국민 국가 건설
- 대성 학교·오산 학교 설립, 태극 서관과 자기 회사 운영
- 남만주 삼원보에 독립운동 기지 건설, 신흥 강습소 설립
- 105인 사건으로 와해

4-1 국채 보상 운동

나라 빚을 갚아 국권을 지키려고 하였다는 점, 기념비가 대구에 세워졌다는 점 등을 통해 (가) 운동이 1907년에 전개된 국채 보상 운동임을 알 수 있다.

4-2 『한성순보』의 특징

자료에서 우리나라 최초의 근대적 신문이라는 점, 국한문 혼용으로 만들어졌고, 박문국에서 발행했다는 점, 정부의 정책 등을 알렸다는 점 등을 통해 해당 신문이 『한성순보』임을 알 수 있다. ③ 우리나라 최초의 근대적 신문인 『한성순보』는 박문국에서 10일마다 발행되었다.

오답 피하기 ① 『독립신문』은 서재필 등이 중심이 되어 발행한 우리나라 최초의 민간 신문이자, 순 한글 신문이었다.

Book 1

② 『제국신문』은 부녀자들을 대상으로 하여 만들어진 신문으로 한글로 발행하였다.

④ 『황성신문』은 을사늑약이 체결되자 이를 규탄하는 '시일야방성대곡'을 게재하였던 신문이다.

⑤ 『대한매일신보』는 양기탁과 베델을 발행인으로 하였으며, 일본의 침탈을 규탄하는 기사를 실었던 신문이다.

더 알아보기+ 개항 이후 언론 기관의 발달

『한성순보』 (1883)	순 한문	• 박문국에서 발행, 최초의 신문 • 정부의 개화 정책, 국내외 정세 소개
『독립신문』 (1896)	순 한글· 영문	• 최초의 순 한글 신문, 영문판 발행 • 민권 의식 향상, 외국에 국내 사정 전달
『제국신문』 (1898)	순 한글	• 서민층, 부녀자 대상 • 교육과 실업 발달 강조
『황성신문』 (1898)	국한문 혼용	• 양반 유생층 대상 • 을사늑약 체결 뒤 장지연의 '시일야방성 대곡' 게재
『대한매일 신보』 (1904)	순 한글· 영문·국한문 혼용	• 양기탁 등이 운영, 영국인 베델을 발행인 으로 내세움. • 최다 부수 발행, 일본의 국권 침탈 비판, 의병 운동을 호의적으로 보도

2주 3일 필수 체크 전략 ②

Book 1 56~57쪽

1 ① **2** ① **3** ④ **4** ④ **5** ③ **6** ④

1 독립 협회의 특징

자료에서 독립문이 제시되어 있고, 우리 단체가 나서서 모화관을 허물고 자주독립을 상징하는 기념물을 만들어야 한다는 점을 통해 밑줄 친 '우리 단체'가 독립 협회임을 알 수 있다.

선택지 바로 보기

① 만민 공동회를 개최하였다. (○)
→ 독립 협회는 우리나라 최초의 민중 집회라고 할 수 있는 만민 공동회를 개최하여 민권 신장을 주장하고, 러시아의 이권 침탈을 규탄하였다.

② 신분제의 폐지를 주장하였다. (×)
→ 신분제의 폐지는 동학 농민 운동에서 제기되었으며, 제1차 갑오개혁의 조치로 실현되었다.

③ 토지의 재분배를 요구하였다. (×)
→ 동학 농민 운동 당시 농민군은 토지의 재분배 등을 요구하였다.

④ 정부에 영남 만인소를 올렸다. (×)
→ 이만손을 비롯한 영남의 유생들은 『조선책략』 유포에 반발하여 영남 만인소를 올렸다.

⑤ 개혁 정강 14개조를 발표하였다. (×)
→ 김옥균, 박영효 등의 급진 개화파는 갑신정변을 일으키고 개혁 정강 14개조를 발표하였다.

2 대한 제국의 특징

환구단이 제시되었고, 고종이 황제로 즉위한 후 수립을 선포했다는

사실을 통해 (가) 정부가 대한 제국임을 알 수 있다. ㄱ. 대한 제국은 지계아문을 설립하여 근대적 토지 소유 증명 문서인 지계를 발급하였다. ㄴ. 대한 제국은 통치의 기본 방향을 담아 무한한 황제권을 강조한 대한국 국제를 반포하였다.

오답 피하기 ㄷ. 공·사 노비제가 혁파된 것은 제1차 갑오개혁 때 있었던 사실이다.

ㄹ. '건양'이라는 연호를 사용하기로 결정한 것은 을미개혁에 따른 조치이다. 대한 제국은 고종 때 '광무'라는 연호를 사용하였다.

자료 분석

사진의 오른쪽에 보이는 부분이 고종이 황제로 즉위했던 환구단이며, 왼쪽에 보이는 건물이 환구단의 부속 건물인 황궁우이다. 환구단은 1913년 일제에 의해 헐렸고, 현재는 황궁우만 남아 있다.

3 을사늑약의 특징

고종의 날인과 비준이 없는 채로 체결되었기 때문에 무효라고 한 점, 일본이 대한 제국의 외교권을 박탈하기 위해 무력으로 위협하여 체결하였다는 점 등을 통해 밑줄 친 '이 조약'이 을사늑약임을 알 수 있다. ④ 을사늑약을 강제로 체결한 이후 일본은 외교권 관할을 위한 기구로 통감부를 설치하였고, 이토 히로부미가 초대 통감으로 부임하였다.

오답 피하기 ① 을사늑약은 러·일 전쟁 이후에 체결된 조약이다.

② 운요호 사건을 계기로 맺어진 조약은 강화도 조약이다.

③ 메가타가 재정 고문으로 파견된 것은 제1차 한·일 협약에 따른 것이다.

⑤ 한·일 신협약 과정에서 맺어진 비밀 각서를 통해 대한 제국의 군대가 강제 해산되었다.

4 을사의병의 특징

자료에서 을사늑약의 무효를 외쳤다는 점, 최익현이 의병장으로 제시된 점 등을 통해 밑줄 친 '의병'이 을사의병임을 알 수 있다.

선택지 바로 보기

① 서울 진공 작전을 전개하였다. (×)
→ 서울 진공 작전은 정미의병 당시 13도 창의군을 중심으로 전개되었다.

② 해산 군인이 의병에 합류하였다. (×)
→ 한·일 신협약의 비밀 각서로 인해 대한 제국의 군대가 해산되자 해산된 군인이 정미의병에 합류하였고, 이로 인해 전투력이 크게 향상되었다.

③ 13도 창의군을 결성하여 활동하였다. (×)
→ 전국의 의병이 모여 13도 창의군을 결성하고 서울 진공 작전을 추진한 것은 정미의병 때의 사실이다.

④ 신돌석 등의 평민 의병장이 활약하였다. (○)
→ 을사늑약의 부당함에 저항한 을사의병 당시 신돌석 등의 평민 의병장이 활약하였다.

⑤ 고종의 해산 권고 조칙으로 해산하였다. (×)
→ 을미사변과 단발령 등에 반발하여 일어난 을미의병은 아관 파천 이후 고종이 해산 권고 조칙을 내리자 대부분 해산하였다.

더 알아보기⁺ 면암 최익현

최익현은 문신이자 독립운동가이다. 안동 김씨의 세도 정치에 반대하고 흥선 대원군의 개혁 정책을 지지하던 최익현은 경복궁 중건과 서원 철폐를 비판하는 상소를 올려 흥선 대원군을 하야시켰다.

일본과 강화도 조약을 체결할 무렵 최익현은 왜양일체론을 내세우며 개항에 반대하는 위정척사 운동을 이끌었다. 또, 1895년 을미사변이 일어나고 단발령이 시행되자 그는 의병 운동에 참여하였다. 1905년 을사늑약이 체결되자 그는 다시 의병을 일으켰지만, 자진 해산하고 체포되었다. 쓰시마섬에 유배된 최익현은 단식 투쟁을 벌이다 옥중에서 사망하였다.

5 신민회의 특징

자료에 제시된 태극 서관의 광고와 산업 진흥을 위해 (가) 단체에서 설립하였다는 사실을 통해 (가) 단체가 신민회임을 알 수 있다. ③ 신민회는 교육 진흥을 위해 평양에 대성 학교와 정주에 오산 학교를 세워 운영하였다.

오답 피하기 ① 고종 강제 퇴위 반대 운동을 전개한 단체는 대한 자강회이다.

② 헌정 연구회를 계승하여 설립된 단체는 대한 자강회이다.

④ 신민회는 공화 정체의 국가 수립을 추구하였다. 입헌 정치 체제의 수립을 추구한 것은 헌정 연구회이다.

⑤ 보안회는 일제의 황무지 개간권 요구에 맞서 반대 운동을 전개하였다.

6 『대한매일신보』의 특징

자료에서 양기탁과 베델이 함께 발행을 주도한 신문이라고 한 점을 통해 (가) 신문이 『대한매일신보』임을 알 수 있다. ㄴ. 『대한매일신보』는 일본의 국권 침탈을 비판하는 기사를 게재하여 호응을 얻었다. ㄹ. 『대한매일신보』는 의병 운동을 호의적으로 보도한 신문이다.

오답 피하기 ㄱ. 우리나라 최초의 민간 신문은 『독립신문』이다.

ㄷ. 박문국에서 순 한문으로 발간된 신문은 『한성순보』이다.

더 알아보기⁺ 『대한매일신보』와 베델

러·일 전쟁 특파원으로 한국에 온 영국인 베델은 영어를 할 수 있는 한국인 편집자 양기탁과 함께 영어와 한글로 된 『대한매일신보』를 창간하였다. 『대한매일신보』는 영국인 베델이 치외 법권을 누렸기 때문에, 일본의 침략을 신랄하게 비판할 수 있었다. 일본을 향한 비판이 이어지자 일본은 일본 배척을 선동한다는 이유로 영국에 제소하였다. 일본의 동맹국이었던 영국은 베델에게 유죄를 선고하고 감옥에 가두었다. 출소한 베델은 서울로 돌아왔으나 재판과 옥살이로 얻은 병 때문에 곧 숨을 거두었다.

2주 4일 교과서 대표 전략 ①

Book 1 58~61쪽

대표 예제	1 ①	2 ②	3 ⑤	4 ②	5 ③
	6 ①	7 ④	8 ①	9 ④	10 ②	11 ⑤
	12 ③	13 ⑤	14 ④	15 ⑤	16 ②

1 흥선 대원군의 개혁 정치

자료에서 고종의 아버지라고 언급한 점, 통상 수교 거부 정책을 추진하였다는 점 등을 통해 밑줄 친 '그'가 흥선 대원군임을 알 수 있다.

ㄱ. 흥선 대원군은 왕실의 권위 회복을 목적으로 경복궁 중건을 추진하였다. ㄴ. 흥선 대원군은 군정의 문란을 시정하기 위해 호포제를 시행하였다.

오답 피하기 ㄷ. 규장각은 정조가 왕실 학술 연구 기관으로 확대 설치하였다.

ㄹ. 영조는 군역의 폐단을 시정하기 위해 군포를 1년에 1필로 줄이는 균역법을 시행하였다.

2 병인양요의 특징

자료의 삽화가 프랑스 해군 장교가 그린 삽화이며, 프랑스군이 강화도의 외규장각 근처를 행진하고 있다는 사실로 보아 (가) 사건이 병인양요임을 알 수 있다. ② 병인박해를 빌미로 강화도를 침략한 프랑스군은 철수하는 과정에서 강화도에 있던 외규장각의 도서와 보물을 약탈하였다.

오답 피하기 ① 신미양요는 1871년에 미국이 제너럴셔먼호 사건을 빌미로 강화도를 침략한 사건이다.

③ 운요호 사건은 1875년 일본의 운요호가 강화도를 공격하고 영종도에 상륙하여 주민을 살육한 사건이다.

④ 제너럴셔먼호 사건은 미국 상선인 제너럴셔먼호가 대동강을 거슬러 올라와 통상을 요구하다가 평양 관민들의 공격을 받고 불에 타 침몰한 사건이다.

⑤ 오페르트 도굴 미수 사건은 독일 상인 오페르트가 흥선 대원군의 아버지인 남연군의 묘를 도굴하려다가 실패한 사건이다.

더 알아보기⁺ 병인양요와 '외규장각 도서' 반환

1866년 병인양요 당시 프랑스군은 왕실과 관련된 중요 도서를 보관하던 곳이었던 외규장각의 도서를 약탈해 갔다. 이 도서들은 프랑스 국립 도서관에 방치되어 있었으나, 이곳에 근무하던 박병선 박사의 노력으로 1975년 국내에 알려졌다. 이후 정부와 민간 단체의 지속적인 환수 요구 끝에 2011년 우리나라로 반환되었다. 하지만 완전한 반환이 아니라, 소유권이 프랑스에 있는 영구 임대 방식이라는 문제점이 남아 있다.

3 강화도 조약의 특징

자료에서 운요호 사건을 빌미로 일본이 조약 체결을 요구하였다는 점을 통해 밑줄 친 '이 조약'이 1876년에 조선과 일본이 맺은 강화도 조약임을 알 수 있다. ㄷ. 강화도 조약은 영사 재판권을 인정한 불평등 조약이었다. ㄹ. 강화도 조약으로 조선은 부산 외 2개 항구를 개항하기로 하였다.

선택지 바로 보기

ㄱ. 거중 조정 (×)
→ 거중 조정은 조·미 수호 통상 조약에 포함된 내용이었다.

ㄴ. 최혜국 대우 (×)
→ 최혜국 대우 조항은 1882년에 체결한 조·미 수호 통상 조약에 처음 포함되었다.

ㄷ. 영사 재판권 (○)
→ 강화도 조약에는 일본인이 조선에서 저지른 범죄에 대하여 조선의 법률이 아닌 일본의 법률에 따라 일본의 영사가 재판할 수 있도록 하는 영사 재판권이 포함되었다.

ㄹ. 부산 외 2개 항구 개항 (○)
→ 강화도 조약에서는 부산 외 2개 항구를 개항하기로 하였고, 이후 원산과 인천을 개항하였다.

정답 과 해설

4 위정척사 운동의 특징

② 1870년대의 위정척사 운동은 일본의 개항 요구에 맞서 개항 반대 운동을 주장하였고, 일본도 서양과 같다는 논리의 왜양일체론을 펼쳤다. 미국과의 수교에 반대했던 것은 1880년대의 상황이다.

오답 피하기 ① 1860년대는 서양의 통상 수교 요구가 이어졌고, 위정척사 세력은 이에 맞서 통상 반대 운동을 펼치며, 이들을 배척하고 전쟁을 벌여야 한다는 척화주전론을 주장하였다.

③ 1880년대 위정척사 운동은 개화 정책에 대한 반대와 함께 김홍집이 가져온 『조선책략』의 유포 반대로 이어졌다.

④ 이만손 등 영남 지방의 유생들은 『조선책략』의 유포에 맞서 영남 만인소를 올렸다.

⑤ 1890년대 위정척사 운동은 을미사변과 단발령 등에 맞서 항일 의병 운동으로 계승되었다.

5 급진 개화파의 특징

자료에서 개화파가 분화되어 나타나 있고, 김옥균, 박영효 등이 함께 제시된 것으로 보아 (가) 세력이 급진 개화파임을 알 수 있다. ㄴ. 급진 개화파는 1884년 우정총국 개국 축하연을 기회로 갑신정변을 일으켜 정권을 장악하였다. ㄷ. 급진 개화파는 일본의 메이지 유신을 모델로 한 개혁을 추구하였다.

오답 피하기 ㄱ. 청의 양무운동을 개혁 모델로 삼은 세력은 김홍집, 김윤식 등의 온건 개화파이다.

ㄹ. 온건 개화파는 동도서기론의 입장에서 점진적 개혁을 추구하였다.

더 알아보기⁺ **온건 개화파와 급진 개화파**

구분	온건 개화파	급진 개화파
중심인물	김홍집, 어윤중	김옥균, 박영효
개화 모델	청의 양무운동	일본의 메이지 유신
외교 정책	청과의 우호 관계 중시	청의 내정 간섭 반대

6 동학 농민 운동의 특징

지도에서 고부 농민 봉기, 황토현 전투, 전주 화약, 일본군의 경복궁 점령, 우금치 전투 등이 제시된 것으로 보아 동학 농민 운동의 전개 과정을 표시한 지도임을 알 수 있다.

선택지 바로 보기

① 갑오개혁에 영향을 주었다. (○)
→ 동학 농민 운동 과정에서 농민군이 제시했던 여러 개혁 요구안 중 일부는 실제 갑오개혁에 반영되는 결과를 가져왔다.

② 구식 군인들이 주도하였다. (×)
→ 구식 군인들이 주도하여 일으킨 봉기는 임오군란이다.

③ 을미사변의 발생에 반발하였다. (×)
→ 을미사변은 1895년에 발생한 것으로 일본이 명성 황후를 시해한 사건이다.

④ 통리기무아문의 설치를 가져왔다. (×)
→ 통리기무아문은 개화 정책의 추진을 위해 1880년에 설치된 기구이다.

⑤ 척화비가 세워지는 계기가 되었다. (×)
→ 1871년 신미양요 이후 흥선 대원군은 전국에 통상 수교 거부 의지를 널리 알리기 위해 척화비를 건립하였다.

7 제1차 갑오개혁의 내용

자료에서 군국기무처의 회의 장면이 제시된 점으로 보아 밑줄 친 '이 개혁'이 군국기무처를 중심으로 추진된 제1차 갑오개혁임을 알 수 있다. ㄴ. 과거제를 혁파한 것은 제1차 갑오개혁의 주요 내용 중 하나이다. ㄹ. 공·사 노비제를 혁파하여 신분제를 폐지한 것은 제1차 갑오개혁의 주요 내용 중 하나이다.

오답 피하기 ㄱ. 단발령은 을미개혁 당시에 추진되었던 주요 개혁 내용 중 하나이다.

ㄷ. 홍범 14조는 제2차 갑오개혁 당시 국가의 개혁 방향을 담아 고종이 반포한 것이다.

8 독립 협회의 특징

자료에서 만민 공동회를 주도한다는 점, 러시아의 이권 침탈을 규탄하려고 한다는 점 등을 통해 밑줄 친 '이 단체'가 독립 협회임을 알 수 있다. ① 독립 협회는 독립문을 건설하는 과정에서 그 자금을 모금하며 성립된 단체로 독립문과 독립관 등을 건립하였다.

오답 피하기 ② 임오군란을 주도한 것은 구식 군인들이다.

③ 교조 신원 운동은 동학의 창시자인 교주 최제우의 억울함을 해결해 달라는 것이며, 이는 동학교도들을 중심으로 전개되었다.

④ 정부와 전주 화약을 체결한 것은 동학 농민 운동 당시의 농민군에 해당한다.

⑤ 일제가 날조한 105인 사건을 계기로 와해된 단체는 신민회이다.

9 대한 제국의 특징

자료에서 1897년 고종이 수립을 선포하였다는 점, 황제를 상징하는 용 모양의 손잡이가 달린 국새를 만들었다는 점 등을 통해 (가) 정부가 대한 제국임을 알 수 있다. ④ 대한 제국은 1899년 대한국 국제를 반포하여 무한한 황제권을 강조하고, 자주 국가임을 천명하였다.

오답 피하기 ① 당백전은 흥선 대원군 집권기에 경복궁 중건을 위한 비용 마련을 위해 발행된 화폐이다.

② 태양력을 도입한 것은 1895년에 추진되었던 을미개혁에 따른 조치이다.

③ 과부의 재가를 허용한 것은 1894년에 있었던 제1차 갑오개혁의 내용에 해당한다.

⑤ 조·미 수호 통상 조약을 체결한 것은 1882년으로 대한 제국 수립 이전의 사실이다.

더 알아보기⁺ **대한 제국의 광무개혁**

특징	구본신참의 원칙에 따라 점진적인 개혁 추진
경제	• 양전 사업 실시, 지계아문 설치 후 지계 발급 • 상공업 진흥: 회사·공장·민간 은행 등 설립
사회	• 교통·통신 및 산업 진흥 정책: 철도·전차 부설, 전화 가설 등 • 실업 학교 설립, 해외 유학생 파견 등

10 을사늑약의 특징

자료에서 1905년에 체결되었다는 점, 조약의 명칭이 없고 고종 황제의 도장 대신 외무대신의 날인만이 있는 점, 일본의 강요로 체결되었다는 점 등을 통해 (가) 조약이 을사늑약임을 알 수 있다.

① 대한 제국의 군대를 해산시켰다. (×)
→ 1907년 체결된 한·일 신협약의 비밀 각서를 통해 일본은 대한 제국의 군대를 강제로 해산시켰다.

② 대한 제국의 외교권을 박탈하였다. (○)
→ 일본은 대한 제국을 무력으로 위협하여 강제로 을사늑약을 체결하였고, 그 결과 대한 제국의 외교권을 박탈하고 통감부를 설치하여 내정 전반에 간섭하였다.

③ 일본에게 해안 측량권을 허용하였다. (×)
→ 일본에게 해안 측량권을 허용한 것은 1876년에 체결한 강화도 조약에 따른 것이다.

④ 조선 총독부가 설치되는 계기가 되었다. (×)
→ 조선 총독부는 일본이 조선을 식민 통치하기 위해서 설치한 기구로 1910년 한국 병합 조약 이후에 설치하였다.

⑤ 일본이 군사적 요충지를 사용하게 되었다. (×)
→ 러·일 전쟁이 시작되자 일본은 한·일 의정서를 강제로 체결하고 한반도의 군사적 요충지를 마음대로 사용할 수 있게 되었다.

11 독도의 특징

자료에서 울릉도에 부속된 섬이라고 한 점, 우산국이 신라에 복속되면서 역사서에 나타났다는 점, 조선 시대에 안용복이 일본에 건너가 우리 땅임을 확인받았다는 점 등을 통해 밑줄 친 '이 섬'이 독도임을 알 수 있다. ⑤ 대한 제국은 1900년 대한 제국 칙령 제41호를 통해 독도를 울릉도에서 관할하도록 하는 등 대내외적으로 우리 영토임을 명백하게 밝혔다.

오답 피하기 ① 간도 협약은 일본과 청이 간도의 영유권을 청에 넘기는 내용을 담아 체결한 것이다.
② 장보고가 청해진을 설치한 곳은 완도이다.
③ 백두산정계비는 조선과 청의 국경 문제를 해결하기 위해 숙종 때 건립되었다.
④ 외규장각 도서는 1866년 병인양요 당시 강화도를 침입한 프랑스군에 의해 약탈당하였다.

더 알아보기+ 일본의 독도 불법 침탈

• 독도는 삼국 시대 이래 우리 영토로 편입·인식
• 『동국문헌비고』, 『세종실록지리지』 등에서 우리 영토라고 기록하고 있고, 17세기 말 안용복이 일본에서 울릉도와 독도가 조선 영토임을 확인
• 일본은 1877년 태정관 지령을 통해 울릉도, 독도가 조선 영토임을 인정
• 1900년 대한 제국 칙령 제41호를 통해 울릉도를 울도군으로 승격하고 관할 구역을 울릉도와 죽도 및 석도(독도)로 규정
• 1905년 러·일 전쟁 중 일본이 '무주지 선점'을 주장하며 시마네현 고시 제40호로 독도를 불법 편입

12 정미의병의 배경

자료에서 13도 창의군이 제시되었고, 전국에서 모인 의병들이 편성하였다는 점, 이인영을 총대장으로 하여 서울 진공 작전을 추진하였다는 점 등을 통해 (가) 의병이 정미의병임을 알 수 있다. ③ 정미의병은 고종의 강제 퇴위와 대한 제국 군대의 강제 해산을 배경으로 일어났다.

오답 피하기 ① 단발령을 배경으로 일어난 의병은 을미의병이다.
② 강화도 조약은 1876년에 체결된 것으로 강화도 조약의 체결에 맞서 저항하는 상소들이 제기되었으나 의병 운동이 일어나지는 않았다.

④ 을사늑약의 강제 체결에 맞서 일어난 의병은 을사의병이다.
⑤ 명성 황후가 일본에 의해 시해된 을미사변을 배경으로 을미의병이 일어났다.

더 알아보기+ 항일 의병 투쟁

구분	계기	주도	특징
을미의병 (1895)	을미사변, 단발령	유인석, 이소응	단발령 철회와 고종의 해산 권고로 해산
을사의병 (1905)	을사늑약	최익현, 신돌석	평민 출신 의병장의 등장
정미의병 (1907)	고종 강제 퇴위, 군대 해산	양반 유생, 농민, 해산 군인 등	해산 군인의 가담, 13도 창의군 결성, 서울 진공 작전 추진

13 대한 자강회의 특징

자료에서 헌정 연구회를 계승하여 설립되었다는 점, 월보를 발행하였고, 고종 강제 퇴위 반대 운동을 전개하다 통감부의 탄압으로 강제 해산되었다는 점 등을 통해 (가) 단체가 대한 자강회임을 알 수 있다.
⑤ 대한 자강회는 헌정 연구회를 계승하여 설립된 단체로 지회 설립과 월보 간행 등을 전개하였고, 고종의 강제 퇴위 반대 운동을 전개하였다.

오답 피하기 ① 신민회는 안창호와 양기탁 등이 주도하여 조직한 비밀 결사 단체로 교육 진흥과 국민 계몽, 산업 진흥을 통한 국권 회복과 공화 정체의 국가 수립을 목표로 하였다.
② 보안회는 일본의 황무지 개간권 요구 반대 운동을 전개하여 일본의 요구를 철회시켰다.
③ 독립 협회는 서재필과 개화 세력 인사 등이 결성한 조직으로 토론회와 강연회를 통해 민중 계몽을 추구하였고, 독립문과 독립관을 건립하는 등 자주 국권 운동을 펼쳤다.
④ 황국 협회는 독립 협회를 견제하기 위해 보수적인 관료들이 보부상들을 내세워 조직한 단체이다.

14 화폐 정리 사업의 특징

자료에서 1905년 추진된 사업이라는 점, 화폐 유통 질서를 바로잡는다는 명목으로 기존의 화폐를 일본 제일 은행권으로 바꾸도록 했다는 점 등을 통해 (가) 사업이 화폐 정리 사업임을 알 수 있다.

① 경복궁이 중건되었다. (×)
→ 경복궁 중건을 위해 발행된 화폐는 당백전이다.

② 금난전권이 폐지되었다. (×)
→ 금난전권이 폐지된 것은 정조 때이다.

③ 함경도에서 방곡령이 내려졌다. (×)
→ 함경도에서 방곡령이 내려진 것은 일본 상인의 곡물 유출로 인해 곡식 가격이 급등하였기 때문이다.

④ 한국 상인과 은행이 타격을 받았다. (○)
→ 화폐 정리 사업으로 인해 시중에 유통되던 화폐량이 줄어들고 한국 상인과 은행이 파산하는 등 큰 타격을 입었다.

⑤ 조·청 상민 수륙 무역 장정이 체결되었다. (×)
→ 조·청 상민 수륙 무역 장정은 임오군란의 결과 체결된 것으로 이후 청나라 상인의 내륙 진출이 가능하게 되었다.

15 『대한매일신보』의 특징

자료에서 베델과 양기탁의 모습이 제시되었고, 일제의 국권 침탈을 비판하였다는 점을 통해 (가) 신문이 『대한매일신보』임을 알 수 있다. ⑤ 『대한매일신보』는 영국인 베델을 발행인으로 하여 일제의 국권 침탈을 비판하거나 의병 운동을 호의적으로 보도하는 등 항일적인 성향의 기사를 많이 게재하였다.

오답 피하기 ① 『독립신문』은 최초의 순 한글 신문으로 민권 의식 향상에 노력하였고, 영문판 발행을 통해 외국인에게 국내 사정을 전하였다.
② 『제국신문』은 서민층과 부녀자들을 대상으로 한 것으로 교육과 실업 발달을 강조하였다.
③ 『한성순보』는 우리나라 최초의 근대적 신문으로 박문국에서 발행하였으며 국내외 정세 및 정부의 개화 정책을 홍보하였다.
④ 『황성신문』은 양반 유생층을 대상으로 하였으며, 을사늑약이 체결되자 장지연의 '시일야방성대곡'을 게재하여 이를 비판하였다.

16 개항 이후 근대 교육의 전개

자료에서 제시된 원산 학사는 최초의 근대적 학교이며, 고종은 근대 교육의 방향을 담아 1895년 교육 입국 조서를 반포하였다. ② 서원과 향교 등이 지방에 설치된 것은 조선 시대의 사실로 근대 교육의 전개와는 관련이 없는 사실이다.

오답 피하기 ① 육영 공원은 정부가 주도하여 설립한 최초의 근대 관립 학교이다.
③ 개신교 선교사들은 배재 학당 등을 설립하여 교육에 공헌하였다.
④ 동문학은 정부가 통역관을 양성하기 위해 설립한 외국어 교육 기관이다.
⑤ 민족 운동가들에 의해 대성 학교와 오산 학교 등 많은 학교가 세워졌다.

4일 교과서 대표 전략 ② Book 1 62~63쪽

01 ③ 02 ③ 03 ② 04 ④ 05 ④ 06 ③ 07 ⑤ 08 ④

01 호포제의 시행 결과

자료에서 군포 납부층 중 면제층이 급격히 줄어들었고, 양반도 납부층에 포함된 것을 알 수 있다. ③ 흥선 대원군은 군정의 문란을 해결하기 위해 집집마다 군포를 거두는 호포제를 시행하였고, 이를 통해 양반층도 군포를 납부하게 되면서 군포의 납부층이 크게 증가하였다.

오답 피하기 ① 서원 철폐로 인해 면세지가 감소하면서 국가 재정이 다소 증가하였다.
② 경복궁 중건 비용을 마련하기 위해 당백전이 발행되었으며, 고액 화폐인 당백전의 남발로 인해 물가가 상승하는 결과를 가져왔다.
④ 사창제는 환곡제의 문란을 시정하기 위해 실시된 제도이다.
⑤ 삼정이정청은 임술 농민 봉기 이후 삼정의 문란을 시정하기 위해 설치되었던 기구이다.

02 신미양요 중의 사실

자료에서 제너럴셔먼호 사건이 제시되었고, 이를 빌미로 일어난 사실이라고 하였으므로 (가) 사건이 신미양요임을 알 수 있다.

선택지 바로 보기

① 고종이 친정을 시작하였다. (×)
→ 고종이 친정을 시작한 것은 1873년부터이다.
② 남연군 묘 도굴이 시도되었다. (×)
→ 독일 상인인 오페르트가 남연군의 묘를 도굴하려고 한 것은 1868년이다.
③ 광성보에서 어재연이 항전하였다. (○)
→ 1871년 신미양요 당시 광성보에서 어재연이 미군에 항전하였다.
④ 신식 군대인 별기군이 창설되었다. (×)
→ 신식 군대인 별기군이 창설된 것은 1881년이다.
⑤ 강화도의 외규장각 도서가 약탈당했다. (×)
→ 강화도의 외규장각 도서는 1866년 병인양요 당시 약탈당했다.

03 조·미 수호 통상 조약의 특징

자료에서 조선이 서양 국가와 맺은 최초의 조약이라고 한 점, 조선에 온 공사의 내한에 따른 답례로 보빙사가 파견되었다는 점 등을 통해 (가) 조약이 조·미 수호 통상 조약임을 알 수 있다. ㄱ. 조·미 수호 통상 조약은 거중 조정을 포함하였다. ㄷ. 조·미 수호 통상 조약은 미국에 최혜국 대우를 인정하였다.

오답 피하기 ㄴ. 해안 측량권은 1876년에 조선과 일본이 체결한 강화도 조약에 포함되었다.
ㄹ. 운요호 사건을 계기로 체결된 조약은 강화도 조약이다.

더 알아보기⁺ 조·미 수호 통상 조약

> 제1관 대조선국 군주와 대미국 대통령 및 그 인민들은 각각 모두 영원히 화평하고 우애 있게 지낸다. 만약 타국이 어떤 불공평하고 경멸하는 일을 일으켰을 때는 일단 확인하고 서로 도와주며, 중간에서 잘 조정하여 두터운 우의를 보여 준다.
> 제5관 미국 상인과 상선이 조선에 와서 무역할 때 입출항하는 화물은 모두 세금(관세)을 바쳐야 하며, 그 수세권은 조선이 자주적으로 가진다.
> 제14관 조약을 체결한 뒤에 통상, 무역, 상호 교류 등에서 본 조약에 부여되지 않은 어떠한 권리나 특혜를 다른 나라에 허가할 때에는 자동적으로 미국 관민에게도 똑같이 주어진다.

제1관은 거중 조정에 관한 내용을 담고 있으며, 제5관은 관세를 부과하기로 합의한 사항을 보여 준다. 제14관은 최혜국 대우 조항이다.

04 임오군란 중의 사실

자료에서 구식 군인들이 주도하여 일으킨 봉기라고 하였으므로 (가) 사건이 1882년에 일어난 임오군란임을 알 수 있다.

선택지 바로 보기

① 개항 반대 상소를 올린 유생 (×)
→ 개항 반대 상소는 1876년 강화도 조약의 체결 전후로 많이 제기되었다.
② 거문도를 불법 점령한 영국군 (×)
→ 러시아 견제를 명분으로 영국이 거문도를 점령한 것은 1885년의 사실이다.
③ 단발령의 발표에 저항하는 의병 (×)
→ 단발령이 발표된 것은 1895년 을미개혁 때의 사실이다.
④ 별기군 폐지를 명하는 흥선 대원군 (○)
→ 임오군란 당시 흥선 대원군이 재집권하였으며, 그는 기존의 개화 정책을 무효로 하면서 별기군을 폐지하였다.
⑤ 개혁 정강을 발표하는 급진 개화파 (×)
→ 급진 개화파가 개혁 정강을 발표한 것은 갑신정변 때의 사실이다.

05 동학 농민 운동의 전개 과정

군수 조병갑의 탐학에 맞서 일어났다는 사실과 제시된 사발통문 자료를 통해 (가) 사건이 고부 농민 봉기임을 알 수 있다. ㄴ. 고부 농민 봉기 이후 새로운 군수로부터 폐정 시정을 약속받은 농민군이 자진 해산하였으나 안핵사 이용태가 고부 농민 봉기의 가담자를 체포하고 처벌하자 농민군은 백산에서 다시 봉기하였다. ㄹ. 백산 봉기 이후 황토현 전투와 황룡촌 전투에서 승리한 농민군은 전주성까지 점령하였고, 이후 청·일 양군이 출병한 사실을 알고 정부와 전주 화약을 체결한 후 자진 해산하였다.

오답 피하기 ㄱ. 교조 신원 운동은 교조 최제우의 억울함을 풀어 달라는 동학교도의 집회로 공주, 삼례 등지에서 이루어졌다. 이는 고부 농민 봉기 이전의 사실이다.

ㄷ. 조·청 상민 수륙 무역 장정이 체결된 것은 1882년 임오군란이 청에 의해 진압된 후의 일이다.

06 을사늑약과 한·일 신협약 사이의 사실 이해

자료에서 을사늑약이 체결된 이후의 시기이고, 한·일 신협약이 체결된 시기가 뒤에 제시되어 있으므로 (가)에는 두 사건 사이 시기의 사실이 포함되어야 한다. ③ 고종은 1907년 헤이그 특사를 파견하여 을사늑약의 불법성을 알리고자 하였으나, 일본은 이를 빌미로 고종을 강제 퇴위시키고 순종에게 한·일 신협약 체결을 강요하였다.

선택지 바로 보기

① 명성 황후가 시해되었다. (×)
→ 명성 황후가 시해된 것은 1895년의 사실로 을사늑약 이전이다.
② 러·일 전쟁이 발발하였다. (×)
→ 러·일 전쟁이 발발한 것은 1904년으로 을사늑약 체결 이전이다.
③ 헤이그 특사가 파견되었다. (○)
→ 을사늑약이 강제로 체결된 이후 고종은 열강에 그 부당함을 알리기 위해 이준, 이위종, 이상설을 네덜란드 헤이그에서 열리는 만국 평화 회의에 특사로 파견하였다. 그러나 일본은 이를 빌미로 고종을 강제 퇴위시켰고, 이후 한·일 신협약을 체결하였다.
④ 한국 병합 조약이 체결되었다. (×)
→ 한국 병합 조약은 한·일 신협약 체결 이후인 1910년의 일이다.
⑤ 제1차 한·일 협약이 체결되었다. (×)
→ 제1차 한·일 협약이 체결된 것은 1904년으로 을사늑약이 강제로 체결되기 이전이다.

07 독립 협회의 특징

의회 설립을 추진하며 관민 공동회를 통해 헌의 6조를 결의했다는 점 등을 통해 (가) 단체가 독립 협회임을 알 수 있다. ⑤ 독립 협회는 헌의 6조를 결의하고 고종으로부터 재가를 받는 등 의회 설립 운동을 전개하였다. 그러나 보수 세력이 독립 협회가 공화정 수립을 도모한다고 모함하였고, 정부가 황국 협회와 군대를 동원하여 독립 협회는 강제로 해산되었다.

오답 피하기 ① 제2차 수신사로 김홍집이 일본에서 가져온 『조선책략』에서는 조선이 러시아를 견제하기 위해 미국과 수교해야 함을 역설하였다. 그 결과 1882년 조선은 서양 국가 중 처음으로 미국과 수교하였다.
② 대한 자강회는 고종 강제 퇴위 반대 운동을 전개하였다.
③ 신민회는 공화 정체의 국가 수립을 추구하였다.

④ 신민회는 대성 학교와 오산 학교를 설립하여 교육 진흥을 통한 국권 회복을 추구하였다.

더 알아보기⁺ 독립 협회

- 창립: 서재필이 정부 지원으로 『독립신문』 창간(1896), 독립문 건립 사업 추진 과정에서 개화파 관료들과 독립 협회 창립(1896)
- 참여 계층: 개화 지식인, 학생, 노동자, 농민 등 다양한 계층이 참여
- 주요 활동: 토론회와 강연회 개최, 독립문과 독립관 건립, 만민 공동회 개최(러시아의 간섭과 이권 침탈 저지), 관민 공동회(1898)에서 헌의 6조를 채택하여 이를 바탕으로 중추원 관제 반포 등
- 해산: 보수 세력이 독립 협회가 공화정 수립을 도모한다고 모함 ➡ 고종의 독립 협회 해산 명령, 주요 간부 체포 ➡ 독립 협회가 만민 공동회를 개최하고 철야 농성으로 항의 ➡ 정부가 황국 협회와 군대를 동원해 강제 해산(1898)

08 정미의병의 특징

④ 1907년부터 일어난 정미의병 당시 전국의 의병이 모여 13도 창의군을 결성하였고, 이들을 중심으로 서울 진공 작전이 추진되었다.

오답 피하기 ① 단발령이 내려진 것은 1895년 을미개혁 당시의 사실이다.
② 아관 파천이 단행된 것은 1896년의 사실이다.
③ 청·일 전쟁이 발발한 것은 1894년의 사실이다.
⑤ 을사늑약이 강제로 체결된 것은 1905년의 사실이다.

자료 분석

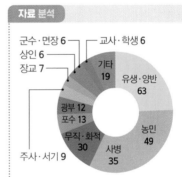

정미의병 당시 의병장의 분포를 보면 유생·양반층뿐만 아니라 농민과 상인 등이 포함되어 있다. 또한 대한 제국 군대의 강제 해산 이후 대한 제국의 장교와 사병 등 군인들도 포함되어 있음을 알 수 있다. 이를 통해 다양한 계층의 사람들이 의병에 참여하였음을 알 수 있다.

2주 누구나 합격 전략

Book 1 64~65쪽

| 01 ④ | 02 ④ | 03 ① | 04 ① | 05 ③ |
| 06 ② | 07 ① | 08 ④ | 09 ① | |

01 흥선 대원군의 개혁 정치

자료에서 흥선 대원군의 개혁 정치 내용이 제시되었으므로 관련된 내용이 자료에 제시되어야 한다. ④ 흥선 대원군은 군정의 문란을 시정하기 위해 호포제를 시행하였다. 균역법을 시행한 것은 영조이다.

오답 피하기 ① 흥선 대원군은 세도 정치의 폐해를 없애고 왕실의 권위를 회복하는 과정에서 안동 김씨 등의 세력을 축출하고 비변사의 기능과 권한을 축소하였다.
② 흥선 대원군은 경복궁 중건을 위한 비용 마련을 위해 당백전을 발행하였다.

③ 흥선 대원군은 전정의 문란을 시정하기 위해 양전 사업을 시행해 숨어 있는 토지를 색출해 내고 조세를 부과하였다.
⑤ 흥선 대원군은 환곡제의 문란을 해결하기 위해 민간에서 곡식을 저장해 두었다가 대여해 주는 사창제를 시행하였다.

02 강화도 조약

일본 국적의 배인 운요호가 조선에 통고 없이 접근하였고, 영종도에 상륙해 주민들을 살해했다는 사실을 통해 자료가 운요호 사건에 대한 내용임을 알 수 있다. 따라서 이 사건을 빌미로 체결한 조약인 (가)는 강화도 조약이다. ④ 고종의 친정 이후 통상 수교 거부 정책이 완화된 상황 속에서 운요호 사건으로 인한 일본의 강요 등으로 인해 강화도 조약이 체결되었다.

오답 피하기 ① 한성 조약은 갑신정변의 결과 조선이 일본과 맺은 조약으로 일본 공사관 신축 비용 등을 조선이 부담하기로 하였다.
② 톈진 조약은 갑신정변의 결과 청·일이 체결한 것으로 양국은 조선에서 양국 군대를 철수하고 향후 출병시 상대방에게 통고하기로 약속하였다.
③ 을사늑약은 1905년 일본의 강요로 체결된 것으로 대한 제국의 외교권 박탈과 통감부의 설치 등의 내용을 담고 있다.
⑤ 제물포 조약은 임오군란의 결과 조선과 일본이 체결한 것으로 일본 공사관에 경비병을 주둔할 수 있도록 허용하였다.

03 임오군란의 배경

자료에서 새로 창설된 별기군과의 차별 대우가 심하다는 점, 월급이 밀리고 쌀값만 폭등하고 있다는 점 등을 통해 임오군란이 일어난 상황임을 알 수 있다.

선택지 바로 보기

① 청군의 개입으로 종결되었다. (○)
→ 구식 군인과 별기군의 차별 대우 등이 원인이 되어 일어난 임오군란은 청군의 진압으로 종결되었다.
② 제너럴셔먼호 사건이 배경이 되었다. (×)
→ 제너럴셔먼호 사건은 1871년에 일어난 신미양요의 배경이었다.
③ 강화도 조약 체결 이전에 발생하였다. (×)
→ 강화도 조약은 1876년에 체결되었으며, 임오군란은 1882년에 일어난 사건이다.
④ 『조선책략』의 유포에 대한 반발이었다. (×)
→ 이만손 등의 영남 유생들은 『조선책략』의 유포에 반대하여 영남 만인소를 올렸다.
⑤ 우정총국 개국 축하연을 계기로 일어났다. (×)
→ 김옥균, 박영효 등이 주도한 갑신정변은 우정총국 개국 축하연을 계기로 한 정변으로 시작되었다.

04 동학 농민 운동의 전개 과정

(가)에는 백산 봉기와 일본군의 경복궁 점령 사이 시기에 있었던 사실이 들어가야 함을 알 수 있다. ① 백산 봉기 이후 황토현 전투와 황룡촌 전투 등에서 승리한 농민군은 전주성까지 점령하였고, 이후 정부와 전주 화약을 맺고 자진 해산하였으나, 일본군이 경복궁을 점령하였다는 소식을 듣고 다시 봉기하였다.

오답 피하기 ② 거문도 사건은 영국이 러시아 견제를 명분으로 거문도를 불법 점령한 것으로 1885년의 사실이다.

③ 조병갑이 만석보를 축조하고 백성들을 수탈한 것은 고부 농민 봉기 이전의 사실이다.
④ 교조 신원 운동은 동학의 교주인 최제우의 억울함을 풀어달라는 것으로 이는 고부 농민 봉기 이전에 있었던 사실이다.
⑤ 전봉준 등 지도부가 체포된 것은 동학 농민군이 우금치 전투에서 패배한 이후의 사실이다.

05 을미개혁의 주요 내용

자료에서 단발 지령문과 이에 반발하는 통문이 제시된 것으로 보아 밑줄 친 '이 개혁'은 1895년의 을미개혁에 해당함을 알 수 있다. ③ 을미개혁에서는 '건양' 연호 사용과 함께 태양력 사용 등의 내용이 추진되었다.

오답 피하기 ① 과거제 폐지는 제1차 갑오개혁의 내용이다.
② 재판소 설치는 제2차 갑오개혁의 내용이다.
④ 과부의 재가 허용은 제1차 갑오개혁의 내용이다.
⑤ 공·사 노비제의 혁파는 제1차 갑오개혁의 내용이다.

더 알아보기+ 을미개혁의 주요 내용

정치	'건양' 연호 사용, 태양력 사용, 친위대(한성)·진위대(지방) 설치
사회	종두법 시행, 단발령 실시, 소학교 설립, 우편 사무 재개 등

06 대한 제국의 정책

토지 소유 증명 문서인 지계를 발급하였다는 사실을 통해 (가) 정부가 대한 제국임을 알 수 있다. ㄱ. 대한 제국은 원수부를 설치하여 황제가 국방에 관해 직접 명령을 내릴 수 있도록 권한을 강화하였다.
ㄷ. 대한국 국제는 대한 제국이 자주독립국임을 천명함과 동시에 황제에게 모든 권한이 집중되어 있음을 밝힌 일종의 헌법이다.

오답 피하기 ㄴ. 홍범 14조는 제2차 갑오개혁 당시 국정 개혁의 기본 방향을 담아 발표한 문서이다.
ㄹ. 만민 공동회는 독립 협회가 개최한 민중 집회로 정부의 외세 의존과 이권 양도 등을 비판하였다.

더 알아보기+ 대한 제국의 양전 사업

조선 시대의 양전, 즉 토지 조사 사업은 20년에 한 번씩 하게 되어 있었으나, 18세기 이후 전국 규모의 양전 사업은 한 차례도 시행되지 않았다. 대한 제국은 조세 수입을 늘리고 토지 소유 관계를 정비하기 위해 양지아문을 설치하여 1898년부터 1904년까지 6년 동안 양전 사업을 실시하였다. 또한 지계아문을 설치하고 토지 소유권을 보장하는 문서인 지계를 발부함으로써 근대적 토지 소유권을 확립하고 국가 재정을 개선할 토대를 마련하였다.

07 헤이그 특사의 파견 배경

자료에서 한국의 외교권 박탈을 규탄하고 있는 장면을 통해 을사늑약에 관련된 특사임을 알 수 있다. ① 헤이그 특사는 을사늑약의 부당함을 알리기 위해 파견되었다.

오답 피하기 ② 한·일 신협약은 헤이그 특사 파견 이후에 체결되었다.
③ 한·일 의정서는 러·일 전쟁 중 일본이 한국의 군사적 요충지를 마음대로 사용하기 위해서 체결한 것이다.
④ 제1차 한·일 협약은 외교와 재정 분야에 외국인 고문을 두도록 하였다.
⑤ 한국 병합 조약은 1910년에 있었던 사실이다.

08 신민회의 특징

자료에서 양기탁 등이 주도한 비밀 결사라고 한 점, 정주에 오산 학교를 세워 교육 진흥을 위해 힘썼다는 점 등을 통해 (가) 단체가 신민회임을 알 수 있다.

선택지 바로 보기

① 단발령의 철회를 요구하였다. (×)
→ 단발령의 철회 등을 요구하며 을미의병이 전개되었다.

② 입헌 정체 수립을 추구하였다. (×)
→ 신민회는 국권 회복과 함께 공화 정체의 국가 수립을 추구하였다.

③ 독립문과 독립관을 설립하였다. (×)
→ 독립 협회의 활동에 해당한다.

④ 국외 독립 운동 기지를 건설하였다. (○)
→ 신민회는 교육 진흥, 산업 진흥 등의 활동 뿐 아니라 남만주 삼원보에 국외 독립운동 기지를 건설하는 활동을 전개하였다.

⑤ 고종 강제 퇴위 반대 운동을 벌였다. (×)
→ 대한 자강회의 활동에 해당한다.

09 국채 보상 운동의 특징

자료에서 나라 빚을 갚고자 추진되었다는 점, 여성들이 가락지와 은장도 등을 내며 도움이 되고자 했다는 점 등을 통해 (가) 운동이 1907년에 전개된 국채 보상 운동임을 알 수 있다. ① 국채 보상 운동은 서상돈 등에 의해 대구에서 먼저 시작되었다.

오답 피하기 ② 화폐 정리 사업은 일본인 재정 고문인 메가타가 주도하였다.
③ 국채 보상 운동은 통감부의 방해로 실패하였다. 조선 총독부는 1910년 이후에 등장하였다.
④ 보안회는 일본의 황무지 개간권 요구 반대 운동을 전개하였다.
⑤ 일본으로의 지나친 곡물 유출을 막기 위해 방곡령이 시행되었으나 일본의 반발 등으로 인해 실패하였다.

2주 창의·융합·코딩 전략 Book 1 66~69쪽

1	②	2	②	3	①	4	①	5	③
6	④	7	③	8	③	9	①	10	①
11	①	12	③						

1 흥선 대원군의 개혁 정치

고종의 아버지라고 제시된 점, 서원 철폐의 실체가 확인되었다는 점 등을 통해 (가) 인물이 흥선 대원군임을 알 수 있다. ㄱ. 흥선 대원군은 왕실의 권위 회복을 위해 경복궁 중건 사업을 추진하였다. ㄷ. 흥선 대원군은 군정의 문란을 시정하기 위해 호포제를 시행하였다.

오답 피하기 ㄴ. 학술 연구를 위해 규장각을 설치한 것은 정조이다.
ㄹ. 균역법을 실시해 군포를 줄인 것은 영조이다.

2 통상 수교 거부 정책과 양요

프랑스군이 강화도를 침략하였다는 점, 당시 외규장각의 도서가 침탈되었다는 점 등을 통해 ② (가) 사건이 병인양요임을 알 수 있다.

선택지 바로 보기

① 척화비가 세워졌다. (×)
→ 척화비는 병인양요와 신미양요가 끝난 후 통상 수교 거부 의지를 널리 알리기 위해 세워졌다.

② 병인박해가 발생하였다. (○)
→ 병인양요는 1866년에 있었던 병인박해를 빌미로 하여 발생하였다.

③ 제너럴셔먼호 사건이 일어났다. (×)
→ 제너럴셔먼호 사건은 신미양요가 일어나는 배경이 된 사건이다.

④ 조·미 수호 통상 조약이 체결되었다. (×)
→ 조·미 수호 통상 조약은 1882년에 체결되었다.

⑤ 오페르트 일행이 남연군 묘 도굴을 시도하였다. (×)
→ 오페르트 일행이 남연군 묘의 도굴을 시도한 사건은 통상 수교 거부 의지를 더욱 키우는 결과를 가져왔다.

자료 분석

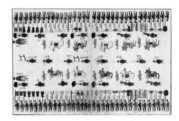

병인양요 당시 프랑스군이 훔쳐 갔던 외규장각 도서 중에는 의궤가 포함되어 있었다. 의궤는 조선 시대 왕실과 국가의 주요 행사 내용을 글과 그림으로 기록한 책이다. 의궤는 왕이 보는 어람용 1부를 포함해 5~9부를 제작하는데, 왕이 직접 보는 어람용은 내용이 정확하고 그림이 풍부하며 종이의 질이나 장정 방식이 뛰어나다. 외규장각 의궤는 대부분 어람용이고, 단 한 점뿐인 것도 30책이 포함되어 있어 매우 중요하다.

3 문호 개방과 개화 정책의 추진

자료에서 1876년 조선이 외국과 맺은 최초의 근대적 조약이라고 한 점 등을 통해 밑줄 친 '조약'이 강화도 조약임을 알 수 있다. ① 강화도 조약에서는 일본의 영사 재판권을 인정하였다.

오답 피하기 ② 임오군란의 결과로 체결된 조약은 제물포 조약, 조·청 상민 수륙 무역 장정이 있다.
③ 거중 조정 조항은 조·미 수호 통상 조약에 포함된 내용이다.
④ 강화도 조약에는 최혜국 대우 조항이 포함되어 있지 않다.
⑤ 대한 제국의 군대 해산을 규정한 것은 한·일 신협약 당시의 비밀 각서에 해당한다.

4 갑신정변

자료에서 우정총국에서 처음 사건이 시작되었다고 한 점, 개화당 세력이 개혁 정강 14개조를 발표하였다는 점, 개화당 세력이 모의한 곳을 방문한 점 등으로 보아 (가) 사건이 1884년에 일어난 갑신정변임을 알 수 있다. ① 갑신정변은 김옥균, 박영효 등의 급진 개화파가 주도하여 일으킨 사건이다.

오답 피하기 ② 제물포 조약 체결의 배경이 된 조약은 임오군란이다.
③ 고종의 강제 퇴위는 을사늑약의 부당함에 항의하기 위해 파견한 헤이그 특사가 빌미가 되었다.
④ 집강소를 설치하여 개혁을 추진한 것은 동학 농민군이다.
⑤ 『대한매일신보』 등 언론의 지원을 받아 전개된 사건은 국채 보상 운동이 대표적이다.

5 동학 농민 운동

자료에서 녹두 장군이라 불린다는 점, 고부 농민 봉기와 전주 화약을 이끌었다는 점 등을 통해 (가) 인물이 전봉준임을 알 수 있다.

선택지 바로 보기

① 군국기무처의 총재가 되었다. (×)
→ 군국기무처의 총재로 임명된 인물은 김홍집이다.

② 헤이그에 특사로 파견되었다. (×)
→ 이준, 이상설, 이위종이 헤이그에 특사로 파견되었다.

③ 동학 농민 운동을 주도하였다. (○)
→ 전봉준은 동학 농민 운동을 주도한 지도자 중 한 명이다.

④ 보빙사의 일원으로 참여하였다. (×)
→ 유길준 등이 보빙사의 일원으로 참여한 인물이다.

⑤ 『조선책략』을 조선에 들여왔다. (×)
→ 수신사로 일본에 다녀온 김홍집이 『조선책략』을 들여왔다.

더 알아보기⁺ 우정총국

우정총국은 조선 말 우편 업무를 담당하던 관청이다. 1884년에 설치되었으나 우정총국 개국 축하연을 이용해 일어난 갑신정변이 실패하면서 폐지되었다. 중단되었던 우편 업무는 1895년 을미개혁 때 부활하였다. 현재 사적 제213호로 지정된 우정총국 건물은 앞면 5칸, 옆면 3칸 규모인 팔작지붕 건물이며, 현재 우정기념관으로 사용되고 있다.

6 갑오·을미 개혁

(가)는 제1차 갑오개혁의 내용, (나)는 제2차 갑오개혁의 내용, (다)는 을미개혁에 해당하는 내용이 제시되어야 한다. ④ 과거제 폐지는 제1차 갑오개혁의 내용이며, 재판소 설치는 제2차 갑오개혁, 태양력 사용은 을미개혁의 주요 내용이다.

더 알아보기⁺ 갑오·을미개혁의 주요 내용

제1차 갑오개혁	궁내부 설치, 과거제 폐지, 도량형 통일, 신분제 폐지, 과부의 재가 허용, 연좌제 폐지 등
제2차 갑오개혁	지방관의 사법권 배제, 재판소 설치, 교육 입국 조서 반포, 한성 사범 학교 관제 마련
을미개혁	'건양' 연호 사용, 태양력 사용, 종두법 시행, 단발령 실시, 소학교 설립

7 독립 협회의 활동

자료에서 1896년 설립되었다는 점, 만민 공동회를 개최하는 등 민권 향상을 위해 노력하였다는 점 등을 통해 (가) 단체가 독립 협회임을 알 수 있다. ③ 독립 협회는 정부와 관민 공동회를 개최하고 헌의 6조를 결의하였다.

오답 피하기 ① 영선사는 청나라에 파견한 사절단으로 이후 기기창이 만들어지는 계기가 되었다.
② 임오군란은 1882년에 일어난 사건으로 구식 군인들과 도시 빈민들이

가담하였다.
④ 홍범 14조는 제2차 갑오개혁 당시 국정 개혁의 기본 방향을 담아 고종이 발표한 것이다.
⑤ 신민회는 일제가 날조한 105인 사건을 계기로 와해되었다.

8 대한 제국과 광무개혁

자료에서 황제의 나라, 대한 제국이라고 제시되었고, 고종이 황제로 즉위한 이후 대한 제국의 역사를 다루고 있다는 점을 통해 해당 도서에는 1897년 이후 대한 제국 시기의 사실이 포함되어야 함을 알 수 있다. ③ 광무개혁은 대한 제국이 추진한 일련의 개혁으로 구본신참의 원칙에 따라 추진되었다.

오답 피하기 ① 임오군란은 1882년에 일어난 사건이다.
② 갑신정변은 1884년에 일어난 사건이다.
④ 강화도 조약은 1876년에 체결되었다.
⑤ 동학 농민 운동은 1894년에 일어났다.

9 일제의 국권 침탈

자료에서 고종 황제가 이준 열사에게 수여한 특사 위임장이 제시된 점, 네덜란드에서 열강에 일본의 부당함을 호소하였다는 점 등을 통해 밑줄 친 '특사'가 1907년에 파견된 헤이그 특사임을 알 수 있다.

선택지 바로 보기

① 을사늑약이 강제 체결되었다. (○)
→ 고종은 을사늑약의 부당함을 전 세계에 알리기 위해 이준, 이상설, 이위종을 특사로 네덜란드 헤이그에 파견하였다.

② 고종이 강제로 퇴위당하였다. (×)
→ 헤이그 특사 파견을 빌미로 일본은 고종 황제를 강제로 퇴위시켰다.

③ 명성 황후가 일본에 시해되었다. (×)
→ 명성 황후가 일본에 시해된 을미사변은 1895년의 사실이다.

④ 대한 제국이 일본에 강제 병합되었다. (×)
→ 대한 제국이 일본에 강제 병합된 것은 1910년의 사실이다.

⑤ 대한 제국의 군대가 강제 해산되었다. (×)
→ 대한 제국의 군대가 강제로 해산된 것은 1907년 한·일 신협약의 비밀 각서에 따른 것이다.

더 알아보기⁺ 헤이그 특사

고종은 1907년 네덜란드 헤이그에서 열린 만국 평화 회의에 이준, 이상설, 이위종을 특사로 파견하여 을사늑약의 불법성을 폭로하고자 하였다. 헤이그에 파견된 특사들은 일본의 방해로 회의 참석을 거부당하였지만, 각국 대표들에게 탄원서를 제출하고 신문 기자단이 모인 국제 협회에 한국 정부의 입장을 알리는 등 외교적 노력을 펼쳤다. 하지만 성과를 거두지 못하였고, 특사 파견을 빌미로 일본이 고종을 강제로 퇴위시키고 순종을 즉위시켰다.

10 애국 계몽 운동

자료에서 양기탁이 제시되었고, 안창호와 함께 공화 정체 국가 수립을 목표로 한 비밀 결사를 결성하였다는 사실을 통해 (가) 단체가 신민회임을 알 수 있다. ㄱ. 신민회는 교육 진흥을 위해 오산 학교와 대성 학교를 설립하였다. ㄴ. 신민회는 태극 서관과 자기 회사를 통해 산업 진흥을 꾀하고자 하였다.

오답 피하기 ㄷ. 대한 자강회는 고종 강제 퇴위 반대 운동을 전개하였다.
ㄹ. 보안회는 일본의 황무지 개간권 요구에 맞서 반대 운동을 전개하여 이를 저지하는 데 성공하였다.

11 경제적 구국 운동

자료에서 서상돈상(賞)이 언급되었고, 나라 빚을 갚아 국권을 지키고자 하였다는 점을 통해 (가) 운동이 국채 보상 운동임을 알 수 있다. ① 국채 보상 운동은 서상돈 등의 제안에 따라 대구에서부터 시작되었다.

오답 피하기 ② 화폐 정리 사업은 기존에 사용하던 구 화폐를 새 화폐로 교체한 사업이다.
③ 국채 보상 운동은 1907년에 전개된 운동으로 갑오·을미개혁 이후의 사실이다.
④ 교조 최제우의 신원을 요구한 것은 동학 농민 운동 이전에 있었던 교조 신원 운동에 해당한다.
⑤ 동학 농민군은 전주 화약의 체결 이후 집강소를 통해 폐정의 개혁을 추진하였다.

더 알아보기+ 국채 보상 운동

배경	제1차 한·일 협약 이후 일본의 차관 도입 강요 → 대한 제국의 경제가 일본에 예속화
전개	• 대구를 시작으로 전국에서 국채 보상 운동 전개 • 『대한매일신보』 등 언론 기관 및 각종 단체 등에서 참여 • 부녀자, 기생, 승려 등 각계각층의 사람들이 참여
결과	통감부의 탄압으로 중단

12 근대 문물의 수용

자료에서 근대 문물의 수용이라는 주제에 대해서 세부 발표 주제를 말해 보자고 하였으므로, 학생들의 답변으로는 개항 이후 근대 문물과 관련된 주제가 제시되어야 함을 알 수 있다. ③ 수원 화성은 정조 때 건설된 건축물이다.

오답 피하기 ① 서대문과 청량리 구간에 놓인 전차는 근대 문물의 사례에 해당한다.
② 경인선과 경부선 등의 철도는 개항 이후 도입된 대표적인 근대 문물 중 하나이다.
④ 원산 학사는 우리나라 최초의 근대적 학교이며, 육영 공원은 최초의 근대적 관립 학교이다.
⑤ 『한성순보』는 우리나라 최초의 근대적 신문이며, 『독립신문』은 최초의 민간 신문이다.

더 알아보기+ 근대 시설의 도입

교통	• 전차: 서대문~청량리(1899) • 철도: 경인선(1899), 경부선(1905), 경의선(1906)
통신	• 우편: 우정총국 설치(1884) → 갑신정변으로 중단 → 1895년 을미개혁 때 부활(1895), 만국 우편 연합 가입(1900) • 전신: 일본~부산(1884, 일본), 인천~서울~의주(1885, 청) • 전화: 경운궁에 처음 가설 → 한성~인천 시외 전화(1902)
의료	광혜원(1885), 국립 광제원(1900), 적십자 병원(1905)
의료	• 박문국 설립(1883, 신문 발행) • 기기창 설립(1883, 무기 제조) • 전환국 설립(1883, 화폐 발행) • 경복궁에 전등 가설(1887)

신유형·신경향·서술형 전략   Book 1 72~75쪽

01 ②	02 ④	03 ①	04 ③	05 ③	06 ④
07 ①	08 ⑤	09 ④	10 해설 참조		
11 해설 참조		12 (1) 갑신정변 (2) 해설 참조			
13 (1) 헤이그 특사 (2) 해설 참조					

01 도교 사상이 반영된 문화유산

제시된 문화유산에 공통으로 반영된 사상은 도교이다. 고구려 강서 고분 현무도는 동서남북의 방위신 중 북쪽의 현무를 지칭한다. 산수 무늬 벽돌은 백제 시대의 것으로 하단에는 수면을, 중간에는 신선이 사는 산을 묘사하였다. 백제 금동 대향로는 정상에 봉황을, 아래에는 용을 배치하여 신선이 사는 이상 세계를 표현하였다. ㄱ. 도교는 삼국 시대 귀족 사회를 중심으로 유행하였다. ㄹ. 연개소문은 귀족과 연계된 불교 세력을 억누르기 위해 불교 사찰을 도교 사원으로 바꾸고 도교를 장려하기도 하였다.

오답 피하기 ㄴ. 신라 법흥왕 때 이차돈의 순교로 불교가 공인되었다.
ㄷ. 신라 말 호족의 지원으로 불교의 한 갈래인 선종이 유행하였고, 9산 선문이 성립되었다.

02 역사서의 편찬

(가) 인물은 『삼국사기』를 편찬한 김부식이다. 김부식은 고려 전기의 문벌로 경주 지방의 호장 가문 출신이다. ④ 김부식은 개경 귀족 세력으로서 묘청 등이 일으킨 서경 천도 운동을 진압하였다.

오답 피하기 ① 조선 세종 때 궁궐 안에 집현전을 설치하였다.
② 임진왜란 당시 곽재우 등이 의병을 일으켜 왜군을 공격하였다.
③ 고려 전기 숙종 때 윤관이 별무반을 조직하고 여진을 정벌하여 동북 9성을 쌓았다.
⑤ 고려 말 공민왕의 개혁 정치 시기 신진 사대부들은 성리학을 수용하고 불교의 폐단을 비판하였다.

더 알아보기+ 김부식

경주 김씨 김부식은 신라 무열왕의 후손으로 고려 전기 문신이다. 경주의 호장 가문 출신으로 묘청의 서경 천도 운동 때 관군의 사령관으로 임명되어 직접 군대를 이끌고 난을 진압하였다. 이후 인종의 명에 따라 『삼국사기』를 편찬하였다.

03 동학 농민 운동

자료에서 1894년 농민군이 백산에서 봉기한 사실과 우금치 전투까지의 내용을 다룬다는 점을 통해 자료가 동학 농민 운동에 대한 뮤지컬임을 알 수 있다. 따라서 뮤지컬에는 동학 농민 운동과 관련된 장면이 제시되어야 한다. ① 황룡촌 전투는 제1차 봉기 당시 동학 농민군이 관군에 맞서 승리한 주요 전투 중 하나이다.

오답 피하기 ② 구식 군인들이 봉기를 일으킨 장면은 임오군란 당시에 볼 수 있는 모습이다.
③ 우정총국에서 정변이 일어난 모습은 갑신정변 당시 볼 수 있는 모습이다.

④ 만민 공동회에서 연설하는 모습은 독립 협회 설립 이후의 모습이다.
⑤ 척화비를 세우는 모습은 신미양요 이후의 상황에 해당한다.

04 근대 교육의 전개

(가)는 우리나라 최초의 근대적 학교라는 사실을 통해 원산 학사임을 알 수 있고, (나)는 정부에서 설립한 최초의 근대적 학교로 헐버트와 길모어를 교사로 하였다는 사실을 통해 육영 공원임을 알 수 있다. (다)는 통역관 양성을 위해 설립한 외국어 교육 기관이라는 점을 통해 동문학임을 알 수 있다. ③ (가)는 원산 학사, (나)는 육영 공원, (다)는 동문학에 해당한다.

오답 피하기 배재 학당은 선교사 아펜젤러가 세운 근대적 교육 기관이다.

더 알아보기+ 근대적 교육 기관

1880년대	• 원산 학사(1883): 최초의 근대식 교육 기관, 함경도 덕원·원산 주민이 세움 • 동문학(1883): 정부가 설립한 외국어 교육 기관 • 육영 공원(1886): 서양식 근대 교육 기관, 미국인 교사 초빙, 현직 관리와 양반 자제 대상 교육 • 개신교 선교사들이 배재 학당, 이화 학당 등 설립
갑오개혁기	교육 입국 조서 반포(1895) → 근대 학교에 관한 법규 제정, 학교 설립
을사늑약 전후 시기	• 애국 계몽 운동 단체의 사립 학교 설립(대성 학교, 오산 학교 등) • 일제의 탄압: 사립 학교령 공포(1908), 교과서 검정 제도 실시

05 삼국의 교류와 항쟁

(가)는 후기 가야 연맹의 중심지인 대가야이다. (나)는 전기 가야 연맹의 중심지인 금관가야이다. ③ 4세기 말 왜가 신라를 공격하자 광개토 대왕은 군대를 보내 신라를 구원하였는데, 이 과정에서 금관가야도 고구려의 공격으로 큰 타격을 받았다. 이후 연맹의 주도권이 고령의 대가야로 넘어가게 되었다.

오답 피하기 ① 6세기 신라 지증왕 때 '신라' 국호와 '왕' 호칭을 사용하였으며 우산국을 정복하였다.
② 4세기 고구려 소수림왕 때 왕권을 강화하기 위해 율령을 반포하고 불교를 공인하였다.
④ 6세기 백제 성왕은 중흥을 위해 웅진에서 사비로 수도를 옮겼다.
⑤ 6세기 신라 진흥왕은 화랑도를 국가적 조직으로 개편하였고, 백제와 연합하여 한강 지역을 차지하였다. 또한, 대가야를 정복하고 함경도 지역까지 진출하였다.

06 양 난의 발발

(가) 전쟁은 임진왜란이다. 임진왜란 초기 조선은 왜군을 막아내지 못하고 20일 만에 수도를 빼앗겼다. 이 과정에서 경복궁을 비롯한 창덕궁, 창경궁도 모두 불에 타 버렸다. 왜란이 끝났으나 경복궁은 재건되지 못하였고, 결국 270년이 지난 흥선 대원군 집권 시기 대규모로 중건되었다.

① 장수왕이 한성을 점령하였다. (×)
→ 5세기 고구려의 장수왕은 남진 정책을 추진하여 백제의 한성을 점령하고 한강 유역을 장악하였다.
② 삼별초가 진도에서 항전하였다. (×)
→ 고려 후기 몽골의 침략에 항전하던 고려 정부가 항복하고 개경으로 환도하자, 삼별초가 진도로 거점을 옮겨 계속 항전하였다.
③ 인조가 남한산성에서 항전하였다. (×)
→ 병자호란 당시 인조는 남한산성에서 항전하였으나, 결국 삼전도에서 청에 항복하고 군신 관계를 맺었다.
④ 곽재우가 의병장으로 활약하였다. (○)
→ 임진왜란 당시 곽재우 등 의병장들이 활약하였다.
⑤ 강감찬이 귀주에서 거란을 격퇴하였다. (×)
→ 고려 전기 거란의 침입에 맞서 강감찬이 귀주에서 거란을 물리쳤다.

07 통상 수교 거부 정책의 추진

흥선 대원군이 천주교 금지 여론이 고조된 상황 속에서 일으켰고, 병인양요의 배경이 되었다는 점을 통해 병인박해에 대한 것임을 알 수 있다. ① 병인박해는 1866년 천주교 신자 등을 박해한 사건으로 병인양요의 배경이 되었다.

오답 피하기 ② 임오군란은 구식 군인들이 개화 정책의 추진 등에 반발하여 일으킨 사건이다.
③ 갑신정변은 급진 개화파 세력이 우정총국 개국 축하연을 계기로 하여 일으킨 사건이다.
④ 운요호 사건은 1875년 일본의 운요호가 강화도와 영종도 등을 공격한 사건으로 강화도 조약 체결의 배경이 되었다.
⑤ 제너럴셔먼호 사건은 미국 상선인 제너럴셔먼호를 평양의 관민들이 불태워 침몰시킨 사건으로 신미양요의 배경이 되었다.

더 알아보기+ 병인양요

• 배경: 흥선 대원군의 천주교 신자와 프랑스 선교사 처형(병인박해, 1866)
• 전개: 프랑스군이 강화도를 침입 → 한성근(문수산성), 양헌수(정족산성)의 항전 → 프랑스의 퇴각
• 결과: 프랑스군이 퇴각하면서 강화도 외규장각의 도서를 약탈함.

08 대한 제국과 광무개혁

1897년 수립되었고, 고종이 황제로 즉위했다는 사실들을 통해 (가) 정부가 대한 제국임을 알 수 있다. ⑤ 대한 제국은 지계아문을 설립하고 토지 소유자를 조사하여 근대적 토지 소유 증명 문서인 지계를 발급하였다.

오답 피하기 ① 과거제와 노비제 폐지는 제1차 갑오개혁의 내용이다.
② 조·미 수호 통상 조약 체결은 1882년 대한 제국 수립 이전이다.
③ 교정청을 설치하여 개혁을 꾀한 것은 1894년의 사실이다.
④ 공화 정체의 국가 수립을 꾀한 것은 신민회이다.

더 알아보기+ 교정청

1894년 동학 농민군과 전주 화약을 맺은 조선 정부는 독자적인 개혁을 추진하기 위해 교정청을 설치하였다. 하지만 일본이 경복궁을 점령하고 군국기무처를 설치하였고, 교정청은 철폐되었다.

09 을사의병의 특징

을사늑약의 부당함에 맞섰다는 점, 최익현을 기리는 동상이 제시되어 있는 점 등으로 보아 밑줄 친 '의병'이 을사늑약 체결에 반대하며 일어난 을사의병임을 알 수 있다.

선택지 바로 보기

① 13도 창의군을 결성하였다. (×)
→ 13도 창의군이 결성된 것은 정미의병 당시의 사실이다.

② 서울 진공 작전을 전개하였다. (×)
→ 서울 진공 작전은 정미의병 당시 유생 의병장들을 중심으로 결성된 13도 창의군이 추진하였다.

③ 동학 농민 운동에 가담하였다. (×)
→ 동학 농민 운동은 1894년에 일어난 사실로 을사늑약은 그 이후의 사실에 해당한다.

④ 신돌석 등의 평민 의병장이 활약하였다. (○)
→ 을사의병 당시에는 유생 의병장 외에 신돌석과 같은 평민 의병장도 활약하였다.

⑤ 고종의 해산 권고 조칙으로 해산되었다. (×)
→ 을미의병은 아관 파천 이후 고종의 해산 권고 조칙이 내려지자 대부분 해산하였다.

더 알아보기⁺ 신돌석

1905년 을사늑약이 체결되자 봉기하여 경상도와 강원도 일대에서 유격전을 펼쳐 많은 전과를 올렸다. 정미의병 당시 13도 창의군이 결성될 때 경상도 의병을 대표해 의병 1,000여 명을 이끌고 참여하고자 했지만, 평민 출신이라는 이유로 참여하지 못하였다. 이후 다시 돌아와 안동, 울진, 삼척 등에서 활약하며 '태백산 호랑이'라고 불릴 만큼 활약하였다.

10 광종의 통치 체제 정비, 공민왕의 개혁 정치

예시 답안 ㉠은 광종의 노비안검법, ㉡은 공민왕 때 전민변정도감으로, 노비안검법은 호족의 경제적, 군사적 기반을 약화시켰고, 전민변정도감은 권문세족의 세력을 약화시키기 위해 설치되었다.

채점 기준	배점
㉠, ㉡의 명칭을 정확하게 쓰고, 두 정책을 정확히 비교하여 서술한 경우	상
㉠, ㉡의 명칭을 정확하게 쓰거나, 두 정책을 비교하여 서술한 경우 (둘 중 하나만 정확한 경우)	중
㉠, ㉡의 명칭만 정확하게 쓴 경우, 또는 두 정책 가운데 하나만 서술한 경우	하

11 조선의 통치 체제 정비

예시 답안 (가)는 6조 직계제, (나)는 의정부 서사제이다. (가)는 왕권을 강화하는 제도이고, (나)는 왕권과 신권이 조화를 이루는 제도이다.

채점 기준	배점
(가), (나)의 명칭을 정확하게 쓰고, 두 제도를 정확히 비교하여 서술한 경우	상
(가), (나)의 명칭을 정확하게 쓰거나, 두 제도를 정확히 비교하여 서술한 경우 (둘 중 하나만 정확한 경우)	중
(가), (나)의 명칭만 정확하게 쓴 경우, 또는 두 제도 가운데 하나만 서술한 경우	하

12 갑신정변

(1) 갑신정변

(2) **예시 답안** • 의의: 우리나라 최초의 근대 국가 수립을 위한 정치·사회 개혁 운동이었다.
• 한계: 일본의 군사적 지원에 의존하였으며, 민중의 지지를 이끌어 내지 못하였다.

채점 기준	배점
갑신정변의 사건 명칭을 정확하게 쓰고, 갑신정변의 의의와 한계를 구분하여 각각 1가지씩 서술한 경우	상
갑신정변의 사건 명칭을 정확하게 썼으나, 갑신정변의 의의와 한계 중 한 가지만 서술한 경우	중
갑신정변의 명칭만 제대로 쓴 경우	하

13 헤이그 특사

(1) 헤이그 특사

(2) **예시 답안** 고종 황제가 을사늑약의 부당함을 전 세계에 알리기 위해 네덜란드에서 열리는 만국 평화 회의에 특사 자격으로 파견하였다.

채점 기준	배점
헤이그 특사의 명칭을 제대로 서술하고, 이들이 을사늑약의 부당함을 알리기 위해 네덜란드 만국 평화 회의에 파견되었음을 명확하게 서술한 경우	상
헤이그 특사의 명칭을 서술하였으나, 네덜란드 만국 평화 회의에 파견하기 위해서라고만 서술한 경우	중
헤이그 특사의 명칭만 서술한 경우	하

적중 예상 전략

01 ②　　02 ①　　03 ①　　04 ①　　05 ③　　06 ②　　07 ④　　08 ①　　09 ①　　10 ②　　11 ②　　12 ②

서술형 13 (1) 신라 촌락 문서 (2) 해설 참조　14 (1) 홍경래의 난 (2) 해설 참조　15 (1) (가) 제1차 갑오개혁 (나) 제2차 갑오개혁 (2) 해설 참조
16 (1) 을사늑약 (2) 해설 참조

01　신석기 시대의 생활 모습

교사의 질문에 대한 학생의 답변으로 가장 적절한 것은?

ㄴ 빗살무늬 토기이다.

다음 문화유산으로 대표되는 시대의 생활 모습을 말해 볼까요?

① 이동 생활을 했어요.
② 농경과 목축을 시작했어요.
③ 철제 무기가 보급되었어요.
④ 무천이라는 제천 행사가 있었어요.
⑤ 주로 동굴이나 막집에서 생활하였어요.

☑ **출제 의도 파악하기**
제시된 빗살무늬 토기를 보고 신석기 시대임을 파악하고, 신석기 시대의 생활 모습을 이해한다.

★ **문제 해결 Point 쏙쏙**
• 신석기 시대의 도구 ➡ 간석기, 빗살무늬 토기
• 신석기 시대의 생활 모습 ➡ 농경과 목축의 시작

☑ **선택지 바로 알기**
① 이동 생활을 했어요. (×)
　→ 구석기 시대에 대한 설명이다.
② 농경과 목축을 시작했어요. (○)
　→ 신석기 시대에 대한 설명이다.
③ 철제 무기가 보급되었어요. (×)
　→ 철기 시대에 대한 설명이다.
④ 무천이라는 제천 행사가 있었어요. (×)
　→ 철기 시대 동예에 대한 설명이다.
⑤ 주로 동굴이나 막집에서 생활하였어요. (×)
　→ 구석기 시대에 대한 설명이다.
☑ **개념**
제천 행사 초기 여러 나라는 하늘을 믿는 천신 신앙을 바탕으로 왕실의 시조를 하늘과 연결하여 천신의 자손임을 내세웠으며, 국가 차원에서 하늘에 대한 제사를 주관하였다.

02　여러 나라의 성장 - 고구려

밑줄 친 '나라'에 대한 설명으로 옳은 것은?

그 나라에는 왕이 있고, …… 10월에 지내는 제천 행사는 이름하여 '동맹'이라 한다. …… 풍속은 혼인할 때 구두로 미리 정하고, 여자 집의 본채 뒤편에 작은 별채를 짓는데, 그 집을 '서옥'이라 부른다.

　　　　　　　　　　　　　　　　- 『삼국지』, 「위서」, 동이전 -

① 옥저를 정복하였다.
② 22담로에 왕족을 파견하였다.
③ 웅진에서 사비로 수도를 옮겼다.
④ 제가가 다스리는 사출도가 있었다.
⑤ 매소성, 기벌포 전투에서 당군을 격퇴하였다.

☑ **출제 의도 파악하기**
밑줄 친 '나라'가 혼인 풍습으로 서옥제가 있었던 고구려라는 것을 이해한다.

★ **문제 해결 Point 쏙쏙**
• 초기 고구려의 특징
　- 5부 연맹체 연맹 왕국
　- 옥저, 동예 정복
　- 서옥제(혼인 풍습), 동맹(제천 행사)

☑ **선택지 바로 알기**
① 옥저를 정복하였다. (○)
　→ 고구려는 옥저와 동예를 정복하였다.
② 22담로에 왕족을 파견하였다. (×)
　→ 6세기 백제 무령왕의 정책이다.
③ 웅진에서 사비로 수도를 옮겼다. (×)
　→ 6세기 백제 성왕의 정책이다.
④ 제가가 다스리는 사출도가 있었다. (×)
　→ 부여의 정치적인 모습이다.
⑤ 매소성, 기벌포 전투에서 당군을 격퇴하였다. (×)
　→ 신라는 나·당 전쟁에서 당을 물리치고, 삼국을 통일하였다.
☑ **개념**
사출도 연맹 왕국인 부여에는 수도에서 사방으로 통하는 큰길과 그 주변에 있는 사출도라는 지역 단위가 있어 이를 마가, 우가, 저가, 구가 등 제가들이 다스렸다.

밑줄 친 '왕'의 업적으로 옳은 것은?

> 왕이 교서를 내려 말하였다. "…… 역적인 김흠돌 등과 사귀면서 그들이 반역을 꾀한다는 사실을 알고서도 미리 고하지 않았으니, 이는 이미 나라를 걱정하는 생각이 없을 뿐 아니라 공적인 일을 위하여 몸 바칠 뜻도 없는 것이니, ……포고하여 모두가 이것을 알게 하라."
> – 『삼국사기』 –

└ 역적 '김흠돌'이라는 표현을 통해 신문왕임을 알 수 있다.

① 국학을 설립하였다.
② 상경으로 천도하였다.
③ 후백제를 건국하였다.
④ 과거제를 최초로 실시하였다.
⑤ 훈요 10조를 후대 왕에게 남겼다.

☑ **출제 의도 파악하기**
밑줄 친 '왕'이 통일 신라의 신문왕임을 파악하고, 신문왕의 정책을 이해한다.

⭐ **문제 해결 Point 쏙쏙**
• 통일 신라 신문왕의 통치 체제 정비
　– 김흠돌의 난 진압
　– 집사부 중심 중앙 정치 운영
　– 지방 9주 5소경 체제 정비
　– 군사 조직 9서당 10정
　– 관료전 지급
　– 국학 설치

☑ **선택지 바로 알기**
① 국학을 설립하였다. (○)
　→ 신문왕이 유학을 장려하기 위해 세웠다.
② 상경으로 천도하였다. (×)
　→ 발해 문왕 때의 일이다.
③ 후백제를 건국하였다. (×)
　→ 견훤에 대한 설명이다.
④ 과거제를 최초로 실시하였다. (×)
　→ 고려 광종의 정책이다.
⑤ 훈요 10조를 후대 왕에게 남겼다. (×)
　→ 고려 태조에 대한 설명이다.

다음 지도를 통해 알 수 있는 사건에 대한 설명으로 옳은 것만을 〈보기〉에서 고른 것은?

└ '묘청', '서경'을 통해 묘청의 서경 천도 운동임을 알 수 있다.

> • 보기 •
> ㄱ. 풍수지리설이 영향을 주었다.
> ㄴ. 문벌 사회의 동요를 드러냈다.
> ㄷ. 무신 정권의 몰락으로 발생하였다.
> ㄹ. 경원 이씨 가문의 권력 독점으로 이어졌다.

① ㄱ, ㄴ　　② ㄱ, ㄹ　　③ ㄴ, ㄷ
④ ㄱ, ㄴ, ㄹ　　⑤ ㄴ, ㄷ, ㄹ

☑ **출제 의도 파악하기**
지도에 표시된 '묘청'과 '서경'이라는 내용으로 문제가 묘청의 서경 천도 운동에 관한 것임을 파악하고, 서경 천도 운동의 성격을 이해한다.

⭐ **문제 해결 Point 쏙쏙**
• 서경 세력의 주장: 서경 천도, 불교, 풍수지리설 바탕, 황제를 칭하고 연호를 사용, 금국 정벌 주장
• 개경 세력의 주장: 서경 천도 반대, 유교 바탕, 민생 안정 주장, 금과의 사대 관계 유지 주장

☑ **선택지 바로 알기**
ㄱ. 풍수지리설이 영향을 주었다. (○)
　→ 묘청 등 서경 세력은 풍수지리설을 바탕으로 하여 서경 천도를 주장하였다.
ㄴ. 문벌 사회의 동요를 드러냈다. (○)
　→ 이자겸의 난, 묘청의 서경 천도 운동은 문벌 사회의 동요를 보여 준다.
ㄷ. 무신 정권의 몰락으로 발생하였다. (×)
　→ 무신 정권이 무너지자 고려 정부는 몽골에 항복하고 개경으로 환도하였고, 원의 내정 간섭이 시작되었다.
ㄹ. 경원 이씨 가문의 권력 독점으로 이어졌다. (×)
　→ 경원 이씨 가문은 왕실과 혼인을 통해 권력을 독점하였고, 이자겸의 난이 발생하였다.

05 조선 전기의 대외 관계

다음 지도에 표시된 지역에 대한 설명으로 옳은 것은?

지도에 표시된 지역이 압록강 유역의 4군, 두만강 유역의 6진임을 알 수 있다.

① 서희의 외교 담판으로 확보하였다.

② 장보고가 청해진을 설치한 곳이다.

③ 세종 때 여진을 토벌하고 개척하였다.

④ 안용복이 일본에 조선 영토임을 확인받았다.

⑤ 강감찬이 거란을 격퇴하고 천리장성을 쌓았다.

☑ **출제 의도 파악하기**

지도에 표시된 '4군 6진'을 통해 자료가 세종 대의 대외 관계를 나타낸 지도라는 사실을 파악하고, 세종의 정책을 이해한다.

⭐ **문제 해결 Point 쏙쏙**

· 조선 전기의 대외 관계
  – 사대: 명과 조공 – 책봉 관계
  – 교린: 일본, 여진과 관계, 회유책과 강경책

여진	무역소 설치	4군 6진 개척
일본	3포 개방(왜관)	쓰시마섬 토벌

☑ **선택지 바로 알기**

① 서희의 외교 담판으로 확보하였다. (×)
  → 강동 6주에 대한 설명이다.

② 장보고가 청해진을 설치한 곳이다. (×)
  → 오늘날의 전남 완도에 대한 설명이다.

③ 세종 때 여진을 토벌하고 개척하였다. (○)
  → 4군 6진에 대한 설명이다.

④ 안용복이 일본에 조선 영토임을 확인받았다. (×)
  → 울릉도와 독도에 대한 설명이다.

⑤ 강감찬이 거란을 격퇴하고 천리장성을 쌓았다. (×)
  → 압록강에서 도련포에 이르는 지역이다.

06 조선 후기 탕평 정치 - 영조

다음 제도를 시행한 왕의 업적으로 옳은 것은?

> 백성에게 군포 1필을 징수하여 백성의 부담을 줄였다. ……
> 줄어든 군포 수입은 어염세와 선박세 등을 나라 재정으로 돌려 보충하였고, 양민 중에서 먹고살 만한 사람을 선무군관으로 만들어 그들에게 군포를 징수하였다.

└ 영조 때 시행된 균역법

① 녹읍을 폐지하였다.

② 『속대전』을 편찬하였다.

③ 훈민정음을 창제하였다.

④ 수원 화성을 건설하였다.

⑤ 사심관 제도를 시행하였다.

☑ **출제 의도 파악하기**

제시된 자료의 내용이 영조 때 시행된 균역법임을 파악하고, 영조의 탕평 정치와 개혁 정책을 이해한다.

⭐ **문제 해결 Point 쏙쏙**

· 영조: 탕평파 육성, 탕평비 건립, 서원 정리, 균역법 실시, 신문고 부활, 노비종모법 실시, 『속대전』 편찬
· 정조: 규장각 설치, 초계문신제 실시, 장용영 설치, 신해통공(금난전권 폐지), 서얼 차별 완화, 『대전통편』 편찬, 수원 화성 건설

☑ **선택지 바로 알기**

① 녹읍을 폐지하였다. (×)
  → 통일 신라 신문왕 때의 정책이다.

② 『속대전』을 편찬하였다. (○)
  → 조선 후기 영조 때의 정책이다.

③ 훈민정음을 창제하였다. (×)
  → 조선 전기 세종 때의 업적이다.

④ 수원 화성을 건설하였다. (×)
  → 조선 후기 정조 때의 정책이다.

⑤ 사심관 제도를 시행하였다. (×)
  → 고려 태조의 정책이다.

☑ **용어**

어염세, 선박세 균역법의 시행으로 부족해진 세원은 어장, 소금에 매겨지던 어염세와 선박에 매겨지던 세금으로 충당하였다.

07 흥선 대원군의 주요 정책

(가) 인물이 추진한 정책에 대한 설명으로 옳은 것은?

교사: 이 책은 고종의 아버지인 (가) 이/가 주도하여 편
찬한 법전입니다. 정조 이후 80여 년 간의 사실을 보완
한 것으로 조선 500여 년간의 모든 법령이 담긴 법전으
로 평가받고 있습니다.
└ 흥선 대원군

① 『독립신문』을 발행하였다.
② 영남 만인소를 주도하였다.
③ 조사 시찰단을 파견하였다.
④ 서원의 철폐를 단행하였다.
⑤ 조선 중립화 방안을 건의하였다.

☑ 출제 의도 파악하기
자료를 보고 해당 인물이 흥선 대원군임을 파악하고, 흥선 대원군의
주요 정책을 이해한다.

⭐ 문제 해결 Point 쏙쏙
· 고종의 아버지 ➡ 흥선 대원군
· 『대전회통』 ➡ 흥선 대원군 집권기에 편찬한 법전

☑ 선택지 바로 알기
① 『독립신문』을 발행하였다. (×)
　→ 서재필 등에 해당한다.
② 영남 만인소를 주도하였다. (×)
　→ 이만손에 해당한다.
③ 조사 시찰단을 파견하였다. (×)
　→ 고종이 파견하였다.
④ 서원의 철폐를 단행하였다. (○)
　→ 흥선 대원군의 정책이다.
⑤ 조선 중립화 방안을 건의하였다. (×)
　→ 독일 영사 부들러 등에 해당한다.

08 갑신정변

자료에 나타난 사건에 대한 설명으로 옳은 것은?

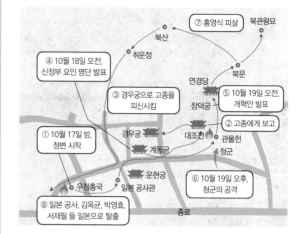

① 급진 개화파가 주도하였다.
② 단발령에 반발하여 일어났다.
③ 천주교 박해가 원인이 되었다.
④ 성리학적 질서를 수호하고자 하였다.
⑤ 보국안민과 제폭구민을 구호로 삼았다.

☑ 출제 의도 파악하기
지도를 통해 갑신정변의 전개 과정을 이해한다.

⭐ 문제 해결 Point 쏙쏙
· 우정총국 정변 시작 ➡ 갑신정변의 시작
· 김옥균, 박영효 등 일본으로 탈출 ➡ 갑신정변이 실패로 끝이 남

☑ 선택지 바로 알기
① 급진 개화파가 주도하였다. (○)
　→ 갑신정변의 주요 특징이다.
② 단발령에 반발하여 일어났다. (×)
　→ 을미의병에 해당한다.
③ 천주교 박해가 원인이 되었다. (×)
　→ 병인박해는 병인양요의 배경이 되었다.
④ 성리학적 질서를 수호하고자 하였다. (×)
　→ 위정척사 세력의 특징이다.
⑤ 보국안민과 제폭구민을 구호로 삼았다. (×)
　→ 동학 농민군의 구호이다.

정답과 해설

09 동학 농민 운동

밑줄 친 '농민군'의 주장으로 옳은 것만을 〈보기〉에서 고른 것은?

황룡촌 전투의 전적지

이곳은 장성 황룡 전적입니다. 농민군은 전주성 점령 계획을 세우고 이를 위한 장소로 황룡을 선택하였습니다. 이곳에서의 승리를 바탕으로 농민군은 전주성까지 점령할 수 있었습니다.

전주성 점령, 동학 농민군의 제1차 봉기 때의 사실

• 보기 •
ㄱ. 탐관오리를 처벌하라!
ㄴ. 조세 제도를 개혁하라!
ㄷ. 『조선책략』의 유포를 금하라!
ㄹ. 청과의 사대 관계를 폐지하라!

① ㄱ, ㄴ ② ㄱ, ㄷ ③ ㄴ, ㄷ
④ ㄴ, ㄹ ⑤ ㄷ, ㄹ

☑ 출제 의도 파악하기

동학 농민 운동의 주요 전투를 파악하고, 동학 농민군의 주요 주장을 이해한다. 밑줄 친 '농민군'은 동학 농민 운동 당시의 농민군이다.

★ 문제 해결 Point 쏙쏙

• 황룡 전적, 전주성 점령: 동학 농민군의 제1차 봉기

☑ 선택지 바로 알기

ㄱ. 탐관오리를 처벌하라! (○)
 → 동학 농민 운동은 고부 군수 조병갑의 탐학으로 시작된 고부 농민 봉기로부터 이어졌으며, 탐관오리를 처벌하라는 요구가 지속되었다.
ㄴ. 조세 제도를 개혁하라! (○)
 → 문란한 조세로 인해 농민들이 어려움을 겪어 조세 제도의 개혁을 요구하였다.
ㄷ. 『조선책략』의 유포를 금하라! (×)
 → 『조선책략』은 제2차 수신사로 일본에 다녀온 김홍집이 가져왔으며, 영남의 유생들은 『조선책략』 유포에 반발하여 영남 만인소를 올렸다.
ㄹ. 청과의 사대 관계를 폐지하라! (×)
 → 청과의 사대 관계 폐지는 급진 개화파의 주요 주장 중 하나이다.

10 대한 제국의 정책

(가) 정부의 정책으로 옳은 것만을 〈보기〉에서 고른 것은?

학생: 이 그림은 곤룡포를 입은 고종 황제의 모습입니다. 곤룡포의 색깔이 황제를 뜻하는 노란색으로 되어 있기 때문에 (가) 을/를 수립한 이후에 그려진 작품임을 알 수 있습니다.

• 보기 •
ㄱ. 지계를 발급하였다.
ㄴ. 재판소를 설치하였다.
ㄷ. 원수부를 설치하였다.
ㄹ. 태양력 사용을 결정하였다.

① ㄱ, ㄴ ② ㄱ, ㄷ ③ ㄴ, ㄷ
④ ㄴ, ㄹ ⑤ ㄷ, ㄹ

☑ 출제 의도 파악하기

황제의 복장을 하고 있는 고종을 보고 대한 제국의 수립 이후임을 파악하고, 대한 제국이 실시한 주요 정책을 이해한다. (가) 정부는 대한 제국이다.

★ 문제 해결 Point 쏙쏙

• 고종 황제의 모습 ➡ 대한 제국 수립 이후

☑ 선택지 바로 알기

ㄱ. 지계를 발급하였다. (○)
 → 대한 제국은 지계아문을 설립하고 지계를 발급하였다.
ㄴ. 재판소를 설치하였다.
 → 재판소 설치는 제2차 갑오개혁의 주요 내용이다. (×)
ㄷ. 원수부를 설치하였다. (○)
 → 대한 제국은 황제가 직접 군대를 통솔할 수 있도록 원수부를 설치하였다.
ㄹ. 태양력 사용을 결정하였다. (×)
 → 태양력 사용을 결정한 것은 을미개혁 때의 사실이다.

☑ 용어

• 지계 대한 제국이 발행한 근대적 토지 소유 증명 문서
• 태양력 태양의 움직임을 기준으로 하는 역법을 의미한다. 조선은 이전에는 태음력을 기준으로 하였다.

11 신민회

(가) 단체에 대한 설명으로 옳은 것만을 〈보기〉에서 고른 것은?

안창호가 평양에 세운 대성 학교의 모표래. 민족 학교의 대표적인 사례라고 하더라.

대성 학교는 공화 정체의 국가 수립을 목표로 한 (가) 의 일원이었던 그가 교육을 통한 구국을 위해 세웠다고 해.

신민회는 국권 회복과 공화 정체의 국가 수립을 목표로 하였음.

— 신민회의 주요 창립자 중 한 명

• 보기 •
ㄱ. 태극 서관과 자기 회사를 설립하였다.
ㄴ. 정부와 함께 관민 공동회를 개최하였다.
ㄷ. 남만주 삼원보에 독립운동 기지를 세웠다.
ㄹ. 일본의 황무지 개간권 요구 반대 운동을 전개하였다.

① ㄱ, ㄴ   ② ㄱ, ㄷ   ③ ㄴ, ㄷ
④ ㄴ, ㄹ   ⑤ ㄷ, ㄹ

☑ **출제 의도 파악하기**
제시된 자료에서 신민회를 떠올리고, 신민회의 주요 활동을 이해한다. (가) 단체는 신민회이다.

⭐ **문제 해결 Point 쏙쏙**
• 안창호, 대성 학교 ➡ 신민회의 교육 진흥 활동
• 공화 정체의 국가 수립 목표 ➡ 신민회의 주요 특징

☑ **선택지 바로 알기**
ㄱ. 태극 서관과 자기 회사를 설립하였다. (○)
  → 신민회는 산업 진흥을 위한 노력으로 태극 서관과 자기 회사를 설립하였다.
ㄴ. 정부와 함께 관민 공동회를 개최하였다. (×)
  → 독립 협회는 정부와 함께 관민 공동회를 개최하고 헌의 6조를 결의하였다.
ㄷ. 남만주 삼원보에 독립운동 기지를 세웠다. (○)
  → 신민회는 남만주 삼원보에 국외 독립운동 기지를 건설하였고, 독립군 양성을 위해 신흥 강습소(후일 신흥 무관 학교)를 설립하였다.
ㄹ. 일본의 황무지 개간권 요구 반대 운동을 전개하였다. (×)
  → 보안회는 일본의 황무지 개간권 요구에 맞서 반대 운동을 전개하였고, 그 결과 일본의 철회를 이끌어 냈다.

12 화폐 정리 사업

자료와 같은 조치에 대한 설명으로 옳은 것은?

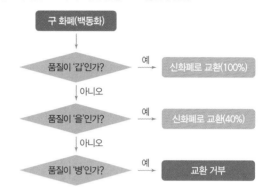

① 을미개혁에 따른 조치였다.
② 메가타의 주도로 진행되었다.
③ 기기창이 설치되는 계기가 되었다.
④ 황국 중앙 총상회의 지원을 받았다.
⑤ 임오군란이 일어나는 배경이 되었다.

☑ **출제 의도 파악하기**
구 화폐(백동화)를 품질에 따라서 신 화폐로 교환하는 정도를 달리하고 있는 것으로 보아 화폐 정리 사업에 대한 것임을 알 수 있다.

⭐ **문제 해결 Point 쏙쏙**
• 구 화폐(백동화)를 신 화폐로 교환 ➡ 화폐 정리 사업

☑ **선택지 바로 알기**
① 을미개혁에 따른 조치였다. (×)
  → 을미개혁에 따른 조치로는 단발령, 태양력 사용 등이 있다.
② 메가타의 주도로 진행되었다. (○)
  → 화폐 정리 사업은 일본인 재정 고문인 메가타의 주도로 이루어졌다.
③ 기기창이 설치되는 계기가 되었다. (×)
  → 기기창은 개화 정책의 일환으로 설치된 근대적 무기 생산 공장으로 영선사의 파견 이후 설치되었다.
④ 황국 중앙 총상회의 지원을 받았다. (×)
  → 황국 중앙 총상회는 시전 상인들이 일본의 경제적 침탈에 맞서 조직한 단체이다. 화폐 정리 사업으로 한국의 상인들은 자본적으로 큰 타격을 입었다.
⑤ 임오군란이 일어나는 배경이 되었다. (×)
  → 임오군란은 구식 군인들을 중심으로 개화 정책 추진에 따른 반발로 일어났다.

13 신라 촌락 문서

주요 내용 통일 신라, 세금 징수, 신라 촌락 문서

다음 자료를 보고 물음에 답하시오.

위 문서는 <u>서원경</u> 부근 4개 촌락의 인구 구성과 토지 면적, 가축의 수 등 경제 상황을 상세하게 담고 있는 문서로 1933년 일본 도다이사 쇼소인에서 발견되었다.

└─ 신라 촌락 문서임을 알 수 있다.

(1) 제시된 문서의 명칭을 쓰시오.

답 신라 촌락 문서

(2) 해당 문서를 제작한 목적을 2가지만 서술하시오.

예시 답안 신라 촌락 문서는 농민을 정확히 파악하고, 공정하게 세금을 징수하기 위한 목적으로 3년마다 변동 사항을 기록하였다.

☑ 출제 의도 파악하기
제시된 자료가 신라 촌락 문서임을 파악하고, 백성의 노동력과 생산 자원을 철저하게 파악하여 관리하려는 국가의 목적을 이해한다.

★ 문제 해결 Point 쏙쏙

- 신라 촌락 문서
  - 일본 도다이사 쇼소인(정창원)에서 발견
  - 서원경(지금의 청주) 부근 4개 촌락의 경제 상황 조사
  - 인구의 수, 논과 밭의 면적, 소와 말의 수 등을 자세히 기록
  - 3년에 한 번씩 기록

채점 기준	배점
문서의 명칭을 정확히 쓰고, 목적을 2가지 서술한 경우	상
문서의 명칭을 쓰고, 목적을 서술한 경우	중
문서의 명칭만 쓰거나, 목적만 서술한 경우	하

14 홍경래의 난

주요 내용 평안도, 조선 후기 농민 봉기

다음 자료를 보고 물음에 답하시오.

평서대원수는 급히 격문을 띄우노니 관서 사람들은 모두 이 격문을 들으라. …… 조정에서 관서를 버림이 썩은 흙과 다름 없다. 심지어 권세 있는 집의 노비들도 관서 사람을 보면 반드시 '평안도 놈'이라고 말한다.
─ 「패림」 ─

(1) 제시된 자료에 나타난 봉기의 명칭을 쓰시오.

답 홍경래의 난

(2) 봉기가 일어난 배경을 2가지만 서술하시오.

예시 답안 홍경래의 난은 평안도 지역에 대한 차별과 지배층의 수탈에 반발하여 발생하였다.

☑ 출제 의도 파악하기
제시된 자료가 홍경래의 난에 관한 것임을 파악하고, 홍경래의 난이 일어난 배경을 이해한다.

★ 문제 해결 Point 쏙쏙

- 홍경래의 난
  - 몰락 양반 홍경래가 평안도 지역에 대한 차별과 지배층의 수탈에 항거하여 봉기
  - 신흥 상공업 세력과 광산 노동자, 빈농 등이 참여
  - 청천강 이북 지역을 장악하였으나 관군에게 진압

채점 기준	배점
봉기의 명칭을 정확히 쓰고, 봉기의 배경 2가지를 서술한 경우	상
봉기의 명칭을 쓰고, 봉기의 배경을 서술한 경우	중
봉기의 명칭만 쓰거나, 봉기의 배경만 서술한 경우	하

15 제1, 2차 갑오개혁의 주요 내용

주요 내용 의정부와 궁내부의 분리, 재판소 설치, 평등 사회의 기반 마련, 민중의 지지 부족

다음 자료를 보고 물음에 답하시오.

(가)	(나)

〈의정부와 궁내부의 분리〉	〈재판소 설치〉

(1) (가), (나)와 같은 정책이 추진된 개혁의 명칭을 각각 쓰시오.

답 (가) 제1차 갑오개혁 (나) 제2차 갑오개혁

(2) 해당 개혁들의 의의와 한계를 각각 1가지씩 서술하시오.

• 의의 : 예시 답안 갑신정변과 동학 농민 운동의 요구 사항이 일부 반영되었고, 신분제 폐지 등 평등 사회의 기반을 마련하였다는 점에 의의가 있다.

• 한계 : 예시 답안 일본의 강요로 추진된 개혁으로 민중의 지지가 부족했고, 국방력 강화와 같은 분야의 개혁에 소홀하였다.

☑ 출제 의도 파악하기
자료의 정책들이 각각 제1, 2차 갑오개혁 시기에 추진된 것임을 파악하고, 갑오개혁의 의의와 한계를 이해한다.

★ 문제 해결 Point 쏙쏙
• 갑오개혁의 의의와 한계
  – 의의: 정치·사회·경제 분야의 근대적 개혁, 신분제 폐지 ➡ 근대 사회의 기틀 마련
  – 한계: 일본의 간섭 아래 추진 ➡ 국민의 지지를 받지 못함, 군사 제도와 토지 제도 개혁 미흡

채점 기준	배점
(가), (나)의 명칭을 모두 제대로 서술하고 갑오개혁의 의의와 한계를 모두 정확하게 서술한 경우	상
(가), (나)의 명칭을 모두 제대로 서술하였으나, 갑오개혁의 의의와 한계 중 1가지만 정확하게 서술한 경우	중
(가), (나)의 명칭만 제대로 서술한 경우	하

16 을사늑약

주요 내용 을사늑약, 외교권 박탈, 통감부 설치

다음 자료를 보고 물음에 답하시오.

오호라 작년 10월에 저들이 한 행위는 만고에 일찍이 없던 일로서, 억압으로 ㉠한 조각의 종이에 조인하여 5백년 전해 오던 종묘사직이 드디어 하룻밤에 망했으니 …… 나라가 이와 같이 망해 갈진대 어찌 한번 싸우지 않을 수 있는가.
└ 을사늑약은 1905년 10월(음력)에 강제 체결됨
└ 을사늑약의 강제 체결을 의미
└ 을사의병을 일으키는 이유를 설명
– 최익현, 「면암집」 –

(1) ㉠에 해당하는 조약의 명칭을 쓰시오.

답 을사늑약

(2) 해당 조약에 담긴 주요 내용을 2가지만 서술하시오.

예시 답안 대한 제국의 외교권을 박탈하는 내용과 대한 제국의 외교권을 관장하기 위해 통감부를 설치하는 내용이 담겨 있다.

☑ 출제 의도 파악하기
제시된 자료가 1905년에 체결된 을사늑약에 반발하는 내용임을 파악하고, 을사늑약의 주요 내용을 이해한다.

★ 문제 해결 Point 쏙쏙
• 을사늑약: 일본군을 동원하여 고종과 대신들을 위협하여 강압적으로 체결 ➡ 외교권 박탈, 통감부 설치(초대 통감 이토 히로부미)

채점 기준	배점
을사늑약 명칭을 제대로 쓰고, 주요 내용을 2가지 모두 제대로 서술한 경우	상
을사늑약 명칭을 제대로 썼으나, 주요 내용을 1가지만 제대로 서술한 경우	중
을사늑약의 명칭만 제대로 서술한 경우	하

| 01 ① | 02 ① | 03 ① | 04 ④ | 05 ⑤ | 06 ② | 07 ③ | 08 ⑤ | 09 ③ | 10 ① | 11 ② | 12 ⑤ |

서술형 **13** 해설 참조 **14** (1) 대동법 (2) 해설 참조 **15** (1) 강화도 조약(조·일 수호 조규) (2) 해설 참조 **16** (1) 신민회 (2) 해설 참조

---

01 고조선의 발전

(가) 국가에 대한 설명으로 옳은 것은?

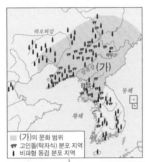

- (가)의 문화 범위
- 고인돌(탁자식) 분포 지역
- 비파형 동검 분포 지역

고조선의 문화 범위를 알려주는 문화유산으로 탁자식 고인돌과 비파형 동검이 있다.

① 8조법으로 사회를 유지하였다.

② 낙랑, 왜 등지에 철을 수출하였다.

③ 영고라 불리는 제천 행사가 있었다.

④ 고구려에 정복당하여 공납을 바쳤다.

⑤ 천군이 다스리는 소도라는 지역이 있었다.

☑ **출제 의도 파악하기**

탁자형 고인돌, 비파형 동검을 통해 제시된 지도가 고조선의 문화 범위임을 파악하고, 고조선의 특징을 이해한다.

★ **문제 해결 Point 쏙쏙**

- 고조선의 건국: 청동기 문화 바탕
- 고조선의 사회: 8조법

☑ **선택지 바로 알기**

① 8조법으로 사회를 유지하였다. (○)

→ 고조선에 대한 설명이다.

② 낙랑, 왜 등지에 철을 수출하였다. (×)

→ 삼한 중 변한에 대한 설명이다.

③ 영고라 불리는 제천 행사가 있었다. (×)

→ 부여에 대한 설명이다.

④ 고구려에 정복당하여 공납을 바쳤다. (×)

→ 옥저, 동예에 대한 설명이다.

⑤ 천군이 다스리는 소도라는 지역이 있었다. (×)

→ 삼한의 제정 분리 모습에 대한 설명이다.

---

02 신라의 불교 공인

밑줄 친 '이 왕'이 시행한 정책으로 옳은 것만을 〈보기〉에서 고른 것은?

이 사진은 <u>이 왕</u> 때, 이차돈이 순교하는 장면을 새겨 놓은 비석입니다. 이차돈의 순교를 계기로 신라는 불교를 공인하였습니다.

• 보기 •

ㄱ. 율령을 반포하였다.

ㄴ. 금관가야를 정복하였다.

ㄷ. 평양으로 수도를 옮겼다.

ㄹ. 마립간 왕호를 사용하였다.

① ㄱ, ㄴ   ② ㄱ, ㄷ   ③ ㄴ, ㄷ

④ ㄴ, ㄹ   ⑤ ㄷ, ㄹ

☑ **출제 의도 파악하기**

제시된 자료가 이차돈의 순교임을 파악하고, 신라 법흥왕 때 시행된 정책을 이해한다.

★ **문제 해결 Point 쏙쏙**

- 신라 법흥왕의 정책
  - 율령 반포, 불교 공인
  - 연호 사용, 병부 설치, 골품제 정비
  - 금관가야 병합

☑ **선택지 바로 알기**

ㄱ. 율령을 반포하였다. (○)

→ 백제 고이왕, 고구려 소수림왕, 신라 법흥왕에 대한 설명이다.

ㄴ. 금관가야를 정복하였다. (○)

→ 신라 법흥왕에 대한 설명이다.

ㄷ. 평양으로 수도를 옮겼다. (×)

→ 고구려 장수왕에 대한 설명이다.

ㄹ. 마립간 왕호를 사용하였다. (×)

→ 4세기 신라 내물왕 때부터 마립간 왕호를 사용하였다.

☑ **개념**

마립간 신라 17대 내물왕 때부터 사용된 왕호로, '대군장'이라는 의미이다. 신라에서는 22대 지증왕 때부터 중국식 왕호인 '왕'이 사용되었다.

(가) 국가에 대한 설명으로 옳은 것은?

└ 대조영이 건국한 사실로 보아 발해임을 알 수 있다.

> 대조영은 본래 고구려의 별종이다. …… 대조영은 …… 동쪽으로 가서 계루부(桂婁部)의 옛 땅을 차지하고, 동모산(東牟山)에 웅거하여 성을 쌓고 살았다.
> – 『구당서』 –

① 해동성국이라 불렸다.
② 22담로에 왕족을 파견하였다.
③ 귀족 회의로 화백 회의가 있었다.
④ 중앙 교육 기관으로 태학이 있었다.
⑤ 군사 조직으로 9서당 10정이 있었다.

☑ 출제 의도 파악하기

제시된 지도와 자료의 대조영이 건국했다는 사실로 발해임을 파악하고, 발해의 특징을 이해한다.

✦ 문제 해결 Point 쏙쏙

• 발해의 건국: 대조영, 고구려 유민과 말갈인
• 발해의 발전: 무왕 ➡ 문왕 ➡ 선왕(해동성국)
• 발해의 멸망: 거란의 침입

☑ 선택지 바로 알기

① 해동성국이라 불렸다. (○)
 → 발해가 크게 성장하자 당은 발해를 해동성국이라 불렀다.
② 22담로에 왕족을 파견하였다. (×)
 → 6세기 백제 무령왕 때의 일이다.
③ 귀족 회의로 화백 회의가 있었다. (×)
 → 신라에 대한 설명이다.
④ 중앙 교육 기관으로 태학이 있었다. (×)
 → 고구려, 백제에 대한 설명이다.
⑤ 군사 조직으로 9서당 10정이 있었다. (×)
 → 통일 신라에 대한 설명이다.

(가) 왕이 시행한 정책으로 옳은 것은?

이 사진은 종묘에 봉안된 (가) 와/과 노국 대장 공주의 그림입니다. (가) 은/는 원 쇠퇴기 반원 개혁 정책을 추진하였습니다.

└ 반원 개혁을 통해 공민왕임을 알 수 있다.

① 훈요 10조를 남겼다.
② 우산국을 정복하였다.
③ 노비안검법을 시행하였다.
④ 전민변정도감을 설치하였다.
⑤ 9주 5소경 체제를 마련하였다.

☑ 출제 의도 파악하기

제시된 그림과 설명을 통해 (가) 왕이 고려 말 공민왕임을 파악하고, 공민왕이 시행한 정책을 이해한다.

✦ 문제 해결 Point 쏙쏙

• 공민왕의 개혁 정치
 – 몽골풍 금지, 기철 등 친원파 숙청
 – 정동행성 이문소 폐지, 쌍성총관부 공격
 – 신돈 등용, 전민변정도감 설치
 – 성균관 정비, 과거제 실시, 신진 사대부 등용

☑ 선택지 바로 알기

① 훈요 10조를 남겼다. (×)
 → 고려 태조에 대한 설명이다.
② 우산국을 정복하였다. (×)
 → 신라 지증왕에 대한 설명이다.
③ 노비안검법을 시행하였다. (×)
 → 고려 광종에 대한 설명이다.
④ 전민변정도감을 설치하였다. (○)
 → 공민왕의 정책이다.
⑤ 9주 5소경 체제를 마련하였다. (×)
 → 통일 신라 신문왕에 대한 설명이다.

☑ 개념

전민변정도감 공민왕이 승려 신돈을 등용하여 설치한 임시 기구이다. 권세가들이 불법으로 소유하고 있는 토지(전)와 양인 농민층(민)을 노비로 부리고 있는 폐단을 해결하고자 설치하였다.

05 조선의 통치 체제 정비 - 세종

(가) 왕에 대한 설명으로 옳은 것은?

사진은 (가) 의 왕자와 손자인 단종의 태실이 모여 있는 공간입니다. 특히 세조의 태실은 즉위한 이후 가봉비를 세워 두었습니다.

└ 손자 단종, 아들 세조를 통해 세종임을 알 수 있다.

① 홍문관을 설치하였다.
② 초계문신제를 시행하였다.
③ 6조 직계제를 시행하였다.
④ 정동행성 이문소를 폐지하였다.
⑤ 여진족을 몰아내고 4군 6진을 설치하였다.

☑ **출제 의도 파악하기**

제시된 사진과 설명을 통해 (가) 왕이 조선 세종임을 파악하고, 세종의 정책에 대해 이해한다.

★ **문제 해결 Point 쏙쏙**

- **세종 때 4군 6진의 개척**
  - 여진을 정벌하고 압록강과 두만강을 경계로 하는 오늘날의 국경선 확정

☑ **선택지 바로 알기**

① 홍문관을 설치하였다. (×)
  → 조선 성종 때 집현전을 계승한 홍문관을 설치하였다.
② 초계문신제를 시행하였다. (×)
  → 조선 후기 정조는 규장각을 설치하고 젊은 관료들을 재교육하는 초계문신제를 시행하였다.
③ 6조 직계제를 시행하였다. (×)
  → 조선 태종, 세조는 왕 중심의 통치 체제 정비를 위해 6조 직계제를 시행하였다.
④ 정동행성 이문소를 폐지하였다. (×)
  → 고려 말 공민왕 때 반원 자주 개혁 정책이다.
⑤ 여진족을 몰아내고 4군 6진을 설치하였다. (○)
  → 조선 세종 때 여진에 대한 대외 정책이다.

☑ **개념**

정동행성 이문소 고려 후기 원 간섭기에 개경에 설치된 기구로, 원나라와의 관계에서 발생한 범죄를 처리하던 사법 기구이다. 정동행성 산하 기구로 출발하였으나 점차 친원 세력이 결집하는 기구로 변질되었다.

06 조선 후기의 사회 모습

다음 자료에 나타난 시기의 사회 모습으로 옳은 것은?

- 연속해서 기근이 들어 구제할 대책이 없자 공명첩을 파는 규정이 말할 수 없이 어지러워졌습니다. 그래서 …… 그 대상이 갓난아이라도 쌀을 받고 공명첩을 주는 상황까지 이르렀습니다. └ 조선 후기 공명첩

- 근래에 전황이 매우 심합니다. 그 폐단을 바로잡으려면 돈을 더 만들어야 합니다. 만약 상평통보를 주조하는 데 필요한 재료의 양보다 적은 양으로 새로운 화폐를 주조하여 …… 그 폐단을 바로잡을 수 있을 것입니다.
└ 조선 후기 전황

① 호족이 지방에서 성장하였다.
② 양반 중심의 신분제가 동요하였다.
③ 향리가 지방의 실질적 운영을 담당하였다.
④ 만적이 신분 해방을 위한 봉기를 계획하였다.
⑤ 가족 내에서 부계와 모계가 동등한 대우를 받았다.

☑ **출제 의도 파악하기**

제시된 자료가 조선 후기 공명첩의 발급, 전황 현상임을 파악하고, 조선 후기의 경제적, 사회적 변화를 이해한다.

★ **문제 해결 Point 쏙쏙**

- **조선 후기의 변화**
  - 정치 운영의 변화: 붕당 → 탕평 → 세도 정치
  - 대외 관계 변화: 연행사(청), 통신사(일) 파견
  - 양반 중심 신분제 동요
  - 상품 화폐 경제의 발달
  - 농민 봉기의 발생

☑ **선택지 바로 알기**

① 호족이 지방에서 성장하였다. (×)
→ 신라 말, 중앙에서 진골 귀족의 왕위 쟁탈전이 벌어져 지방 통제력이 약화되자, 지방에서 호족이 성장하였다.
② 양반 중심의 신분제가 동요하였다. (○)
→ 조선 후기 사회, 경제적 변화로 양반의 수가 크게 증가하고, 양반층이 분화하면서 양반 중심의 신분제가 동요하였다.
③ 향리가 지방의 실질적 운영을 담당하였다. (×)
→ 고려 시대의 사회 모습이다.
④ 만적이 신분 해방을 위한 봉기를 계획하였다. (×)
→ 고려 후기 무신 정권 시기의 모습이다.
⑤ 가족 내에서 부계와 모계가 동등한 대우를 받았다. (×)
→ 고려 시대부터 조선 전기까지의 가족 질서이다. 조선 후기에는 부계 중심의 가족 질서가 강화되었다.

(가) 사건 중에 볼 수 있는 모습으로 옳은 것은?

이곳 절두산 성지는 병인박해 당시 많은 천주교인이 처형당한 곳입니다. 이 사건 이후 프랑스가 강화도를 침략한 (가) 이/가 일어났습니다.

병인박해는 병인양요의 주요 배경

① 제너럴셔먼호를 공격하고 있는 관민
② 남연군의 묘를 도굴하려는 상인 일행
③ 외규장각의 도서를 약탈하는 외국 군인
④ 인천의 개항장에서 거래하는 일본 상인
⑤ 개화 정책을 반대하는 상소를 쓰는 유생

☑ **출제 의도 파악하기**

병인박해와 관련된 장소를 파악하고, 이를 배경으로 프랑스가 강화도를 침략한 병인양요가 일어났음을 파악한다.

⭐ **문제 해결 Point 쏙쏙**

병인박해 이후 프랑스가 강화도를 침략 ➡ 1866년 병인양요

☑ **선택지 바로 알기**

① 제너럴셔먼호를 공격하고 있는 관민 (×)
 → 제너럴셔먼호를 평양 관민이 공격한 사건은 병인양요 이후에 있었던 사실이다.
② 남연군의 묘를 도굴하려는 상인 일행 (×)
 → 독일 상인인 오페르트 일행이 흥선 대원군의 아버지인 남연군의 묘 도굴을 시도한 것은 1868년에 있었던 사실이다.
③ 외규장각의 도서를 약탈하는 외국 군인 (○)
 → 병인양요를 일으킨 프랑스는 강화도에서 퇴각하는 과정에서 강화의 외규장각에 있던 도서와 보물을 약탈해서 가져갔다.
④ 인천의 개항장에서 거래하는 일본 상인 (×)
 → 일본 상인이 인천의 개항장에서 거래하는 것은 1876년 맺어진 강화도 조약 이후의 모습이다.
⑤ 개화 정책을 반대하는 상소를 쓰는 유생 (×)
 → 개화 정책을 반대하는 유생들의 상소는 1880년대 위정척사 운동에 해당한다.

교사의 질문에 대한 학생의 답변으로 가장 적절한 것은?

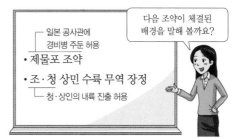

— 일본 공사관에 경비병 주둔 허용
• 제물포 조약
• 조·청 상민 수륙 무역 장정
— 청·상인의 내륙 진출 허용

다음 조약이 체결된 배경을 말해 볼까요?

① 급진 개화파가 정변을 일으켰어요.
② 일본이 운요호 사건을 일으켰어요.
③ 영국이 거문도를 불법 점령하였어요.
④ 프랑스 함대가 강화도를 공격하였어요.
⑤ 구식 군인들이 개화 정책 추진에 반발해 봉기하였어요.

☑ **출제 의도 파악하기**

제물포 조약과 조청 상민 수륙 무역 장정이 임오군란의 결과 체결된 조약임을 파악한다.

⭐ **문제 해결 Point 쏙쏙**

• 제물포 조약 ➡ 임오군란의 결과 조선과 일본이 체결
• 조·청 상민 수륙 무역 장정 ➡ 임오군란의 결과 조선이 청과 체결

☑ **선택지 바로 알기**

① 급진 개화파가 정변을 일으켰어요. (×)
 → 급진 개화파가 일으킨 정변은 갑신정변으로 그 결과 한성 조약과 톈진 조약이 체결되었다.
② 일본이 운요호 사건을 일으켰어요. (×)
 → 일본이 일으킨 운요호 사건을 계기로 조선과 일본 사이에 강화도 조약이 체결되었다.
③ 영국이 거문도를 불법 점령하였어요. (×)
 → 영국이 거문도를 불법 점령한 것은 1885년의 사실이다.
④ 프랑스 함대가 강화도를 공격하였어요. (×)
 → 프랑스 함대가 강화도를 공격한 것은 1866년의 사실이다.
⑤ 구식 군인들이 개화 정책 추진에 반발해 봉기하였어요. (○)
 → 임오군란에 대한 설명이다.

09 동학 농민 운동

(가) 운동의 과정에서 있었던 사실로 옳은 것은?

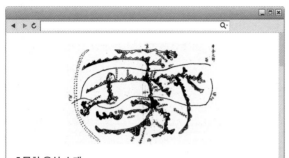

■ 문화 유산 소개
• 명칭: 『공산초비기』 ─── 동학 농민군의 지도자
• 내용: 전봉준 등이 이끈 [(가)] 당시에 치러졌던 우금
  치 전투 등에 참여했던 무위영 참모관인 구완희가
  상대를 진압했던 전투의 상황 및 지형도를 기록한
  자료이다. ─── 동학 농민 운동의 주요 전투

① 단발령이 시행되었다.
② 헌의 6조가 결의되었다.
③ 전주 화약이 체결되었다.
④ 아관 파천이 단행되었다.
⑤ 대한국 국제가 반포되었다.

☑ **출제 의도 파악하기**
전봉준이 이끌었다는 점, 우금치 전투에 참여한 사람이 당시의 지형도
등을 기록했다는 점을 통해 (가) 운동이 동학 농민 운동임을 파악하고,
그 과정에 있었던 사실을 이해한다.

⭐ **문제 해결 Point 쏙쏙**
• 전봉준 ➡ 동학 농민 운동을 이끈 지도자
• 우금치 전투 ➡ 제2차 봉기 당시의 주요 전투

☑ **선택지 바로 알기**
① 단발령이 시행되었다. (×)
  → 단발령의 시행은 1895년 을미개혁 때의 조치에 해당한다.
② 헌의 6조가 결의되었다. (×)
  → 헌의 6조는 1898년에 열린 관민 공동회에서 결의되었다.
③ 전주 화약이 체결되었다. (○)
  → 동학 농민군은 전주성을 점령한 이후 정부와 전주 화약을 체결
    하였다.
④ 아관 파천이 단행되었다. (×)
  → 아관 파천이 단행된 것은 1896년의 사실이다.
⑤ 대한국 국제가 반포되었다. (×)
  → 대한국 국제가 반포된 것은 1899년의 사실이다.

10 독립 협회

(가) 단체에 대한 설명으로 옳은 것은?

> 도전 골든벨!
> 1896년 서재필 등이 독립문을 건립하기 위한 자
> 금을 마련하는 과정에서 결성되었으며, 이후 민권
> 운동과 함께 러시아의 이권 침탈을 견제하는 역할
> 을 하였습니다. 이 단체는 무엇일까요?
> ─── 독립 협회
> 정답: [(가)]

① 만민 공동회를 개최하였다.
② 보부상들이 대거 참여하였다.
③ 대성 학교와 오산 학교를 세웠다.
④ 고종 강제 퇴위 반대 운동을 펼쳤다.
⑤ 공화 정체의 국가 수립을 목표로 하였다.

☑ **출제 의도 파악하기**
서재필 등이 독립문 건립 과정에서 창설한 독립 협회를 파악하고, 그
주요 활동을 이해한다. (가) 단체는 독립 협회이다.

⭐ **문제 해결 Point 쏙쏙**
• 서재필 ➡ 독립 협회의 주요 창립자
• 독립문 건립, 러시아의 이권 침탈 견제 ➡ 독립 협회의 주요 활동

☑ **선택지 바로 알기**
① 만민 공동회를 개최하였다. (○)
  → 독립 협회는 종로에서 대규모의 민중들이 모이는 대중 집회인
    만민 공동회를 개최하여 열강의 이권 침탈 등을 규탄하였다.
② 보부상들이 대거 참여하였다. (×)
  → 독립 협회를 견제하기 위해 보수 관료들이 조직한 황국 협회에
    대한 설명이다.
③ 대성 학교와 오산 학교를 세웠다. (×)
  → 신민회는 교육 진흥을 위해 평양에 대성 학교, 정주에 오산 학교
    를 설립하였다.
④ 고종 강제 퇴위 반대 운동을 펼쳤다. (×)
  → 대한 자강회는 고종 강제 퇴위 반대 운동을 전개하다가 통감부
    의 탄압으로 인해 강제 해산되었다.
⑤ 공화 정체의 국가 수립을 목표로 하였다. (×)
  → 신민회는 국권 회복과 함께 공화 정체의 국가 수립을 목표로 하
    였다.

11 을사늑약

(가) 조약에 대한 설명으로 옳은 것은?

이곳 덕수궁 중명전은 일본이 대한 제국의 외교권을 박탈한 (가) 의 체결 장소로 널리 알려져 있습니다.
— 을사늑약

① 러·일 전쟁 중에 체결되었다.
② 통감부가 설치되는 계기가 되었다.
③ 대한 제국의 군대 해산을 명시하였다.
④ 각 부에 일본인 차관을 임명토록 하였다.
⑤ 한반도 내 군사적 요충지의 사용을 허가하였다.

☑ 출제 의도 파악하기

일본이 대한 제국의 외교권을 박탈하려고 한 조약이 을사늑약임을 파악한다. (가) 조약은 을사늑약이다.

★ 문제 해결 Point 쏙쏙

• 대한 제국의 외교권 박탈 ➡ 을사늑약

☑ 선택지 바로 알기

① 러·일 전쟁 중에 체결되었다. (×)
 → 러·일 전쟁 중에 체결된 조약에는 한·일 의정서와 제1차 한·일 협약이 있다. 을사늑약은 러·일 전쟁 이후에 체결되었다.
② 통감부가 설치되는 계기가 되었다. (○)
 → 을사늑약의 결과 대한 제국의 외교권을 관장하기 위해 통감부가 설치되었고, 초대 통감으로 이토 히로부미가 부임하였다.
③ 대한 제국의 군대 해산을 명시하였다. (×)
 → 고종의 강제 퇴위 이후 한·일 신협약의 비밀 각서를 통해 대한 제국의 군대가 강제로 해산되었다.
④ 각 부에 일본인 차관을 임명토록 하였다. (×)
 → 한·일 신협약에 따른 내용이다.
⑤ 한반도 내 군사적 요충지의 사용을 허가하였다. (×)
 → 한·일 의정서의 주요 내용이다.

12 국채 보상 운동

(가) 운동에 대한 설명으로 옳은 것은?

역사 신문

(가) 기록물, 유네스코 세계기록유산에 등재!

(가) 은/는 일본의 경제 주권 침탈에 맞서 나라의 빚을 갚기 위해 빈부귀천, 남녀노소 등을 뛰어넘어 전 국민이 참여한 경제적 주권 회복 운동이었다. 세계 역사상 유례없는 이러한 민족 운동의 가치를 높이 사, 유네스코는 관련 기록물을 세계기록유산으로 등재하였다.
— 국채 보상 운동의 목적

① 우금치 전투에서 패배하였다.
② 개혁 정강 14개조를 발표하였다.
③ 을미사변과 단발령에 반발하였다.
④ 교조 최제우의 신원을 요구하였다.
⑤ 『대한매일신보』 등 언론의 지원을 받았다.

☑ 출제 의도 파악하기

나라 빚을 갚기 위해 여러 사람들이 노력하였다는 사실을 통해 (가) 운동이 국채 보상 운동임을 파악하고, 그 특징을 이해한다.

★ 문제 해결 Point 쏙쏙

• 나라 빚을 갚기 위해 ➡ 국채 보상 운동의 목적

☑ 선택지 바로 알기

① 우금치 전투에서 패배하였다. (×)
 → 동학 농민군은 제2차 봉기 당시 우금치 전투에서 패배하였다.
② 개혁 정강 14개조를 발표하였다. (×)
 → 급진 개화파는 갑신정변 당시 개혁 정강 14개조를 발표하였다.
③ 을미사변과 단발령에 반발하였다. (×)
 → 을미의병의 발생 배경에 해당한다.
④ 교조 최제우의 신원을 요구하였다. (×)
 → 동학교도들이 전개한 교조 신원 운동에 해당한다.
⑤ 『대한매일신보』 등 언론의 지원을 받았다. (○)
 → 국채 보상 운동은 『대한매일신보』 등 언론의 지원을 받아 전국으로 운동을 확산하였다.

13 고려의 중앙 정치 기구

주요 내용 고려, 2성 6부, 대간, 독자적 기구, 삼사

(가) 정치 기구의 성격을 서술하시오.

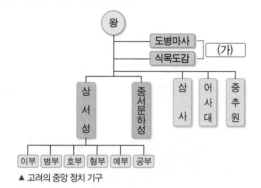

▲ 고려의 중앙 정치 기구

예시 답안 (가) 정치 기구는 고려만의 독자적 정치 기구로 중서문하성의 고위 관리인 재신과 중추원의 고위 관리인 추밀이 모여 논의하는 회의 기구이다.

☑ 출제 의도 파악하기
고려 시대 고위 관리들의 회의 기구인 도병마사와 식목도감의 성격과 기능을 이해한다.

✦ 문제 해결 Point 쏙쏙

• 고려의 중앙 정치 기구
 − 2성 6부: 중서문하성(정책 계획·결정), 상서성(6부를 통해 정책 집행)
 − 중추원: 왕명 출납과 군사 기밀
 − 어사대: 풍속의 교정과 관료 감찰
 − 삼사: 화폐와 곡식에 대한 회계
 − 도병마사(국방과 안보 문제), 식목도감(각종 법률 제정): 중서문하성의 재신과 중추원의 추밀들이 심의·의결하는 대표적인 회의 기구

채점 기준	배점
(가) 정치 기구의 성격과 기능, 참여 관리를 모두 정확히 서술한 경우	상
(가) 정치 기구의 성격과 기능을 정확히 서술한 경우	중
(가) 정치 기구의 성격만 정확히 서술한 경우	하

14 조선 후기 수취 체제의 개편 - 대동법

주요 내용 방납, 대동법, 경기도 시행, 쌀 징수

다음 자료를 읽고 물음에 답하시오.

먼저 경기에서 (가) 을/를 시행하였는데, 토지 결 수를 헤아려 쌀로 징수하기 때문에 백성들이 편하게 여겼다. 오직 부호들은 방납의 이익을 잃을까 백방으로 저지하여 다른 도에 확대하여 시행하지는 못하였다.

(1) (가) 제도의 명칭을 쓰시오.

답 대동법

(2) (가) 제도가 시행되면서 나타난 경제적 영향을 서술하시오.

예시 답안 대동법이 시행되면서 국가의 물품을 조달하는 어용 상인인 공인이 등장하였고, 공인의 활동으로 물품에 대한 수요가 증가하면서 상품 화폐 경제가 발달하였다.

☑ 출제 의도 파악하기
경기에서 먼저 시행하였고, 토지 결 수를 헤아려 쌀로 징수한다는 점을 통해 자료가 대동법에 관한 것임을 파악하고, 대동법의 경제적 영향을 이해한다.

✦ 문제 해결 Point 쏙쏙

• 대동법
 − 공납을 현물 대신 토지 1결당 쌀 12두 또는 옷감, 동전 등으로 징수
 − 나라에 필요한 물품을 공급하는 공인 등장 ➡ 수공업 발달, 상품 화폐 경제 발달
 − 17세기 초 광해군 때 경기도에서 처음 시행 ➡ 100여 년에 걸쳐 전국으로 확대 시행

채점 기준	배점
공인의 등장이 가져온 변화와 상품 화폐 경제의 발달을 함께 서술한 경우	상
공인의 등장과 상품 화폐 경제의 발달을 함께 서술한 경우	중
공인의 등장 또는 상품 화폐 경제의 발달만 서술한 경우	하

15 강화도 조약의 주요 내용

주요 내용 · 강화도 조약, 해안 측량권, 영사 재판권, 개항

다음 자료를 보고 물음에 답하시오.

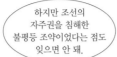

(1) 밑줄 친 '이 조약'의 명칭을 쓰시오.

답 강화도 조약(조·일 수호 조규)

(2) 밑줄 친 '이 조약'에서 불평등한 내용의 조항을 2가지만 서술하시오.

예시 답안 조선의 해안을 마음대로 측량할 수 있는 해안 측량권과

외국인이 현재 거주하는 나라의 법률을 적용받지 않는 영사 재판

권(치외 법권)이 규정되어 있다.

☑ 출제 의도 파악하기

조선이 외국과 맺은 최초의 근대적 조약이면서 불평등 조약이라는 점을 통해 자료가 강화도 조약에 관한 것임을 파악한다.

✦ 문제 해결 Point 쏙쏙

• 강화도 조약(조·일 수호 조규)
 – 배경: 고종 친정 ➡ 통상 수교 거부 정책 완화, 운요호 사건
 – 성격: 외국과 맺은 최초의 근대적 조약, 조선에 불리한 불평등 조약
 – 내용: 부산 외 2개 항구 개항, 해안 측량권과 영사 재판권 허용

채점 기준	배점
강화도 조약의 명칭을 정확히 쓰고, 불평등 조약의 내용인 해안 측량권과 영사 재판권(치외 법권)의 내용을 정확하게 서술한 경우	상
강화도 조약의 명칭을 정확히 썼으나, 불평등 조약의 내용 중 1가지만 정확하게 서술한 경우	중
강화도 조약의 명칭만 제대로 서술한 경우	하

16 신민회의 주요 활동

주요 내용 · 신민회, 대성 학교, 오산 학교, 태극 서관, 자기 회사, 삼원보

다음 자료를 보고 물음에 답하시오.

(1) (가) 단체의 명칭을 쓰시오.

답 신민회

(2) (가) 단체의 주요 활동을 3가지만 서술하시오.

예시 답안 교육 진흥을 위해 대성 학교와 오산 학교를 설립하였고,

산업 진흥을 위해 태극 서관과 자기 회사를 운영하였다. 남만주 삼

원보에 국외 독립운동 기지를 세웠다.

☑ 출제 의도 파악하기

국권 회복과 공화 정체의 국가 수립을 목표로 한다는 점을 통해 (가) 단체가 신민회임을 파악하고, 신민회의 주요 활동을 이해한다.

✦ 문제 해결 Point 쏙쏙

• 신민회
 – 안창호·양기탁 등이 비밀 결사 단체로 조직 ➡ 국권 회복과 공화 정체의 근대 국민 국가 건설을 목표로 함.
 – 대성 학교·오산 학교 설립(교육 진흥), 태극 서관·자기 회사 운영 (산업 진흥), 남만주 삼원보에 독립운동 기지 건설(국외 무장 투쟁 계획)
 – 105인 사건으로 해체

채점 기준	배점
신민회의 명칭을 제대로 쓰고, 신민회의 주요 활동을 3가지 모두 제대로 서술한 경우	상
신민회의 명칭을 제대로 썼으나, 신민회의 주요 활동을 1~2가지만 서술한 경우	중
신민회의 명칭만 제대로 서술한 경우	하

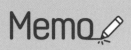

Book 2

정답과 해설

정답과 해설 | Book 2

1주 Ⅲ. 일제 식민지 지배와 민족 운동의 전개

1주 1일 개념 돌파 전략 ①

Book 2 8~11쪽

1강_일제의 식민지 지배 정책 ~ 무장 투쟁과 의열 투쟁

| 8쪽 | 개념 ❶ 헌병 경찰   개념 ❷ 상하이   개념 ❸ 봉오동

| 9쪽 | 01 ③   01-1 ④

02 대한민국 임시 정부   02-1 ③

03 ③   03-1 한인 애국단

2강_국내 민족 운동의 전개 ~ 광복을 위한 노력

| 10쪽 | 개념 ❶ 6·10 만세 운동   개념 ❷ 민족주의

개념 ❸ 병참 기지화

| 11쪽 | 01 광주 학생 항일 운동   01-1 신간회

02 형평사   02-1 ①

03 ④   03-1 조선 의용대

1주 1일 개념 돌파 전략 ②

Book 2 12~13쪽

1 ①   2 ③   3 ①   4 ④   5 ①   6 ③

1 1910년대 무단 통치

태형이 시행되고 헌병 경찰이 일상생활에까지 관여하며 즉결 처분을 한다는 내용을 통해 가상 대화가 이루어진 시기는 1910년대 무단 통치 시기임을 알 수 있다. ① 1910년대 무단 통치 시기에는 교사들에게 제복을 입고 칼을 차고 다니도록 하였다.

오답 피하기 ② 한국광복군은 1940년에 창설되었다.

③ 국채 보상 운동은 1907년 대구에서 시작되어 「대한매일신보」, 「황성신문」 등 각종 신문을 통해 전국으로 확산되었다.

④ 고종은 1897년에 환구단에서 황제 즉위식을 거행하고 대한 제국 수립을 선포하였다.

⑤ 치안 유지법은 1925년에 제정되어 사회주의자와 독립운동가를 탄압하는 데 활용되었다.

더 알아보기+ 1910년대 무단 통치

헌병 경찰 제도	• 헌병이 일반 경찰 업무 수행 및 일상생활에까지 관여 • 즉결 처분권 행사 → 정식 재판 없이 한국인에게 벌금이나 구류 등의 처벌을 내릴 수 있게 함.
조선 태형령	조선 태형령 제정(1912) → 한국인에게만 적용
공포 분위기 조성	총독부 관리, 교사들에게 제복을 입고 칼을 착용하게 함.
자유와 권리 제한	언론·출판·집회·결사의 자유 제한 → 한국인이 발행하는 신문 폐간, 계몽 단체 해산
식민지 노예 교육	제1차 조선 교육령(1911) → 보통 교육과 실업 교육 중심, 사립 학교와 서당에 대한 탄압 강화

2 대한민국 임시 정부

우리 역사상 최초의 민주 공화제 정부, 대통령제 채택, 삼권 분립, 임시 의정원, 국무원, 법원 등의 내용을 통해 밑줄 친 '정부'가 대한민국 임시 정부임을 알 수 있다.

선택지 바로 보기

① 『독립신문』을 발간하였다. (○)
→ 대한민국 임시 정부는 기관지인 『독립신문』을 발행하여 독립운동 소식을 전하였다.

② 연통제와 교통국을 운영하였다. (○)
→ 대한민국 임시 정부는 국내와의 연락과 정보 수집, 자금 모집 등을 위해 연통제와 교통국을 운영하였다.

③ 블라디보스토크에서 수립되었다. (×)
→ 대한민국 임시 정부는 1919년 상하이에서 수립되었다.

④ 3·1 운동의 영향으로 수립되었다. (○)
→ 3·1 운동으로 독립운동의 구심점에 대한 필요성이 제기되면서 대한민국 임시 정부가 수립되었다.

⑤ 구미 위원부를 두고 외교 활동을 전개하였다. (○)
→ 대한민국 임시 정부는 미국에 구미 위원부를 두고 대통령 이승만을 중심으로 외교 활동을 벌였다.

더 알아보기+ 대한민국 임시 정부의 수립 및 활동

수립	대한 국민 의회(연해주), 상하이 대한민국 임시 정부(상하이), 한성 정부(서울) → 한성 정부의 법통 계승, 상하이 대한민국 임시 정부와 대한 국민 의회 통합 → 우리 역사상 최초의 민주 공화제 정부, 삼권 분립
활동	• 연통제, 교통국 조직·운영: 독립운동 자금 확보, 국내외 항일 세력과의 연락망 구축(이륭 양행과 백산 상회 등의 도움) • 독립운동 자금 모금: 독립 공채 발행, 의연금 모금 • 외교 활동: 파리 강화 회의에 파견된 김규식을 전권 대사로 임명하여 독립 청원서 제출, 미국에 구미 위원부 설치 • 무장 활동: 군무부 설치, 직할 부대 편성(광복군 사령부, 광복군 총영, 육군 주만 참의부), 서로 군정서·북로 군정서 등의 만주 지역 독립군 단체를 군무부 산하로 편제 • 문화 활동: 『독립신문』 발간, 『한·일 관계 사료집』 간행

3 1920년대 무장 투쟁의 전개

카자흐스탄에 안장되었다가 국내로 봉환되었으며, 두만강을 건너 독립군을 공격하는 일본군을 봉오동 골짜기로 유인하여 크게 무찔렀다는 내용을 통해 밑줄 친 '그'는 홍범도임을 알 수 있다. ① 홍범도가 이끄는 대한 독립군을 비롯한 독립군 연합 부대는 1920년 봉오동 전투에서 일본군을 크게 무찔렀다.

오답 피하기 ② 김구는 대한민국 임시 정부의 침체를 극복하기 위해 1931년에 한인 애국단을 결성하였다.

③ 고종은 을사늑약이 무효임을 국제 사회에 알리기 위해 1907년에 이준, 이상설, 이위종을 헤이그에 특사로 파견하였다.

④ 물산 장려 운동은 1920년대 초 조만식 등에 의해 평양에서 시작되어 전국으로 확산되었다.

⑤ 윤봉길은 상하이 훙커우 공원에서 일왕의 생일과 상하이 사변의 승전을 축하하는 기념식 단상에 폭탄을 던지는 의거를 일으켰다.

4 물산 장려 운동

토산품 애용을 권장한다는 내용과 '우리가 만든 것 우리가 쓰자'라는 표어를 통해 (가) 민족 운동이 물산 장려 운동임을 알 수 있다. 물산 장려 운동은 평양에서 조만식 등의 주도로 시작되어 전국으로 확산되었다. 이는 한국인 자본을 보호·육성하여 민족의 경제적 실력 양성을 이루려는 것이었다.

선택지 바로 보기

① 일본인 재정 고문이 주도하였다. (×)
→ 일본은 대한 제국의 재정을 일본에 예속시키고자 당시 재정 고문이었던 메가타의 주도하에 화폐 정리 사업을 추진하였다.

② 황국 중앙 총상회를 조직하였다. (×)
→ 청과 일본 상인 등 외국 상인의 상권 위협에 맞서 1898년 시전 상인들이 황국 중앙 총상회를 조직하여 상권 수호 운동을 전개하였다.

③ 『대한매일신보』의 지원을 받았다. (×)
→ 『대한매일신보』는 국채 보상 운동을 적극 지원하여 이를 전국으로 확산시키는 데 기여하였다.

④ 조만식 등이 평양에서 시작하였다. (○)
→ 물산 장려 운동은 평양에서 조만식 등을 중심으로 국내 민족 기업과 자본을 보호하고 육성하기 위해 시작되어 전국으로 확산되었다.

⑤ 중국의 5·4 운동 등에 영향을 끼쳤다. (×)
→ 1919년에 일어난 3·1 운동은 중국의 5·4 운동 등 약소민족의 반제국주의 운동에 영향을 주었다.

5 황국 신민화 정책

자료는 교사와 학생들이 황국 신민 서사를 암송하고 있는 모습을 나타낸 것이다. 이를 통해 자료가 민족 말살 통치 시기 황국 신민화 정책에 대한 것임을 알 수 있다. ① 일제는 1912년에 조선 태형령을 제정하여 한국인에게만 적용하였다가, 1920년에 폐지하였다.

오답 피하기 ② 일제는 중·일 전쟁을 일으킨 이후 군량미 확보를 위해 미곡 공출제를 단행하였다.

③ 일제는 1938년 국가 총동원법을 공포하여 본격적으로 인력과 물자의 수탈을 강화하기 시작하였다.

④ 민족 말살 통치 시기에 일제는 한국인 여성들을 일본군 '위안부'로 강제 동원하기도 하였다.

⑤ 일제는 민족 말살 통치의 일환으로 한국인에게 일본식 성과 이름을 사용하도록 강요하였다.

6 한국광복군의 활동

충칭 시기 대한민국 임시 정부가 창설하였고, 태평양 전쟁 당시 일본에 선전 포고를 하였으며, 국내 진공 작전을 추진하였다는 내용을 통해 (가) 독립군 부대가 한국광복군임을 알 수 있다. ③ 한국광복군은 1943년에 영국군의 요청에 따라 인도·미얀마 전선에 파견되어, 일본군 포로의 심문, 전단 살포와 같은 선전 활동, 정보 수집 등을 담당하였다.

오답 피하기 ① 1930년대 남만주에서는 양세봉이 이끄는 조선 혁명군이 중국 의용군과 함께 영릉가 전투, 흥경성 전투에서 일본군을 격퇴하였다.

② 1930년대 북만주 일대에서는 지청천이 이끄는 한국 독립군이 중국 호로군과 연합하여 쌍성보 전투, 사도하자 전투, 대전자령 전투 등에서 일본군에 승리하였다.

④ 1920년 김좌진의 북로 군정서를 비롯한 여러 독립군 부대가 일본군을 청산리 일대에서 무찔렀다.

⑤ 조선 의용대의 대부분은 더욱 적극적인 항일 투쟁을 위해 중국 공산당 세력이 대일 항전을 펼치고 있던 화북 지방으로 이동하였다.

1주 2일 필수 체크 전략 ①   Book 2 14~17쪽

1-1 ㄱ, ㄹ   **1-2** ②   **2-1** 보통 경찰 제도   **2-2** ④

3-1 민족 분열 통치(이른바 문화 통치)

3-2 (가) 연통제 (나) 교통국   **4-1** 청산리 대첩   **4-2** ③

1-1 무단 통치

일제는 1912년 조선 태형령을 제정하여 한국인에게만 적용하였다. 이를 근거로 일제의 헌병 경찰은 재판 없이 한국인을 붙잡아 태형을 가할 수 있었다. 헌병 경찰은 일제 강점기 한국인에게 두려움과 공포를 심어 주었다. ㄱ. 무단 통치 시기에 일제는 총독부 관리와 교사들에게 제복을 입고 칼을 찬 채 업무를 보게 하였다. ㄹ. 일제는 조선 태형령을 제정하여 한국인에게만 적용하였으며, 헌병 경찰은 즉결 처분권을 부여받아 한국인에게 벌금이나 구류, 태형 등의 형벌을 가하였다.

오답 피하기 ㄴ. 1930년대 이후 침략 전쟁을 확대한 일제는 민족 말살 통치 시기에 황국 신민화 정책의 일환으로 황국 신민 서사를 암송할 것을 강요하였다.

ㄷ. 일제는 1925년에 치안 유지법을 제정하여 사회주의자와 독립운동가를 탄압하는 데 활용하였다.

1-2 1910년대 일제의 경제 정책

토지 소유자가 정해진 기한 내에 신고해야 한다는 내용 등을 통해 제시된 자료가 1912년에 공포된 토지 조사령임을 알 수 있다. 일제는 1912년 토지 조사령을 공포하여 본격적으로 토지 조사 사업을 실시하였으며, 토지 조사 사업은 1910년부터 1918년까지 이루어졌다. ② 일제는 한국인의 기업 설립과 민족 자본 성장을 억제하기 위해 1910년에 회사령을 공포하여 회사를 설립할 때 조선 총독의 허가를 받도록 하였다. 한편 회사령은 1920년에 폐지되었다.

오답 피하기 ① 흥선 대원군은 경복궁 중건에 필요한 재정을 마련하기 위해 원납전이라는 명목의 기부금을 강제로 징수하고, 고액 화폐인 당백전을 발행하였다.

③ 1930년대에 일제는 일본 방직업자에게 원료를 지원하기 위해 한반도 남부 지방에서는 면화를 재배하고, 북부 지방에서는 양을 기르도록 강요하는 남면북양 정책을 실시하였다.

④ 일본은 재정 고문 메가타를 파견하여 1905년에 화폐 정리 사업을 실시하였다.

⑤ 제1차 세계 대전 이후 일본에서 쌀값이 폭등하여 전국적으로 쌀 소동이 일어나자, 일제는 자국의 쌀 부족 문제를 해결하기 위해 1920년부터 한국을 식량 공급지로 만드는 산미 증식 계획을 시행하였다.

2-1 문화 통치의 실상

3·1 운동을 계기로 헌병 경찰 제도를 폐지하고 시행하였다는 점, 실제로는 경찰 관서와 인원, 비용 등이 훨씬 늘어났다는 내용을 통해 (가)에 들어갈 제도는 보통 경찰 제도임을 알 수 있다. 또한 일제는 치안 유지법을 이용하여 항일 민족 운동에 대한 감시와 탄압을 더욱 강화하면서 많은 한국인을 구속하였다.

더 알아보기⁺ 치안 유지법

> 제1조 국체(國體)를 변혁하거나 사유 재산 제도를 부인할 목적으로 결사를 조직하거나 그 사정을 알고 가입한 자는 10년 이하의 징역 또는 금고에 처한다.
> 제7조 누구를 막론하고 본 법의 시행 구역 밖에서 범한 자에게도 역시 이를 적용한다.

치안 유지법은 일제가 국가 체제(천황제)나 사유 재산 제도를 부정하는 사상을 통제하고 탄압하기 위해 1925년에 제정한 법률이다. 이를 통해 일제는 사회주의 운동뿐만 아니라 농민·노동자 운동, 항일 민족 운동까지 탄압하였다.

2-2 1920년대 일제의 경제 정책

제1차 세계 대전 기간 동안 일본 경제는 빠르게 성장하였다. 일제는 이 과정에서 축적된 자본을 국외에 투자하고자 일본 기업이 한국에 진출하기 쉽도록 1920년에 회사령을 폐지하고, 회사 설립을 허가제에서 신고제로 바꾸었다. 회사 설립이 한층 쉬워지자, 일본의 기업들이 값싼 자원과 노동력을 찾아 한국에 본격적으로 진출하였다.

선택지 바로 보기

① 국채 보상 운동이 전개되었다. (×)
→ 국채 보상 운동은 일본의 강요로 도입한 차관을 갚아 일본의 경제적 예속에서 벗어나자는 취지로 1907년에 전개되었다.
② 일본에서 쌀 소동이 발생하였다. (×)
→ 제1차 세계 대전 이후 급속한 산업화로 일본에서 쌀 부족 문제가 심각해져 쌀 소동이 일어났다. 이에 일제는 한국에서 산미 증식 계획을 실시하였다.
③ 소작농의 관습적 경작권이 부정되었다. (×)
→ 1910년대 실시된 토지 조사 사업 과정에서 일제가 지주의 토지 소유권만을 인정하면서 소작농의 관습적인 경작권은 보호받지 못하게 되었다.
④ 일본의 기업들이 한국에 쉽게 진출하였다. (○)
→ 1920년에 회사령이 폐지되어 회사 설립이 허가제에서 신고제로 바뀌면서 일본 기업들이 한국에 본격적으로 진출하였다.
⑤ 조선 총독부의 지세 수입이 크게 증가하였다. (×)
→ 토지 조사 사업의 결과 조선 총독부 소유의 토지가 증가하고 지세 수입이 늘어났다.

3-1 3·1 운동의 영향

1919년 3월 초부터 시작되었고, 미국으로 확산되어 4월에 한인 자유 대회가 열렸다는 내용 등을 통해 밑줄 친 '이 운동'이 3·1 운동임을 알 수 있다. 3·1 운동을 계기로 강압적인 무단 통치로는 한국을 지배하기 어렵다고 판단한 일제는 식민 통치 방식을 무단 통치에서 민족 분열 통치(이른바 문화 통치)로 바꾸었다.

더 알아보기⁺ 3·1 운동의 영향

- 일제의 통치 방식 변화: 무단 통치 → 민족 분열 통치(이른바 문화 통치)
- 독립운동의 지휘부에 대한 필요성 인식 → 대한민국 임시 정부 수립
- 무장 투쟁, 농민·노동 운동 등 다양한 민족 운동의 활성화
- 중국의 5·4 운동 등 약소민족의 반제국주의 운동에 영향

3-2 대한민국 임시 정부의 활동

대한민국 임시 정부가 운영한 비밀 행정 조직은 연통제이고, 통신 기관은 교통국이다. 대한민국 임시 정부는 독립운동 자금을 안정적으

로 확보하고, 나라 안팎의 항일 세력과 원활한 연락망을 구축하기 위해 연통제와 교통국을 조직하여 운영하였다.

4-1 청산리 대첩

일본군이 훈춘 사건을 구실로 만주의 독립군 근거지를 공격하였고, 김좌진의 북로 군정서가 참전했다는 내용 등을 통해 밑줄 친 '이 전투'가 청산리 대첩임을 알 수 있다.

4-2 의열단의 활동

신채호는 김원봉의 요청으로 1923년 폭력 투쟁에 의한 민중의 직접 혁명을 강조하는 「조선 혁명 선언」을 작성하였다. 이는 의열단의 활동 지침이 되었다.

더 알아보기⁺ 「조선 혁명 선언」

> 강도 일본을 쫓아내려면 오직 혁명으로만 가능하며, 혁명이 아니고는 강도 일본을 쫓아낼 방법이 없는 바이다. …… 민중은 우리 혁명의 대본영(大本營)이다. 폭력은 우리 혁명의 유일한 무기이다.

「조선 혁명 선언」은 의열단의 행동 강령과 투쟁 목표를 만들어 달라는 김원봉의 요청으로 신채호가 작성한 것이다. 의열단은 「조선 혁명 선언」을 바탕으로 하여 폭력적 투쟁을 통한 민중의 직접 혁명을 달성하고자 노력하였다.

1주 2일 필수 체크 전략 ② Book 2 18~19쪽

| 1 ③ | 2 ④ | 3 ④ | 4 ④ | 5 ⑤ |

1 문화 통치의 실상

㉠~㉤에는 일제가 3·1 운동 이후 내세운 이른바 문화 통치의 표면과 실상에 관한 내용이 들어가야 한다. ③ 『대한매일신보』는 1904년 대한 제국 시기에 창간되어 여러 민족 운동을 지원하였다. 3·1 운동 이후 일제가 문화 통치를 표방하며 언론·출판·집회·결사의 자유를 일부 허용하자, 『조선일보』와 『동아일보』 등 한국인이 발행하는 신문이 창간되었다. 그러나 일제는 검열 제도를 만들어 식민 통치에 비판적이거나 민족의식을 고취하는 기사를 삭제하였으며, 심한 경우에는 신문을 정간·폐간하였다.

오답 피하기 ① 조선 총독에는 대부분 육군과 해군 대장 출신이 임명되었으며, 일제 강점기 내내 문관 총독은 단 한 명도 임명되지 않았다.
② 일제는 문화 통치를 내세우며 헌병 경찰 제도를 폐지하고 보통 경찰 제도를 시행하였지만 경찰 관서와 인원, 비용 등은 오히려 크게 증가하였다.
④ 일제는 제2차 조선 교육령을 공포하여 보통학교의 교육 연한을 4년에서 6년으로 늘릴 수 있게 하고, 보통학교를 증설하였다. 그러나 학교 수는 여전히 부족하였고, 학교 운영에 필요한 비용을 주민들에게 부담시켰기 때문에 일부 지역에서는 교육 연한을 늘리기 어려웠다. 따라서 대부분의 한국인 아동들은 여전히 학교 교육을 제대로 받을 수 없었다.

⑤ 3·1 운동 이후 일제는 한국인에게도 지방 행정에 참여할 수 있는 기회를 주겠다고 선전하여 도 평의회, 면 협의회 등을 설치하였다. 그러나 도 평의회, 면 협의회 등은 의결권 없이 정책에 대한 자문 기능만 있었다.

더 알아보기+ 무단 통치와 민족 분열 통치 비교

구분		무단 통치	민족 분열 통치 (이른바 문화 통치)
정치		헌병 경찰 제도	보통 경찰 제도, 치안 유지법
		언론·출판·집회·결사의 자유 금지(잡지와 신문 발행 금지)	한국인의 신문과 잡지 발행 허용 (『조선일보』, 『동아일보』 창간)
경제		토지 조사 사업	산미 증식 계획
		회사령(허가제)	회사령 폐지(신고제)

2 3·1 운동에 대한 일제의 탄압

미국인 선교사 스코필드가 제암리 학살 사건을 폭로하였으며, 선교사 노블이 당시의 참상을 전한 내용을 통해 자료가 3·1 운동 당시 일제의 탄압에 대한 것임을 알 수 있다. ④ 3·1 운동 당시 일제는 만세 시위를 폭력적으로 진압하였다. 일본군은 경기도 화성의 제암리에서 주민을 학살하는 만행을 저질렀으며, 일제의 탄압으로 유관순이 순국하기도 하였다.

오답 피하기 ① 일제는 독립군의 근거지를 없앤다는 구실로 청산리 대첩 전후 간도의 한인에 대한 무차별 학살을 자행한 간도 참변을 일으켰다.
② 1871년 신미양요 당시 미군이 강화도를 침략하자 어재연이 이끄는 조선군이 광성보에서 항전하였다.
③ 고부 농민 봉기를 발단으로 일어난 동학 농민 운동은 관리의 부정부패, 일본의 침략 등에 대항하여 전개되었다.
⑤ 1937년 중·일 전쟁을 일으킨 일제는 전시 동원 체제를 강화해 가는 가운데 징용, 징병 등을 통해 인적 자원을 수탈하였으며, 일본군 '위안부'를 강제로 동원하기도 하였다.

3 대한민국 임시 정부의 활동

독립운동 자금 모집 등을 담당하는 교통국 역할을 수행하였다는 내용 등을 통해 (가)는 대한민국 임시 정부임을 알 수 있다.

선택지 바로 보기

① 블라디보스토크에 수립되었다. (×)
→ 대한 광복군 정부와 대한 국민 의회 등이 블라디보스토크에서 수립되었다. 대한민국 임시 정부는 상하이에 수립되었다.
②「조선 혁명 선언」을 활동 지침으로 삼았다. (×)
→ 신채호가 작성한「조선 혁명 선언」을 활동 지침으로 삼은 의열 투쟁 단체는 의열단이다.
③ 고종을 복위시키려는 복벽주의를 지향하였다. (×)
→ 임병찬을 중심으로 1912년에 조직된 독립 의군부는 고종을 복위시키려는 복벽주의를 추구하였다.
④ 삼권 분립에 입각한 민주 공화제를 채택하였다. (○)
→ 대한민국 임시 정부는 우리 역사상 최초의 민주 공화제 정부로, 삼권 분립의 원칙에 따라 입법 기관인 임시 의정원과 행정 기관인 국무원, 사법 기관인 법원을 구성하였다.
⑤ 광주 학생 항일 운동에 진상 조사단을 파견하였다. (×)
→ 신간회는 광주 학생 항일 운동에 진상 조사단을 파견하여 운동을 전국으로 확산시키고자 하였다.

4 1920년대 국외 무장 투쟁

(가)는 홍범도 등이 봉오동 골짜기에서 승리를 거두었다는 내용을 통해 봉오동 전투(1920)임을 알 수 있고, (나)는 러시아 자유시에서 많은 사상자가 발생하였다는 내용을 통해 자유시 참변(1921)임을 알 수 있다. ④ 봉오동 전투 이후 일제는 훈춘 사건을 구실로 대규모 병력을 동원하여 만주의 독립군 근거지를 공격하였다. 이에 맞서 김좌진이 이끄는 북로 군정서를 비롯한 독립군 부대가 청산리 대첩(1920)에서 큰 승리를 거두었다.

오답 피하기 ① 1919년 일본 도쿄에서 한국 유학생들이 2·8 독립 선언을 발표하였다.
② 1920년대 중반 남만주 지역에는 참의부와 정의부가 수립되었고, 북만주 지역에는 신민부가 수립되었다.
③ 1931년 만주 사변 이후, 양세봉이 이끄는 조선 혁명군은 남만주에서 중국 의용군과 연합하여 영릉가 전투와 흥경성 전투에서 승리를 거두었다.
⑤ 간도 참변과 자유시 참변으로 시련을 겪으면서도 독립군 세력이 조직을 재정비하여 3부를 성립하자, 일제는 만주 군벌과 미쓰야 협정을 체결하여 독립군을 탄압하였다.

5 의열단의 활동과 조선 총독부

의열단 소속의 김익상이 폭탄을 던진 의거가 있었으며, 총독실 등이 있었다는 내용을 통해 (가)가 조선 총독부임을 알 수 있다. ⑤ 1910년에 대한 제국을 강제로 병합한 일제는 식민 통치를 위한 최고 기구로 조선 총독부를 설치하였다.

오답 피하기 ① 1898년 관민 공동회를 통해 결의된 헌의 6조에 따라 중추원을 의회로 개편하는 중추원 관제가 반포되었다.
② 일본은 을사늑약에 따라 통감부를 설치하고 대한 제국의 외교와 내정을 장악하였다.
③ 군국기무처를 중심으로 제1차 갑오개혁이 추진되었다.
④ 일제는 1908년에 동양 척식 주식회사를 설립하여 식민지 농업 경영을 추진하였다.

1ᵈ 3ᵉ 필수 체크 전략 ①   Book 2 20~23쪽

1-1 ⑤   **1-2** 신간회   **2-1** ②   **2-2** 백남운
3-1 남면북양 정책   **3-2** ②   **4-1** ②   **4-2** ③

1-1 농촌 계몽 운동

제시된 『조선일보』의 문자 보급 운동 교재와 『동아일보』의 브나로드 운동 포스터는 1920년대 후반부터 언론사를 중심으로 진행된 농촌 계몽 운동을 보여 주는 자료이다.

1-2 신간회의 활동

제시된 자료에서 회장에 이상재, 부회장에 홍명희를 선출했다는 점과 강령 내용을 통해 (가) 단체가 신간회임을 알 수 있다. 비타협적 민족주의자들과 사회주의자들은 1927년에 신간회를 창립하여 민족 협동 전선을 결성하였다.

2-1 근우회의 활동

제시된 행동 강령은 근우회가 발표한 것이다. ② 신간회 창립에 자극을 받아 민족주의 계열과 사회주의 계열로 나뉘어 있었던 여성 운동 진영도 통합 단체로서 근우회를 조직하였다.

오답 피하기 ① 미쓰야 협정으로 만주 지역 독립군의 활동이 크게 위축된 상황에서 3부 통합 운동이 전개되어 국민부와 혁신 의회가 성립되었다. ③ 사회주의 계열의 단체인 정우회는 정우회 선언을 발표하여 신간회 창립의 계기를 마련하였다. ④ 이병도, 손진태 등은 진단 학회를 조직하여 한국사를 실증적으로 연구하였다. ⑤ 주시경의 제자들을 중심으로 한글 연구와 보급 운동을 위해 1921년에 조선어 연구회가 조직되었고, 조선어 연구회는 1931년에 이극로, 최현배 등의 주도로 조선어 학회로 확대 개편되었다.

2-2 사회 경제 사학

백남운은 마르크스의 유물 사관에 바탕을 둔 사회 경제 사학을 내세워 한국의 역사가 세계사의 보편적 발전 법칙에 따라 발전해 왔다고 주장함으로써 일제가 내세운 식민 사관의 정체성론을 비판하였다.

더 알아보기+ 근대 역사학의 발전

민족주의 사학	• 한국사의 주체적 발전과 민족의 자주성 강조 • 박은식: 조선 국혼 강조, 『한국통사』·『한국독립운동지혈사』 저술 • 신채호: 고대사 연구에 주력, 자주적 역사관 강조, 『조선사연구초』·『조선상고사』 저술 • 정인보, 안재홍, 문일평 등: 조선학 운동 전개
사회 경제 사학	• 유물 사관의 입장에서 한국사 연구 • 백남운: 『조선사회경제사』 저술 → 한국사가 세계사의 보편적 발전 법칙에 따라 발전하였음을 강조(정체성론 비판)
실증주의 사학	• 문헌 고증을 통한 객관적 사실 강조 • 이병도, 손진태 등: 진단 학회 조직, 『진단 학보』 발행

3-1 남면북양 정책

일제는 1929년 대공황 이후 어려움을 겪던 일본의 방직업자들에게 원료를 공급하기 위해 농촌을 중심으로 남면북양 정책을 실시하였다. 이에 따라 한반도 남부에서는 면화를 재배하고, 북부에서는 양을 사육할 것을 강요하였다.

더 알아보기+ 병참 기지화 정책

▲ 남북한 지역의 공업 생산액 비율(1940)

그래프를 보면 남한 지역에서는 주로 방직과 식료품 공업 등 소비재 중심의 경공업이 이루어졌고, 북한 지역에는 군수 산업과 관련 있는 금속, 화학 공업 등의 중공업이 집중되었음을 알 수 있다.

일제는 대공황 위기를 극복하고 전쟁에 필요한 물자를 효율적으로 동원하기 위해 식민지 공업화와 병참 기지화 정책을 추진하였다. 이 때문에 한국은 광복 이후에도 산업 간·지역 간 불균형을 겪게 되었다.

3-2 민족 말살 통치

제시된 자료는 일본식으로 성명을 고치지 않은 사람에게 불이익을 주는 내용으로, 일제가 민족 말살 통치 시기에 한국인에게 일본식 성과 이름을 사용하도록 강요한 정책을 보여 준다.

선택지 바로 보기

① 회사령 (×)
→ 일제는 한국인의 기업 설립과 자본 축적을 억제하고 일본 기업의 한국 진출을 선별적으로 지원하기 위해 1910년에 회사령을 공포하였다.
② 미곡 공출제 (○)
→ 민족 말살 통치 시기에 일제는 곡식과 금속 등에 대한 공출을 단행하였다.
③ 조선 태형령 (×)
→ 일제는 1912년 조선 태형령을 제정하여 한국인에게만 적용하였다.
④ 화폐 정리 사업 (×)
→ 일본인 재정 고문 메가타의 주도로 1905년 화폐 정리 사업이 시행되었다.
⑤ '남한 대토벌' 작전 (×)
→ 일본은 1909년 호남 지방을 중심으로 이른바 '남한 대토벌' 작전을 전개하여 수많은 의병을 체포하거나 무자비하게 학살하였다.

4-1 한·중 연합 작전의 전개

제시된 자료는 1930년대 한·중 연합 작전을 보여 주는 지도이다. ② 1931년 일제가 만주 사변을 일으키면서 만주를 침략하자, 만주의 독립군 세력은 중국 항일 무장 세력과 함께 한·중 연합 작전을 전개하였다.

오답 피하기 ① 일제는 청산리 대첩을 전후하여 독립군의 근거지를 없앤다는 명분으로 간도의 한인 촌락을 습격하여 한인들을 학살하고 마을을 불태우는 만행을 저질렀다(간도 참변, 1920~1921). ③ 일제는 1937년 중·일 전쟁을 일으켜 중국 본토를 침공하였다. ④ 독립군 부대는 일제의 탄압을 피해 1921년 6월 러시아 영토인 자유시로 이동하였으나 내부 주도권 다툼과 러시아 적군의 무장 해제 요구에 따른 발포 등으로 큰 피해를 입었다(자유시 참변, 1921). ⑤ 일본은 1941년 하와이 진주만에 정박해 있던 미국 함대를 기습 공격하며 태평양 전쟁을 일으켰다.

4-2 한국광복군의 활동

충칭에 자리 잡은 대한민국 임시 정부가 1940년에 지청천을 총사령관으로 하여 창설한 (가) 부대는 한국광복군이다.

선택지 바로 보기

① 러시아령 자유시로 이동하였다. (×)
→ 북만주 밀산에 집결한 독립군 부대는 1920년에 서일을 총재로 대한 독립 군단을 결성하고 러시아의 자유시로 이동하였다.
② 13도 창의군 결성을 주도하였다. (×)
→ 정미의병 당시 의병들은 13도 창의군을 결성하고 1908년 서울 진공 작전을 전개하였다.
③ 인도·미얀마 전선에 파견되었다. (○)
→ 한국광복군은 인도·미얀마 전선에서 영국군과 연합 작전을 전개하였으며, 미국 전략 정보국(OSS)과 함께 국내 진공 작전을 준비하였다.
④ 홍경성 전투에서 승리를 거두었다. (×)
→ 만주 사변 이후 양세봉이 이끄는 조선 혁명군은 한·중 연합 작전을 펼쳐 영릉가 전투와 홍경성 전투에서 승리를 거두었다.
⑤ 중국 공산당의 팔로군과 연합 전선을 형성하였다. (×)
→ 조선 의용군은 중국 공산당의 팔로군과 더불어 대일 항전을 전개하였다.

1 ④ **2** ⑤ **3** ③ **4** ⑤ **5** ④

1 물산 장려 운동

제시된 자료의 '내 살림 내 것으로!', '조선 사람, 조선 것'이라는 내용을 통해 자료와 관련된 민족 운동이 물산 장려 운동임을 알 수 있다. ④ 물산 장려 운동은 1920년 조만식 등에 의해 평양에서 시작되어 전국으로 확산되었다.

오답 피하기 ① 1923년에 조직된 조선 형평사는 백정에 대한 사회적 차별을 없애고자 형평 운동을 전개하였다.
② 1907년에 시작된 국채 보상 운동은 『대한매일신보』의 지원을 받아 전국으로 확산되었다.
③ 1926년 순종의 인산일을 기해 6·10 만세 운동이 전개되었다.
⑤ 1904년에 결성된 보안회는 일본의 황무지 개간권 요구에 대하여 반대 집회를 열어 이를 철회시켰다.

자료 분석

> 내 살림 내 것으로! / 보아라! 우리의 먹고 입고 쓰는 것이 다 우리의 손으로 만든 것이 아니었다. 이것이 세상에 제일 무섭고 위태한 일인 줄을 오늘에야 우리는 깨달았다. …… 입어라! 조선 사람이 짠 것을 / 먹어라! 조선 사람이 만든 것을 / 써라! 조선 사람이 지은 것을 / 조선 사람, 조선 것.

자료는 조선 물산 장려회의 궐기문으로, '내 살림 내 것으로', '조선 사람, 조선 것' 등의 구호가 나타나 있다. 1920년대 들어 회사령이 폐지되자 일본의 자본이 한국에 본격적으로 진출하였고, 한국과 일본 사이의 관세가 철폐된다는 소식이 전해지면서 한국인 자본가들의 위기의식이 높아졌다. 이러한 상황에서 1920년 조만식 등이 평양에서 조선 물산 장려회를 조직하여 물산 장려 운동을 시작하였다. 물산 장려 운동을 통해 토산품 애용 의식이 확대되었으나, 사회주의자들로부터 자본가와 상인의 이익만을 위한 운동이라고 비판받기도 하였다.

2 신간회의 활동

정우회 선언을 계기로 결성되었으며, 이상재가 회장에 선출되고, 원산 총파업을 지원하였다는 내용을 통해 (가)에는 신간회의 활동에 해당하는 내용이 들어가야 함을 알 수 있다.

선택지 바로 보기

① 『독립신문』을 발행하였어요. (×)
→ 독립 협회와 대한민국 임시 정부는 『독립신문』이라는 이름의 신문을 간행하였다.
② 6·10 만세 운동을 주도하였어요. (×)
→ 1926년 순종의 인산일에 맞추어 학생과 시민들이 6·10 만세 운동을 전개하였다.
③ 오산 학교와 대성 학교를 설립하였어요. (×)
→ 신민회는 오산 학교와 대성 학교를 설립하여 민족 교육을 실시하였다.
④ 농민의 자치 조직으로 전라도에 설치되었어요. (×)
→ 동학 농민 운동 당시 동학 농민군은 전주 화약 체결 이후 전라도 각지에 농민 자치 조직인 집강소를 설치하여 폐정 개혁안을 실천해 나갔다.
⑤ 광주 학생 항일 운동 때 진상 조사단을 파견하였어요. (○)
→ 광주 학생 항일 운동이 일어나자 신간회는 광주에 진상 조사단을 파견하고 대규모 민중 대회를 개최하고자 하였다.

3 형평 운동

계급을 타파하고 모욕적 칭호를 폐지할 것을 주장한다는 점, 백정의 지위와 압박에 대해 문제 제기를 하는 점 등을 통해 자료의 주장을 내건 민족 운동이 형평 운동임을 알 수 있다. ③ 형평 운동은 1923년 진주에서 조직된 조선 형평사가 주도하여 전개하였다.

오답 피하기 ① 1921년에 조직된 조선어 연구회는 한글날의 시초가 된 '가갸날'을 제정하였다.
② 조선 민립 대학 기성회의 주도로 민립 대학 설립 운동이 추진되었다.
④ 대한 자강회는 고종 강제 퇴위 반대 운동을 전개하였다.
⑤ 1921년 방정환을 중심으로 천도교 소년회가 조직되면서 어린이를 인격적으로 대우할 것을 주장하는 등 소년 운동이 본격적으로 전개되었다.

4 전시 동원 체제

제시된 자료는 전시 동원 체제하에서 이루어진 징용에 대한 내용이다. ⑤ 일제는 침략 전쟁을 확대하면서 전시 동원 체제를 구축하고 한국에서 인적·물적 자원을 수탈하였다. 일제는 한국인들을 징용과 징병 등의 방식으로 전쟁에 강제 동원하고, 미곡과 금속 등에 대한 공출을 강행하였다.

오답 피하기 ① 3·1 운동의 결과 일제의 통치 방식이 무단 통치에서 이른바 문화 통치로 변화하였으며, 독립운동의 지휘부에 대한 필요성이 증대하면서 대한민국 임시 정부가 수립되었다.
② 봉오동 전투와 청산리 대첩에서 패배한 일제는 청산리 대첩을 전후로 만주 지역의 독립군 근거지를 소탕한다는 구실로 간도의 한인에 대해 무차별 학살을 자행한 간도 참변을 일으켰다.
③ 일제는 1925년 치안 유지법을 제정하여 사회주의자와 독립운동가를 탄압하였다.
④ 일제는 1910년대 무단 통치 시기에 헌병 경찰 제도와 조선 태형령 등을 시행하였다. 또한 일제는 전국의 토지 소유권을 확인하여 식민지 지배에 필요한 재정을 확보하고, 일본인이 쉽게 토지를 차지할 수 있도록 하기 위해 토지 조사 사업을 시행하였다.

5 시기별 대한민국 임시 정부의 활동

자료는 대한민국 임시 정부의 이동을 나타낸 지도이다. (가)는 대한민국 임시 정부가 1919년부터 1932년까지 상하이에 있었던 시기이고, (나)는 1940년 이후 충칭에 정착한 시기를 가리킨다.

선택지 바로 보기

ㄱ. (가) – 건국 강령을 발표하였다. (×)
→ 대한민국 임시 정부는 1941년에 조소앙의 삼균주의에 바탕을 둔 건국 강령을 발표하였다.
ㄴ. (가) – 한인 애국단을 결성하였다. (○)
→ 김구는 1931년 대한민국 임시 정부의 침체를 극복하기 위해 한인 애국단을 결성하였다.
ㄷ. (나) – 국민 대표 회의를 개최하였다. (×)
→ 일제의 감시와 탄압으로 연통제와 교통국이 발각되어 대한민국 임시 정부의 활동이 어려워지고, 독립운동 방법론을 둘러싸고 지도자 사이에 대립이 심해졌다. 이에 새로운 활로를 모색하기 위해 1923년 상하이에서 국민 대표 회의가 열렸다.
ㄹ. (나) – 대일 선전 포고를 발표하였다. (○)
→ 1941년 일본이 태평양 전쟁을 일으키자 대한민국 임시 정부는 정식으로 대일 선전 포고를 하고 연합군과 합동 작전을 전개하였다.

자료 분석

▲ 대한민국 임시 정부의 이동

대한민국 임시 정부는 윤봉길의 상하이 훙커우 공원 의거(1932) 이후 일제의 탄압과 감시가 심해지자 근거지를 항저우로 옮겼다. 이후 1937년에 중·일 전쟁이 발발하면서 일본군이 중국 본토를 공격하자 대한민국 임시 정부는 다시 근거지를 옮겨 갔다. 대한민국 임시 정부는 1940년 충칭에 정착하여 한국광복군을 창설하였으며, 대일 선전 포고를 하고 건국 강령을 마련하는 등 광복을 준비하였다.

1주 4일 교과서 대표 전략 ①   Book 2 26~29쪽

대표 예제	1 ④	2 ②	3 ①	4 ②	5 ⑤
	6 ②	7 ①	8 ③	9 ④	10 ①	11 ④
	12 ④	13 ④	14 ⑤	15 ③	16 ③

1 1910년대 일제의 정책

태형 도구 사진과 한국인에게만 태형을 집행하는 등 강압적인 무단 통치를 실시하였다는 내용을 통해 밑줄 친 '이 시기'가 1910년대임을 알 수 있다. ④ 일제는 식민지 경제 기반을 구축하기 위해 1910년대에 토지 조사 사업을 전개하였다.

오답 피하기 ① 일본은 1905년 을사늑약을 체결하여 통감부를 설치하였으며, 대한 제국의 외교권을 빼앗고 내정 전반을 간섭하였다.
② 일제는 1925년에 치안 유지법을 제정하여 독립운동가를 탄압하는 데 이용하였다.
③ 중·일 전쟁을 일으킨 일제는 전쟁에 필요한 자원을 효율적으로 조달하고자, 1938년 국가 총동원법을 선포하고 한국에도 이를 적용하였다.
⑤ 일제는 1920년에 회사령을 폐지하고 회사 설립을 신고제로 바꾸었다.

2 회사령 실시의 목적

제시된 자료는 1910년에 공포된 회사령으로, 회사를 설립할 때 조선 총독의 허가를 받아야 한다는 내용이 담겨 있다. ② 일제는 한국인의 기업 설립과 민족 자본의 성장을 억제하기 위해 1910년에 회사령을 제정하였다.

오답 피하기 ① 일제가 1920년에 회사령을 폐지하고 일본 기업과 상품이 본격적으로 한국에 침투하자, 1920년대에 국내 민족 기업과 자본을 보호·육성하기 위한 물산 장려 운동이 전개되었다.
③ 중·일 전쟁을 일으킨 일제는 1938년에 국가 총동원법을 제정하여 전쟁에 필요한 물자와 인력을 수탈하였다.

④ 1910년대 토지 조사 사업의 결과 조선 총독부 소유의 토지와 지세 수입이 증가하였다.
⑤ 일제는 일본 기업이 한국에 진출하기 쉽도록 1920년에 회사령을 폐지하고, 회사 설립을 허가제에서 신고제로 바꾸었다.

3 문화 통치의 실상

문관 총독이 임명된 사례, 경찰 관서와 보통 경찰의 수,『조선일보』와 『동아일보』의 검열 사례 등은 1920년대 일제가 표방한 문화 통치와 관련된 것이다. ① 제시된 내용을 통해 일제가 시행한 이른바 문화 통치의 실상을 파악할 수 있다.

오답 피하기 ② 일제는 1910년에 회사령을 공포하여 한국인의 자본 축적을 억제하고자 하였다.
③ 일본은 1905년 을사늑약을 체결하여 대한 제국의 외교권을 빼앗고 통감부를 설치하였다.
④ 일제는 침략 전쟁을 확대하면서 한국의 인적·물적 자원을 수탈하기 위해 전시 동원 체제를 구축하였다.
⑤ 1920년대 중반 민족주의 계열과 사회주의 계열의 단결을 꾀하는 민족 유일당 운동이 전개되었다. 이에 따라 국외에서는 3부 통합 운동으로 국민부와 혁신 의회가 탄생하였고, 국내에서는 신간회가 창립되었다.

4 산미 증식 계획의 결과

일제는 제1차 세계 대전 이후 산업화와 도시 인구 증가로 인한 일본의 쌀 부족 문제를 해결하기 위해 1920년부터 산미 증식 계획을 추진하였다. 제시된 자료는 산미 증식 계획 당시 늘어난 쌀 생산량에 비해 일본으로 많은 양의 쌀이 반출되었음을 나타낸 그래프이다. ② 산미 증식 계획으로 증산된 양보다 많은 양의 쌀이 일본으로 반출되면서 한국의 식량 사정은 악화되었다.

오답 피하기 ① 일본의 쌀 부족 현상이 심각해져 쌀 소동이 일어난 것은 산미 증식 계획이 실시되는 배경 중 하나였다.
③ 1910년대 토지 조사 사업의 결과 미신고 토지가 국유지로 편입되어 조선 총독부 소유의 토지가 크게 늘어났다.
④ 대한 제국은 지세 수입을 늘리고 토지 소유 관계를 정비하기 위해 양전 사업을 실시하고 지계를 발급하였다.
⑤ 일본 상인에 의한 쌀 유출과 흉작 등으로 1889년 함경도, 1890년 황해도에서 방곡령이 내려졌다.

자료 분석

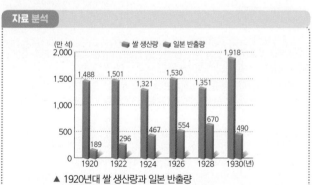

▲ 1920년대 쌀 생산량과 일본 반출량

그래프는 1920년부터 쌀 생산량이 일정하지는 않지만 다소 증가하는 추이와 증산된 양보다 많은 양의 쌀이 일본으로 반출되는 상황을 나타낸 것이다. 그 결과 한국인의 식량 사정은 더욱 악화되었으며, 한국인은 만주에서 수입한 조·수수 등 잡곡으로 생계를 유지하였다.

5 3·1 운동의 영향

서울을 비롯하여 평양, 원산 등에서 만세 시위가 전개되면서 시작되었다는 점, 신분과 직업은 물론 종교의 구별 없이 남녀노소를 가리지 않고 거의 모든 지역에서 전 계층이 참여한 민족 운동이라는 점 등을 통해 밑줄 친 '이 운동'이 1919년에 일어난 3·1 운동임을 알 수 있다. ⑤ 3·1 운동의 영향으로 독립운동을 이끌 지휘부에 대한 필요성이 제기되어 대한민국 임시 정부가 수립되었다.

오답 피하기 ① 일제는 1910년에 회사령을 공포하였다.
② 일제는 1912년에 조선 태형령을 제정하여 한국인에게만 적용하였다.
③ 일제는 1910년대 헌병 경찰을 동원하여 무단 통치를 시행하였다.
④ 1905년 을사늑약의 체결로 대한 제국의 외교권이 박탈당하였다.

6 대한민국 임시 정부의 활동

파리 강화 회의에 김규식을 파견하고 구미 위원부를 설치하였다는 내용 등을 통해 (가)가 1919년 상하이에서 수립된 대한민국 임시 정부임을 알 수 있다.

선택지 바로 보기

ㄱ. 『독립신문』을 발행하였다. (○)
→ 대한민국 임시 정부는 기관지 『독립신문』을 발간하여 독립운동 소식을 전하였다.
ㄴ. 대한국 국제를 제정하였다. (×)
→ 대한 제국은 1899년에 대한국 국제를 반포하였다.
ㄷ. 연통제와 교통국을 운영하였다. (○)
→ 대한민국 임시 정부는 연통제와 교통국을 설치하여 국내와의 연락 및 정보 수집, 자금 모집 등을 담당하게 하였다.
ㄹ. 도 평의회, 면 협의회 등을 설치하였다. (×)
→ 일제는 문화 통치를 표방하며 한국인이 지방 행정에 참여할 수 있는 기회를 부여한다고 선전하고 도 평의회와 면 협의회 등을 설치하였다.

7 미쓰야 협정

무기를 지닌 한국인이 한국으로 들어오는 것을 금지하고, 이를 위반한 사람과 일본이 지명하는 독립운동가를 일본 경찰에 넘긴다는 내용을 통해 제시된 자료가 1925년에 일제가 만주 군벌과 체결한 미쓰야 협정임을 알 수 있다. ① 자유시 참변 이후 만주로 돌아온 독립군 세력이 조직을 재정비하여 참의부, 정의부, 신민부의 3부를 수립하자, 일제는 독립군을 탄압하기 위해 만주 군벌과 미쓰야 협정을 체결하였다.

오답 피하기 ② 1931년에 일제가 만주 사변을 일으키자, 만주의 독립군과 중국 항일 무장 세력은 한·중 연합 작전을 전개하였다.
③ 13도 창의군은 1908년에 서울 진공 작전을 전개하였다.
④ 통감부는 1905년 을사늑약에 따라 설치되었으며, 대한 제국의 내정 전반을 장악하였다.
⑤ 대한민국 임시 정부는 윤봉길의 훙커우 공원 의거 이후 일제의 탄압을 피해 상하이를 떠나 이동하다가 1940년 충칭에 정착하였다.

8 의열단의 활동

3·1 운동 이후에 등장하였고, 김원봉 등이 만주에서 설립하였으며, 김익상이 조선 총독부에 폭탄을 투척하였다는 내용을 통해 (가) 단체가 의열단임을 알 수 있다.

선택지 바로 보기

① 원산 총파업을 지원하였다. (×)
→ 1927년에 민족 협동 전선으로 결성된 신간회는 1929년에 일어난 원산 총파업을 지원하였다.
② 영릉가 전투에서 활약하였다. (×)
→ 조선 혁명군은 중국 의용군과 연합하여 영릉가 전투에서 승리를 거두었다.
③ 「조선 혁명 선언」을 지침으로 삼았다. (○)
→ 의열단은 신채호가 1923년에 작성한 「조선 혁명 선언」을 활동 지침으로 삼았다.
④ 고종 강제 퇴위 반대 운동을 전개하였다. (×)
→ 대한 자강회는 고종 강제 퇴위 반대 운동을 전개하였으며, 이로 인해 통감부의 탄압을 받아 해산되었다.
⑤ 상하이 훙커우 공원에서 의거를 일으켰다. (×)
→ 한인 애국단의 윤봉길은 상하이 훙커우 공원에서 의거를 일으켰다.

더 알아보기+ 의열 투쟁의 전개

의열단	• 1919년 만주에서 김원봉 주도로 설립 • 일제의 식민 통치 기관 파괴, 침략 원흉 응징 ➡ 김익상은 조선 총독부에, 김상옥은 종로 경찰서에, 나석주는 동양 척식 주식회사와 조선 식산 은행에 폭탄 투척 • 신채호의 「조선 혁명 선언」을 활동 지침으로 삼음.
한인 애국단	• 1931년 상하이에서 김구가 설립 • 이봉창: 도쿄에서 일왕에게 폭탄 투척(1932) • 윤봉길: 상하이 훙커우 공원 의거(1932) • 윤봉길의 의거 이후 중국 국민당 정부가 대한민국 임시 정부 활동 적극 지원

9 민립 대학 설립 운동

'한민족 1천만이 한 사람이 1원씩'의 구호를 내세우며 모금 운동을 전개하였다는 점, 일제의 탄압과 가뭄·홍수 등으로 중단되었다는 점 등을 통해 밑줄 친 '이 운동'이 민립 대학 설립 운동임을 알 수 있다. ④ 1920년대에 조선 민립 대학 기성회를 중심으로 민립 대학 설립 운동이 전개되자, 일제는 1924년 경성 제국 대학을 설립하여 한국인들의 고등 교육에 대한 열망을 무마하려 하였다.

오답 피하기 ① 일제는 1925년 치안 유지법을 제정하여 사회주의자와 독립운동가를 단속하려 하였다.
② 1919년 일본 도쿄에서 한국인 유학생들이 발표한 2·8 독립 선언은 3·1 운동이 일어나는 배경이 되었다.
③ 대한 제국이 일본의 강요로 막대한 차관을 도입함에 따라 일본에 대한 경제적 예속이 심해지자, 1907년에 국민이 성금을 모아 일본에 진 빚을 갚고 국권을 회복하자는 국채 보상 운동이 전개되었다.
⑤ 일본으로의 곡식 유출과 흉작 등으로 함경도와 황해도에서 방곡령이 내려졌다.

10 신간회의 창립

순종의 장례일에 학생들이 만세 시위를 벌였다는 점에서 (가)는 1926년 6·10 만세 운동임을 알 수 있다. 한편 나주역에서 한·일 학생 간 충돌이 있었다는 내용을 통해 (나)는 1929년 광주 학생 항일 운동의 발단이 된 사건임을 알 수 있다. ① 신간회는 6·10 만세 운동 이후 비타협적 민족주의 계열과 사회주의 계열의 민족 협동 전선으로 1927년에 창립되었다.

오답 피하기 ② 일제는 1937년 중·일 전쟁을 일으켰다.

③ 일제는 1925년 치안 유지법을 제정하여 한국인의 사상과 표현의 자유를 억압하고 민족 운동과 사회주의 운동을 탄압하였다. 이 법으로 많은 독립운동가가 처벌받았다.

④ 일제는 1911년 제1차 조선 교육령을 공포하여 식민 통치에 순응하는 한국인을 육성하고자 하였다. 이에 따라 일본어와 일본 역사에 '국어'와 '국사'라는 이름을 붙여 가르쳤으며, 대부분의 교과목은 일왕에 대한 충성을 강조하는 내용으로 채워졌다.

⑤ 3·1 운동의 영향으로 1919년 상하이에서 대한민국 임시 정부가 수립되었다.

11 원산 총파업

강화도 조약으로 개항하였다는 점, 최초의 근대 교육 기관이 설립되었다는 점을 통해 역사 퀴즈의 '이 도시'가 원산임을 알 수 있다. 따라서 (가)에는 원산에 관한 설명이 들어가야 한다. ④ 1929년에 원산의 노동자들은 노동 조건 개선 등을 내세우며 일제 강점기 최대의 총파업인 원산 총파업을 벌였다.

오답 피하기 ① 조선 형평사는 1923년에 진주에서 조직되었다.
② 국채 보상 운동은 대구에서 서상돈 등을 중심으로 시작되었다.
③ 대한민국 임시 정부는 1919년 상하이에서 수립되었다.
⑤ 제물포 조약은 1882년 인천 제물포에서 체결되었다.

12 조선어 학회의 활동

우리말 사전 편찬 작업을 진행하였으며, 일제의 탄압을 받아 강제로 해산되었다는 내용을 통해 (가) 단체는 조선어 학회임을 알 수 있다. 조선어 학회는 조선어 연구회가 1931년 확대 개편된 단체이다.

선택지 바로 보기

① '가갸날'을 제정하였다. (×)
→ 1921년에 설립된 조선어 연구회는 한글날의 시초가 된 '가갸날'을 제정하고, 잡지 『한글』을 창간하였다.
② 민족주의 사학을 정립하였다. (×)
→ 박은식, 신채호 등이 민족주의 사학을 정립하였다.
③ 브나로드 운동을 주도하였다. (×)
→ 『동아일보』에서 1931년부터 문맹 퇴치와 미신 타파를 목표로 브나로드 운동을 전개하였다.
④ 한글 맞춤법 통일안을 제정하였다. (○)
→ 조선어 학회는 한글 맞춤법 통일안과 표준어 및 외래어 표기법 통일안을 제정하였다.
⑤ 식민 사관을 바탕으로 『조선사』를 편찬하였다. (×)
→ 조선 총독부가 설치한 조선사 편수회는 식민 사관을 바탕으로 『조선사』를 편찬하였다.

13 황국 신민화 정책

신사 참배를 의무화하였으며, 한국인의 성과 이름을 일본식으로 바꾸도록 강요하고 이를 쓰지 않으면 차별하였다는 내용을 통해 제시된 자료의 정책이 시행된 시기가 민족 말살 통치 시기임을 알 수 있다. 일제는 1931년 만주 사변 이후 침략 전쟁을 확대하면서 한국인을 전쟁에 동원하기 위해 황국 신민화 정책을 펼치는 등 민족 말살 통치를 실시하였다.

더 알아보기+ 황국 신민화 정책

배경	일제의 침략 전쟁 확대
목적	한국인의 민족의식 말살 → 한국인을 침략 전쟁에 효율적으로 동원하고자 함.
내용	• '내선일체', '일선 동조론' 강조 • 황국 신민 서사 암송 • 신사 참배, 궁성 요배 강요 • 일본식 성과 이름 사용(창씨개명) 강요 • 소학교를 국민학교로 개칭

14 전시 동원 체제

만주 사변 이후 전시 동원 체제를 배경으로 하였다는 점에서 작품의 배경이 된 시기가 1930년대 이후임을 알 수 있다. ⑤ 일제는 지원병제와 징병제를 시행하여 한국인을 전쟁에 동원하였다.

오답 피하기 ① 나주역에서의 한·일 학생 간 충돌을 계기로 1929년 광주 학생 항일 운동이 일어났다.
② 일본은 식민지 농업 경영과 일본인 이민 사업을 위해 1908년 동양 척식 주식회사를 설립하였다.
③ 일제는 1910년에 회사령을 공포하여 회사를 세우려면 조선 총독의 허가를 받도록 하였다.
④ 1911년 일제가 조작한 105인 사건으로 신민회가 와해되었다.

15 한국광복군의 활동

대한민국 임시 정부가 1940년 총사령부를 창설하였다는 내용을 통해 (가) 부대가 한국광복군임을 알 수 있다.

선택지 바로 보기

① 서일을 총재로 두었다. (×)
→ 간도 참변 당시 일제의 탄압을 피해 북만주 밀산에 모인 독립군 부대들은 서일을 총재로 하여 대한 독립 군단을 결성하였다.
② 쌍성보 전투에서 승리하였다. (×)
→ 지청천이 이끄는 한국 독립군은 한·중 연합 작전을 전개하여 쌍성보 전투에서 승리를 거두었다.
③ 인도·미얀마 전선에 파견되었다. (○)
→ 한국광복군은 태평양 전쟁 발발 이후 인도·미얀마 전선에 파견되어 영국군과 연합 작전을 전개하였다.
④ 미쓰야 협정으로 활동이 위축되었다. (×)
→ 일제가 1925년에 만주 군벌과 체결한 미쓰야 협정으로 3부를 비롯한 만주 지역 독립군의 활동이 위축되었다.
⑤ 중국 화북 지역으로 근거지를 이동하였다. (×)
→ 조선 의용대의 대부분은 중국 공산당의 근거지인 화북 지역으로 이동하여 조선 의용대 화북 지대를 결성하였다.

16 조선 건국 동맹의 활동

지도가 1940년대 주요 민족 운동 단체를 표시한 것이고, 충칭에 대한민국 임시 정부가 자리 잡고 있으며, 옌안에 조선 독립 동맹이 결성된 상황을 통해 서울의 (가)는 조선 건국 동맹임을 알 수 있다. ③ 태평양 전쟁이 막바지에 이르자 국내에서는 여운형을 중심으로 비밀리에 조선 건국 동맹을 조직하여 광복을 준비하였다.

오답 피하기 ① 충칭의 대한민국 임시 정부는 1941년 일제가 태평양 전쟁을 일으키자 대일 선전 포고를 하였다.

② 상하이에 수립된 대한민국 임시 정부는 연통제와 교통국을 운영하여 국내와의 연락과 정보 수집, 자금 모집 등을 담당하게 하였다.
④ 일제의 탄압을 피해 러시아령 자유시로 이동한 독립군 부대는 자유시 참변으로 타격을 입었다.
⑤ 조선 의용대는 중국 국민당 정부의 지원을 받아 주로 일본군에 대한 심리전이나 포로 심문, 후방 공작 활동을 전개하였다.

더 알아보기+ 1940년대 국내외의 건국 준비

대한민국 임시 정부	건국 강령(1941): 조소앙의 삼균주의 바탕 → 보통 선거에 기초한 민주 공화국 건설, 토지와 주요 산업 국유화, 무상 교육 실시 등
조선 독립 동맹	• 조선 의용대와 한인 사회주의자가 중심이 되어 조선 독립 동맹 결성(1942) → 김두봉을 위원장으로 선출 • 건국 강령: 조선 민주 공화국 건설 표방 → 보통 선거 시행, 국민 기본권 확보, 남녀평등, 대기업 국유화, 토지 분배, 의무 교육 실시 등
조선 건국 동맹	• 여운형 주도, 국내에서 좌우 세력 합작으로 비밀리에 결성(1944) • 건국 강령: 민주주의 원칙에 바탕을 둔 국가 건설 목표

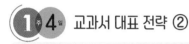

교과서 대표 전략 ②   Book 2 30~31쪽

01 ② 02 ⑤ 03 ③ 04 ① 05 ① 06 ② 07 ① 08 ⑤

01 무단 통치 시기의 정책
공립 보통학교의 교사들이 제복을 입고 칼을 차고 있는 모습을 통해 밑줄 친 '이 시기'는 1910년대 무단 통치 시기임을 알 수 있다. ② 일제는 무단 통치 시기에 헌병이 일반 경찰 업무와 행정은 물론 일상생활까지 관여하는 헌병 경찰 제도를 시행하였다.

오답 피하기 ① 정미의병 당시 13도 창의군이 결성되어 1908년에 서울 진공 작전을 전개하였다.
③ 전국 각지에서 일본의 국권 침탈에 맞선 의병 항쟁이 계속되자, 일본은 1909년 호남 지방을 중심으로 이른바 '남한 대토벌' 작전을 벌였다.
④ 나주역에서의 한·일 학생 간 충돌 사건을 계기로 1929년 광주 학생 항일 운동이 전개되었다.
⑤ 민족 말살 통치 시기 일제는 한국인 여성을 일본군 '위안부'로 강제 동원하였다.

02 산미 증식 계획
제시된 자료는 일본에서의 쌀 부족 문제를 다루고 있다. 이러한 상황을 배경으로 시행된 정책은 1920년부터 추진된 산미 증식 계획에 해당한다. ⑤ 일제는 산미 증식 계획 당시 증산된 양보다 더 많은 양의 쌀을 일본으로 반출하였다. 이로 인하여 한국의 식량 사정은 크게 악화되었다.

오답 피하기 ① 대한 제국은 광무개혁 당시 지계아문을 설치하고 토지 소유자에게 지계를 발급하였다.
② 1910년대 일제가 시행한 토지 조사 사업은 신고주의 원칙에 따라 이루어졌다.

③ 토지 조사 사업의 결과 조선 총독부의 지세 수입이 증가하였다.
④ 암태도 소작 쟁의는 1923년부터 1924년 사이에 전개된 농민 운동으로, 고율의 소작료에 반발하여 일어났다.

03 대한민국 임시 정부의 활동
제시된 자료는 1919년 9월 대한민국 임시 정부가 공포한 대한민국 임시 헌법이다. 이 헌법을 통해 대한민국 임시 정부는 민주 공화국을 표방하였고, 삼권 분립의 원칙을 실현하고자 하였다. ③ 태극 서관과 자기 회사를 운영한 단체는 신민회이다.

오답 피하기 ① 대한민국 임시 정부는 독립운동 자금을 마련하기 위해 독립 공채를 발행하였다.
② 대한민국 임시 정부는 독립운동 자금을 안정적으로 확보하고 국내외의 항일 세력과 연락하기 위해 연통제와 교통국을 운영하였다.
④ 대한민국 임시 정부는 미국에 구미 위원부를 설치하여 이승만을 중심으로 외교 활동을 펼쳤다.
⑤ 대한민국 임시 정부는 신한 청년당의 대표로 파리 강화 회의에 파견된 김규식을 전권 대사로 임명하여 독립 청원서를 제출하게 하였다.

04 청산리 대첩
제시된 자료는 봉오동 전투에서 패배한 일제가 조작한 훈춘 사건을 설명한 것이다. ① 일제는 훈춘 사건을 구실로 대규모 병력을 동원하여 독립군을 공격하였다. 이에 맞서 김좌진이 이끄는 북로 군정서를 비롯한 독립군 부대는 청산리 대첩에서 큰 승리를 거두었다.

오답 피하기 ② 3·1 운동 직후 국내에서는 한성 정부 출범이 선포되었다.
③ 일제는 군대와 경찰을 동원하여 무력으로 3·1 운동을 진압하였고, 화성 제암리에서 무자비한 학살을 저지르기도 하였다.
④ 일본은 1894년에 무력으로 경복궁을 기습 점령하고 아산만에 상륙해 있던 청군을 공격하여 청·일 전쟁을 일으켰다.
⑤ 일본은 1941년에 하와이 진주만을 공습하여 태평양 전쟁을 일으켰다.

더 알아보기+ 임시 정부의 통합 논의

▲ 임시 정부의 통합

3·1 운동을 전후로 각지에서 임시 정부가 수립되었다. 연해주 블라디보스토크에서는 대한 국민 의회가, 상하이에서는 대한민국 임시 정부가 세워졌고, 국내에서도 한성 정부의 출범이 선포되었다. 이들 임시 정부는 곧바로 통합 운동을 시작하였다. 논의 결과 한성 정부의 법통을 계승하고 상하이의 대한민국 임시 정부와 대한 국민 의회를 통합한 대한민국 임시 정부가 탄생하였다. 정부를 상하이에 둔 것은 서구 열강의 조계 지역이 많아서 외교 활동을 펴기에 유리하고, 각 지역의 독립운동 세력과 연락이 편리하였기 때문이다.

05 농촌 계몽 운동

농촌 계몽 운동은 1920년대 후반부터 진행되었다. 1920년대 후반 민족주의 진영은 궁핍한 농민에게 생활을 향상시킬 수 있는 능력을 키워 주는 것이 시급하다고 여겨 농촌 계몽 운동을 전개하였다. 여기에 앞장선 『조선일보』, 『동아일보』 등은 문맹 퇴치와 생활 개선 등 농촌의 당면 문제를 일제가 허용하는 범위 안에서 해결하려고 하였다. ① 농촌 계몽 운동은 『조선일보』, 『동아일보』 등 언론사의 주도로 전개되었다.

오답 피하기 ② 1923~1924년에 전개된 암태도 소작 쟁의는 농민들이 고율의 소작료에 저항하여 일어났다.

③ 1904년에 결성된 보안회는 일본의 황무지 개간권 요구에 반대하는 집회를 열어 이를 철회시켰다.

④ 대한 제국은 광무개혁 당시 양전 사업을 실시하고 토지 소유권을 보장하는 문서인 지계를 발급하였다.

⑤ 1920년대에 이상재 등은 조선 민립 대학 기성회를 조직하고 민립 대학 설립 운동을 전개하였다.

06 신간회의 활동

광주 학생 항일 운동 당시 광주에 진상 조사단을 파견하였다는 내용을 통해 (가) 단체가 신간회임을 알 수 있다. ② 신간회는 1929년에 발생한 원산 총파업을 지원하였다.

오답 피하기 ① 1923년 진주에서 조직된 조선 형평사가 주도하여 형평 운동을 전개하였다.

③ 1926년에 사회주의 계열 단체인 정우회에서 정우회 선언을 발표하여 비타협적 민족주의 세력과 제휴할 것을 주장하였다.

④ 6·10 만세 운동은 학생들이 주도하였다.

⑤ 신민회는 남만주의 삼원보에 독립운동 기지를 건설하였다.

07 민족 말살 통치 시기의 모습

국민학교 규정이라는 점, 황국 신민이라는 자각과 자질을 강조하는 점, 내선일체의 미풍을 기르는 데 힘을 쏟아야 한다는 내용 등을 통해 제시된 자료가 민족 말살 통치 시기 황국 신민화 정책과 관련된 것임을 알 수 있다.

선택지 바로 보기

① 식량을 배급하는 관리 (○)
→ 민족 말살 통치 시기 일제는 전시 동원 체제 속에서 식량 수탈을 위해 미곡 공출제와 식량 배급제를 단행하였다.

② 단발령에 저항하는 유생 (×)
→ 1895년 을미사변과 을미개혁 당시 실시된 단발령에 저항하여 유생들은 을미의병을 일으켰다.

③ 태형을 집행하는 헌병 경찰 (×)
→ 1910년대 무단 통치 시기에 헌병 경찰은 즉결 처분권을 가지고 한국인에게 태형을 집행하였다.

④ 국채 보상 운동에 참여하는 상인 (×)
→ 1907년 대구에서 시작된 국채 보상 운동은 『대한매일신보』 등의 지원을 받아 전국으로 확산되었다.

⑤ 신간회의 강연회에 참석하는 학생 (×)
→ 신간회는 1927년 민족 협동 전선 단체로 성립되어 강연회를 개최하고 각종 사회 운동을 지원하였으나, 1931년 해소되었다.

08 1930년대 국외 민족 운동

(가)는 남만주 지역에서 영릉가 전투와 흥경성 전투를 벌였다는 점을 통해 조선 혁명군임을 알 수 있다. (나)는 북만주 지역에서 활동하며, 쌍성보 전투와 대전자령 전투, 동경성 전투를 벌였다는 점을 통해 한국 독립군임을 알 수 있다. 1931년 만주 사변 이후 독립군 세력은 중국 항일 무장 세력과 함께 한·중 연합 작전을 전개하였다.

선택지 바로 보기

① (가) – 청산리 대첩을 승리로 이끌었다. (×)
→ 김좌진의 북로 군정서를 비롯한 여러 독립군 부대는 추격해 온 일본군과 청산리 일대에서 10여 차례 전투를 벌여 큰 승리를 거두었다.

② (가) – 대한민국 임시 정부의 정규군이었다. (×)
→ 1940년 충칭에 자리 잡은 대한민국 임시 정부는 중국 국민당 정부와 교섭하여 지청천을 총사령관으로 하는 한국광복군을 창설하였다.

③ (나) – 이봉창, 윤봉길이 의거를 일으켰다. (×)
→ 한인 애국단의 이봉창은 일본 도쿄에서 일왕에게 폭탄을 투척하였고, 윤봉길은 상하이 훙커우 공원 의거를 일으켰다.

④ (나) – 인도·미얀마 전선에 파견되었다. (×)
→ 한국광복군은 1943년에 영국군의 요청에 따라 인도·미얀마 전선에 파견되었다.

⑤ (가), (나) – 중국 항일 무장 세력과 연합하였다. (○)
→ 1931년 만주 사변 이후 독립군 세력은 중국 항일 무장 세력과 함께 한·중 연합 작전을 전개하였다. 북만주에서는 지청천이 이끄는 한국 독립군이 중국 호로군과 연합하였고, 남만주에서는 양세봉이 이끄는 조선 혁명군이 중국 의용군과 연합하였다.

1주 누구나 합격 전략 `Book 2` 32~33쪽

01 ②	02 ①	03 ⑤	04 ②	05 ③	06 ⑤
07 ②	08 ⑤	09 ④			

01 무단 통치 시기 일제의 정책

토지 조사 사업과 회사령이 제시된 점을 통해 (가)에는 무단 통치 시기 일제의 정책이 들어가야 함을 알 수 있다. ② 무단 통치 시기에 일제는 헌병이 일반 경찰 업무와 행정을 담당하게 하는 헌병 경찰 제도를 시행하였다.

오답 피하기 ① 화폐 정리 사업은 제1차 한·일 협약에 따라 재정 고문으로 파견된 메가타에 의해 1905년에 추진되었다.

③ 민족 말살 통치 시기에 일제는 한국인을 일왕에 충성하는 국민으로 만들기 위해 황국 신민화 정책을 실시하였다.

④ 1905년 을사늑약의 체결로 통감부가 설치되어 대한 제국의 외교와 내정을 장악하였다.

⑤ 산미 증식 계획은 일본의 쌀 부족 문제를 해결하기 위해 1920년부터 실시되었다.

02 문화 통치의 배경

제시된 자료는 1919년 조선 총독으로 취임한 사이토 마코토의 시정 방침이다. 총독은 문무관 어느 쪽이라도 임용될 수 있고, 일반 관리와 교원이 제복을 입고 칼을 차는 것을 폐지한다는 내용을 통해 제시된 자료가 일제가 내세운 이른바 문화 통치와 관련된 것임을 알 수 있다. ① 일제는 3·1 운동이 발생하자 기존의 무단 통치 방식을 이른바 문화 통치 방식으로 바꾸겠다고 선전하였다.

오답 피하기 ② 일제는 1925년에 치안 유지법을 제정하여 사회주의자와 독립운동가를 탄압하였다.
③ 일제는 1941년에 태평양 전쟁을 일으키고 전시 동원 체제를 더욱 강화하였다.
④ 일제는 1938년에 국가 총동원법을 제정하여 전쟁에 필요한 물자와 인력을 수탈하였다.
⑤ 차관 도입으로 일본에 대한 경제적 예속이 심해지자, 1907년에 국민이 성금을 모아 일본에 진 빚을 갚고 국권을 회복하자는 국채 보상 운동이 전개되었다.

03 치안 유지법

사유 재산 제도를 부인하는 목적의 결사를 조직하거나 가입한 자를 처벌한다는 내용을 통해 제시된 자료가 치안 유지법에 해당함을 알 수 있다. ⑤ 치안 유지법은 국가 체제(천황제)나 사유 재산 제도를 부정하는 사상을 통제하고 탄압하기 위해 제정되었으며, 한국의 독립운동을 탄압하는 데 활용되었다.

오답 피하기 ① 치안 유지법은 헌병 경찰 제도가 폐지된 이후인 1925년에 제정되었다.
② 일제는 전시 동원을 효율적으로 하고자 1938년에 국가 총동원법을 제정하였다.
③ 3·1 운동은 일제의 무단 통치, 미국 윌슨 대통령의 민족 자결주의 제창, 2·8 독립 선언 등을 배경으로 일어났다.
④ 일본은 1905년 을사늑약을 강제로 체결하고 대한 제국의 외교권을 박탈하였다.

04 1920년대 무장 투쟁의 전개

청산리 대첩을 전후하여 일제는 독립군의 근거지를 없앤다는 명분으로 간도 참변을 일으켰다. 일본군의 추적을 피해 러시아령 자유시로 이동하였던 독립군은 자유시 참변 이후 다시 만주로 돌아왔고, 만주의 민족 운동 세력은 조직을 재정비하여 3부를 결성하였다. 일제가 1925년에 미쓰야 협정을 체결하고 독립군을 탄압하자, 3부 통합 운동이 전개되어 국민부와 혁신 의회가 결성되었다.

선택지 바로 보기
ㄱ. (가) – 3부 통합 운동으로 조직되었다. (○)
→ 1920년대 후반 3부 통합 운동을 통해 남만주에 국민부가, 북만주에 혁신 의회가 결성되었다.
ㄴ. (나) – 일제에 의해 자행되었다. (×)
→ 자유시 참변은 러시아령 자유시에서 독립군 내 지휘권을 둘러싼 갈등과 러시아 적군의 무장 해제 조치 등으로 발생하였다.
ㄷ. (다) – 훈춘 사건이 배경이 되었다. (×)
→ 봉오동 전투에서 패배한 일제는 훈춘 사건을 조작하여 이를 빌미로 대규모 병력을 만주로 보냈고, 이에 맞서 독립군은 청산리 대첩에서 큰 승리를 거두었다.
ㄹ. (다) – (나) – (가) 순으로 일어났다. (○)
→ (가) 국민부 성립은 1929년, (나) 자유시 참변은 1921년, (다) 봉오동 전투는 1920년의 일이다. 이를 일어난 순서대로 나열하면 (다) – (나) – (가)이다.

05 국외 독립운동의 전개

신민회의 이회영 등이 경학사를 수립하고, 훗날 신흥 무관 학교로 개편된 신흥 강습소가 설립된 지역은 서간도(남만주)의 삼원보 지역이다. ③ 서간도(남만주)의 삼원보는 지도의 (다) 지역에 해당한다.

오답 피하기 (가)는 상하이, (나)는 베이징, (라)는 북간도, (마)는 연해주의 블라디보스토크에 해당한다.

자료 분석

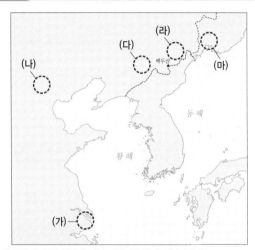

• (가) 상하이: 신한 청년당 결성, 대한민국 임시 정부 수립 등
• (나) 베이징: 만주 지린에서 결성된 의열단이 본부를 베이징으로 옮김.
• (다) 서간도(남만주): 신민회 주도로 삼원보 건설, 경학사 조직, 신흥 강습소 (→ 훗날 신흥 무관 학교로 개편) 설립 등
• (라) 북간도: 중광단 결성, 명동 학교 운영 등
• (마) 연해주(블라디보스토크): 신한촌 건설, 권업회 조직, 대한 광복군 정부, 대한 국민 의회 수립 등

06 물산 장려 운동의 배경

의복과 음식물, 일용품 등에 대하여 조선인 물산을 사용할 것을 권장하는 내용을 통해 제시된 자료가 1920년대에 전개된 물산 장려 운동과 관련된 것임을 알 수 있다. ⑤ 물산 장려 운동은 1920년 회사령이 폐지되고 일본과 한국 사이의 관세 철폐 움직임이 일어나자, 규모가 영세했던 한국 자본가들의 위기의식이 높아진 상황에서 민족 자본을 지키려는 취지로 시작되었다.

오답 피하기 ① 회사령은 1910년에 한국인의 기업 설립과 민족 자본의 성장을 억제하기 위해 제정되었다.
② 원산 총파업은 1929년에 일본인이 한국인 노동자를 구타한 사건을 계기로 일어났다.
③ 1930년대 일제는 일본 방직업자에게 원료를 제공하기 위해 남면북양 정책을 실시하였다.
④ 대한 제국의 차관을 갚아 일본의 경제적 예속에서 벗어나자는 취지에서 1907년에 국채 보상 운동이 전개되었다.

07 신간회의 활동

1927년에 '정치적·경제적·사회적 각성 촉진', '단결 공고', '기회주의 부인'의 강령을 가지고 탄생하였으며, 민족 단일당의 수립을 목표로 하였다는 내용을 통해 (가) 단체가 신간회임을 알 수 있다.

① 만민 공동회를 개최하였다. (×)
→ 서재필 등에 의해 설립된 독립 협회는 1898년부터 만민 공동회를 개최하여 러시아의 내정 간섭과 이권 요구 등을 규탄하였다.

② 광주 학생 항일 운동을 지원하였다. (○)
→ 신간회는 광주 학생 항일 운동이 일어나자 진상 규명을 위한 조사단을 파견하고 민중 대회를 계획하였다.

③ 고종 강제 퇴위 반대 운동을 펼쳤다. (×)
→ 대한 자강회 등은 고종의 강제 퇴위 반대 운동을 전개하였다.

④ 삼원보에 독립운동 기지를 건설하였다. (×)
→ 신민회는 서간도(남만주) 지역의 삼원보에 독립운동 기지를 건설하였다.

⑤ 백정에 대한 차별 철폐를 위해 노력하였다. (×)
→ 조선 형평사는 백정에 대한 차별 철폐를 위해 형평 운동을 전개하였다.

(가) 은/는 1927년 2월 15일에 ㉠ '정치적·경제적·사회적 각성 촉진', '단결 공고', '기회주의 부인'의 3대 강령을 가지고 탄생하였다. 그 강령 및 지도 정신을 통하여 (가) 은/는 ㉡ 비타협적 민족 운동의 이론을 대표하며 동시에 민족 단일당의 수립을 목표로 하고 출세함이 판명되어 …… 합병 이후에 초유의 일대 정치적 단결을 이루었다.

자료는 신간회를 설명하는 당대 기사이다. 밑줄 친 ㉠에는 신간회 창립 당시의 3대 강령이 나타나 있다. 특히 '기회주의 부인'은 당시 자치 운동 등을 전개하던 타협적 민족주의를 가리키는 것으로 추정된다. 밑줄 친 ㉡을 통해 비타협적 민족주의 계열이 사회주의 계열과 연합하여 민족 유일당 운동으로 탄생한 단체임을 알 수 있다.

08 민족 말살 통치 시기의 모습

성과 이름을 일본식으로 바꾸도록 강요당하고, 강제로 신사 참배를 해야 했다는 내용 등을 통해 자료가 민족 말살 통치 시기에 관한 것임을 알 수 있다. (가)에는 민족 말살 통치 시기의 모습이 들어가야 한다. ⑤ 교사에게 제복을 입고 칼을 차게 했던 것은 1910년대 무단 통치 시기의 모습이다.

오답 피하기 ① 침략 전쟁을 확대한 일제는 1943년 학도 지원병제를 시행하여 학생들을 전쟁에 동원하였다.
② 일제는 황국 신민화 정책의 일환으로 한국인에게 황국 신민 서사를 강제로 외우게 하였다.
③ 일제는 1941년에 초등 교육 기관의 명칭을 '황국 신민의 학교'라는 뜻의 국민학교로 바꾸었다.
④ 일제는 한국인의 민족의식을 말살하기 위해 한국어를 사용하지 못하게 하였다. 학교에서 한국어와 한국사 과목을 사실상 폐지하고, 수업도 일본어로만 하게 하였다.

09 김원봉의 활동

(가)에는 김원봉의 활동 중 의열단 조직과 민족 혁명당 결성 외의 내용이 들어가야 한다. ④ 김원봉은 1938년에 조선 민족 전선 연맹의 무장 조직으로서 조선 의용대의 창설을 주도하였다. 조선 의용대는 중국 관내에서 결성된 최초의 한인 무장 부대이다.

오답 피하기 ① 한인 애국단은 김구가 대한민국 임시 정부의 침체를 극복하기 위해 1931년 상하이에서 조직하였다.

② 조선 건국 동맹은 1944년 여운형의 주도로 국내에서 조직되었다.
③ 물산 장려 운동은 조만식 등의 주도로 평양에서 시작되어 전국으로 확산되었다.
⑤ 지청천은 한국광복군 총사령관에 임명되었다.

1주 창의·융합·코딩 전략 Book 2 34~37쪽

| 1 ④ | 2 ② | 3 ② | 4 ④ | 5 ④ | 6 ② |
| 7 ③ | 8 ⑤ | 9 ① | 10 ② | 11 ① | 12 ⑤ |

1 1910년대 무단 통치

제시된 자료는 1910년대 광화문과 거리 모습으로, 1910년대에 볼 수 있는 모습을 찾아야 함을 알 수 있다. ④ 1910년대 무단 통치 시기에 일제는 총독부 관리와 교사들에게 제복을 입고 칼을 찬 채 업무를 보게 하였다.

오답 피하기 ① 의정부는 제2차 갑오개혁 시기에 내각으로 개편되면서 폐지되었다.
② 1920년대에 민립 대학 설립 운동이 전개되자, 일제는 고등 교육에 대한 한국인의 열망을 무마하고자 1924년에 경성 제국 대학을 설립하였다.
③ 일제는 민족 말살 통치 시기에 신사 참배를 강요하였으며, 1941년에는 소학교의 명칭을 국민학교로 바꾸었다.
⑤ 1920년대 이른바 문화 통치 시기에 『조선일보』와 『동아일보』가 창간되었다.

2 1920년대 일제의 경제 정책

일본 벼 품종 보급, 수리 시설 확충, 화학 비료 사용을 통한 한국에서의 쌀 생산량 증대, 한국의 식량 사정 악화, 수리 조합비 등 농민 부담 증가 등의 내용을 통해 (가) 정책이 산미 증식 계획임을 알 수 있다. ② 일제는 제1차 세계 대전 이후 급속한 산업화로 인해 발생한 일본 내 쌀 부족 문제를 해결하기 위해 1920년부터 산미 증식 계획을 시행하였다.

오답 피하기 ① 일제는 만주의 독립군 세력을 탄압하기 위해 1920년부터 1921년까지 간도 참변을 일으켰으며, 1925년 만주 군벌과 미쓰야 협정을 체결하기도 하였다.
③ 일제는 한국의 민족 자본 성장을 억제하기 위해 1910년에 회사령을 제정하였다.
④ 일제는 대공황으로 어려움을 겪던 일본 방직업자에게 원료를 공급하기 위해 남면북양 정책을 실시하였다.
⑤ 일제는 조선 총독부의 안정적인 지세 수입 확보 등을 목적으로 1910년대에 토지 조사 사업을 실시하였다.

3 3·1 운동의 전개

일본 도쿄에서 한국인 유학생들이 민족 자결주의의 영향으로 2·8 독립 선언을 발표하였다. 1919년 3월 1일 탑골 공원을 비롯하여 평양, 원산 등에서 만세 시위가 시작되면서 3·1 운동이 전개되었다. 따라서 암호 숫자는 2819이다.

4 대한민국 임시 정부의 활동

상하이에 위치하였다는 점, 우리 역사상 최초의 민주 공화제 정부라는 점, 삼권 분립 제도를 채택하였다는 점 등을 통해 (가)가 대한민국 임시 정부임을 알 수 있다.

> **선택지 바로 보기**
>
> ① 의열단을 조직하였다. (×)
> → 김원봉 등은 1919년 만주에서 의열단을 조직하였다.
> ② 복벽주의를 지향하였다. (×)
> → 임병찬 등이 1912년에 조직한 독립 의군부는 고종을 황제로 복위시켜야 한다는 복벽주의를 추구하였다.
> ③ 신흥 강습소를 설립하였다. (×)
> → 신흥 강습소는 신민회가 삼원보에 설립한 독립군 양성 기관으로, 이후 신흥 무관 학교로 개편되었다.
> ④ 국민 대표 회의 이후 침체에 빠졌다. (○)
> → 대한민국 임시 정부의 활동이 위기에 직면하자, 독립운동의 새로운 방향을 모색하기 위해 1923년 국민 대표 회의가 개최되었다. 그러나 국민 대표 회의는 결국 결렬되었고, 이후 대한민국 임시 정부는 한동안 침체에 빠졌다.
> ⑤ 태극 서관과 자기 회사를 운영하였다. (×)
> → 항일 비밀 결사로 조직된 신민회는 태극 서관과 자기 회사 등을 운영해 민족 산업을 육성하려 하였다.

> **더 알아보기+ 1910년대 국내외 독립운동**
>
> 1. 국내 비밀 결사 운동
>
> | 독립 의군부 | • 조직: 고종의 밀명을 받은 임병찬이 유생을 모아 결성(1912)
• 활동: 복벽주의 추구, 전국적 의병 봉기 준비, 일본 정부와 조선 총독에게 국권 반환 요구서 제출 계획 중 발각되어 해체 |
> |---|---|
> | 대한 광복회 | • 조직: 박상진 등이 대구에서 결성(1915), 의병 계열과 애국 계몽 운동 계열 통합
• 활동: 공화제 정부 수립 목표, 독립군 양성, 친일파 처단 활동, 군자금 마련 중 발각되어 해체 |
>
> 2. 국외 독립운동 기지 건설
>
> | 남만주
(서간도) | 신민회의 이회영 등이 삼원보에 건설, 경학사, 신흥 강습소(독립군 양성 기관) |
> |---|---|
> | 동만주
(북간도) | 용정촌·명동촌 형성, 간민회, 서전서숙·명동 학교, 대종교가 중광단 조직 |
> | 연해주 | 블라디보스토크의 신한촌 형성, 권업회, 대한 광복군 정부 |
> | 미주 지역 | 대한인 국민회, 대조선 국민 군단(하와이), 숭무 학교(멕시코) |
> | 상하이 | 신한 청년당 |

5 1920년대 국외 무장 투쟁

봉오동 골짜기에서 승리를 외치는 홍범도 장군은 봉오동 전투와 관련된 내용이고, 간도 참변 이후 자유시로의 이동을 결의하는 대한 독립 군단은 일본군의 추적을 피해 밀산에 집결한 독립군의 상황과 관련된 내용이다. ④ 봉오동 전투 이후 일제는 훈춘 사건을 조작하고 이를 빌미로 만주에 대규모 병력을 파견하여 청산리 일대로 독립군을 추격하였으나 청산리 대첩에서 대패하였다.

오답 피하기 ① 대한민국 임시 정부는 1941년 태평양 전쟁이 발발하자 대일 선전 포고를 하였다.
② 미쓰야 협정은 자유시 참변 이후인 1925년에 체결되었다.
③ 1932년 한인 애국단의 윤봉길은 상하이 훙커우 공원에서 의거를 일으켰다.

⑤ 1919년 3월 1일, 민족 대표들은 본래 탑골 공원에 나아갈 계획이었으나, 시위가 과격해질 것을 우려하여 태화관에서 독립 선언서를 낭독하였다.

6 의열 투쟁의 전개

자료에서 1919년에 조직된 의열 투쟁 단체이고, 김원봉이 주도하여 만주에서 설립하였으며, 김상옥과 김익상 등이 의거를 일으켰다는 내용을 통해 (가)에 의열단에 대한 내용이 들어가야 함을 알 수 있다.

> **선택지 바로 보기**
>
> ① 건국 강령을 발표했어. (×)
> → 광복을 앞두고 대한민국 임시 정부, 조선 독립 동맹, 조선 건국 동맹 등은 건국 강령을 발표하였다.
> ② 「조선 혁명 선언」을 지침으로 삼았어. (○)
> → 김원봉이 요청하여 신채호가 작성한 「조선 혁명 선언」은 의열단의 활동 지침이 되었다.
> ③ 조선 민족 전선 연맹의 산하 무장 조직이었어. (×)
> → 김원봉은 조선 민족 전선 연맹 산하에 무장 조직으로 조선 의용대를 창설하였다.
> ④ 미국 전략 정보국(OSS)과 국내 진공 작전을 계획했어. (×)
> → 대한민국 임시 정부가 창설한 한국광복군은 미국 전략 정보국(OSS)과 함께 국내 진공 작전을 계획하였다.
> ⑤ 중국 국민당 정부가 대한민국 임시 정부를 지원하는 계기를 마련했어. (×)
> → 윤봉길의 상하이 훙커우 공원 의거는 중국 국민당 정부가 대한민국 임시 정부를 지원하는 계기가 되었다.

7 실력 양성 운동의 전개

제시된 자료는 실력 양성 운동의 전개와 관련된 개념들을 단어 카드로 정리한 것이다. (가)에는 농촌 계몽 운동과 관련된 내용이 들어가야 한다. ③ 『동아일보』는 문맹 퇴치와 미신 타파를 목표로 브나로드 운동을 전개하였다.

오답 피하기 ① 1920년대에 이광수, 최린, 김성수 등은 조선 총독부와 협력하여 자치 정부 또는 자치 의회를 설립하려는 자치 운동을 벌였다.
② 1919년에 일어난 3·1 운동은 한국인의 단합된 독립 의지를 세계에 알린 일제 강점기 최대의 민족 운동이었다.
④ 1907년에 대한 제국의 차관을 갚아 일본의 경제적 예속에서 벗어나고자 하는 국채 보상 운동이 전개되었다.
⑤ 1929년 한·일 학생 간 충돌을 계기로 식민지 교육 철폐, 일본 제국주의 타도, 민족 해방 등을 주장하는 광주 학생 항일 운동이 일어났다.

> **더 알아보기+ 자치 운동**
>
> 독립이 불가능하거나 무의미하다고 판단하고, 일본 제국의 지배를 받아들인 채 조선 총독부와 협력하여 자치 정부 또는 자치 의회를 구성하려고 한 운동이다. 이광수, 최린, 김성수 등이 앞장섰으며, 1920년대 중반 총독부와 일부 일본인들은 공공연하게 자치 운동을 부추겨 민족 운동 진영을 분열시키고자 하였다. 자치 운동의 움직임은 1930년대 초까지 이어졌다.

8 민족 유일당 운동

❷ 청산리 대첩을 전후하여 일제가 간도의 한인들을 학살한 사건은 간도 참변이다. ❸ 1927년에 설립된 여성 운동 진영의 민족 협동 전선 단체는 근우회이다. ❹ 1924년 대한민국 임시 정부 산하 기관으로서 만주 지안을 중심으로 한 지역에 세워진 기구는 참의부이다. 따라

서 십자말풀이 ❶에 들어갈 말은 신간회이고, (가)에는 신간회에 대한 설명이 들어가야 함을 알 수 있다. ⑤ 신간회는 정우회 선언을 계기로 비타협적 민족주의자와 사회주의자가 연합하여 결성한 민족 협동 전선 단체이다.

오답 피하기 ① 미쓰야 협정 등으로 만주 독립군 세력의 활동이 위축된 상황에서 진행된 3부 통합 운동의 결과 남만주에는 국민부, 북만주에는 혁신 의회가 조직되었다.
② 조선어 학회는 한글 맞춤법 통일안과 표준어 및 외래어 표기법 통일안을 제정하여 한글 표준화에 노력하였다.
③ 일본 도쿄 유학생들이 조직한 토월회는 남녀평등, 봉건적 인습 비판 등을 주제로 작품을 만들어 순회공연을 열었다.
④ 안창호와 양기탁 등이 주도하여 1907년에 비밀 결사 단체인 신민회를 결성하였다.

9 근대 역사학의 발전

㉠ 신채호는 『조선사연구초』와 『조선상고사』를 저술하여 우리 민족 고유의 문화적 전통과 자주적 역사관을 강조한 민족주의 역사학자이다. ㉡ 백남운은 『조선사회경제사』 등을 저술하여 사회 경제 사학을 연구하고 식민 사관의 정체성론을 비판하였다. ㉢ 이병도는 실증 사학을 정립하였다. ㉣ 사회 경제 사학은 마르크스의 유물 사관에 바탕을 두었다. ㉤ 민족주의 역사학자인 박은식은 『한국통사』와 『한국 독립운동지혈사』를 저술하였다. ㉥ 이병도를 중심으로 한 진단 학회에서 실증 사학을 연구하였다. 이를 분류하면 A 민족주의 사학 상자에는 ㉠ 신채호와 ㉤ 『한국통사』가 들어가야 한다. B 사회 경제 사학 상자에는 ㉡ 백남운과 ㉣ 유물 사관이 들어가야 한다. C 실증 사학 상자에는 ㉢ 이병도와 ㉥ 진단 학회가 들어가야 한다.

더 알아보기+ 일제의 식민 사관

타율성론	한국 역사는 중국, 일본 등 주변 나라의 지배와 간섭에 의해 이루어져 왔으므로 주체성과 독자성이 없다는 주장
정체성론	일본을 포함한 다른 지역이 시대별로 발전을 거듭한 데 반해 한국은 발전 없이 정체되어 있다는 주장
당파성론	조선 시대 붕당 정치를 당파 싸움으로 규정하여, 한국 민족은 늘 편을 갈라 싸운다고 하는 주장

10 민족 말살 통치 시기 정책

자료에 등장하는 일제의 정책은 벼 공출 등 각종 공출과 징용임을 알 수 있다. 이와 같은 정책이 실시된 시기는 민족 말살 통치 시기에 해당한다. ② 중·일 전쟁을 일으킨 일제는 전쟁에 필요한 인력과 자원을 효율적으로 동원하기 위해 1938년 국가 총동원법을 선포하였다.

오답 피하기 ① 일제는 1920년에 회사령을 폐지하여 일본 자본이 자유롭게 한국에 들어올 수 있게 하였다.
③ 제1차 한·일 협약으로 대한 제국의 재정 고문이 된 메가타의 주도로 1905년에 화폐 정리 사업이 전개되었다.
④ 일제는 식민지 경제 기반을 구축하기 위해 1910년부터 토지 조사 사업을 시행하였다.
⑤ 1907년 한·일 신협약(정미 7조약)의 비밀 각서(부수 각서)에 따라 대한 제국의 군대가 해산되었다.

자료 분석

> 물론 일본이 항복을 하였으니 전쟁은 끝이 난 것이요. 전쟁이 끝이 났으니 벼 공출을 비롯하여 솔뿌리 공출이야, 마초 공출이야, 채소 공출이야, 가지가지의 그 억울하고 성가신 공출이 없어지고 말 것이었다. 또 열여덟 살배기 손자 용길이가 징용에 뽑혀 나갈 염려가 없을 터이었다. ……

자료에서 일본의 항복으로 끝난 전쟁은 제2차 세계 대전이자 태평양 전쟁을 말한다. 자료를 보면 그때까지 실시된 일제의 정책을 알 수 있는데, 벼 공출을 비롯한 각종 공출과 18세 손자가 끌려갈 뻔했던 징용이 나타나 있다. 이를 통해 만주 사변(1931), 중·일 전쟁(1937), 태평양 전쟁(1941) 등 일제가 침략 전쟁을 확대하면서 시행한 전시 동원 체제의 정책을 알 수 있다.

11 한·중 연합 작전의 전개

한·중 연합, 쌍성보, 지청천, 조선 혁명군 등의 단어를 통해 자료가 1930년대 한·중 연합 작전에 관한 것임을 알 수 있다. ① 일제가 1931년 만주 사변을 일으켜 만주를 침략하자, 만주의 독립군과 중국 항일 무장 세력은 한·중 연합 작전을 벌였다.

오답 피하기 ② 일본은 1904년에 뤼순과 인천 등에서 러시아 군함을 기습 공격하여 러·일 전쟁을 일으켰다.
③ 일본은 1894년에 청군을 기습하여 청·일 전쟁을 일으켰다.
④ 일제는 1941년에 태평양 전쟁을 일으켰다.
⑤ 1914년 사라예보 사건을 계기로 제1차 세계 대전이 일어났다.

더 알아보기+ 1930년대 한·중 연합 작전

구분	한국 독립군	조선 혁명군
총사령관	지청천	양세봉
연합 세력	중국 호로군	중국 의용군
주요 전투	쌍성보 전투, 대전자령 전투	영릉가 전투, 흥경성 전투

12 충칭 시기 대한민국 임시 정부의 활동

대한민국 임시 정부가 충칭에 정착하였다는 점, 한국광복군을 창설하였다는 점, 대일 선전 포고를 하였다는 점을 통해 (가)에는 1940년 이후 대한민국 임시 정부의 활동이 들어가야 함을 알 수 있다.

선택지 바로 보기

① 국가 총동원법을 제정하였어요. (×)
→ 중·일 전쟁을 일으킨 일제는 전쟁에 필요한 자원을 효율적으로 동원하기 위해 1938년에 국가 총동원법을 제정하였다.
② 연통제와 교통국을 조직하였어요. (×)
→ 대한민국 임시 정부는 연통제와 교통국을 운영하였으나, 1920년대 초 일제의 감시와 탄압으로 연통제와 교통국이 발각되어 활동이 어려워졌다.
③ 미쓰야 협정으로 활동이 위축되었어요. (×)
→ 일제가 1925년에 만주 군벌과 맺은 미쓰야 협정으로 만주 지역 독립군의 활동은 크게 제약을 받았다.
④ 중국 공산당 팔로군과 연합 작전을 펼쳤어요. (×)
→ 조선 의용군은 중국 공산당의 팔로군과 연합 전선을 형성하여 대일 항전을 수행하였다.
⑤ 민주 국가 건설을 위한 건국 강령을 발표하였어요. (○)
→ 대한민국 임시 정부는 1941년 조소앙의 삼균주의를 바탕으로 건국 강령을 발표하였다.

개념 돌파 전략 ① `Book 2` 40~43쪽

3강_8·15 광복과 통일 정부 수립 노력 ~ 4·19 혁명

| 40쪽 | **개념 ❶** 남한만의 단독 | **개념 ❷** 미국
| 41쪽 | **01** 신탁 통치 실시 | **01**-1 ①
| | **02** (나) – (다) – (가) – (라) | **02**-1 ⑤

4강_민주화를 위한 노력 ~ 남북 화해와 통일을 위한 노력

| 42쪽 | **개념 ❶** 12·12 군사 반란 | **개념 ❷** 호헌
| 43쪽 | **01** 5·18 민주화 운동 | **01**-1 ③
| | **02** ㄷ, ㄹ | **02**-1 6월 민주 항쟁

 개념 돌파 전략 ② `Book 2` 44~45쪽

1 ⑤ **2** ⑤ **3** ③ **4** ② **5** ③ **6** ⑤

1 모스크바 3국 외상 회의

제시된 자료는 모스크바 3국 외상 회의에서 결정된 신탁 통치안에 대하여 우익 세력이 반대 시위를 벌이는 장면을 나타낸 것으로, 밑줄 친 '회의'는 1945년 12월에 개최된 모스크바 3국 외상 회의이다. ⑤ 모스크바 3국 외상 회의의 결정 사항이 국내에 전해지면서 신탁 통치 문제를 둘러싸고 좌우의 갈등이 극렬해졌다.

오답 피하기 ① 1943년에 개최된 카이로 회담에서 한국의 독립이 최초로 논의되었다.
② 제헌 국회는 1949년에 농지 개혁법을 제정하였고, 이승만 정부는 재정 부담을 이유로 시행을 미루다가 1950년 3월에 이를 개정하여 농지 개혁을 추진하였다.
③ 1953년 7월 27일에 체결된 정전 협정에서 군사 분계선을 확정하고, 중립국 감독 위원회와 군사 정전 위원회, 비무장 지대 설치 등이 합의되었다.
④ 1948년 유엔 소총회에서 선거가 가능한 지역, 즉 남한에서의 단독 선거를 결정하였고 이에 따라 5·10 총선거가 실시되었다.

2 제헌 국회의 활동

제헌 국회는 1948년 9월에 반민족 행위 처벌법을 제정하였고, 이에 따라 10월에 반민족 행위 특별 조사 위원회(반민 특위)를 구성하였다. 반민 특위는 일제 강점기 반민족 행위를 일삼았던 사람들을 광범위하게 조사하고 기소하였다. 그러나 반민족 행위 처벌법이 개정되어 반민 특위의 활동은 유명무실하게 되었고, 1951년 반민족 행위 처벌법이 폐지됨으로써 친일 잔재를 청산하는 데 실패하였다. ⑤ 반민 특위는 이승만 정부의 소극적인 태도와 친일 세력의 방해 등으로 큰 성과를 거두지 못하였다.

오답 피하기 ① 이승만 정부는 1952년에 경찰과 군인이 국회를 포위한 가운데 토론 없이 기립 투표로 발췌 개헌안을 통과시켰다.

② 좌우 합작 위원회는 좌우 양측의 이견을 조율하여 1946년에 좌우 합작 7원칙을 발표하였다.
③ 반민족 행위 특별 조사 위원회는 이승만 정부 시기에 활동하였다.
④ 전두환이 이끄는 일부 군인들이 1979년 12·12 군사 반란으로 정권을 장악하자, 1980년 봄부터 유신 철폐와 신군부 퇴진을 요구하는 대대적인 민주화 운동이 일어났다(서울의 봄).

3 6·25 전쟁의 영향

6·25 전쟁 중 국군과 유엔군은 인천 상륙 작전을 성공시켜 서울을 수복하고 압록강까지 진격하였다. 그러나 국군과 유엔군은 북한을 돕기 위해 참전한 중국군의 공세에 밀려 또다시 서울을 빼앗기고 평택 인근까지 후퇴하였다(1·4 후퇴).

선택지 바로 보기

① 이산가족이 발생하였다. (○)
→ 6·25 전쟁 결과 남북의 군인과 민간인 수백만 명이 죽거나 부상을 입었으며, 수십만 명의 전쟁고아와 천만 명에 가까운 이산가족이 생겨났다.
② 남북 간 이념 대립이 심화되었다. (○)
→ 6·25 전쟁으로 민족의 동질감이 약해지고, 남북 사이의 적대감이 깊어지면서 분단은 더욱 고착화되었다.
③ 김구 등이 남북 협상을 추진하였다. (×)
→ 김구와 김규식 등은 남한 단독 선거가 결정되자 통일 정부 수립을 위해 1948년에 남북 협상을 추진하였다.
④ 남북한에서 독재 체제가 강화되었다. (○)
→ 이승만 정부는 반공주의를 앞세워 정치 활동을 억압하였고, 편법을 동원하여 헌법을 개정하는 등 장기 집권을 강화하였다. 김일성은 자신에게 반대하는 정치 세력을 대규모로 숙청하였으며, 이 과정에서 북한에는 김일성을 정점으로 한 사회주의 독재 체제가 확립되었다.
⑤ 한·미 상호 방위 조약이 체결되었다. (○)
→ 6·25 전쟁이 마무리된 후 이승만 정부와 미국은 한·미 상호 방위 조약을 체결하였다. 이에 따라 미군이 한국에 계속 주둔하게 되었고, 그 결과 한반도를 비롯한 동북아시아에서 미국의 영향력은 한층 강화되었다.

4 4·19 혁명의 배경

1960년 정·부통령 선거에서 이승만 정부는 부통령에 자유당의 이기붕을 당선시키기 위해 3~9인조 투표, 4할 사전 투표 등 각종 부정을 자행하였다(3·15 부정 선거). ② 3·15 부정 선거에 반발하여 각지에서 부정 선거를 규탄하는 시위가 일어났고 이것이 4·19 혁명으로 확대되었다.

오답 피하기 ① 1964년 수많은 학생과 시민은 6·3 시위를 전개하여 박정희 정부의 굴욕적인 한·일 회담에 저항하였다.
③ 전두환 정부 시기에 박종철 고문치사 사건, 4·13 호헌 조치 등에 반발하여 1987년 6월 민주 항쟁이 일어났다.
④ 1954년 이승만 정부는 개헌 당시의 대통령에 한해서 중임 횟수 제한을 없앤다는 내용의 개헌안을 사사오입(반올림) 논리를 내세워 통과시켰다.
⑤ 12·12 군사 반란으로 정권을 장악한 신군부가 계엄령을 전국으로 확대하였고, 이에 저항하여 5·18 민주화 운동이 시작되었다.

5 5·18 민주화 운동

1980년 광주의 학생과 시민들은 신군부의 권력 장악과 비상계엄 확대에 저항하여 5·18 민주화 운동을 전개하였다. 신군부는 공수 부대를 투입하여 시위대를 무자비하게 진압하였다. 5·18 민주화 운동

과 해설

은 계엄군의 무력 진압으로 수많은 사상자를 남기고 막을 내렸으나, 이후 전개된 민주화 운동의 밑거름이 되었다. 5·18 민주화 운동 관련 기록들은 유네스코 세계 기록 유산으로 등재되었다.

선택지 바로 보기

① 6월 민주 항쟁 (×)
→ 전두환 정부가 4·13 호헌 조치를 발표하고 박종철 고문치사 사건을 축소·은폐하려던 것이 폭로되자, 이를 계기로 1987년 6월 민주 항쟁이 일어났다.
② 제주 4·3 사건 (×)
→ 유엔 소총회에서 남한만의 단독 선거가 결정되자 이에 반대하던 제주도 남조선 노동당(남로당) 세력과 일부 주민들이 봉기하면서 1948년에 제주 4·3 사건이 일어났다.
③ 5·18 민주화 운동 (○)
→ 12·12 군사 반란을 일으켜 권력을 장악한 전두환 등의 신군부 세력이 계엄령을 전국으로 확대하자, 이에 저항하여 1980년에 5·18 민주화 운동이 시작되었다.
④ 부·마 민주화 운동 (×)
→ 1979년 박정희 정부가 YH 무역 사건을 구실로 야당인 신민당의 총재 김영삼을 국회 의원직에서 제명하자, 이에 맞서 독재 타도, 유신 철폐 등을 요구하며 부·마 민주화 운동이 전개되었다.
⑤ 광주 학생 항일 운동 (×)
→ 1929년 10월 나주역에서 일본인 남학생이 한국인 여학생을 희롱한 사건을 계기로 한·일 학생 간에 충돌이 일어났다. 경찰이 일본인 학생만 두둔하자 11월 3일 광주 학생 항일 운동이 일어났다.

더 알아보기⁺ 5·18 민주화 운동의 의의

5·18 민주화 운동은 신군부의 불법적 정권 탈취에 맞선 민주화 운동으로, 신군부 세력의 반민주성과 폭력성을 드러낸 사건이었다. 그리고 6월 민주 항쟁 등 1980년대 민주화 운동의 토대가 되었으며, 필리핀 등 아시아 국가들의 민주화 운동에도 영향을 주었다. 한편 당시 국군 작전 통제권은 미국이 보유하고 있었기 때문에 신군부 세력의 계엄군 투입에 대해 미국의 책임 문제가 제기되어, 일부 대학생을 중심으로 반미 운동이 시작되는 계기가 되기도 하였다.

6 김대중 정부 시기의 정치·경제

선거를 통한 평화적인 여야 정권 교체, 대북 화해 협력 정책, 제1차 남북 정상 회담 등의 내용을 통해 제시된 내용이 김대중 정부 시기의 사실임을 알 수 있다. ⑤ 김영삼 정부는 임기 말인 1997년에 국제 경제의 여건 악화와 외환 관리 실패로 외환 위기를 맞아 국제 통화 기금(IMF)의 구제 금융을 받게 되었다. 이에 김대중 정부는 경제 위기를 극복하는 데 주력하여 2001년 국제 통화 기금의 구제 금융을 모두 상환하였다.

오답 피하기 ① 김영삼 정부는 공직자 윤리법을 개정하여 고위 공무원의 재산 등록을 의무화하였으며, 탈세와 불법 자금 유통을 막기 위해 금융 실명제를 실시하였다.
② 전두환 정부는 당시 헌법에 따라 간선제로 차기 대통령을 선출한다는 4·13 호헌 조치를 발표하였다. 이는 개헌에 대한 정치권의 합의가 이루어지지 않았다는 구실로 직선제 논의 자체를 금지하는 조치였다.
③ 박정희 정부 시기인 1976년에 재야인사들은 명동 성당에 모여 유신 체제에 맞서 긴급 조치의 철폐와 박정희 정권의 퇴진을 주장하는 3·1 민주 구국 선언을 발표하였다.
④ 노태우 정부는 냉전 체제가 해체되는 국제 정세 속에서 북방 외교를 추진하여 소련, 중국 등 사회주의 국가들과 수교하였다.

내신전략 • 한국사

2주 2일 필수 체크 전략 ① Book 2 46~49쪽

1-1 (가) – (라) – (나) – (다)   1-2 ④
2-1 (가) 5·10 총선거 (나) 제헌 국회   2-2 ⑤
3-1 인천 상륙 작전   3-2 정전 협정   4-1 ②   4-2 ①

1-1 한반도 문제의 유엔 상정 과정

1945년 12월에 모스크바 3국 외상 회의가 열려 미국, 소련, 영국의 외무 장관들이 모여 한국의 독립 문제를 논의하였다. 모스크바 3국 외상 회의의 결정에 따라 1946년 3월 조선 임시 정부를 수립하기 위한 제1차 미·소 공동 위원회가 서울에서 열렸으나, 미국과 소련의 의견 대립으로 결국 결렬되었다. 한반도가 분단될 수도 있다는 우려가 커지는 가운데, 이승만은 1946년 6월에 정읍 발언을 통해 남쪽만이라도 먼저 정부를 수립하자고 주장하였다. 1947년 5월에 제2차 미·소 공동 위원회가 열렸으나, 양측의 견해 차이가 좁혀지지 않아 결렬되었다. 이에 미국은 한반도 문제를 유엔에 이관하였다. 1947년 11월 유엔 총회는 유엔 감시하의 남북 총선거를 실시하기로 결정하였다. 이 결의에 따라 유엔 한국 임시 위원단이 한국에 파견되었지만, 소련은 유엔 한국 임시 위원단의 입북을 거부하였다. 이에 유엔은 소총회를 열어 선거가 가능한 지역, 즉 38도선 이남 지역만의 총선거를 결정하였다. 따라서 제시된 사건들을 일어난 순서대로 나열하면 (가) – (라) – (나) – (다)이다.

더 알아보기⁺ 미·소 공동 위원회

모스크바 3국 외상 회의의 결정 사항을 실천에 옮기기 위해 1946년 3월에 제1차 미·소 공동 위원회가 열렸다. 그러나 미국과 소련은 조선 임시 정부를 자국에 유리하게 구성하고자 했기 때문에 이 문제를 논의할 한국 측 협의 대상을 둘러싸고 대립하였다. 소련은 모스크바 3국 외상 회의의 결정을 지지하는 정당 및 사회단체만 회담에 참여시켜야 한다고 주장하였고, 미국은 의사 표현의 자유를 내세워 모든 정치 세력의 참여를 보장하자는 입장이었다. 결국 미국과 소련은 합의에 이르지 못하고 미·소 공동 위원회는 휴회에 들어갔다. 1947년에 다시 열린 제2차 미·소 공동 위원회에서도 미국과 소련은 이견을 좁히지 못하고 대립하였다. 결국 미국은 미·소 공동 위원회에서 합의가 어렵다고 보고 한반도 문제를 유엔 총회에 상정하였다.

1-2 여운형의 활동

여운형은 광복 전인 1944년 비밀리에 조선 건국 동맹을 조직하여 일본 패망을 기회로 무장봉기를 일으킬 계획을 세우고, 국외 민족 운동 세력과 연계를 꾀하였다. 광복 직후에는 조선 건국 동맹을 바탕으로 안재홍과 함께 독립 국가 건설을 위한 준비 기관인 조선 건국 준비 위원회를 결성하였다. 이후 제1차 미·소 공동 위원회가 결렬되고, 이승만이 남쪽만이라도 먼저 정부를 수립하자고 주장하는 상황에서 여운형은 김규식과 더불어 좌우 합작 운동을 주도하였다.

① 김구 (×)
→ 대한민국 임시 정부의 침체를 극복하기 위해 1931년에 상하이에서 한인 애국단을 조직하였으며, 대한민국 임시 정부가 충칭에 정착한 후에는 주석으로 취임하였다. 광복 이후인 1948년에는 통일 정부 수립을 위해 남북 협상을 추진하였다.

② 김원봉 (×)
→ 1919년에 의열단을 조직하였으며, 1935년에는 조선 민족 혁명당 결성에 참여하였다. 1938년에는 중국 관내 최초의 한인 무장 부대인 조선 의용대 창설을 주도하기도 하였다.

③ 신채호 (×)
→ 의열단의 활동 지침이 된 「조선 혁명 선언」을 작성하였으며, 『조선사연구초』와 『조선상고사』를 저술하여 우리 민족 고유의 문화적 전통과 자주적 역사관을 강조하였다.

④ 여운형 (○)
→ 광복 당일 아침 조선 총독부로부터 정치범 석방, 서울의 3개월분 식량 확보, 치안 유지와 건국 활동에 대한 불간섭 등을 약속받고 조선 건국 준비 위원회를 결성하였다. 이후 남한만의 단독 정부 수립 주장이 제기되자 좌우 합작 운동에 나섰다.

⑤ 이승만 (×)
→ 모스크바 3국 외상 회의 이후 신탁 통치 반대 운동을 전개하였고, 제1차 미·소 공동 위원회가 결렬된 이후에는 정읍 발언으로 남한만의 단독 정부 수립론을 제기하였다.

2-1 대한민국 정부의 수립

1948년 5월 10일 유엔 한국 임시 위원단의 감시 아래 38도선 이남 지역에서 5·10 총선거가 시행되었다. 5·10 총선거는 직접·평등·비밀·보통 선거의 원칙에 따라 21세 이상의 모든 국민에게 투표권이 부여된 우리 역사상 최초의 민주 선거였다. 제주 4·3 사건의 여파로 선거가 제대로 치러지지 않은 제주도 2개 선거구를 제외하고, 이 선거에 유권자의 대부분이 참가하여 198명의 국회 의원을 선출하였다. 이를 통해 제헌 국회가 구성되었다.

2-2 제헌 국회의 활동

제헌 국회는 대한민국 임시 정부를 계승한다는 의미에서 국호를 '대한민국'으로 결정하고, 1948년 7월 17일에는 민주 공화제, 삼권 분립, 대통령 중심제 등을 핵심으로 하는 제헌 헌법을 공포하였다. 제헌 헌법에 따라 국회에서 대통령에 이승만을 선출하였고, 이승만 대통령은 초대 내각을 구성하고 8월 15일 대한민국 정부 수립을 선포하였다. ⑤ 제헌 국회에서는 1948년에 반민족 행위 처벌법을 제정하였고, 1949년에는 농지 개혁법을 제정하였다.

오답 피하기 ① 독립 협회는 1898년에 관민 공동회를 개최하였는데, 여기서 관민이 협력하여 국정을 운영하자는 헌의 6조가 채택되어 고종의 재가를 받았다.

② 1940년 충칭에 정착한 대한민국 임시 정부는 지청천을 총사령관으로 하는 한국광복군을 창설하였으며, 김구를 주석으로 하는 단일 지도 체제를 만들었다.

③ 대한민국 임시 정부는 독립운동 자금을 안정적으로 확보하고 국내외의 항일 세력과 원활한 연락망을 구축하기 위해 연통제와 교통국을 설치하여 운영하였다.

④ 좌우 합작 위원회는 1946년에 토지 개혁과 친일파 처리 등에 대한 좌익과 우익의 의견을 절충하여 좌우 합작 7원칙을 발표하였다.

3-1 인천 상륙 작전

1950년 6월 25일 북한군의 기습 남침으로 6·25 전쟁이 발발하였다. 북한군의 공세에 3일 만에 서울이 함락되고, 이승만 정부는 부산으로 피란하여 임시 수도로 삼았다. 유엔 안전 보장 이사회의 결의로 미국을 비롯한 16개국으로 구성된 유엔군이 참전하였고, 국군과 유엔군은 낙동강에 방어선을 구축하고 북한군의 남하를 저지하였다. 이어 국군과 유엔군은 인천 상륙 작전을 감행하여 서울을 되찾고 압록강까지 진격하였다.

3-2 정전 협정의 체결

38도선 부근에서 전선이 교착되자 소련의 제안에 따라 정전 협상이 시작되었다. 1951년 7월에 시작된 정전 협상은 군사 분계선, 정전 감시 체제, 포로 교환 등을 둘러싸고 2년이나 이어졌다. 협상이 진행되는 동안 38도선 부근에서 치열한 공방전이 전개되었고, 수많은 병사가 전투 과정에서 희생되었다. 정전 협상을 반대한 이승만 정부의 불참 속에 1953년 7월 27일 유엔군과 북한군, 중국군 사이에 정전 협정이 체결되었다.

더 알아보기+ 정전 협정

• 하나의 군사 분계선을 긋고 그로부터 쌍방이 2km씩 후퇴하여 비무장 지대를 설정한다.
• 한반도의 외부로부터 어떠한 무기도 추가로 반입할 수 없다.
• 정전 상태의 감시와 유지를 위해 군사 정전 위원회와 중립국 감독 위원회를 운영한다.

1953년 7월 27일에 체결된 정전 협정에서는 휴전선을 확정하고, 비무장 지대 설치, 군사 정전 위원회와 중립국 감시 위원단 설치 등을 규정하였다. 또 포로 교환은 포로의 자유의사를 존중하기로 하였다.

4-1 발췌 개헌

6·25 전쟁 직전에 치러진 제2대 국회 의원 선거에서 이승만 정부에 비판적인 후보들이 대거 당선되자, 이승만과 자유당은 국회의 간접 선거로는 재선이 어렵다고 판단하여 대통령 직선제 개헌을 시도하였다. 이승만 정부는 야당 인사를 탄압하고 공포 분위기를 조성하는 가운데, 대통령 직선제를 골자로 하는 개헌안을 토론 없이 기립 투표로 통과시켰다. ② 1952년 정부의 대통령 직선제 개헌안을 중심으로 하고 국회가 제출한 내각 책임제 개헌안의 일부 조항을 절충한 개헌안이 통과되었는데, 이를 발췌 개헌이라고 한다.

오답 피하기 ① 1949년에 제헌 국회가 농지 개혁법을 제정하였으나, 이승만 정부는 재정 부담을 이유로 시행을 미루다가 이듬해 3월 이를 개정하여 농지 개혁을 시행하였다.

③ 1948년 38도선 이남에서 국회 의원을 뽑기 위한 5·10 총선거가 실시되었다. 우리 역사상 최초로 만 21세 이상의 남녀는 누구나 직접·평등·비밀·보통 선거의 원칙에 따라 선거에 참여하였다.

④ 1954년 이승만과 자유당은 장기 집권을 위해 개헌 당시 대통령에 한해 중임 제한을 폐지한다는 내용을 골자로 한 사사오입 개헌을 단행하였다.

⑤ 1960년 3월 15일에 실시된 정·부통령 선거에서 이승만 정부는 부통령에 자유당의 이기붕을 당선시키기 위해 3~9인조 투표, 4할 사전 투표 등 부정 선거를 자행하였다.

4-2 4·19 혁명

이승만 정부의 독재와 3·15 부정 선거를 규탄하며 4·19 혁명이 전개되었다. 이에 이승만 정부는 시민들에게 발포하는 한편 비상계엄을 선포하였으나, 대학교수단까지 시국 선언에 나섰다. 4·19 혁명 결과 이승만은 대통령직에서 물러났다. 이후 내각 책임제와 양원제 국회 구성을 핵심으로 하는 헌법 개정이 이루어졌고, 새 헌법에 따라 시행된 선거에 의해 장면 내각이 출범하였다. ① 1960년 3·15 부정 선거를 계기로 4·19 혁명이 일어났다.

오답 피하기 ② 6·25 전쟁은 1950년에 발발하여 1953년 정전 협정 체결로 매듭지어졌다.

③ 1948년에 치러진 5·10 총선거는 21세 이상의 모든 국민에게 투표권이 부여된 우리나라 최초의 민주 선거였다.

④ 남한의 단독 선거가 결정되자 1948년 4월 3일 제주도의 좌익 세력과 일부 주민은 단독 선거 저지와 통일 정부 수립을 내세우며 무장봉기하였고, 이를 진압하는 과정에서 수많은 제주도민이 희생되었다(제주 4·3 사건).

⑤ 제헌 국회는 1948년 9월에 반민족 행위 처벌법(반민법)을 제정하고, 10월에 반민족 행위 특별 조사 위원회(반민 특위)를 구성하였다.

2주 2일 필수 체크 전략 ②

Book 2 50~51쪽

1 ③ 2 ③ 3 ② 4 ① 5 ③

1 신탁 통치를 둘러싼 갈등

자료는 신탁 통치를 둘러싼 갈등을 표현한 것이다. 신탁 통치 등 모스크바 3국 외상 회의의 결정 사항이 국내에 전해지자, 우익 세력은 신탁 통치가 한국인의 자주권을 부정하는 결정이라고 비판하며 신탁 통치 반대 운동을 펼쳤다. 좌익 세력도 처음에는 신탁 통치에 반대하였으나, 신탁 통치를 독립을 위한 지원 방안으로 받아들이고 임시 민주 정부 수립이 중요하다고 여겨 회의 결정 사항을 총체적으로 지지한다고 입장을 바꾸었다. ③ 신탁 통치는 모스크바 3국 외상 회의에서 미국, 영국, 소련의 외무 장관들에 의해 결정되었다.

오답 피하기 ① 유엔 소총회에서 남한만의 단독 선거가 결정되자, 김구와 김규식 등은 통일 정부 수립을 위해 남북 협상을 추진하였다.

② 제1차 미·소 공동 위원회가 결렬되고 이승만이 남한 단독 정부 수립을 주장하자, 여운형 등의 중도 세력은 좌우 합작 운동을 전개하였다.

④ 모스크바 3국 외상 회의의 결정에 따라 1946년 3월에 제1차 미·소 공동 위원회가 열렸으나, 미국과 소련의 대립으로 결렬되었다.

⑤ 제2차 미·소 공동 위원회가 결렬되자 미국은 한반도 문제를 유엔에 이관하였다.

2 좌우 합작 운동

제1차 미·소 공동 위원회의 결렬과 이승만을 중심으로 제기된 단독 정부 수립 주장으로 분단의 위기가 높아지자, 여운형과 김규식 등 중도파는 좌우 합작 운동을 전개하였다. 이들은 좌우 합작을 통해 민족적 단결을 도모하고 미·소 공동 위원회를 재개하고자 하였으며, 남

북을 통합한 임시 정부를 수립함으로써 분단을 막고자 하였다. ③ 여운형과 김규식 등은 좌우 합작 위원회를 조직하여 통일 정부 수립 운동을 펼쳤다.

오답 피하기 ① 1940년 충칭에 정착한 대한민국 임시 정부는 김구를 주석으로 선출하였다.

② 동학교도들은 정부의 탄압으로 처형당한 교조 최제우의 누명을 벗기고, 포교의 자유를 얻고자 교조 신원 운동을 전개하였다.

④ 1919년 김원봉의 주도로 조직된 의열단은 신채호가 작성한 「조선 혁명 선언」을 활동 지침으로 삼았다.

⑤ 제헌 국회는 1948년에 반민족 행위 처벌법을 제정하였고, 이를 근거로 반민족 행위 특별 조사 위원회(반민 특위)가 조직되었다.

자료 분석

자료는 극좌와 극우의 방해로 어려움을 겪고 있는 좌우 합작 운동을 풍자한 만평이다. 손을 잡으며 뜻을 같이하려는 여운형과 김규식을 양 끝에서 극좌 세력과 극우 세력이 잡아당기고 있다. 여운형과 김규식의 주도로 결성된 좌우 합작 위원회는 좌우익의 이견을 조율하여 좌우 합작 7원칙을 발표하였다. 그러나 좌우 양측의 비협조, 미군정의 지원 철회 등으로 결실을 거두지 못하였다.

더 알아보기+ 좌우 합작 7원칙

1. 조선의 민주 독립을 보장한 모스크바 3국 외상 회의 결정에 의하여 남북을 통한 좌우 합작으로 민주주의 임시 정부를 수립할 것
2. 미·소 공동 위원회 속개를 요청하는 공동 성명을 발표할 것
3. 몰수, 유조건 몰수, 체감 매상 등으로 토지를 회수하여 농민에게 무상으로 분여할 것
4. 친일파, 민족 반역자를 처리할 조례를 본 합작 위원회에서 입법 기구에 제안하여 실시하게 할 것

좌익과 우익 세력은 남북을 통합한 조선 임시 정부 수립에 의견을 같이하였지만, 친일파 청산과 토지 개혁에 대해 서로 다른 입장을 내세웠다. 좌익은 무상 몰수·무상 분배에 의한 토지 개혁, 친일파의 완전한 제거 등을 주장한 반면, 우익은 조선 임시 정부 수립 이후 친일파를 처리하고 유상 매입·유상 매각 방식으로 토지 개혁을 실시하자고 하였다. 여운형, 김규식 등 중도파가 좌우 합작 운동을 추진하여 우여곡절 끝에 1946년 10월에 좌우 합작 7원칙에 합의하였으나, 좌우 양측의 비협조에 부딪혀 실현되기는 어려웠다.

3 5·10 총선거

1948년에 38도선 이남 지역에서 유엔 한국 임시 위원단의 감시 아래 치러졌다는 점, 국회 의원을 뽑기 위한 선거라는 점, 우리 역사상 최초의 민주 선거라는 점 등을 통해 밑줄 친 '선거'가 5·10 총선거임을 알 수 있다. 1947년 11월 유엔 총회는 유엔 감시하의 남북 총선거를 실시하여 독립된 한국 정부를 수립하기로 결정하였다. 이 결의에 따라 유엔 한국 임시 위원단이 한국에 파견되었지만, 소련은 위원단의

입북을 거부하였다. 이에 유엔은 소총회를 열어 선거가 가능한 지역, 즉 38도선 이남 지역만의 총선거를 결정하였고, 이에 따라 1948년 우리 역사상 최초의 민주 선거인 5·10 총선거가 시행되었다.

선택지 바로 보기

① 남북 협상이 추진되었다. (×)
→ 유엔 소총회에서 남한만의 단독 선거가 결정되자 김구와 김규식 등은 통일 정부 수립을 위해 남북 협상을 추진하였다.
② 제헌 국회가 구성되었다. (○)
→ 5·10 총선거 결과 임기 2년의 국회 의원 198명이 선출되어 제헌 국회를 구성하였다.
③ 제주 4·3 사건이 발생하였다. (×)
→ 1948년 4월 3일 제주도의 좌익 세력과 일부 주민이 5·10 총선거를 반대하고 통일 정부 수립을 주장하며 무장봉기를 일으켰다.
④ 조선 건국 준비 위원회가 조직되었다. (×)
→ 여운형은 광복 직후 안재홍 등과 함께 조선 건국 동맹을 중심으로 조선 건국 준비 위원회를 조직하였다.
⑤ 모스크바 3국 외상 회의가 개최되었다. (×)
→ 1945년 12월 모스크바에서 미국, 소련, 영국의 외무 장관들이 모여 한국의 독립 문제를 논의한 모스크바 3국 외상 회의가 열렸다.

4 6·25 전쟁의 전개

미국이 애치슨 선언을 발표하였다는 내용을 통해 (가)는 6·25 전쟁 전의 상황임을 알 수 있다. 중국군이 참전하여 수도를 빼앗기고 평택 인근까지 후퇴하였다는 내용을 통해 (나)는 1951년 1·4 후퇴에 관한 내용임을 알 수 있다. ㄱ. 6·25 전쟁이 일어나자 유엔은 북한의 남침을 침략 행위로 규정하고 유엔군을 파병하였다. ㄴ. 국군과 유엔군은 인천 상륙 작전을 성공시켜 서울을 수복하였다.

오답 피하기 ㄷ. 1·4 후퇴 이후 국군과 유엔군은 전열을 가다듬어 서울을 재탈환하였고, 이후 전선은 38도선 부근에서 교착 상태에 빠졌다.
ㄹ. 38도선 부근에서 전선이 교착되자 소련의 제안에 따라 1951년 7월 정전 협상이 시작되었다.

5 4·19 혁명의 계기

수많은 학생과 시민들이 주도하여 독재 정권을 무너뜨린 민주 혁명이라는 점, 헌법 개정이 이루어지고 장면 내각이 출범하였다는 점을 통해 (가) 민주화 운동이 1960년에 일어난 4·19 혁명임을 알 수 있다.

선택지 바로 보기

① 정전 협정이 체결되었다. (×)
→ 1953년 7월 27일 정전 협정이 체결되어 6·25 전쟁이 매듭지어졌다.
② 발췌 개헌안이 통과되었다. (×)
→ 1952년에 이승만과 자유당은 집권 연장을 위해 대통령 직선제를 골자로 하는 발췌 개헌안을 통과시켰다.
③ 3·15 부정 선거가 일어났다. (○)
→ 1960년 3월 15일 정·부통령 선거에서 여당인 자유당의 후보를 당선시키기 위해 각종 부정 선거가 자행되었고, 이를 계기로 4·19 혁명이 일어났다.
④ 단독 정부 수립론이 대두하였다. (×)
→ 제1차 미·소 공동 위원회가 결렬되고, 이승만이 남한만의 단독 정부 수립을 주장하자 여운형과 김규식 등은 좌우 합작 운동에 나섰다.
⑤ 최장 5년간의 신탁 통치가 결정되었다. (×)
→ 모스크바 3국 외상 회의의 결정 사항이 국내에 알려지자, 신탁 통치 문제를 둘러싸고 좌우의 갈등이 극렬해졌다.

---

②주 3일 필수 체크 전략 ① Book 2 52~55쪽

1-1 한·일 협정   1-2 ③
2-1 ⑤   2-2 (가) 박종철 (나) 호헌 (다) 6·29
3-1 전태일   3-2 외환 위기   4-1 박정희 정부   4-2 ④

1-1 한·일 국교 정상화

박정희 정부는 경제 개발 자금을 마련하고자 일본과의 국교 정상화를 추진하였다. 국교 정상화를 위한 한·일 회담이 시작되었지만, 일본의 식민 지배에 대한 사죄와 배상, 약탈 문화재 반환 등이 무시된 채 진행되었다. 이를 굴욕 외교로 여긴 학생과 시민은 1964년에 대대적인 반대 시위를 전개하였다(6·3 시위). 박정희 정부는 비상계엄령을 선포하고, 군대를 동원해 시위를 탄압하면서 1965년 한·일 협정(한·일 기본 조약)을 체결하였다.

1-2 유신 체제

1972년 10월 박정희 정부는 남북통일을 위한 사회 질서 안정을 명분으로 전국에 비상계엄을 선포하고 국회를 해산하였다. 그리고 비상 국무 회의가 마련한 헌법 개정안(유신 헌법)을 국민 투표를 거쳐 확정하였다(10월 유신).

선택지 바로 보기

① 3선 개헌 (×)
→ 1969년 박정희 정부는 장기 집권을 위해 대통령의 3선 연임을 허용하는 개헌안을 국회에서 통과시켰다.
② 발췌 개헌 (×)
→ 1952년 이승만 정부는 집권 연장을 위해 대통령 직선제를 골자로 한 발췌 개헌안을 통과시켰다.
③ 10월 유신 (○)
→ 1970년대 들어서서 박정희 정부는 냉전 체제의 완화, 경제 침체, 3선 개헌 이후 민주화 운동의 확산 등으로 위기에 처하자, 1972년에 10월 유신을 단행하였다.
④ 사사오입 개헌 (×)
→ 1954년 이승만 정부는 사사오입 개헌을 통해 개헌 당시 대통령(이승만)에 한해 중임 제한 규정을 철폐하였다.
⑤ 5·16 군사 정변 (×)
→ 1961년 박정희를 비롯한 일부 군인 세력은 5·16 군사 정변을 일으켜 권력을 장악하였다.

2-1 5·18 민주화 운동

1979년 전두환이 이끄는 일부 군인들이 12·12 군사 반란을 일으켜 정권을 장악하자, 1980년 유신 철폐와 신군부 퇴진을 요구하는 대대적인 민주화 운동이 일어났다(서울의 봄). 그러나 신군부는 비상계엄을 전국으로 확대하고, 모든 정치 활동을 금지하였다. 비상계엄이 전국으로 확대된 가운데 1980년 5월 18일 광주에서는 계엄 철폐와 신군부 퇴진을 요구하는 시위가 발생하였다. 신군부는 공수 부대까지 동원하여 시위대에게 무차별 폭력을 가하였다. 계엄군이 시위대를 향해 발포해 수많은 사상자가 발생하자, 일부 시민은 스스로 무장하고 시민군을 조직하여 맞섰다. 이에 신군부는 탱크와 헬기까지 동원하여 무자비하게 시민군을 진압하였다.

2-2 6월 민주 항쟁

전두환 정부는 4·13 호헌 조치를 통해 기존의 헌법에 따라 간접 선거로 차기 대통령을 선출하겠다고 발표하고 국민의 직선제 개헌 요구를 거부하였다. 이 무렵 1987년 1월에 발생한 박종철 고문치사 사건을 전두환 정부가 축소·은폐하려던 것이 드러나면서 국민의 분노가 폭발하였다. 이에 맞서 국민들은 6·10 대회를 개최해 호헌 철폐, 독재 타도, 직선제 쟁취를 주장하며 전국 각지에서 시위를 전개하였다(6월 민주 항쟁). 6월 민주 항쟁의 결과 여당의 대통령 후보였던 노태우는 6·29 민주화 선언을 발표하면서 대통령 직선제 요구를 수용하겠다고 하였다.

> **더 알아보기+** 4·13 호헌 조치
>
> 1987년 4월 13일 전두환이 발표한 담화를 말한다. '호헌'이란 현재의 헌법을 수호한다는 뜻으로, 당시 헌법을 바꾸지 않고 계속 유지하겠다는 것이다. 당시의 헌법은 대통령 선거인단이 간접 선거로 7년 임기의 대통령을 선출한다고 규정하였다. 전두환은 4·13 호헌 조치를 통해 일체의 개헌 논의를 중단하려고 하였으나, 이를 계기로 전두환 정부의 독재에 대한 시민들의 반발이 커지고 직선제 개헌에 대한 열망이 고조되어 6월 민주 항쟁을 점화하는 역할을 하였다.

3-1 노동 문제

박정희 정부 시기에 경제적으로 큰 성장을 이룩하였지만 이에 따른 문제점도 드러났다. 저임금 정책으로 수많은 노동자는 열악한 환경에서 낮은 임금과 장시간 노동에 시달렸다. 전태일은 이러한 상황을 극복하기 위해 노동 환경 개선을 요구하며 분신하였다. 이를 계기로 노동 문제에 대한 사회적 관심이 커지고 노동 운동이 본격화되었다.

3-2 외환 위기

1990년대 기업들이 무분별하게 부채에 의존하여 과잉 투자를 벌였다. 당시 아시아 전역에 금융 위기가 닥치자 외국 자본의 급격한 유출이 일어나면서 외환 보유고가 바닥나게 되었고, 단기간에 기업의 파산과 대량 실직이 발생하였다. 이에 김영삼 정부는 국제 통화 기금(IMF)에 구제 금융을 요청하였다. 국제 통화 기금은 한국에 외환을 지원해 주는 대신, 부실기업을 정리하고 정부 재정 지출도 줄일 것을 요구하였다. 외환 위기와 함께 시작한 김대중 정부는 강도 높은 구조 조정을 추진하는 등 각종 경제 개혁을 단행하였고, 국민들은 금 모으기 운동에 자발적으로 참여하였다.

4-1 7·4 남북 공동 성명

통일에 대하여 자주, 평화, 민족적 대단결의 원칙을 내세웠다는 점을 통해 제시된 자료가 박정희 정부 시기에 발표된 7·4 남북 공동 성명임을 알 수 있다. 1970년을 전후로 박정희 정부는 변화 요구에 직면하였다. 국내적으로는 3선 개헌과 1960년대 후반 경제 성장률 하락 등으로 정부에 대한 비판이 거세졌고, 국제적으로는 1969년 미국의 닉슨 독트린 발표 등에 따라 냉전 완화의 분위기가 고조되었다. 또한 미국은 박정희 정부에 남북 대화를 요구하는 한편, 주한 미군의 일부를 철수시켰다. 냉전 체제의 완화는 반공을 내세우며 독재 체제를 강화하던 박정희 정부에 큰 위협이었다. 이에 박정희 정부는 1972년에

7·4 남북 공동 성명을 발표하였다. 7·4 남북 공동 성명은 분단 이후 남북의 첫 번째 합의로, 이후 통일 논의의 기본 원칙이 되었다. 그러나 박정희와 김일성은 각각 유신 헌법과 사회주의 헌법을 제정하여 고조된 통일 분위기를 독재 체제를 강화하는 데 활용하였다.

4-2 김대중 정부의 통일 정책

김대중 정부는 한반도 평화 정책과 남북 교류 확대를 위해 적극적인 대북 화해 협력 정책인 '햇볕 정책'을 추진하였다. 2000년에는 분단 이후 최초의 남북 정상 회담을 개최하기도 하였다. ④ 김대중 정부는 분단 이후 최초의 남북 정상 회담을 개최하고 통일 방안과 경제 협력 등의 내용을 담은 6·15 남북 공동 선언을 발표하였다.

> **오답 피하기** ① 박정희 정부 시기에는 1972년에 7·4 남북 공동 성명이 발표되었다.
> ② 전두환 정부 시기에는 이산가족 고향 방문, 예술 공연단 교환 방문 등 교류가 이루어졌다.
> ③ 노태우 정부 시기에 남북은 유엔에 동시 가입하였으며, 남북 기본 합의서를 채택하였다.
> ⑤ 노무현 정부 시기에 제2차 남북 정상 회담을 개최하고 10·4 남북 정상 선언을 발표하였다.

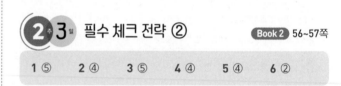

| 1 ⑤ | 2 ④ | 3 ⑤ | 4 ④ | 5 ④ | 6 ② |

1 5·16 군사 정변

1961년에 박정희를 중심으로 한 일부 군인들이 5·16 군사 정변을 일으켜 권력을 장악하였다. 군사 정변 세력은 국가 재건 최고 회의를 통해 군정을 실시하였다. 이들은 비밀리에 민주 공화당을 조직하였으며, 독단적으로 대통령 중심제와 직선제, 단원제 국회를 골자로 하는 헌법을 마련하였다. 1963년 개정된 헌법에 따라 치러진 대통령 선거에서 박정희가 대통령에 당선되었다. ⑤ 박정희 등 군사 정변 세력은 권력을 장악한 후 국가 재건 최고 회의를 설치하여 이를 통해 군정을 실시하였다.

> **오답 피하기** ① 유신 체제는 1972년에 수립되었다.
> ② 6·25 전쟁은 이승만 정부 시기인 1950년에 발발하였다.
> ③ 박정희 정부는 1965년에 한·일 협정(한·일 기본 조약)을 체결하여 일본과 국교를 정상화하였다.
> ④ 이승만 정부 시기인 1954년에 초대 대통령의 중임 제한을 없애기 위한 사사오입 개헌이 단행되었다.

2 박정희 정부

박정희 정부는 미국의 요청에 따라 베트남 전쟁에 한국군을 파병하였다. 미국은 파병의 대가로 국군의 현대화, 건설업체의 베트남 현지 진출과 군수품 수출 등을 지원하였고, 박정희 정부는 베트남 특수를 배경으로 수출 중심의 경제 정책을 추진해 나갔다. 그러나 전쟁으로 수많은 젊은이가 희생되었으며, 고엽제 피해를 남기기도 했다.

ㄴ. 박정희 정부는 국가 안보를 강화하고 경제 개발을 지속하려면 대통령의 3선이 가능해야 한다고 주장하며 1969년에 3선 개헌안을 통과시켰다. ㄹ. 박정희 정부는 1965년 한·일 협정을 체결하여 일본과 국교를 정상화하였다.

오답 피하기 ㄱ. 1960년 4·19 혁명으로 이승만이 대통령직에서 물러났다. ㄷ. 제헌 국회는 1948년 5·10 총선거를 통해 구성되었다.

3 신군부의 등장

밑줄 친 '군사 반란'은 1979년 전두환, 노태우 등 신군부가 일으킨 12·12 군사 반란을 말한다. 신군부는 정권을 장악한 후 계엄령을 계속 유지하고 정치 개입을 본격화하였다.

선택지 바로 보기

① 4·19 혁명이 일어났다. (×)
→ 이승만 정부의 독재와 3·15 부정 선거가 발단이 되어 1960년에 4·19 혁명이 전개되었다.
② 발췌 개헌안이 통과되었다. (×)
→ 이승만 정부는 1952년에 대통령 직선제를 골자로 한 발췌 개헌안을 통과시켰다.
③ 유엔 한국 임시 위원단이 파견되었다. (×)
→ 1947년 11월 유엔 총회에서 남북한 총선거를 결정하였고, 이 결의에 따라 유엔 한국 임시 위원단이 파견되었다.
④ 유신 헌법안이 국민 투표로 확정되었다. (×)
→ 박정희 정부는 1972년 비상 국무 회의에서 헌법 개정안을 의결하였고, 이후 국민 투표를 거쳐 새로운 헌법을 확정하였다(유신 헌법).
⑤ 신군부 퇴진을 요구하는 민주화 운동이 전개되었다. (○)
→ 12·12 군사 반란으로 신군부가 권력을 장악하자, 학생과 시민들은 신군부 퇴진, 계엄령 철폐, 유신 헌법 폐지 등을 요구하며 민주화 운동을 펼쳤다.

4 5·18 민주화 운동

공수 부대가 투입되었다는 점, 광주 시민들이 시민군을 조직하였다는 점, 계엄군이 무자비하게 진압하였다는 내용을 통해 (가) 민주화 운동이 5·18 민주화 운동임을 알 수 있다. ④ 신군부가 계엄령을 전국으로 확대하자, 광주에서 비상계엄 철폐와 신군부 퇴진을 요구하는 5·18 민주화 운동이 일어났다.

오답 피하기 ① 4·13 호헌 조치에 반발하여 일어난 민주화 운동은 6월 민주 항쟁이다.
② 6월 민주 항쟁 결과 여당의 대통령 후보였던 노태우가 6·29 민주화 선언을 발표하여 대통령 직선제 요구를 수용하겠다고 하였다.
③ 이승만 정부가 3·15 부정 선거를 자행하자 이를 규탄하며 4·19 혁명이 전개되었다.
⑤ 1979년 부·마 민주화 운동이 일어나 이 사건의 처리 방법을 두고 정권 내부에서는 갈등이 벌어졌는데, 이 과정에서 10·26 사태가 일어났다.

5 경제 성장의 명암

전태일은 1970년 근로 기준법 준수 등 노동 문제 개선을 요구하며 분신하였다. 박정희 정부는 수출품 가격 경쟁력을 유지하고자 저임금 정책을 지속하였으며, 노동 운동을 억압하였다. ④ 박정희 정부는 경제 개발 5개년 계획을 추진하여 급속한 경제 성장을 이루었다.

오답 피하기 ① 일제는 한국인의 기업 설립을 억제하고자 1910년에 회사령을 제정하였다.

② 이승만 정부는 1950년 3월부터 유상 매입·유상 분배 방식으로 농지 개혁을 실시하였다.
③ 김대중 정부 시기에 국민은 자발적으로 금 모으기 운동에 동참하여 외환 위기 극복에 힘을 보탰다.
⑤ 1997년에 외환 위기가 발생하자 김영삼 정부는 국제 통화 기금(IMF)에 구제 금융을 요청하였다.

더 알아보기⁺ 경제 개발 5개년 계획

▲ 100억 달러 수출 기념 아치

1962년부터 1981년까지 네 차례에 걸쳐 경제 개발 5개년 계획이 추진되었다. 제1·2차 경제 개발 5개년 계획이 시행되던 시기에는 노동 집약적 경공업을 중심으로 경제 발전을 도모하였으며, 사회 간접 자본을 확충해 나갔다. 제3·4차 경제 개발 5개년 계획이 추진되던 시기에는 중화학 공업을 집중적으로 육성하였다. 1977년에는 수출액이 100억 달러를 넘어섰고, 1973년에서 1979년 사이에 연평균 8.9%에 달하는 고도성장을 이룩하였다. 이러한 급속한 경제 발전은 '한강의 기적'이라고 불리기도 하였다.

6 노태우 정부의 통일 정책

1980년대 말 노태우 정부는 사회주의 정권의 붕괴를 계기로 소련 및 동유럽, 중국과 수교하고 관계 개선을 위해 노력하였다. 이러한 분위기 속에서 1991년에 남북 기본 합의서를 채택하고, 한반도 비핵화 공동 선언을 발표하였다.

선택지 바로 보기

① 개성 공단 조성 합의 (×)
→ 김대중 정부 시기에 개성 공단 조성에 합의하였다.
② 남북한 유엔 동시 가입 (○)
→ 1991년 9월에 남북한은 유엔에 동시 가입하였다. 그리고 그 직후 남북 사이의 화해와 불가침 및 교류·협력에 관한 합의서(남북 기본 합의서)를 채택하였다.
③ 7·4 남북 공동 성명 발표 (×)
→ 박정희 정부 시기인 1972년에 남북한은 자주·평화·민족적 대단결의 원칙 아래 통일을 이룬다는 7·4 남북 공동 성명을 채택하였다.
④ 6·15 남북 공동 선언 발표 (×)
→ 김대중 정부 시기인 2000년에 제1차 남북 정상 회담을 갖고 6·15 남북 공동 선언을 발표하였다.
⑤ 제1차 남북 정상 회담 개최 (×)
→ 김대중 정부는 분단 이후 최초로 평양에서 남북 정상 회담을 개최하였다.

②주 ④일 교과서 대표 전략 ① Book 2 58~61쪽

대표 예제	1 ⑤	2 ④	3 ⑤	4 ⑤	5 ③
6 ④	7 ④	8 ②	9 ④	10 ⑤	11 ⑤
12 ②	13 ②	14 ③	15 ③		

1 통일 정부 수립 노력

8·15 광복은 1945년의 일이고, 제1차 미·소 공동 위원회는 1946년 3월에 개최되었다. ㄷ. 1945년 12월에 모스크바 3국 외상 회의가 열렸다. ㄹ. 일본 패망 이후 미국의 제안으로 미국과 소련은 38도선을 경계로 한반도를 분할 점령하기로 하였다.

오답 피하기 ㄱ. 한국광복군은 1940년에 창설되었다.
ㄴ. 좌우 합작 위원회는 제1차 미·소 공동 위원회 결렬 이후 남한만의 단독 정부 수립 주장이 제기되자 1946년 7월에 구성되었다.

2 남북 협상의 추진

제시된 자료는 김구가 1948년 2월에 단독 정부 수립에 반대하며 발표한 것이다. 제2차 미·소 공동 위원회 결렬 이후 한국 문제가 유엔으로 이관되었고, 1948년 초 유엔 소총회에서 선거가 가능한 지역, 즉 남한만의 총선거를 결정하였다. 이에 반대하여 김구와 김규식 등은 남북 협상을 추진하였다.

더 알아보기⁺ 남북 협상

▲ 남북 협상을 위해 38도선을 넘는 김구 일행

1948년 2월 유엔 소총회에서 선거가 가능한 지역, 즉 38도선 이남 지역만의 총선거를 결정하였다. 남한 단독 선거가 결정되자 김구와 김규식 등은 1948년 4월 북한에 들어가 주요 정치 단체 지도자들과 회담을 개최하였다(남북 협상). 양측 지도자들은 외국 군대 철수, 임시 정부 수립, 남한 단독 선거 반대 등의 내용을 담은 공동 선언문을 발표하였다. 그러나 유엔이 남한 단독 선거를 결정한 데다, 북한 역시 내부적으로 독자적인 정부 수립을 준비하고 있었기 때문에 남북 협상은 실질적인 성과를 내기 어려웠다.

3 제헌 헌법

제헌 국회에서 제정한 제헌 헌법에는 대한민국 정부가 3·1 운동의 정신과 대한민국 임시 정부의 정통성을 계승하여 재건되었음이 명시되어 있다. ⑤ 제헌 헌법은 민주 공화제와 대통령 중심제를 채택하였으며, 대통령을 국회에서 선출하는 간선제를 규정하였다.

오답 피하기 ① 이승만 정부는 1954년에 사사오입 개헌을 통해 개헌 당시 대통령(이승만)에 한해 중임 제한 규정을 철폐하였다.
② 1980년 유신 헌법을 통해 제11대 대통령에 당선된 전두환은 선거인단에 의한 간선제와 대통령 7년 단임제로 헌법을 개정하고 제12대 대통령에 취임하였다.
③ 1972년에 박정희 정부가 공포한 유신 헌법은 대통령 임기를 6년으로 늘렸고 중임 횟수의 제한을 없앴다.
④ 4·19 혁명 이후 내각 책임제와 양원제 국회 구성을 주요 내용으로 하는 개헌이 단행되었다.

4 친일파 처벌을 위한 노력

제헌 국회에서 제정한 반민족 행위 처벌법에 따라 반민족 행위 특별 조사 위원회(반민 특위)가 구성되었다. 반민 특위는 일제 강점기 반민족 행위를 일삼았던 사람들을 조사하여 사법 처리하고자 하였다.

그러나 이승만 정부는 반공 우선 정책을 내세우며 친일 반민족 행위자 청산을 방해하였다. 결국 반민 특위는 그 역할을 다하지 못한 채 해체되었다.

선택지 바로 보기

① 미군정의 지원을 받았다. (×)
→ 반민족 행위 처벌법은 대한민국 정부 수립 이후인 1948년에 제정되었다.
② 광복 이후 치안을 유지하였다. (×)
→ 광복 직후 여운형과 안재홍 등은 조선 건국 준비 위원회를 결성하여 치안 유지와 행정 업무를 담당하였다.
③ 여운형과 김규식이 중심이 되었다. (×)
→ 여운형과 김규식은 미군정의 지원 아래 한반도 통일 정부 수립을 위해 좌우 합작 운동을 전개하였다.
④ 우리말 사전을 편찬하고자 하였다. (×)
→ 일제 강점기에 조선어 학회는 우리말 사전 편찬을 시도하였으나 일제의 탄압으로 중단되었다.
⑤ 이승만 정부의 방해로 활동에 제약을 받았다. (○)
→ 이승만 정부는 반공이 우선이라는 주장을 펴며 반민 특위의 활동을 공개적으로 반대하였다.

5 6·25 전쟁

1950년에 발발하였다는 점, 1953년 정전 협정으로 매듭지어졌다는 점, 수많은 이산가족이 생겨났다는 점, 남북 분단이 고착화되었다는 점 등을 통해 밑줄 친 '이 전쟁'이 6·25 전쟁임을 알 수 있다. ㄴ. 유엔은 북한의 남침을 침략 행위로 규정하고 유엔군을 파병하였다. 한편 국군과 유엔군이 인천 상륙 작전 성공 이후 압록강까지 진격하자, 중국군이 참전하였다. ㄷ. 1950년에 발발하여 1953년까지 이어진 6·25 전쟁은 이승만 정부 시기에 전개되었다.

오답 피하기 ㄱ. 1938년에 김원봉이 주도하여 중국 관내 최초의 한인 무장 부대인 조선 의용대를 조직하였다.
ㄹ. 일본은 1909년 9월부터 2개월간 이른바 '남한 대토벌' 작전을 전개하여 수많은 의병을 체포하거나 무자비하게 학살하였다.

6 이승만 정부의 독재

1950년에 구성된 제2대 국회는 정부에 비판적인 사람이 많았다. 이에 국회의 간접 선거로는 재선이 어렵다고 판단한 이승만 정부는 전쟁 중인 1952년에 대통령을 직선제로 선출하는 발췌 개헌을 통과시켰다. 한편 1960년 4·19 혁명으로 이승만 정부가 무너진 이후 허정 과도 정부가 수립되었다. 과도 정부는 3·15 부정 선거를 무효로 하고, 내각 책임제와 양원제 국회 구성을 특징으로 하는 개헌을 단행하였다. ④ 1954년 이승만 정부는 개헌 당시 대통령이던 이승만에 한하여 중임 제한을 철폐한다는 요지의 사사오입 개헌을 강행하였다.

오답 피하기 ① 1969년 박정희 정부는 경제 발전과 국가 안보 강화를 명분으로 대통령 3선 개헌안을 통과시켰다.
② 1987년 6월 민주 항쟁의 결과 대통령 5년 단임제와 직접 선거를 내용으로 하는 개헌안이 통과되었다.
③ 1972년에 공포된 유신 헌법에는 대통령의 연임 제한이 없어 박정희의 영구 집권이 가능해졌다.
⑤ 1972년에 공포된 유신 헌법에서는 통일 주체 국민 회의에서 간접 선거로 6년 임기의 대통령을 선출하게 하였다.

7 이승만 정부 시기의 경제

이승만 정부는 전쟁으로 황폐화된 농지와 산업 시설 등을 복구하는 데 필요한 재정을 확보하기 위해 일본인 소유였던 귀속 재산과 미국의 원조 물자를 민간에 매각하는 등의 조치를 취하였다. 여기에서 마련된 재원은 산업 시설을 복구하는 데 활용되었으나, 매각 과정에서 일부 기업이 특혜를 받는 문제가 발생하기도 하였다. ㄴ. 이승만 정부 시기에는 미국으로부터 받은 원조 물자를 가공하는 면방직, 제분, 제당 등 삼백 산업을 중심으로 소비재 공업이 발달하였다. ㄹ. 이승만 정부는 미국으로부터 식량, 의복, 의약품 등의 생필품과 면방직, 설탕, 밀가루 같은 소비재 산업의 원료를 원조받았다.

오답 피하기 ㄱ. 1980년대 중반 이후 저유가, 저달러, 저금리 상황을 배경으로 이른바 3저 호황을 맞았다.
ㄷ. 1972년 이후 제3·4차 경제 개발 5개년 계획을 통해 중화학 공업이 집중적으로 육성되었다.

8 4·19 혁명

4·19 혁명 결과 이승만이 대통령직에서 물러났으며, 이후 내각 책임제와 양원제 국회 구성을 주요 내용으로 하는 헌법 개정이 이루어지고 장면 내각이 출범하였다.

선택지 바로 보기

① 미군정이 시작되었다. (×)
→ 1945년 미국은 소련의 남하를 막고자 38도선을 기준으로 남과 북에 각각 군대를 진주시켜 일본군의 무장을 해제하자고 제안하였다. 소련이 이를 받아들여 38도선 이북은 소련군이, 이남은 미군이 관할하게 되었다.
② 4·19 혁명이 일어났다. (○)
→ 4·19 혁명 결과 이승만이 대통령직에서 물러나 하와이로 망명하였다.
③ 냉전 체제가 완화되었다. (×)
→ 1969년 닉슨 독트린 발표 이후 냉전 체제가 완화되었다.
④ 신군부가 권력을 장악하였다. (×)
→ 1979년 전두환과 노태우 등 신군부 세력이 12·12 군사 반란을 일으켜 권력을 장악하였다.
⑤ 모스크바 3국 외상 회의가 열렸다. (×)
→ 1945년 12월에 미국, 영국, 소련의 외무 장관이 모스크바 3국 외상 회의를 열고 한국의 독립 문제를 협의하였다.

9 박정희 정부

박정희 정부는 일본과의 국교 정상화를 통해 경제 개발에 필요한 자금을 마련하고자 하였다. 이에 6·3 시위를 무력으로 진압하고 일본과의 국교를 정상화하였다. ④ 박정희 정부는 미국의 요청에 따라 베트남 전쟁에 한국군을 파병하였다.

오답 피하기 ① 제헌 국회는 1949년 농지 개혁법을 제정하였고, 이승만 정부는 이듬해 3월부터 유상 매입·유상 분배 방식을 원칙으로 하는 농지 개혁을 시행하였다.
② 이승만 정부는 1952년에 대통령을 직선제로 선출하는 발췌 개헌안을 통과시켰다.
③ 이승만 정부는 1960년 정·부통령 선거에서 자유당의 이기붕을 부통령에 당선시키기 위해 3·15 부정 선거를 자행하였다.
⑤ 제헌 국회는 1948년 9월에 반민족 행위 처벌법(반민법)을 제정하였고, 10월에 반민족 행위 특별 조사 위원회(반민 특위)를 구성하였다.

Book 2

더 알아보기⁺ 한·일 협정(한·일 기본 조약)

제1조 양국 간에 외교 및 영사 관계를 수립한다. 양국은 대사급 외교 사절을 지체 없이 교환한다. 양국은 또한 양국 정부가 합의하는 장소에 영사관을 설치한다.
제2조 1910년 8월 22일 및 그 이전에 대한 제국과 대일본 제국 간에 체결된 모든 조약 및 협정이 이미 무효임을 확인한다.

1965년 한·일 협정이 체결됨으로써 우리나라는 일본과 국교를 정상화하였다. 그러나 한·일 협정은 일본의 식민지 지배에 대한 사과를 명문화하지 않았고, 일본군 '위안부'나 강제 동원 희생자 등 개인의 피해에 대한 배상 문제를 제대로 다루지 못했다는 한계가 있다.

10 유신 체제

1972년에 공포된 유신 헌법에 따르면 대통령의 임기는 4년에서 6년으로 늘어났고, 중임 횟수에도 제한이 없어졌다. 또한 대통령이 의장인 통일 주체 국민 회의에서 간접 선거로 대통령을 선출하게 하여 박정희의 영구 집권이 가능해졌다. 대통령은 국회를 해산할 수 있었으며, 사실상 국회 의원의 3분의 1을 임명할 수 있었다. 나아가 법원 인사에도 개입하였다.

선택지 바로 보기

① 금융 실명제가 도입되었다. (×)
→ 김영삼 정부는 금융 실명제를 실시하여 탈세와 부정부패를 막고자 하였다.
② 산미 증식 계획이 추진되었다. (×)
→ 1920년부터 일제는 산미 증식 계획을 추진하여 한국에서 쌀 생산량을 늘려 일본으로 반출해 갔다.
③ 4·13 호헌 조치가 발표되었다. (×)
→ 1987년 전두환 정부는 당시 헌법에 규정된 대통령 간선제를 고수하겠다는 4·13 호헌 조치를 발표하였다.
④ 3·15 부정 선거가 자행되었다. (×)
→ 이승만 정부는 1960년 3월 15일에 열린 정·부통령 선거에서 자유당의 이기붕을 부통령에 당선시키기 위해 각종 부정을 자행하였다.
⑤ 대통령에게 긴급 조치권이 부여되었다. (○)
→ 유신 헌법에 따르면 대통령은 국민의 자유와 권리를 잠정적으로 정지할 수 있는 긴급 조치권을 행사할 수 있었다.

11 1980년대 경제 상황

경제 개발 5개년 계획은 1962년부터 시작되어 1981년까지 이어졌다. 한편 1997년 말 국제 경제의 여건 악화와 외환 관리 실패로 외환 위기를 맞은 김영삼 정부는 국제 통화 기금(IMF)으로부터 구제 금융을 받게 되었다. ⑤ 1980년대 중후반 한국 경제는 저달러·저유가·저금리의 3저 호황을 맞이하여 수출이 늘어나고 연평균 10%대 이상의 높은 경제 성장률을 기록하였다.

오답 피하기 ① 차관 도입으로 일본에 대한 경제적 예속이 심해지자 1907년 대구에서 국채 보상 운동이 일어났다.
② 1997년 국제 통화 기금(IMF)으로부터 구제 금융을 지원받게 되자, 외환 위기 극복을 위해 국민들은 금 모으기 운동을 벌였다.
③ 1920년대 토산품 애용 등을 통해 민족 산업을 보호하고 육성하고자 물산 장려 운동이 전개되었다.
④ 이승만 정부 시기에는 미국의 원조 물자를 가공하는 면방직, 제분, 제당 등 삼백 산업이 발달하였다.

12 6월 민주 항쟁

대통령 직선제 요구가 거세지는 상황에서 전두환 정부는 4·13 호헌 조치를 통해 간선제로 대통령을 선출할 것을 선언하였다. 이 무렵 박종철 고문치사 사건을 축소·은폐하려던 전두환 정부의 음모가 드러나면서 6월 민주 항쟁이 본격화되었다. ② 박종철 고문치사 사건, 4·13 호헌 조치 등을 계기로 6월 민주 항쟁이 일어났다.

오답 피하기 ① 이승만 정부의 독재와 3·15 부정 선거에 저항하여 4·19 혁명이 일어났다.
③ 1926년 순종의 장례일을 기해 6·10 만세 운동이 일어났다.
④ 12·12 군사 반란으로 권력을 장악한 신군부가 계엄령을 전국으로 확대하자, 1980년 광주에서 5·18 민주화 운동이 일어났다.
⑤ 1919년 3월 1일 일제의 식민지 통치에 맞서 독립을 선언하며 만세 운동이 일어났다.

더 알아보기⁺ 박종철 고문치사 사건

▲ 박종철 추모 침묵시위

1987년 1월 대학생 박종철이 경찰의 수사를 받는 과정에서 사망하였다. 당시 경찰은 "책상을 탁 치니 억 하고 죽었다."라고 발표하였지만, 곧 물고문에 의한 것이었음을 시인하였다. 이후 천주교 정의 구현 사제단은 경찰이 고문 가담자를 축소·은폐하려 하였음을 밝혔다. 이에 야당과 종교계, 학생 운동 조직 등은 민주 헌법 쟁취 국민운동 본부를 결성하여 직선제 개헌과 전두환 정권 퇴진 운동을 전개하였다.

13 김영삼 정부

역사 바로 세우기 추진, 지방 자치제 전면 실시, 경제 협력 개발 기구(OECD) 가입 등을 통해 제시된 자료가 김영삼 정부와 관련된 것임을 알 수 있다. ② 김영삼 정부는 금융 실명제를 실시하여 탈세와 부정부패를 막고자 하였다.

오답 피하기 ① 노태우 정부는 북방 외교를 추진하여 소련, 중국 등 사회주의 국가들과 수교하였다.
③ 서울 올림픽은 1988년 노태우 정부 시기에 개최되었다.
④ 박정희 정부 시기인 1970년에 경부 고속 국도가 개통되었다.
⑤ 김대중 정부는 남북 간의 적대감을 해소하고 평화를 정착시키겠다는 대북 화해 협력 정책(햇볕 정책)을 추진하였다.

더 알아보기⁺ 김영삼 정부

특징	5·16 군사 정변 이후 처음으로 민간인 출신 대통령이 국정 운영(문민 정부 표방)
정책	금융 실명제·부동산 실명제 단행, 공직자 재산 공개, 지방 자치제 전면 시행, 역사 바로 세우기 추진(조선 총독부 청사 건물 철거·전두환과 노태우 두 전직 대통령을 내란죄 등으로 구속 기소), 경제 협력 개발 기구(OECD) 가입
경제	임기 말 외환 위기로 국제 통화 기금(IMF)에 구제 금융 지원 요청

14 1980~1990년대 경제

전두환은 1980년, 노태우는 1987년, 김영삼은 1992년, 김대중은 1997년에 대통령에 당선되었다. ㄴ. 전두환 정부 시기인 1980년대 중반 이후 3저 호황이 본격화되어 처음으로 무역 수지 흑자를 달성하였다. ㄷ. 김영삼 정부 말기에는 외환 보유고가 바닥나면서 외환 위기가 찾아왔다.

오답 피하기 ㄱ. 박정희 정부 시기인 1973년 중동 전쟁으로 유가가 폭등하여 제1차 석유 파동이 일어났다.
ㄹ. 박정희 정부는 1960년대에 노동 집약적인 경공업을 중심으로 경제 발전을 추진하였다.

15 남북 화해를 위한 노력

(가) 7·4 남북 공동 성명 채택은 박정희 정부 시기인 1972년의 일이고, (나) 최초의 남북 정상 회담 개최 및 6·15 남북 공동 선언 채택은 김대중 정부 시기인 2000년의 일이다. ㄴ. 노태우 정부 시기에 남북한이 유엔에 동시 가입하였다. ㄷ. 노태우 정부는 조국 통일 3대 원칙을 재확인하고, 남북이 통일을 지향하는 과정에서 잠정적으로 형성되는 특수 관계임을 인정하는 남북 기본 합의서를 채택하였다.

오답 피하기 ㄱ. 이명박 정부 시기에 연평도 포격 사건이 발생하는 등 남북 관계가 악화되었다.
ㄹ. 노무현 정부에서는 대북 화해 협력 정책을 계승하여 제2차 남북 정상 회담을 개최하고 10·4 남북 정상 선언을 발표하였다.

2주 4일 교과서 대표 전략 ②
Book 2 62~63쪽

01 ③ 02 ③ 03 ④ 04 ④ 05 ② 06 ⑤ 07 ① 08 ⑤

01 모스크바 3국 외상 회의의 결정

제시된 자료는 신탁 통치를 둘러싼 좌우의 대립과 관련된 것이다. 모스크바 3국 외상 회의의 결정이 국내에 알려지자 우익 세력은 신탁 통치 반대 운동을 전개하였고, 좌익 세력은 처음에는 반대하다가 모스크바 3국 외상 회의의 결정을 지지하는 쪽으로 입장으로 바꾸었다. ③ 신탁 통치는 1945년 12월 모스크바 3국 외상 회의에서 결정되었다.

오답 피하기 ① 1948년 유엔 소총회에서 남한만의 단독 선거가 결정되자, 이에 반대하던 제주도 남조선 노동당(남로당) 세력과 일부 주민들이 봉기하면서 제주 4·3 사건이 일어났다.
② 제1차 미·소 공동 위원회가 결렬되고 이승만이 정읍 발언을 통해 남한만의 단독 정부 수립을 주장하자, 여운형과 김규식 등 중도 세력이 주도하여 좌우 합작 운동을 전개하였다.
④ 제2차 미·소 공동 위원회가 결렬되자, 미국은 한반도 문제를 유엔으로 이관하였다.
⑤ 이승만은 제1차 미·소 공동 위원회 결렬 이후 정읍 발언으로 남한 단독 정부 수립을 주장하였다.

02 대한민국 정부 수립 과정

유엔 총회에서 남북한 총선거를 결정하였지만, 소련은 유엔 한국 임시 위원단의 입북을 거부하였다. 이에 1948년 2월 유엔 소총회에서 선거가 가능한 지역, 즉 남한만의 단독 선거를 결정하였다. 그 결과 치러진 5·10 총선거를 통해 제헌 국회가 구성되었고, 1948년 8월 15일에 대한민국 정부 수립이 선포되었다.

선택지 바로 보기

① 6·25 전쟁 발발 (×)
→ 1950년 북한군의 기습 남침으로 6·25 전쟁이 발발하였다.
② 한국광복군 창설 (×)
→ 대한민국 임시 정부는 1940년에 한국광복군을 창설하였다.
③ 5·10 총선거 실시 (○)
→ 유엔 소총회의 결정에 따라 우리 역사상 최초의 민주 선거인 5·10 총선거가 실시되었다.
④ 3·15 부정 선거 자행 (×)
→ 이승만 정부는 1960년 정·부통령 선거에서 자유당의 이기붕을 부통령으로 당선시키기 위해 3·15 부정 선거를 자행하였다.
⑤ 조선 건국 준비 위원회 조직 (×)
→ 1945년 8·15 광복 직후 여운형과 안재홍 등은 조선 건국 준비 위원회를 조직하였다.

03 이승만 정부의 독재

1956년 제3대 대통령 및 제4대 부통령 선거에서 부통령에 민주당의 장면이 선출된 이후 이승만 정부의 독재는 극심해졌다. ④ 이승만 정부는 1960년 정·부통령 선거에서 대대적인 부정 선거를 저질렀다 (3·15 부정 선거).

오답 피하기 ① 1948년 남한의 단독 선거가 결정되자, 김구와 김규식 등은 이에 반대하며 남북 협상을 추진하였다.
② 6·25 전쟁은 이승만 정부 시기인 1950~1953년에 전개되었다.
③ 1954년 이승만 정부는 영구 집권을 위해 개헌 당시 대통령(이승만)에 한해 중임 제한을 철폐한다는 요지의 사사오입 개헌을 강행하였다.
⑤ 제헌 국회는 1948년에 반민족 행위 처벌법을 제정하였다.

더 알아보기⁺ 진보당 사건

1956년 실시된 제3대 대통령 선거에서 책임 정치 구현, 수탈 없는 경제 체제 확립, 평화 통일 등 진보적인 정책을 내세운 조봉암이 돌풍을 일으켜 이승만은 대통령에 힘겹게 당선되었다. 위기감을 느낀 이승만 정부는 1958년 조봉암을 간첩죄와 국가 보안법 위반 혐의로 체포하였다. 이어 조봉암이 창당한 진보당을 해체하고, 이듬해 조봉암을 처형하였다.

▲ 재판을 받기 위해 대기하고 있는 조봉암

04 4·19 혁명

대학교수단의 시위, 이승만 대통령 퇴진 요구 등의 내용을 통해 (가) 민주화 운동이 4·19 혁명임을 알 수 있다. 이승만 정부의 독재와 부정부패, 3·15 부정 선거에 저항하여 1960년 4·19 혁명이 일어났다.

④ 4·19 혁명 결과 내각 책임제와 양원제 국회 구성을 골자로 한 개헌이 이루어지고 장면 내각이 성립하였다.

오답 피하기 ① 6월 민주 항쟁 때 시민들은 직선제 쟁취, 호헌 철폐, 독재 타도를 주장하였다.
② 유신 체제에 저항하여 1973년 개헌 청원 1백만 인 서명 운동이 전개되었으며, 1976년 3·1 민주 구국 선언이 발표되었다.
③ 전두환 정부의 박종철 고문치사 사건 축소·은폐 사실이 알려지면서 시민들의 분노가 폭발하였고, 이를 계기로 6월 민주 항쟁이 일어났다.
⑤ 박정희 정부가 일본 정부의 사과와 배상 없이 국교를 정상화하려 한다는 사실이 알려지자, 1964년 대학생과 시민들은 굴욕적인 대일 외교라고 반발하며 6·3 시위를 전개하였다.

05 유신 체제의 붕괴

1979년 박정희 정부가 신민당사에서 농성 중이던 YH 무역의 여성 노동자들을 폭력적으로 진압하자, 야당은 정부를 강력하게 비판하였다. 신민당 김영삼 총재가 정권 비판에 앞장섰고, 여당은 이를 구실로 김영삼을 의원직에서 제명하였다. 이 사건으로 부·마 민주화 운동이 일어났다. ② 부·마 민주화 운동 진압 대책을 둘러싸고 정권 내부에서 갈등이 심화되던 중 박정희 대통령이 중앙정보부장 김재규에 의해 피살되었다(10·26 사태). 이로써 유신 체제가 붕괴되었다.

오답 피하기 ① 유신 체제는 1972년에 수립되었다.
③ 박정희를 비롯한 일부 군인 세력은 1961년 5·16 군사 정변을 일으켜 정권을 장악하고 군정을 실시하였다.
④ 이승만 정부는 6·25 전쟁 이후 1953년에 미국과 한·미 상호 방위 조약을 체결하였다.
⑤ 4·19 혁명 이후 내각 책임제와 양원제 국회 구성을 주요 내용으로 하는 헌법 개정이 이루어졌다.

06 전두환 정부

제시된 자료는 전두환 정부 시기의 헌법이다. 1980년에 제11대 대통령으로 선출된 전두환은 국민의 반발과 악화된 국제 여론을 의식하여 유신 헌법의 일부를 고쳐 대통령 선거인단이 7년 단임의 대통령을 간접 선거로 선출하는 개헌을 단행하였다. 새 헌법에 따라 실시된 선거에서 전두환은 다시 대통령에 당선되었다(1981).

선택지 바로 보기

① 남북 협상이 추진되었다. (×)
→ 1948년 남한의 단독 선거가 결정되자, 김구와 김규식 등은 이에 반대하며 남북 협상을 제안하였다.
② 한·일 협정이 체결되었다. (×)
→ 박정희 정부는 1965년 한·일 협정(한·일 기본 조약)을 체결하여 일본과 국교를 정상화하였다.
③ 농지 개혁법이 통과되었다. (×)
→ 제헌 국회는 1949년 농지 개혁법을 제정하였다.
④ 베트남 전쟁에 국군을 파병하였다. (×)
→ 박정희 정부는 미국의 요청에 따라 베트남 전쟁에 한국군을 파병하였다. 이를 통해 미국의 지지를 얻고 정권을 안정시켰으며, 경제 개발에 필요한 기술과 차관을 제공받았다.
⑤ 야간 통행금지 해제 등 유화 정책이 시행되었다. (○)
→ 전두환 정부는 민심을 달래기 위해 야간 통행금지 해제, 해외여행 자유화 등 유화 조치를 취하였다.

07 6월 민주 항쟁

박종철 고문치사 사건을 축소·은폐하려던 전두환 정부의 음모가 드러났고, 이를 계기로 전개되었다는 내용을 통해 (가) 민주화 운동이 6월 민주 항쟁임을 알 수 있다. ㄱ. 박종철 고문치사 사건 이후 국민들의 직선제 개헌 요구가 거세지자 전두환 정부는 4·13 호헌 조치를 발표하였고, 이에 맞서 6월 민주 항쟁이 전개되었다. ㄴ. 6월 민주 항쟁 결과 6·29 민주화 선언이 발표되고 5년 단임의 직선제 개헌이 이루어졌다.

오답 피하기 ㄷ. 1980년에 일어난 5·18 민주화 운동 당시 시민들은 스스로 무장하여 시민군을 조직하고 계엄군에 맞섰으나 무자비하게 진압당하였다.
ㄹ. 4·19 혁명 이후 내각 책임제와 양원제 국회 구성을 주요 내용으로 하는 헌법 개정이 이루어졌고, 장면 내각이 출범하였다.

08 노무현 정부의 통일 정책

제시된 자료는 10·4 남북 정상 선언의 일부이다. 노무현 정부는 김대중 정부의 대북 화해 협력 정책을 계승·발전시켜 개성 공단 사업을 시작하고, 경의선과 동해선 철도를 연결하는 등 남북 교류를 더욱 확대하였다.

선택지 바로 보기

① 금강산 관광을 시작하였다. (×)
→ 금강산 관광은 김대중 정부 시기인 1998년부터 시작되었다.
② 남북 기본 합의서를 채택하였다. (×)
→ 노태우 정부는 1991년에 남북 기본 합의서를 채택하였다.
③ 남북한이 유엔에 동시 가입하였다. (×)
→ 노태우 정부 시기인 1991년에 남북한이 유엔에 동시 가입하였다.
④ 7·4 남북 공동 성명을 발표하였다. (×)
→ 박정희 정부는 1972년 통일에 관한 3대 기본 원칙을 담은 7·4 남북 공동 성명을 발표하였다.
⑤ 제2차 남북 정상 회담을 개최하였다. (○)
→ 노무현 정부는 2007년에 제2차 남북 정상 회담을 열고 10·4 남북 정상 선언을 발표하였다.

②주 누구나 합격 전략

Book 2 64~65쪽

01 ⑤   02 ③   03 ④   04 ④   05 ④   06 ②
07 ③   08 ①   09 ③   10 ⑤

01 미군정 시기

북위 38도선 이남, 조선 인민 공화국은 실재가 전혀 없다는 주장, 미군정 장관 등의 내용을 통해 밑줄 친 '정부'가 미군정임을 알 수 있다.
⑤ 미군정 시기인 1945년 12월 미국, 소련, 영국의 외무 장관들이 모여 한반도 문제를 논의한 모스크바 3국 외상 회의가 열렸다.

오답 피하기 ① 6·25 전쟁은 이승만 정부 시기인 1950년에 발발하였다.
② 박정희 정부는 1970년부터 농가의 소득 증대와 농촌의 환경 개선에 역점을 둔 새마을 운동을 추진하였다.

③ 일제는 1925년에 치안 유지법을 제정하여 사회주의자와 독립운동가를 탄압하였다.
④ 조선 건국 동맹은 일제의 패망 직전인 1944년에 여운형을 중심으로 조직되었다.

더 알아보기+ 미군정

▲ 38도선이 그어진 마을

일본의 항복이 눈앞에 다가오자 미국은 소련의 한반도 단독 점령을 막기 위해 38도선을 경계로 한반도 분할 점령안을 제안하였고, 소련이 이를 받아들여 38도선이 설정되었다. 미군은 소련군보다 늦은 9월 초 한반도에 들어왔다. 주한 미군 사령관은 조선 총독부를 접수하고, 아놀드 소장을 군정 장관으로 삼아 군정을 실시하였다. 미군정은 '미군정만이 38도선 이남의 한국에서 유일한 정부'임을 밝히며, 조선 인민 공화국이나 대한민국 임시 정부를 인정하지 않았다. 미군정은 1948년 대한민국 정부가 수립될 때까지 이어졌다.

02 대한민국 정부 수립 과정

1948년에 38도선 이남 지역에서 우리 역사상 최초의 민주 선거인 5·10 총선거가 치러졌다. 5·10 총선거로 제헌 국회가 구성되어 제헌 헌법을 제정하였고, 1948년 대한민국 정부 수립이 선포되었다.
③ 남한만의 단독 선거에 반발하여 1948년에 제주 4·3 사건이 일어났다. 이를 진압하는 과정에서 수많은 제주도민이 희생되었다.

오답 피하기 ① 이승만 정부의 독재와 부정부패, 3·15 부정 선거에 항거하여 1960년 4·19 혁명이 일어났다.
② 제1차 미·소 공동 위원회가 결렬되자 1946년에 중도 성향의 여운형과 김규식 등은 좌우 합작 운동에 나섰다.
④ 1987년 6월 민주 항쟁의 결과 6·29 민주화 선언이 발표되고 직선제 개헌이 이루어졌다.
⑤ 1979년 신민당 총재였던 김영삼이 민주 공화당에 의해 국회 의원직에서 제명되자, 부·마 민주화 운동이 전개되었다.

03 사사오입 개헌

초대 대통령에 한해 중임 제한을 철폐한다는 점, 억지 논리로 개헌안을 통과시켰다는 내용을 통해 (가)에 들어갈 내용이 사사오입 개헌임을 알 수 있다. ④ 자유당은 1954년 장기 집권을 위해 개헌 당시 대통령에 한하여 중임 제한을 적용하지 않는다는 개헌안을 사사오입(반올림)의 논리를 내세워 통과시켰다(사사오입 개헌).

오답 피하기 ① 1969년 박정희 정부는 대통령의 3회 연임을 허용하는 3선 개헌을 단행하여 장기 집권을 도모하였다.
② 1952년 이승만 정부는 대통령 직선제를 골자로 하는 발췌 개헌을 단행하였다.
③ 1972년 박정희 정부는 대통령에게 초헌법적인 권한을 부여한 유신 헌법을 통과시켰다.
⑤ 1987년 6월 민주 항쟁 결과 6·29 민주화 선언이 발표되고 직선제 개헌이 이루어졌다.

04 4·19 혁명

이승만 정부의 독재, 3·15 부정 선거, 김주열 학생의 시신 발견 등을 통해 (가)에 들어갈 내용이 4·19 혁명과 관련된 것임을 알 수 있다. ④ 이승만 정부의 독재와 3·15 부정 선거를 규탄하며 4·19 혁명이 전개되었다.

오답 피하기 ① 1945년 8월 15일, 일본이 연합국에 무조건 항복하면서 우리 민족은 광복을 맞이하였다.
② 모스크바 3국 외상 회의의 결정에 따라 1946년 3월 조선 임시 정부를 수립하기 위한 미·소 공동 위원회가 열렸다.
③ 모스크바 3국 외상 회의에서 신탁 통치가 결정되었고, 이 사실이 알려지자 신탁 통치 문제를 두고 좌우익의 대립이 격화되었다.
⑤ 박정희 정부는 미국의 요청에 따라 1964년부터 베트남 전쟁에 한국군을 파병하였다.

05 장면 내각

4·19 혁명으로 이승만 정부가 무너진 이후 내각 책임제와 양원제 국회 구성을 골자로 한 헌법 개정이 이루어졌고, 이어 장면 내각이 출범하였다. 장면 내각은 지방 자치제를 시행하는 한편, 경제 개발 계획안을 마련하였고 국토 건설 사업을 추진하였다.

선택지 바로 보기
① 금융 실명제를 도입하였다. (×)
→ 김영삼 정부는 금융 실명제를 실시하여 탈세와 부정부패를 막고자 하였다.
② 경부 고속 국도를 개통하였다. (×)
→ 박정희 정부 시기인 1970년에 경부 고속 국도가 개통되었다.
③ 두 차례에 걸쳐 석유 파동을 겪었다. (×)
→ 박정희 정부 시기인 1973년과 1978년에 두 차례 석유 파동이 일어났다.
④ 경제 개발 5개년 계획안을 마련하였다. (○)
→ 장면 내각은 경제 개발 5개년 계획안을 마련하였고, 박정희 정부가 이를 수정하여 1962년부터 경제 개발 5개년 계획을 추진하였다.
⑤ 국제 통화 기금(IMF)에 구제 금융을 신청하였다. (×)
→ 김영삼 정부 시기인 1997년에 외환 위기로 국제 통화 기금(IMF)으로부터 구제 금융을 받았다.

06 박정희 정부 시기 경제

밑줄 친 '정부'는 박정희 정부이다. 박정희 정부는 1977년에 수출액이 100억 달러를 돌파하자, 이날을 수출의 날로 제정하고 기념 아치를 세웠다. ② 전두환 정부 시기인 1980년대 중반 이후 3저 호황으로 수출이 증대되는 등 경제 호황을 맞았다.

오답 피하기 ① 박정희 정부 시기인 1970년대에 두 차례의 석유 파동이 일어났다.
③ 박정희 정부는 베트남 파병의 대가로 미국으로부터 차관을 획득하여 경제 개발 자금을 확보하였다.
④ 박정희 정부 시기인 1970년에 전태일은 근로 기준법 준수 등 노동 문제 개선을 요구하며 분신하였다.
⑤ 박정희 정부 시기 한·일 국교 정상화를 통해 일본으로부터 자금이 유입되어 경제 개발의 재원으로 사용되었다.

07 5·18 민주화 운동

12·12 군사 반란으로 권력을 장악한 전두환 등 신군부 세력은 비상 계엄을 전국으로 확대하였다. 광주에서는 비상계엄 철폐, 신군부 퇴진 등을 요구하는 5·18 민주화 운동이 전개되었다.

선택지 바로 보기
① 6·3 시위 (×)
→ 박정희 정부가 일본 정부의 사과와 배상 없이 국교를 정상화하려 한다는 사실이 알려지자, 1964년 대학생과 시민들은 굴욕적인 대일 외교라고 반발하며 6·3 시위를 전개하였다. 이에 정부는 비상계엄을 선포하여 시위를 억누르고 1965년에 한·일 협정을 체결하였다.
② 4·19 혁명 (×)
→ 이승만 정부의 독재와 3·15 부정 선거에 저항하여 4·19 혁명이 일어났다. 그 결과 이승만이 대통령직에서 물러났다.
③ 5·18 민주화 운동 (○)
→ 신군부의 권력 장악과 비상계엄 확대에 반대해 광주 지역 시민들이 저항하였으나, 계엄군은 시민군을 무력으로 진압하였다.
④ 부·마 민주화 운동 (×)
→ 1979년 10월 부산과 마산에서 유신 정권 타도를 외치는 부·마 민주화 운동이 일어났다.
⑤ 3·1 민주 구국 선언 (×)
→ 1976년 3월 1일 각계 대표들은 명동 성당에서 열린 3·1절 기념 미사에서 긴급 조치 철회와 박정희 대통령의 퇴진을 요구하는 3·1 민주 구국 선언을 발표하였다.

08 6월 민주 항쟁

전두환 대통령, 대통령 간선제 고수, 개헌 논의 금지 등을 통해 제시된 자료가 전두환 정부의 4·13 호헌 조치를 표현한 것임을 알 수 있다. ① 1987년 4·13 호헌 조치가 발표되고, 전두환 정부가 박종철 고문치사 사건을 축소·은폐하려던 것이 드러나면서 6월 민주 항쟁이 일어났다.

오답 피하기 ② 이승만 정부 시기인 1953년에 정전 협정이 체결되어 6·25 전쟁이 매듭지어졌다.
③ 1961년 박정희를 비롯한 일부 군인 세력이 5·16 군사 정변을 일으켜 권력을 장악하였다.
④ 12·12 군사 반란으로 집권한 신군부가 계엄령을 전국으로 확대하자, 이에 저항하여 1980년 5·18 민주화 운동이 시작되었다.
⑤ 1972년에 수립된 유신 체제에 반대하여 1973년 개헌 청원 1백만 인 서명 운동, 1976년 3·1 민주 구국 선언 발표 등이 전개되었다.

09 김영삼 정부

역사 바로 세우기, 조선 총독부 건물 철거, 전두환·노태우 전 대통령 구속 등의 내용을 통해 (가) 정부가 김영삼 정부임을 알 수 있다. ③ 김영삼 정부 시기에는 지역 주민이 자치 단체장까지 직접 선출하는 지방 자치제를 전면적으로 시행하여 지역 주민의 정치 참여를 확대하였다.

오답 피하기 ① 노태우 정부는 북방 외교를 표방하며 소련, 중국 등 사회주의 국가들과 수교하였다.
② 박정희 정부 시기인 1979년에 YH 무역 사건을 계기로 부·마 민주화 운동이 일어났다.
④ 박정희 정부는 미국의 요청으로 1964년부터 베트남 전쟁에 국군을 파병하였다.
⑤ 박정희가 중심이 된 군사 정변 세력은 1961년 중앙정보부를 설치하여 권력 기반을 강화하고, 대통령 중심제로 헌법을 개정하였다.

10 김대중 정부의 통일 정책

김대중 정부는 대북 화해 협력 정책을 추진하여 남북 교류를 확대하였다. 이 시기에 금강산 관광이 시작되었으며, 경의선 철도 복구, 개성 공단 건설 등의 경제 협력과 사회·문화 교류도 전개되었다. ⑤ 김대중 정부는 분단 이후 처음으로 남북 정상 회담을 열고 그 결과를 담아 6·15 남북 공동 선언을 발표하였다.

오답 피하기 ① 노태우 정부는 남북 사이의 화해와 불가침 및 교류·협력에 관한 합의서(남북 기본 합의서)를 채택하였다.
② 노태우 정부 시기인 1991년에 남북한이 유엔에 동시 가입하였다.
③ 1972년에 박정희 정부는 자주·평화·민족적 대단결의 원칙 아래 통일을 이룬다는 7·4 남북 공동 성명을 채택하여 분단 이후 처음으로 통일 원칙에 합의하였다.
④ 노무현 정부는 2007년에 제2차 남북 정상 회담을 개최하고 그 논의 결과를 담아 10·4 남북 정상 선언을 발표하였다.

2주 창의·융합·코딩 전략 Book 2 66~69쪽

| 1 ① | 2 ③ | 3 ③ | 4 ③ | 5 ① | 6 ② |
| 7 ④ | 8 ③ | 9 ④ | 10 ④ | | |

1 통일 정부 수립을 위한 노력

김구는 1919년 대한민국 임시 정부 수립에 가담하였고, 1940년 대한민국 임시 정부의 주석에 취임하였다. 광복 이후에는 김규식과 함께 남북 협상을 추진하는 등 통일 정부 수립을 위해 노력하였다.

선택지 바로 보기

① 김구 (○)
→ 1948년에 남한 단독 선거에 반대하여 남북 협상을 추진하였다.
② 김규식 (×)
→ 1919년 파리 강화 회의에 한국 대표로 참석하였고, 광복 이후에는 좌우 합작 운동을 전개하였으며 김구와 함께 남북 협상을 추진하였다.
③ 김원봉 (×)
→ 1919년 의열단을 조직하였고, 1935년 조선 민족 혁명당 결성에 참여하였으며 1938년 조선 의용대를 창설하였다.
④ 여운형 (×)
→ 1944년 조선 건국 동맹을 조직하였고, 이를 토대로 광복 직후 조선 건국 준비 위원회를 조직하였다.
⑤ 이승만 (×)
→ 1919년 대한민국 임시 정부의 초대 대통령에 취임하였으며, 광복 이후에는 신탁 통치 반대 운동을 전개하였다. 1946년 정읍 발언을 통해 남한만의 정부 수립을 주장하였고, 1948년 대한민국 정부의 초대 대통령이 되었다.

2 대한민국 정부 수립 과정

1945년 모스크바 3국 외상 회의에서 미국 등 4개국에 의한 최장 5년간의 신탁 통치 실시 등이 결정되었고, 제2차 미·소 공동 위원회가 성과 없이 끝나자 미국은 한국 문제를 유엔에 이관하였다. 한편 5·10 총선거 결과 구성된 국회에서 민주 공화제를 기본으로 한 제헌 헌법을 제정·공포하였다.

오답 피하기 (1) 광복 직후 여운형과 안재홍 등은 조선 건국 준비 위원회를 만들어 치안 유지와 정부 수립을 위한 준비 작업을 하였다.
(4) 유엔 소총회에서 남한 단독 선거가 결정되자 김구와 김규식은 통일 정부 수립을 논의하기 위해 남북 협상을 추진하였다.

3 제헌 국회의 활동

1949년 농지 개혁법이 제정되어 이듬해부터 농지 개혁이 실시되었다. 농지 개혁 결과 자작지의 면적이 증가하고 대규모의 농민이 자영농이 되었다. 그러나 지주들이 농지 개혁 전에 토지를 미리 팔기도 하였고, 농민들은 토지 대금을 제때 내지 못하여 분배받은 땅을 다시 파는 경우도 생기는 등 한계를 보였다. ③ 농지 개혁 결과 자작지가 증가하고 소작지가 감소하였다.

오답 피하기 ① 대동법은 조선 광해군 때부터 시행되었다.
② 대한 제국은 양전 사업을 실시하고, 개인의 토지 소유권을 법적으로 보장하는 문서인 지계를 일부 지역에 발급하였다.
④ 일제는 1938년 국가 총동원법을 제정하여 징용, 징병, 공출 등 인적·물적 자원을 수탈하였다.
⑤ 일제는 식민지 지배에 필요한 재정을 확보하고, 일본인이 쉽게 토지를 차지할 수 있도록 하기 위해 1910년부터 1918년까지 토지 조사 사업을 실시하였다.

자료 분석

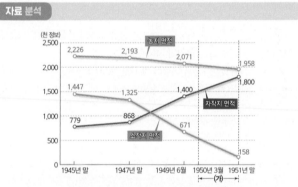

▲ 농지 개혁 실시 전후 자작지와 소작지 면적의 변화

그래프에서 자작지의 면적이 점차 증가하고 소작지의 면적이 감소한 것을 알 수 있다. 1950년 3월부터 농지 개혁법의 유상 매입·유상 분배 원칙에 따라 농지 개혁이 추진되었다. 그 결과 광복 무렵 전체 농지의 65% 정도를 차지하던 소작지는 1951년에 8% 정도로 대폭 줄었으며, 대부분의 소작농이 자작농이 되어 수백 년 동안 지속된 지주제가 해체되고 자작농 체제가 성립하였다.

4 이승만 정부의 독재와 저항

이승만 정부는 장기 집권하기 위해 두 차례 개헌을 단행하였으며, 1960년 정·부통령 선거에서 대대적인 부정 선거를 자행하였다. 그러나 4·19 혁명으로 이승만이 대통령직에서 물러나면서 독재 정권이 무너졌다. ③ 이승만 정부는 1954년에 사사오입(반올림)의 억지 논리를 내세워 개헌안을 통과시켰다.

오답 피하기 ① 김대중 정부 시기에 외환 위기를 극복하기 위해 금 모으기 운동이 전개되었다.
② 1948년에 치러진 5·10 총선거 결과 제헌 국회가 구성되었다.
④ 광주 학생 항일 운동은 일제 강점기인 1929년에 일어났다.
⑤ 반민족 행위 특별 조사 위원회는 1948년에 구성되었다가 1949년에 해체되었다.

5 박정희 정부의 독재

닉슨 독트린 발표 등 냉전 완화의 분위기가 고조되자, 박정희 정부는 7·4 남북 공동 성명을 발표하여 남북 화해 분위기를 조성하는 한편, 1972년에 유신 헌법을 발표해 독재 체제를 강화하였다. ① 1972년 박정희 정부는 안보 위기와 평화 통일에 대비한다는 명분을 내세워 유신 헌법을 제정하였다.

오답 피하기 ② 1945년 2월 얄타 회담에서 소련의 태평양 전쟁 참전이 결정되었다.
③ 1948년 제헌 헌법에 따라 국회에서 이승만을 대통령으로 선출하였으며, 이승만 대통령은 초대 내각을 구성하고 대한민국 정부 수립을 선포하였다.
④ 1960년 4·19 혁명 이후 내각 책임제와 양원제 국회 구성을 골자로 한 개헌이 이루어졌다.
⑤ 1946년 3월에 개최된 제1차 미·소 공동 위원회는 미국과 소련이 임시 정부 수립을 위한 협의에 참여할 단체를 두고 대립하여 결렬되었다.

6 유신 체제의 성립

개헌 청원 1백만 인 서명 운동을 전개하여 저항하였다는 내용을 통해 (가) 헌법이 유신 헌법임을 알 수 있다. ㄱ. 유신 헌법은 대통령에게 긴급 조치권을 부여하여 국민의 기본권을 제약할 수 있게 하였다.
ㄷ. 통일 주체 국민 회의에서 6년 임기의 대통령을 간접 선거로 선출하도록 규정하였다.

오답 피하기 ㄴ. 이승만 정부는 1954년 초대 대통령에 한해 중임 제한을 철폐한다는 개헌안을 사사오입의 억지 논리로 통과시켰다.
ㄹ. 전두환은 유신 헌법 아래 통일 주체 국민 회의에서 대통령으로 선출된 후, 헌법을 개정하여 대통령의 임기를 7년 단임으로 하고 대통령 선거인단이 간접 선거로 대통령을 뽑게 하였다.

7 신군부의 등장과 민주화 운동

신군부 세력에 저항해 광주에서 발생한 민주화 운동은 5·18 민주화 운동이다. 5·18 민주화 운동 관련 기록물들은 2011년 유네스코 세계 기록 유산에 등재되었다.

선택지 바로 보기
① 일제의 무단 통치에 저항하였다. (×)
→ 일제의 무단 통치에 저항하여 1919년 3·1 운동이 일어났다.
② 순종의 인산일을 기해 발생하였다. (×)
→ 1926년 순종의 인산일을 기하여 6·10 만세 운동이 전개되었다.
③ 3·15 부정 선거를 규탄하며 일어났다. (×)
→ 3·15 부정 선거에 저항하여 1960년 4·19 혁명이 일어났다.
④ 시민군이 조직되어 계엄군에 저항하였다. (○)
→ 5·18 민주화 운동 당시 계엄군의 폭력적인 진압에 반발하여 시민들은 스스로 무장하여 시민군을 조직하고 맞섰다. 그러나 계엄군은 이를 무력으로 진압하였다.
⑤ 4·13 호헌 조치에 맞서 직선제 개헌을 요구하였다. (×)
→ 4·13 호헌 조치 등에 반발하여 1987년 6월 민주 항쟁이 일어났다.

8 6월 민주 항쟁

호헌 철폐, 독재 타도, 4·13 호헌 조치 철폐 등의 주장을 통해 제시된 자료가 6월 민주화 운동에 관한 것임을 알 수 있다. ㄴ. 6월 민주 항쟁 당시 이한열이 시위 도중 경찰이 쏜 최루탄에 맞아 의식 불명

상태에 빠지는 사건이 발생하였다. ㄷ. 6월 민주 항쟁 결과 노태우가 6·29 민주화 선언을 발표하였고 이후 직선제 개헌이 이루어졌다.

오답 피하기 ㄱ. 1960년 4·19 혁명 당시 마산 앞바다에서 부정 선거 규탄 시위에 참가하였던 김주열의 시신이 발견되었다.
ㄹ. 1979년 YH 무역 사건을 계기로 부·마 민주화 운동이 전개되었다.

9 현대 정치의 변화

조선 총독부 청사 철거, 두 명의 전 대통령을 법정에 세운 일 등을 통해 (가)에 들어갈 내용이 김영삼 정부와 관련된 것임을 알 수 있다.
④ 김영삼 정부는 역사 바로 세우기를 통해 일제 강점기와 군사 독재의 잔재를 청산하고자 하였다. 그 일환으로 조선 총독부 청사가 철거되었고, 전두환·노태우 두 전직 대통령을 구속하였다.

오답 피하기 ① 4·19 혁명 이후 출범한 장면 내각은 경제 제일주의를 내세우고 경제 개발 5개년 계획을 수립하였으며, 도로, 항만, 제방 구축 등 사회 간접 자본을 건설하는 국토 건설 사업을 추진하였다.
② 박정희 정부는 1972년 비상계엄을 선포하고, 유신 헌법을 제정하였다. 유신 헌법은 국민 투표를 거쳐 확정되었고, 박정희가 제8대 대통령에 취임하면서 유신 체제가 성립하였다.
③ 노태우 정부는 북방 외교를 추진하여 소련 및 동유럽, 중국 등 사회주의 국가와 수교하고, 남북 관계의 개선을 시도하였다.
⑤ 김대중 정부는 한반도 평화 정책과 남북 교류 확대를 위해 적극적인 대북 화해 협력 정책인 '햇볕 정책'을 추진하였다.

10 통일을 위한 노력

분단 이후 최초로 남북 정상 회담이 이루어졌다는 내용을 통해 (가) 정부가 김대중 정부임을 알 수 있다. 김대중 정부는 2000년 분단 이후 최초로 남북 정상 회담을 갖고 6·15 남북 공동 선언을 발표하였다. 대북 교류도 확대되어 금강산 관광이 시작되었고, 개성 공단 조성에도 합의하였다.

선택지 바로 보기
① 남북 기본 합의서를 채택하였다. (×)
→ 노태우 정부는 1991년에 남북 사이의 화해와 불가침 및 교류·협력에 관한 합의서(남북 기본 합의서)에 합의하며, 7·4 남북 공동 성명에서 천명된 조국 통일 3대 원칙을 재확인하고 남북이 통일을 지향하는 과정에서 잠정적으로 형성되는 특수 관계임을 인정하였다.
② 남북한이 유엔에 동시 가입하였다. (×)
→ 노태우 정부 시기에 남북한은 1990년부터 여러 차례 고위급 회담을 개최하였고, 1991년에는 유엔에 동시 가입하였다.
③ 7·4 남북 공동 성명을 발표하였다. (×)
→ 1970년대 초반 냉전이 완화되는 상황에서 박정희 정부 시기인 1972년 서울과 평양에서 7·4 남북 공동 성명이 발표되었다. 이는 분단 이후 남북이 처음으로 통일과 관련하여 발표한 공동 성명으로, 자주·평화·민족적 대단결이라는 통일 3대 원칙을 공식화하였다.
④ 6·15 남북 공동 선언을 발표하였다. (○)
→ 2000년 김대중 정부는 제1차 남북 정상 회담의 결과를 담아 6·15 남북 공동 선언을 발표하였다. 이 선언에서 남북은 이산가족 문제의 조속한 해결, 경제 협력, 통일 문제의 자주적 해결에 합의하였다.
⑤ 한반도 비핵화 공동 선언에 합의하였다. (×)
→ 노태우 정부 시기에 남북은 한반도 비핵화 공동 선언에 합의함으로써 핵전쟁의 위험을 제거하고 한반도의 평화와 통일에 유리한 환경을 조성하고자 하였다.

신유형·신경향·서술형 전략
Book 2 72~75쪽

01 ③　02 ⑤　03 ②　04 ②　05 ⑤　06 ①　07 ②
08 (1) 토지 조사 사업 (2) 해설 참조　09 해설 참조
10 해설 참조　11 해설 참조

01 다양한 민족 운동
(가)의 갑은 민립 대학 설립 운동, 을은 언론사가 주도한 농촌 계몽 운동이다. (나)의 B는 민립 대학 설립 운동과 농촌 계몽 운동의 공통점으로, 실력 양성 운동의 성격이 들어가야 한다.

02 의열 투쟁
밑줄 친 '의거'는 한인 애국단의 윤봉길이 일으킨 상하이 훙커우 공원 의거이다. ⑤ 중국 국민당 정부는 윤봉길의 상하이 훙커우 공원 의거를 계기로 한국 독립운동 세력을 적극적으로 지원하였다.

오답 피하기 ① 일제는 1925년 치안 유지법을 제정하였다.
② 김원봉은 1919년 만주에서 의열단을 조직하였다.
③ 1919년 3·1 운동의 영향으로 일제는 이른바 문화 통치를 시행하였다.
④ 일제는 1925년 만주 군벌과 미쓰야 협정을 체결하였다.

03 대한민국 정부의 수립
밑줄 친 '국회'는 제헌 국회이다. ㄱ. 제헌 국회는 1948년 제헌 헌법을 공포하였다. ㄷ. 제헌 국회는 1949년 농지 개혁법을 제정하였다.

오답 피하기 ㄴ. 3선 개헌안은 박정희 정부 시기에 통과되었다.
ㄹ. 장면 내각은 경제 개발 5개년 계획안을 마련하였다.

04 현대 사회의 변화
시민들은 독재 정권에 저항하여 4·19 혁명, 5·18 민주화 운동, 6월 민주 항쟁 등을 전개하여 민주주의를 발전시켜 나갔다.

05 국외 무장 투쟁
(가)에는 1910~1920년대 만주에서 일어난 무장 투쟁에 관한 내용이 들어가야 한다. ⑤ 1920년 홍범도의 대한 독립군을 비롯한 여러 독립군 부대는 일본군을 봉오동 골짜기로 유인하여 무찔렀다.

오답 피하기 ① 조선 혁명군은 1933년 흥경성 전투를 승리로 이끌었다.
② 김구는 1931년 상하이에서 한인 애국단을 결성하였다.
③ 조선 의용대는 1938년에 창설되었다.
④ 1940년에 창설된 한국광복군은 미국 전략 정보국(OSS)의 특수 훈련을 받고 국내 진공 작전을 계획하였다.

06 전시 동원 체제와 민족 말살 통치
자료를 통해 (가) 통치 시기가 민족 말살 통치 시기임을 알 수 있다. ㄱ. 침략 전쟁을 확대한 일제는 쌀과 금속류 등에 대한 공출을 단행하였다. ㄴ. 일제는 황국 신민화 정책의 일환으로 한국인에게 황국 신민 서사를 강제로 외우게 하였다.

오답 피하기 ㄷ. 1910년대 일제는 헌병 경찰 제도를 시행하였다.
ㄹ. 1910년대 일제는 관리나 교사에게 제복을 입고 칼을 차게 하였다.

07 6·25 전쟁
1950년 9월 국군과 유엔군은 인천 상륙 작전을 전개하여 서울을 수복하고 압록강까지 진격하였다. 그러나 중국군의 참전으로 다시 서울을 빼앗겼다(1·4 후퇴). ② 1950년 10월에 중국군이 참전하였다.

오답 피하기 ① 북한군의 기습 남침으로 전쟁이 발발하자 유엔은 북한의 남침을 침략 행위로 규정하고 유엔군 파병을 결의하였다.
③ 5·10 총선거는 6·25 전쟁이 발발하기 전인 1948년에 치러졌다.
④ 이승만 정부는 1954년에 사사오입 개헌을 단행하였다.
⑤ 1953년 정전 협정이 체결됨에 따라 6·25 전쟁은 매듭지어졌다.

08 1910년대 일제의 경제 정책
(1) 토지 조사 사업
(2) 예시 답안 일제가 지주의 토지 소유권만을 인정하면서 소작농의 관습적인 경작권은 보호받지 못하게 되었다.

채점 기준	배점
토지 조사 사업을 쓰고, 한국인 농민의 피해를 바르게 서술한 경우	상
토지 조사 사업을 쓰고, 한국인 농민의 피해를 피상적으로 쓴 경우	중
토지 조사 사업만 쓴 경우	하

09 대한민국 임시 정부의 활동
예시 답안 국민 대표 회의, 국민 대표 회의는 대한민국 임시 정부의 연통제와 교통국 와해, 외교 활동의 부진, 이승만의 국제 연맹 위임 통치 청원 등을 배경으로 개최되었다.

채점 기준	배점
국민 대표 회의를 쓰고, 개최 배경을 두 가지 모두 바르게 서술한 경우	상
국민 대표 회의를 쓰고, 개최 배경을 한 가지만 바르게 서술한 경우	중
국민 대표 회의만 쓴 경우	하

10 경제 성장과 노동 운동
예시 답안 박정희 정부, 박정희 정부 시기에 급속한 경제 성장을 이루었지만, 노동자들은 낮은 임금과 열악한 작업 환경 속에서 장시간 노동에 시달렸다.

채점 기준	배점
박정희 정부를 쓰고, 당시 노동자의 처지를 바르게 서술한 경우	상
박정희 정부를 쓰고, 당시 노동자의 처지가 어려웠다고만 쓴 경우	중
박정희 정부만 쓴 경우	하

11 남북 화해를 위한 노력
예시 답안 노태우 정부 시기에 남북한이 유엔에 동시 가입하였으며, 남북 기본 합의서를 채택하고 한반도 비핵화 공동 선언에 합의하였다.

채점 기준	배점
노태우 정부를 쓰고, 개선 노력을 두 가지 모두 바르게 서술한 경우	상
노태우 정부를 쓰고, 개선 노력을 한 가지만 바르게 서술한 경우	중
노태우 정부만 쓴 경우	하

01 ①　02 ②　03 ④　04 ③　05 ②　06 ③　07 ④　08 ④　09 ③　10 ③　11 ⑤　12 ②

서술형 13 (1) 3·1 운동 (2) 해설 참조　14 해설 참조　15 해설 참조　16 해설 참조

---

01 무단 통치 시기의 모습

다음 법령이 적용된 시기에 볼 수 있는 모습으로 가장 적절한 것은?

> 제1조 3개월 이하의 징역 또는 구류에 처하여야 할 자는 그
> 　　　상황에 따라 태형에 처할 수 있다. ┌ 1912년에 제정된 조선
> 　　　　　　　　　　　　　　　　　　　 태형령이다.
> 제11조 태형은 감옥 또는 즉결 관서에서 비밀로 집행한다.
> 제13조 본령은 조선인에 한하여 적용한다.
> 시행 규칙 1조 태형은 수형자를 형판 위에 엎드리게 하고 그
> 　　　자의 양팔을 좌우로 벌리게 하여 형판에 묶고 양다리도 같
> 　　　이 묶은 후 볼기 부분을 노출시켜 태로 친다.

① 칼을 차고 수업을 하는 교사
② 서울 진공 작전을 준비하는 의병
③ 인터뷰를 요청하는 『동아일보』 기자
④ 단체로 신사에 참배하러 가는 국민학생
⑤ 치안 유지법으로 구속당하는 사회주의자

☑ **출제 의도 파악하기**

제시된 자료가 조선 태형령임을 파악하고, 무단 통치 시기에 시행된
일제의 정책을 이해한다.

★ **문제 해결 Point 쏙쏙**

• 1910년대 무단 통치 시기 일제의 정책
　– 헌병 경찰 제도
　– 조선 태형령
　– 제복을 입고 칼을 찬 관리와 교사

☑ **선택지 바로 알기**

① 칼을 차고 수업을 하는 교사 (○)
　→ 무단 통치 시기 일제는 관리와 교사에게 제복을 입고 칼을 찬 채
　　 업무를 보게 하였다.
② 서울 진공 작전을 준비하는 의병 (×)
　→ 13도 창의군은 1908년에 서울 진공 작전을 전개하였다.
③ 인터뷰를 요청하는 『동아일보』 기자 (×)
　→ 『동아일보』는 1920년에 창간되었다.
④ 단체로 신사에 참배하러 가는 국민학생 (×)
　→ 1930년대 이후 침략 전쟁을 확대한 일제는 황국 신민화 정책의
　　 일환으로 신사 참배를 강요하고, 소학교의 명칭을 국민학교로
　　 바꾸었다.
⑤ 치안 유지법으로 구속당하는 사회주의자 (×)
　→ 치안 유지법은 1925년에 제정되었다.

---

02 국외 독립운동 기지 건설

다음 자료의 배경이 된 지역에서 있었던 사실로 옳은 것은?

┌ 1910년 일제에 국권을 빼앗긴 날을 말한다.

> 우리가 억만 세에 잊지 못할 수치를 당한 날에, 신한촌의 거
> 류민들은 음식을 그 전날에 미리 준비하였다가, 이날에는 집
> 집마다 연기를 내지 아니하고 한식절과 같이 지냈다. 또 밤에
> 는 집마다 불을 끄지 아니하고 밤을 새우며 온 촌중에 애통
> 발분의 기상이 가득하였고, 그 각 사회에서는 권업회 안에 모
> 여 연합 대연설회를 열어 격절 강개한 연설이 있었다더라.

└ 연해주 블라디보스토크에
　형성되었다.

① 신흥 무관 학교가 설립되었다.
② 대한 국민 의회가 수립되었다.
③ 2·8 독립 선언서가 발표되었다.
④ 대종교에서 중광단을 창설하였다.
⑤ 임병찬이 독립 의군부를 조직하였다.

☑ **출제 의도 파악하기**

제시된 자료의 신한촌, 권업회를 통해 연해주 블라디보스토크에서 있
었던 사실을 파악한다.

★ **문제 해결 Point 쏙쏙**

• 1910년대 국외 독립운동 기지

☑ **선택지 바로 알기**

① 신흥 무관 학교가 설립되었다. (×) → 서간도 삼원보
② 대한 국민 의회가 수립되었다. (○) → 블라디보스토크
③ 2·8 독립 선언서가 발표되었다. (×) → 일본 도쿄
④ 대종교에서 중광단을 창설하였다. (×) → 북간도
⑤ 임병찬이 독립 의군부를 조직하였다. (×) → 국내

03 신간회의 활동

(가), (나) 시기 사이에 있었던 사실로 옳은 것만을 〈보기〉에서 고른 것은?

(가)	(나)
한국사 신문 **정우회 선언** → 1926년 사회주의 사상 단체였던 정우회는 비타협적 민족주의와의 연대를 주장하는 정우회 선언을 발표하였다. └ 신간회가 1927년에 창립되는 계기가 되었다.	**한국사 신문** **신간회 해소** → 1931년 집행부의 온건한 활동 방향으로 갈등을 빚던 신간회는 코민테른의 노선 변화 등으로 결국 해소를 결정하였다.

· 보기 ·
ㄱ. 한국광복군이 창설되었다.
ㄴ. 원산 총파업이 전개되었다.
ㄷ. 조선어 학회 사건이 일어났다.
ㄹ. 광주 학생 항일 운동이 발생하였다.

① ㄱ, ㄴ   ② ㄱ, ㄷ   ③ ㄴ, ㄷ
④ ㄴ, ㄹ   ⑤ ㄷ, ㄹ

☑ **출제 의도 파악하기**
신간회가 창립된 계기와 해소 시기를 파악하고, 신간회의 활동 내용을 이해한다.

★ **문제 해결 Point 쏙쏙**
· 신간회
 – 결성: 정우회 선언(1926) ➜ 비타협적 민족주의자와 사회주의자가 연합하여 결성(1927)
 – 활동: 강연회 개최, 원산 총파업 지원, 광주 학생 항일 운동에 진상 조사단 파견

☑ **선택지 바로 알기**
ㄱ. 한국광복군이 창설되었다. (×)
 → 1940년 대한민국 임시 정부의 정규군으로 창설되었다.
ㄴ. 원산 총파업이 전개되었다. (○)
 → 1929년에 발생한 사건으로, 신간회에서 지원하였다.
ㄷ. 조선어 학회 사건이 일어났다. (×)
 → 일제는 1942년 조선어 학회 사건을 일으켜 조선어 학회 회원들을 체포하고 조선어 학회를 강제로 해산하였다.
ㄹ. 광주 학생 항일 운동이 발생하였다. (○)
 → 1929년에 전개되었으며, 신간회에서 진상 조사단을 파견하고 민중 대회를 계획하였다.

04 광주 학생 항일 운동

밑줄 친 '운동'에 대한 설명으로 옳은 것은?

> 📅 **11월 3**   [역사 속 그날]
> **학생의 날**
> 나주역에서 일본인 남학생이 한국인 여학생을 희롱한 사건을 계기로 한·일 학생 간에 충돌이 일어났다. 이후 경찰의 편파적인 조치에 대해 광주 지역 학생들은 민족 차별 중지와 식민지 교육 철폐를 내걸고 11월 3일 대규모 시위를 전개하였고 이는 전국적인 <u>운동</u>으로 확대되었다.
> └ 광주 학생 항일 운동

① 황국 신민화 정책에 반발하였다.
② 민족 유일당 운동의 배경이 되었다.
③ 신간회에서 진상 조사단을 파견하였다.
④ 한국인의 힘으로 대학을 세우고자 하였다.
⑤ 대한민국 임시 정부 수립의 계기가 되었다.

☑ **출제 의도 파악하기**
밑줄 친 '운동'이 광주 학생 항일 운동임을 파악하고, 신간회와의 관계를 이해한다.

★ **문제 해결 Point 쏙쏙**
· 광주 학생 항일 운동(1929)
 – 계기: 나주역 한·일 학생 간 충돌
 – 전개: 경찰의 편파적 조치 ➜ 광주 지역 학생들의 대규모 시위 ➜ 전국으로 확산

☑ **선택지 바로 알기**
① 황국 신민화 정책에 반발하였다. (×)
 → 황국 신민화 정책은 1930년대 후반에 본격적으로 실시되었다.
② 민족 유일당 운동의 배경이 되었다. (×)
 → 1926년 6·10 만세 운동 준비 과정에서 조선 공산당과 천도교 등이 연대함으로써 사회주의 세력과 민족주의 세력이 뭉쳐 민족 유일당을 결성할 수 있는 공감대를 형성하였다.
③ 신간회에서 진상 조사단을 파견하였다. (○)
 → 광주 학생 항일 운동이 일어나자 신간회에서 진상 조사단을 파견하였다.
④ 한국인의 힘으로 대학을 세우고자 하였다. (×)
 → 민립 대학 설립 운동에 해당한다.
⑤ 대한민국 임시 정부 수립의 계기가 되었다. (×)
 → 3·1 운동에 해당한다.

(가)에 들어갈 내용으로 적절하지 않은 것은?

일제 강점기 민족 문화를 지키려는 노력에 관하여 이야기 해 볼까?

한글 맞춤법 통일안이 제정되었어. → 조선어 학회의 활동이다.

(가)

① 우리말 사전 편찬이 시작되었어.

② 제1차 조선 교육령을 공포하였어.

③ 진단 학회가 조직되어 실증 사학을 연구하였어.

④ 한국 독립운동의 역사를 정리한 『한국독립운동지혈사』가 편찬되었어.

⑤ 백남운은 우리 역사가 세계사의 보편적인 발전 법칙에 따라 발전하였음을 강조하였어.

☑ **출제 의도 파악하기**

제시된 자료를 통해 조선어 학회의 활동을 파악하고, 민족 문화 수호 운동의 사례를 이해한다.

⚡ **문제 해결 Point 쏙쏙**

• 민족 문화 수호 운동

– 한글 연구: 조선어 학회 ➡ 한글 맞춤법 통일안과 표준어 및 외래어 표기법 통일안 제정, 우리말 사전 편찬 시도

– 한국사 연구: 민족주의 사학(박은식·신채호), 사회 경제 사학(백남운), 실증 사학(이병도·손진태)

☑ **선택지 바로 알기**

① 우리말 사전 편찬이 시작되었어. (○)

→ 조선어 학회는 우리말 사전을 편찬하려 하였으나 일제의 탄압으로 좌절되었다.

② 제1차 조선 교육령을 공포하였어. (×)

→ 일제는 1911년 제1차 조선 교육령을 공포하여 식민 통치에 순응하는 한국인을 육성하고자 하였다.

③ 진단 학회가 조직되어 실증 사학을 연구하였어. (○)

→ 이병도, 손진태 등은 진단 학회를 조직하여 한국사를 실증적으로 연구하였다.

④ 한국 독립운동의 역사를 정리한 『한국독립운동지혈사』가 편찬되었어. (○)

→ 박은식은 『한국통사』, 『한국독립운동지혈사』를 저술하여 일제의 침략을 비판하였다.

⑤ 백남운은 우리 역사가 세계사의 보편적인 발전 법칙에 따라 발전하였음을 강조하였어. (○)

→ 백남운은 『조선사회경제사』를 저술하여 식민 사관의 정체성론을 비판하였다.

밑줄 친 '이 부대'의 활동으로 옳은 것은?

1937년 김원봉은 중도 좌파 단체들과 함께 조선 민족 전선 연맹을 결성하였다. 이듬해에는 산하 무장 조직으로 이 부대를 창설하였다. 이 부대의 다수 병력은 더욱 적극적인 항일 투쟁을 펼치기 위해 중국 공산당의 근거지인 화북 지방으로 이동하였다. → 조선 의용대

① 지청천을 총사령관으로 하였다.

② 봉오동 전투를 승리로 이끌었다.

③ 중국 국민당 정부의 지원을 받았다.

④ 자유시 참변으로 사상자가 발생하였다.

⑤ 만주에서 한·중 연합 작전을 전개하였다.

☑ **출제 의도 파악하기**

김원봉, 조선 민족 전선 연맹의 산하 무장 조직을 통해 밑줄 친 '이 부대'가 조선 의용대임을 파악하고, 조선 의용대의 활동을 이해한다.

⚡ **문제 해결 Point 쏙쏙**

• 조선 의용대

– 창설: 김원봉 등이 조선 민족 전선 연맹의 산하 무장 조직으로 창설(1938)

– 활동: 중국 국민당 정부의 지원을 받으며 일본군에 대한 심리전, 포로 심문, 후방 공작 활동 전개

– 분화: 다수 병력은 화북 지방으로 이동(조선 의용대 화북 지대 ➡ 조선 의용군), 김원봉 지휘 아래 일부 세력은 한국광복군에 합류

☑ **선택지 바로 알기**

① 지청천을 총사령관으로 하였다. (×)

→ 1940년 충칭에 자리 잡은 대한민국 임시 정부는 지청천을 총사령관으로 하여 한국광복군을 창설하였다.

② 봉오동 전투를 승리로 이끌었다. (×)

→ 홍범도가 이끄는 대한 독립군을 비롯한 여러 독립군 부대는 일본군을 봉오동 골짜기로 유인하여 무찔렀다.

③ 중국 국민당 정부의 지원을 받았다. (○)

→ 조선 의용대는 중국 국민당 정부의 지원을 받으며 활동하였다.

④ 자유시 참변으로 사상자가 발생하였다. (×)

→ 만주 지역의 독립군 부대는 러시아령 자유시로 이동하였으나 자유시 참변으로 큰 피해를 입었다.

⑤ 만주에서 한·중 연합 작전을 전개하였다. (×)

→ 일제가 1931년 만주 사변을 일으키자, 조선 혁명군과 한국 독립군은 각각 중국 항일 무장 세력과 연합하여 항일 전쟁을 전개하였다.

07　미군정 시기

밑줄 친 '군정' 시기에 있었던 사실로 옳은 것만을 〈보기〉에서 고른 것은?

> 본관(本官)은 본관에게 부여된 태평양 방면 미 육군 총사령관의 권한으로써 이에 북위 38도 이남의 조선과 조선 주민에 대하여 군정을 세우고 다음과 같은 점령에 관한 조건을 포고한다. ……
> 제1조　북위 38도 이남의 조선 영토와 인민에 대한 통치의 모든 권한은 당분간 본관의 권한 아래에서 시행한다. → 광복 이후 미군이 남한에 진주하여 조선 총독부를 접수하고 군정을 시작하였다.

• 보기 •
ㄱ. 한·일 협정이 체결되었다.
ㄴ. 미·소 공동 위원회가 열렸다.
ㄷ. 한·미 상호 방위 조약이 체결되었다.
ㄹ. 모스크바 3국 외상 회의가 개최되었다.

① ㄱ, ㄴ　　　② ㄱ, ㄷ　　　③ ㄴ, ㄷ
④ ㄴ, ㄹ　　　⑤ ㄷ, ㄹ

☑ **출제 의도 파악하기**
밑줄 친 '군정'이 1945년 9월 초부터 시작된 미군정임을 파악하고, 1948년 대한민국 정부가 수립될 때까지의 사실을 이해한다.

★ **문제 해결 Point 쏙쏙**
8·15 광복 → 조선 건국 준비 위원회 조직 → 남한에 미군 진주, 군정 시작 → 모스크바 3국 외상 회의 → 제1차 미·소 공동 위원회 → 정읍 발언, 좌우 합작 운동 → 제2차 미·소 공동 위원회 → 미국이 한국 문제를 유엔으로 이관

☑ **선택지 바로 알기**
ㄱ. 한·일 협정이 체결되었다. (×)
　→ 박정희 정부는 1965년 한·일 협정을 체결하여 일본과 국교를 정상화하였다.
ㄴ. 미·소 공동 위원회가 열렸다. (○)
　→ 모스크바 3국 외상 회의의 결정에 따라 두 차례에 걸쳐 개최되었지만 미국과 소련의 대립으로 결렬되었다.
ㄷ. 한·미 상호 방위 조약이 체결되었다. (×)
　→ 이승만 정부는 1953년 정전 협정 체결 후 미국과 한·미 상호 방위 조약을 체결하였다.
ㄹ. 모스크바 3국 외상 회의가 개최되었다. (○)
　→ 1945년 12월 미국, 소련, 영국의 외무 장관들이 모스크바 3국 외상 회의를 열고 한국의 독립 문제를 논의하였다.

08　제주 4·3 사건

다음 사건이 일어나게 된 배경으로 옳은 것은?

> 1947년 3·1절 기념 시위에서 경찰의 발포로 사상자가 발생하였다. 주민들은 항의 시위를 벌였으며, 시위자를 검거하는 과정에서 수많은 일반인이 체포되는 등 갈등이 일어났다. 이러한 상황에서 1948년 4월 제주도 남로당 세력과 일부 주민이 무장봉기를 일으키자, 미군정은 군경을 동원해 강경하게 진압하였다. 정부 수립 이후까지 지속된 진압 과정에서 수만 명의 제주도민이 희생되었다. → 제주 4·3 사건에 관한 설명이다.

① 경제 개발 5개년 계획이 시행되었다.
② 6·25 전쟁 결과 분단이 고착화되었다.
③ 농지 개혁법이 제정되어 자영농이 늘어났다.
④ 유엔 소총회에서 남한 단독 선거가 결정되었다.
⑤ 5·16 군사 정변으로 군인 세력이 권력을 장악하였다.

☑ **출제 의도 파악하기**
제시된 자료가 제주 4·3 사건에 관한 설명임을 파악하고, 제주 4·3 사건이 일어나게 된 배경을 이해한다.

★ **문제 해결 Point 쏙쏙**
· 제주 4·3 사건(1948)
– 배경: 1947년 3·1절 기념 시위에서 경찰의 발포로 사상자가 발생하자 주민들이 항의 시위, 1948년 유엔 소총회에서 38도선 이남 지역의 총선거 결정
– 경과: 제주도 남조선 노동당(남로당) 세력 및 일부 주민이 남한 단독 선거에 반대하며 무장봉기(1948. 4. 3.) → 미군정의 강경 진압
– 결과: 무장 충돌과 진압 과정에서 수만 명의 제주도민 희생

☑ **선택지 바로 알기**
① 경제 개발 5개년 계획이 시행되었다. (×)
　→ 박정희 정부는 1962년부터 제1차 경제 개발 5개년 계획을 실시하였다.
② 6·25 전쟁 결과 분단이 고착화되었다. (×)
　→ 6·25 전쟁은 1950년에 발발하여 1953년 정전 협정 체결로 매듭지어졌다.
③ 농지 개혁법이 제정되어 자영농이 늘어났다. (×)
　→ 제헌 국회는 1949년에 농지 개혁법을 제정하였으며, 본격적인 농지 개혁은 1950년 3월부터 추진되었다.
④ 유엔 소총회에서 남한 단독 선거가 결정되었다. (○)
　→ 1948년 초 유엔 소총회에서 남한 단독 선거가 결정되자 이에 반대하며 제주 4·3 사건이 일어났다.
⑤ 5·16 군사 정변으로 군인 세력이 권력을 장악하였다. (×)
　→ 1961년 박정희를 비롯한 일부 군인 세력은 5·16 군사 정변을 일으켜 권력을 장악하였다.

09 6·25 전쟁

밑줄 친 '전쟁'에 대한 설명으로 옳은 것만을 〈보기〉에서 있는 대로 고른 것은?

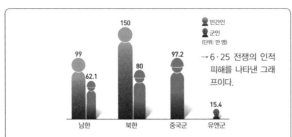

99   150   97.2
62.1   80   15.4

민간인
군인
(단위: 만 명)
→ 6·25 전쟁의 인적 피해를 나타낸 그래프이다.

전쟁은 엄청난 인적 피해를 가져왔다. 남북의 군인과 민간인 수백만 명이 죽거나 부상을 입었으며, 수십만 명의 전쟁고아와 천만 명에 가까운 이산가족이 생겨났다. 특히 민간인의 희생이 컸는데, 수많은 민간인이 학살, 폭격, 상호 보복 등으로 희생되었다. → 6·25 전쟁의 결과와 영향에 관한 설명이다.

• 보기 •
ㄱ. 박정희 정부 시기에 일어났다.
ㄴ. 전쟁 중 인천 상륙 작전이 실행되었다.
ㄷ. 전쟁 중 대통령 직선제 개헌이 단행되었다.
ㄹ. 전쟁 특수에 힘입어 고도의 경제 성장을 이루었다.

① ㄱ, ㄷ   ② ㄱ, ㄹ   ③ ㄴ, ㄷ
④ ㄱ, ㄴ, ㄹ   ⑤ ㄴ, ㄷ, ㄹ

☑ 출제 의도 파악하기
제시된 자료를 바탕으로 밑줄 친 '전쟁'이 6·25 전쟁임을 파악하고, 6·25 전쟁이 진행된 시기에 일어났던 사실들을 이해한다.

🌟 문제 해결 Point 쏙쏙
• 6·25 전쟁의 전개 과정: 북한군의 남침(1950) → 인천 상륙 작전 → 중국군 참전 → 1·4 후퇴 → 38도선 부근에서 전선 교착 → 정전 협정 체결(1953)

☑ 선택지 바로 알기
ㄱ. 박정희 정부 시기에 일어났다. (×)
→ 6·25 전쟁은 이승만 정부 시기인 1950년에 발발하여 1953년에 정전 협정 체결로 매듭지어졌다.
ㄴ. 전쟁 중 인천 상륙 작전이 실행되었다. (○)
→ 국군과 유엔군은 인천 상륙 작전을 성공시켜 전세를 역전하고 서울을 수복하였다.
ㄷ. 전쟁 중 대통령 직선제 개헌이 단행되었다. (○)
→ 1952년 이승만 정부는 임시 수도인 부산에서 대통령 직선제를 골자로 하는 발췌 개헌을 단행하였다.
ㄹ. 전쟁 특수에 힘입어 고도의 경제 성장을 이루었다. (×)
→ 6·25 전쟁의 특수로 경제 성장을 이룬 나라는 일본이다.

10 이승만 정부의 독재

(가) 정부 시기에 있었던 사실로 옳지 않은 것은?

▲ 재판을 받기 위해 대기하고 있는 조봉암

제3대 대통령 및 제4대 부통령 선거에서 진보적인 정책을 내세운 조봉암이 돌풍을 일으켰으며, 부통령에는 야당인 민주당의 장면 후보가 당선되었다. 이에 위기감을 느낀 ____(가)____ 정부는 진보당을 해체하고, 조봉암을 처형하였다. → 이승만 정부 시기에 있었던 진보당 사건에 관한 설명이다.

① 6·25 전쟁이 일어났다.
② 『경향신문』을 폐간하였다.
③ 베트남 파병을 단행하였다.
④ 국가 보안법을 개정하였다.
⑤ 3·15 부정 선거가 치러졌다.

☑ 출제 의도 파악하기
제시된 자료를 바탕으로 (가) 정부가 이승만 정부임을 파악하고, 이승만 정부의 독재 정치 내용을 이해한다.

🌟 문제 해결 Point 쏙쏙
• 이승만 정부의 독재: 6·25 전쟁 이후 이승만에 대한 여론 악화 → 1956년 선거에서 조봉암 약진, 부통령에 민주당의 장면 당선 → 반공 이념을 앞세워 독재 체제 강화(진보당 사건, 국가 보안법 개정, 정부에 비판적인 『경향신문』 폐간 등)

☑ 선택지 바로 알기
① 6·25 전쟁이 일어났다. (○)
→ 이승만 정부 시기인 1950년에 6·25 전쟁이 발발하였다.
② 『경향신문』을 폐간하였다. (○)
→ 이승만 정부는 정부에 비판적이던 『경향신문』을 폐간하는 등 언론을 탄압하였다.
③ 베트남 파병을 단행하였다. (×)
→ 박정희 정부는 미국의 요청으로 1964년부터 베트남 전쟁에 국군을 파병하였다.
④ 국가 보안법을 개정하였다. (○)
→ 이승만 정부는 국가 보안법을 개정하여 비판 세력을 탄압하고 사회 통제를 강화하였다.
⑤ 3·15 부정 선거가 치러졌다. (○)
→ 이승만 정부는 1960년 정·부통령 선거에서 부통령에 자유당의 이기붕을 당선시키기 위해 3·15 부정 선거를 자행하였다.

11 5·18 민주화 운동

다음 담화문이 발표된 시기의 상황으로 옳은 것은?

> → 계엄군에 의해 폭력적으로 진압되었으며, 광주 지역에서 발생하였다는
> 점을 통해 1980년 5·18 민주화 운동과 관련된 자료임을 알 수 있다.
>
> **계엄 사령관의 광주 지역 사태에 관한 담화(1980)**
>
> 지난 18일 수백 명의 대학생에 의해 제기된 평화적 시위가
> └→ 1980년 5월 18일을 의미한다.
> 오늘의 엄청난 사태로 확산된 것은 상당수의 다른 지역 불순
> 인물 및 고정 간첩들이 사태를 극한적인 상태로 유도하기 위
> 하여 …… 계획적으로 지역감정을 자극·선동하고 난동 행위
> 를 선도한 데 기인한 것이다. → 신군부 세력은 언론을 통제하며 광주
> 시민을 폭도로 몰아갔다.

① 3선 개헌이 단행되었다.

② 제1차 석유 파동이 일어났다.

③ 경제 개발 5개년 계획안이 처음 마련되었다.

④ 3·15 부정 선거에 반대하는 시위가 벌어졌다.

⑤ 신군부 세력이 권력을 장악하고 반대 시위를 진압하였다.

☑ **출제 의도 파악하기**

제시된 자료가 5·18 민주화 운동과 관련된 것임을 파악하고, 1980년
을 전후한 시기의 사실을 이해한다.

문제 해결 Point 쏙쏙

> 신군부가 12·12 군사 반란으로 권력 장악
>
> ↓
>
> 신군부의 비상계엄 전국 확대, 정치 활동 금지
>
> ↓
>
> 광주 시민들이 신군부 퇴진, 계엄령 철회 요구 시위 전개
>
> ↓
>
> 계엄군이 시민군을 폭력으로 진압

☑ **선택지 바로 알기**

① 3선 개헌이 단행되었다. (×)

→ 1969년 박정희 정부는 대통령의 3회 연임을 허용하는 3선 개헌
을 단행하였다.

② 제1차 석유 파동이 일어났다. (×)

→ 박정희 정부 시기인 1973년에 제1차 석유 파동이 일어났지만,
한국은 중동 건설에 적극적으로 참여하며 위기를 극복하였다.

③ 경제 개발 5개년 계획안이 처음 마련되었다. (×)

→ 4·19 혁명 이후 출범한 장면 내각은 경제 개발 5개년 계획을
마련하고, 도로와 교량 건설 등 국토 건설 사업을 추진하였다.

④ 3·15 부정 선거에 반대하는 시위가 벌어졌다. (×)

→ 1960년에 이승만 정부의 독재와 3·15 부정 선거에 저항하여
4·19 혁명이 일어났다.

⑤ 신군부 세력이 권력을 장악하고 반대 시위를 진압하였다. (○)

→ 12·12 군사 반란으로 집권한 신군부는 계엄령을 전국으로 확대
하였고, 이에 저항하여 5·18 민주화 운동이 시작되었다. 계엄군
은 시민군을 무자비하게 진압하였다.

12 6월 민주 항쟁

다음 선언이 발표된 배경으로 가장 적절한 것은?

> 첫째, 대통령 직선제로 개헌하고 1988년 2월 평
> 화적으로 정부를 이양한다. → 1987년 6월 민주 항쟁 결과
> 발표된 6·29 민주화 선언이다.
> 둘째, 대통령 선거법을 개정하여 자유로운 출마
> 와 경쟁을 공개적으로 보장한다.
> 넷째, 인간의 기본권을 존중하기 위해 개헌안에
> 기본권 강화 조항을 보완한다.

① 4·19 혁명이 일어났다.

② 6월 민주 항쟁이 전개되었다.

③ 대한민국 정부가 수립되었다.

④ 노태우가 대통령에 당선되었다.

⑤ 평화적인 정권 교체가 이루어졌다.

☑ **출제 의도 파악하기**

제시된 자료가 6·29 민주화 선언이라는 점을 파악하고, 6월 민주 항
쟁을 통해 대통령 직선제 개헌이 이루어졌음을 이해한다.

문제 해결 Point 쏙쏙

> • **6월 민주 항쟁(1987)**: 대통령 직선제 개헌 운동 본격화 → 4·13 호
> 헌 조치 발표 → 박종철 고문치사 사건 축소·은폐 시도 발각 → 시민
> 의 분노 폭발 → 민주 헌법 쟁취 국민운동 본부 조직 → 이한열 최루
> 탄 피격 → 범국민적 민주화 운동으로 발전 → 6·29 민주화 선언 →
> 5년 단임의 대통령 직선제로 개헌

☑ **선택지 바로 알기**

① 4·19 혁명이 일어났다. (×)

→ 4·19 혁명 결과 이승만이 하야하고, 내각 책임제와 양원제 국
회 구성을 골자로 한 개헌이 이루어졌다.

② 6월 민주 항쟁이 전개되었다. (○)

→ 6월 민주 항쟁 결과 노태우가 6·29 민주화 선언을 발표하여 대
통령 직선제 요구를 수용하겠다고 밝혔다.

③ 대한민국 정부가 수립되었다. (×)

→ 1948년 제헌 국회는 민주 공화제를 핵심으로 하는 제헌 헌법을
공포하였고, 이에 따라 대한민국 정부가 수립되었다.

④ 노태우가 대통령에 당선되었다. (×)

→ 6·29 민주화 선언에 따라 대통령 직선제 개헌이 이루어졌고,
이에 따라 실시된 대통령 선거에서 노태우가 제13대 대통령에
당선되었다.

⑤ 평화적인 정권 교체가 이루어졌다. (×)

→ 1997년 제15대 대통령 선거에서 야당 후보 김대중이 대통령에
당선되어 분단 이후 처음으로 선거를 통한 평화적인 여야 정권
교체가 이루어졌다.

13 문화 통치의 실상

주요 내용 ㅣ 문화 통치, 보통 경찰 제도, 조선 총독, 3·1 운동

다음을 읽고 물음에 답하시오.

> (관제 개정의 취지는) 각기 일시동인(一視同仁)하여 …… 시세에 맞추어 시정의 편리함을 도모하는 데 있다. 즉, ㉠ 총독은 문무관 중에서 임용할 수 있는 길을 열었고, ㉡ 헌병에 의한 경찰 제도를 바꿔 보통 경찰에 의한 경찰 제도로 바꾸었다. 또 복제를 개정하여 일반 관리와 교원 등의 제복 대검(帶劍)을 폐지하고 조선인의 임용과 대우 등을 고려하였다.
> → 자료는 3·1 운동 이후 발표된 사이토 마코토 총독의 훈시이다.

(1) 위 방침을 발표하게 된 배경이 된 사건을 쓰시오.

답 3·1 운동

(2) 밑줄 친 ㉠, ㉡이 실제로는 어떻게 행해졌는지 각각 서술하시오.

• ㉠: 예시 답안 일제 강점기 내내 문관 출신 총독은 단 한 명도 임명되지 않았다.

• ㉡: 예시 답안 경찰 관서와 인원, 비용이 훨씬 증가하였다.

☑ 출제 의도 파악하기

일제가 표방한 이른바 문화 통치의 실상을 이해한다.

✦ 문제 해결 Point 쏙쏙

• **문화 통치의 실상**
  – 문관 총독 임명 ➡ 단 한 명도 임명된 적 없음.
  – 헌병 경찰 제도를 보통 경찰 제도로 전환 ➡ 경찰 관서·인원·비용 등 증가, 치안 유지법 제정
  – 한국인의 신문과 잡지 발행 허용 ➡ 검열 강화, 기사 삭제·정간·폐간
  – 도 평의회, 부·군·면 협의회를 설치하여 한국인에게 참정권 허용 ➡ 평의회와 협의회는 의결권 없이 정책에 대한 자문 기능만 있음.

채점 기준	배점
3·1 운동을 쓰고, 밑줄 친 ㉠, ㉡의 실상을 모두 바르게 서술한 경우	상
3·1 운동을 쓰고, 밑줄 친 ㉠, ㉡의 실상을 한 가지만 바르게 서술한 경우	중
3·1 운동만 쓴 경우	하

☑ 용어

일시동인(一視同仁) 모든 사람을 하나로 평등하게 보아 똑같이 사랑함.

14 한·중 연합 작전의 전개

주요 내용 ㅣ 1930년대 한·중 연합 작전, 만주 사변, 조선 혁명군

다음 자료의 상황이 나타나게 된 배경을 서술하시오.

▲ 양세봉 흉상

> 조선 혁명군의 총사령관이었던 양세봉은 중국 의용군 총사령관 이춘윤과 협의하여 한·중 연합 작전을 전개하였다. 연합군은 영릉가성을 공격하여 탈환하고 이듬해 흥경성을 공략하여 격퇴하였다. 이후 노구대 전투, 쾌대모자 전투 등에서 연이어 승리를 거두었다.

예시 답안 일제가 1931년에 만주 사변을 일으켰다.

☑ 출제 의도 파악하기

제시된 자료가 1930년대 있었던 한·중 연합 작전의 사례임을 파악하고, 독립군의 활동을 당시 일제가 벌인 사건과 관련지어 이해한다.

✦ 문제 해결 Point 쏙쏙

• 한·중 연합 작전의 배경: 일제의 만주 침략(만주 사변, 1931)
• 한국 독립군: 지청천 지휘, 중국 호로군과 연합 ➡ 쌍성보·대전자령 전투 승리(북만주 일대)
• 조선 혁명군: 양세봉 지휘, 중국 의용군과 연합 ➡ 영릉가·흥경성 전투 승리(남만주 일대)

채점 기준	배점
만주 사변을 포함하여 한·중 연합 작전의 배경을 바르게 서술한 경우	상
반일 감정이 높아졌다고만 서술한 경우	하

15 7·4 남북 공동 성명

주요 내용 박정희 정부, 7·4 남북 공동 성명

다음 성명의 명칭을 쓰고, 이 성명이 발표된 세계사적 배경을 서술하시오.

> 첫째, 통일은 외세에 의존하지 않고 자주적으로 해결한다.
> 둘째, 통일은 무력을 사용하지 않고 평화적으로 실현한다.
> 셋째, 사상과 이념, 제도의 차이를 넘어 민족적 대단결을 도모한다.

예시 답안 7·4 남북 공동 성명, 1969년 닉슨 독트린 선언으로 냉전 체제가 완화되고, 미국이 박정희 정부에 남북 대화를 요구하는 한편 주한 미군의 일부를 철수시키자, 박정희 정부는 7·4 남북 공동 성명을 발표하였다.

☑ 출제 의도 파악하기
자주, 평화, 민족적 대단결이라는 내용을 통해 제시된 자료가 7·4 남북 공동 성명임을 파악하고, 1972년 당시 국제 정세를 이해한다.

✦ 문제 해결 Point 쏙쏙

• 7·4 남북 공동 성명(1972)
 – 배경: 닉슨 독트린 발표 후 냉전 완화, 주한 미군의 일부 철수
 – 내용: 분단 이후 처음으로 자주, 평화, 민족적 대단결의 통일 원칙에 합의

채점 기준	배점
7·4 남북 공동 성명을 쓰고, 발표 배경에 대해 닉슨 독트린, 냉전 완화, 주한 미군 철수를 모두 포함하여 바르게 서술한 경우	상
7·4 남북 공동 성명을 쓰고, 발표 배경에 대해 닉슨 독트린, 냉전 완화, 주한 미군 철수 중 두 가지를 포함하여 바르게 서술한 경우	중
7·4 남북 공동 성명만 쓴 경우	하

16 금 모으기 운동

주요 내용 김대중 정부, 금 모으기 운동, 외환 위기

다음 운동이 벌어지게 된 배경을 서술하시오.

1998년 1월부터 4월까지 국민들은 자발적인 금 모으기 운동을 전개하였다. 각계각층의 사람들이 금을 기탁하며 참여를 독려하였고, 전국적으로 200톤이 넘는 금이 모였다. 정부는 이렇게 모인 금을 수출하여 외환 보유고를 크게 늘릴 수 있었다. 당시 금 모으기 운동은 '제2의 국채 보상 운동'이라고 불리기도 하였다.

예시 답안 김영삼 정부 말기에 외환 보유고가 급감하면서 외환 위기가 발생하자 국제 통화 기금(IMF)에 구제 금융을 신청하였다.

☑ 출제 의도 파악하기
제시된 자료가 김대중 정부 시기에 전개된 금 모으기 운동과 관련된 것임을 파악하고, 김영삼 정부 말기 외환 위기를 맞게 되었음을 이해한다.

✦ 문제 해결 Point 쏙쏙

• 외환 위기(1997)
 – 발생: 1990년대 후반 외환 보유고 급감 → 외환 위기 발생 → 김영삼 정부가 국제 통화 기금(IMF)에 구제 금융 신청
 – 극복 노력: 은행과 기업의 강도 높은 구조 조정 추진, 일부 대기업·은행 해외 매각, 파견 근로제 도입, 회계 기준 강화, 사외 이사 제도 도입, 대규모 공적 자금 투입, 노사정 위원회 설치, 금 모으기 운동 전개

채점 기준	배점
금 모으기 운동의 배경에 대해 김영삼 정부, 외환 위기, 국제 통화 기금(IMF)의 구제 금융을 모두 포함하여 바르게 서술한 경우	상
금 모으기 운동의 배경에 대해 김영삼 정부, 외환 위기, 국제 통화 기금(IMF)의 구제 금융 중 두 가지를 포함하여 바르게 서술한 경우	중
금 모으기 운동의 배경에 대해 김영삼 정부, 외환 위기, 국제 통화 기금(IMF)의 구제 금융 중 한 가지만 포함하여 바르게 서술한 경우	하

---

01 토지 조사 사업

밑줄 친 '이 사업'에 대한 설명으로 옳은 것은?

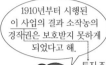

1910년부터 시행된 이 사업의 결과 소작농의 경작권은 보호받지 못하게 되었다고 해.

또한 국유지나 문중의 공유지도 소유권을 인정받지 못하였다고 해.

└ 토지 조사 사업

① 지계를 발급하였다.

② 메가타의 주도로 실시되었다.

③ 한국인의 회사 설립을 억제하려는 목적이었다.

④ 일본 내 쌀 부족 문제를 해결하기 위해 실시되었다.

⑤ 조선 총독부의 지세 수입이 증가하는 결과를 가져왔다.

☑ 출제 의도 파악하기

밑줄 친 '이 사업'이 토지 조사 사업이라는 것을 파악하고, 토지 조사 사업의 결과를 이해한다.

⭐ 문제 해결 Point 쏙쏙

・토지 조사 사업(1910~1918)

– 내용: 신고주의, 미신고지와 국·공유지 등은 조선 총독부로 편입

– 결과: 지주의 토지 소유권만 인정, 소작농의 관습적인 경작권 무시, 조선 총독부의 지세 수입 증가

☑ 선택지 바로 알기

① 지계를 발급하였다. (×)

→ 대한 제국은 양전 사업을 실시하고, 개인의 토지 소유권을 법적으로 보장하는 문서인 지계를 일부 지역에 발급하였다.

② 메가타의 주도로 실시되었다. (×)

→ 1905년에 추진된 화폐 정리 사업에 관한 설명이다.

③ 한국인의 회사 설립을 억제하려는 목적이었다. (×)

→ 1910년에 제정된 회사령에 해당한다.

④ 일본 내 쌀 부족 문제를 해결하기 위해 실시되었다. (×)

→ 1920년부터 시작된 산미 증식 계획에 관한 설명이다.

⑤ 조선 총독부의 지세 수입이 증가하는 결과를 가져왔다. (○)

→ 토지 조사 사업의 결과 조선 총독부 소유의 토지와 지세 수입이 증가하였다.

---

02 3·1 운동의 배경

(가) 운동이 일어난 배경으로 옳은 것만을 〈보기〉에서 고른 것은?

┌─────────────────────────────────────┐
│   ┌→ 3·1 운동   │
│ 지난 기미년의 │ (가) │ 은/는 곧 우리의 전통적인 독립의 │
│   └→ 1919년   │
│ 의지를 만방에 천명한 것이고 국제 정세의 순리에 병진하는 │
│ 자유·정의·진리의 함성이었습니다. 그럼에도 불구하고 일 │
│ 본의 무력적인 압박으로 말미암아 우리의 자유와 평등을 주 │
│ 장한 이 │ (가) │ 은/는 몹시 가슴 아프게 꺾이었습니다. │
│ 우리의 지난 민족 종교계 대표들은 자진해서 일본 경찰에 체 │
│ 포되어 갔습니다. 그것은 당당한 우리의 평화적인 행동으로 │
│ 독립의 절규를 상징하는 일대 시위 운동이었습니다. │
│   └ 민족 대표들은 태화관에서 독립 선언식을 │
│   갖고 자진 체포되었다. │
└─────────────────────────────────────┘

→ 보기 •

ㄱ. 순종이 서거하였다.

ㄴ. 2·8 독립 선언이 발표되었다.

ㄷ. 민족 자결주의가 제창되었다.

ㄹ. 대한민국 임시 정부가 수립되었다.

① ㄱ, ㄴ   ② ㄱ, ㄷ   ③ ㄴ, ㄷ

④ ㄴ, ㄹ   ⑤ ㄷ, ㄹ

☑ 출제 의도 파악하기

제시된 자료를 통해 (가) 운동이 3·1 운동임을 파악하고, 3·1 운동의 배경을 이해한다.

⭐ 문제 해결 Point 쏙쏙

・3·1 운동의 배경: 일제의 무단 통치, 고종의 서거, 민족 자결주의의 제창, 2·8 독립 선언 발표 등

☑ 선택지 바로 알기

ㄱ. 순종이 서거하였다. (×)

→ 1926년에 일어난 6·10 만세 운동의 배경이 되었다.

ㄴ. 2·8 독립 선언이 발표되었다. (○)

→ 일본 도쿄에서 한국인 유학생들이 민족 자결주의의 영향을 받아 2·8 독립 선언을 발표하였고, 이는 3·1 운동이 일어나는 데 영향을 주었다.

ㄷ. 민족 자결주의가 제창되었다. (○)

→ 미국의 윌슨 대통령이 제창한 민족 자결주의는 식민지 상태의 국가와 민족들에게 많은 영향을 주었다.

ㄹ. 대한민국 임시 정부가 수립되었다. (×)

→ 3·1 운동의 영향에 해당한다.

03 한인 애국단의 활동

다음 의거를 주도한 단체에 대한 설명으로 옳은 것만을 〈보기〉에서 고른 것은?

> ### 세계사 신문
>
> 어제 오후 2시에 열병식을 마치고 환궁하던 일왕이 도중에 돌연 저격당하였다. 한국인이 저격한 것으로 알려졌는데, 불행하게도 뒤따르던 마차를 폭파했을 뿐 일왕이 탄 마차는 명중하지 못하였다.
> → 한인 애국단의 이봉창이 일으킨 의거에 관한 내용이다.

• 보기 •
ㄱ. 김구가 상하이에서 결성하였다.
ㄴ. 단원들이 황푸 군관 학교에 입학하였다.
ㄷ. 대한민국 임시 정부의 침체를 극복하고자 하였다.
ㄹ. 신채호의 「조선 혁명 선언」을 활동 지침으로 삼았다.

① ㄱ, ㄴ   ② ㄱ, ㄷ   ③ ㄴ, ㄷ
④ ㄴ, ㄹ   ⑤ ㄷ, ㄹ

☑ **출제 의도 파악하기**
제시된 자료가 이봉창의 일왕 암살 시도 의거에 관한 것임을 파악하고, 한인 애국단의 활동을 이해한다.

문제 해결 Point 쏙쏙

• **한인 애국단**
  – 결성: 김구가 대한민국 임시 정부의 침체를 극복하기 위해 상하이에서 결성(1931)
  – 주요 의거: 이봉창의 일왕 암살 시도(1932), 윤봉길의 상하이 훙커우 공원 의거(1932)

☑ **선택지 바로 알기**
ㄱ. 김구가 상하이에서 결성하였다. (○)
  → 한인 애국단은 김구가 1931년 상하이에서 결성하였다.
ㄴ. 단원들이 황푸 군관 학교에 입학하였다. (×)
  → 의열단 단원들은 1920년대 후반 의열 투쟁에 한계를 느끼고 조직적인 항일 무장 투쟁을 위해 황푸 군관 학교에 입학하였다.
ㄷ. 대한민국 임시 정부의 침체를 극복하고자 하였다. (○)
  → 김구는 대한민국 임시 정부의 침체를 극복하고자 한인 애국단을 조직하였다.
ㄹ. 신채호의 「조선 혁명 선언」을 활동 지침으로 삼았다. (×)
  → 의열단에 관한 설명이다.

04 6·10 만세 운동

밑줄 친 '만세 운동'에 대한 설명으로 가장 적절한 것은?

① 중국의 5·4 운동에 영향을 주었다.
② 민족 말살 통치를 배경으로 발생하였다.
③ 신간회의 지원 아래 전국으로 확산되었다.
④ 민족 협동 전선 구축의 토대를 마련하였다.
⑤ 대한민국 임시 정부가 수립되는 계기가 되었다.

☑ **출제 의도 파악하기**
순종의 장례일을 기해 전개되었다는 내용을 통해 밑줄 친 '만세 운동'이 6·10 만세 운동임을 파악하고, 6·10 만세 운동과 관련된 내용을 이해한다.

문제 해결 Point 쏙쏙

• **6·10 만세 운동(1926)**
  – 배경: 순종의 서거
  – 전개: 천도교 등 민족주의 계열, 사회주의 계열, 학생들이 만세 시위 계획 → 지도부의 검거 → 학생 단체를 중심으로 만세 시위 전개
  – 의의: 민족 협동 전선의 토대 마련, 학생들이 항일 민족 운동의 주체로서 부각

☑ **선택지 바로 알기**
① 중국의 5·4 운동에 영향을 주었다. (×)
  → 3·1 운동에 관한 설명이다.
② 민족 말살 통치를 배경으로 발생하였다. (×)
  → 6·10 만세 운동은 1926년에 발생하였다.
③ 신간회의 지원 아래 전국으로 확산되었다. (×)
  → 광주 학생 항일 운동에 관한 설명이다.
④ 민족 협동 전선 구축의 토대를 마련하였다. (○)
  → 6·10 만세 운동 준비 과정에서 사회주의 세력과 민족주의 세력이 뭉쳐 민족 유일당을 결성할 수 있는 공감대를 형성하였다.
⑤ 대한민국 임시 정부가 수립되는 계기가 되었다. (×)
  → 3·1 운동에 관한 설명이다.

다음 판결문과 관련된 단체에 대한 설명으로 옳은 것은?

> **(1) 주문**
> 피고인 이극로·최현배·이희승·정인승·이중화·이우승·김양수·장현식·김도연·이인·김법린 및 정태진에 대한 본건을 함흥 지방 법원의 공판에 부침. → 조선어 학회의 회원들이다.
>
> **(2) 이유**
> …… 겉으로는 문화 운동의 가면을 쓰고 조선 독립을 목적한 실력 배양 단체로서 본건이 검거되기까지 10여 년이나 오랫동안 조선 민족에 대하여 조선의 어문 운동을 전개하여 온 것이다. → 조선어 학회는 1931년에 설립되었으며 1942년에 조선어 학회 사건으로 해산되었다.

① 형평 운동을 주도하였다.
② 한글 맞춤법 통일안을 제정하였다.
③ 식민 사관의 정체성론을 비판하였다.
④ 전국 각지에 지회를 둔 대중 단체였다.
⑤ 여성을 대상으로 한 계몽 활동에 앞장섰다.

☑ 출제 의도 **파악하기**
제시된 판결문이 조선어 학회 사건과 관련된 것임을 파악하고, 조선어 학회의 활동을 이해한다.

✦ **문제 해결 Point 쏙쏙**
• **조선어 학회(1931):** 조선어 연구회가 확대 개편 → 한글 맞춤법 통일안 제정, 우리말 사전 편찬 시도 → 조선어 학회 사건(1942)으로 강제 해산

☑ 선택지 **바로 알기**
① 형평 운동을 주도하였다. (×)
→ 조선 형평사에 관한 설명이다.
② 한글 맞춤법 통일안을 제정하였다. (○)
→ 조선어 학회는 한글 맞춤법 통일안과 표준어 및 외래어 표기법 통일안을 제정하여 한글 표준화에 이바지하였다.
③ 식민 사관의 정체성론을 비판하였다. (×)
→ 백남운 등이 연구한 사회 경제 사학에 관한 설명이다.
④ 전국 각지에 지회를 둔 대중 단체였다. (×)
→ 신간회에 관한 설명이다.
⑤ 여성을 대상으로 한 계몽 활동에 앞장섰다. (×)
→ 1927년에 결성된 근우회는 여성들을 대상으로 한 문맹 퇴치 및 계몽 활동에 힘을 쏟았다.

☑ **용어**
어문 운동 말과 글을 지키고 바로 쓰기 위하여 벌이는 사회적 운동

(가) 부대에 대한 설명으로 옳은 것만을 〈보기〉에서 고른 것은?
→ 1940년 대한민국 임시 정부가 정착한 지역이다.

> 장준하와 김준엽 일행은 충칭을 향해 대장정에 올랐다. 그들은 일본군이 점령한 지역을 통과하기 위해 장사꾼으로 변장하기도 하였다. 마침내 그들은 ____(가)____ 훈련반이 있던 린취안에 도착했고, 이듬해 ____(가)____ 와/과 미국 전략 정보국(OSS)이 계획한 국내 진공 작전에 합류하였다.
> → 당시 중·일 전쟁이 벌어지고 있었다.

• **보기**
ㄱ. 지청천이 총사령관을 맡았다.
ㄴ. 인도·미얀마 전선에 참여하였다.
ㄷ. 영릉가 전투에서 승리를 거두었다.
ㄹ. 김원봉이 중국 국민당 정부의 지원을 받아 창설하였다.

① ㄱ, ㄴ   ② ㄱ, ㄷ   ③ ㄴ, ㄷ
④ ㄴ, ㄹ   ⑤ ㄷ, ㄹ

☑ 출제 의도 **파악하기**
제시된 자료를 통해 (가) 부대가 한국광복군임을 파악하고, 한국광복군의 활동을 이해한다.

✦ **문제 해결 Point 쏙쏙**
• **한국광복군**
  – 창설: 충칭에서 대한민국 임시 정부의 정규군으로 창설(1940), 총사령관 지청천
  – 활동: 인도·미얀마 전선 투입, 미국 전략 정보국(OSS)과 협력하여 국내 진공 작전 준비

☑ 선택지 **바로 알기**
ㄱ. 지청천이 총사령관을 맡았다. (○)
→ 대한민국 임시 정부의 정규군으로 창설된 한국광복군은 지청천을 총사령관으로 하였다.
ㄴ. 인도·미얀마 전선에 참여하였다. (○)
→ 한국광복군은 영국군의 요청에 따라 인도·미얀마 전선에 투입되었다.
ㄷ. 영릉가 전투에서 승리를 거두었다. (×)
→ 양세봉이 이끄는 조선 혁명군은 한·중 연합 작전을 전개하여 영릉가 전투와 흥경성 전투에서 승리를 거두었다.
ㄹ. 김원봉이 중국 국민당 정부의 지원을 받아 창설하였다. (×)
→ 조선 의용대에 관한 설명이다.

07 모스크바 3국 외상 회의

(가)에 들어갈 말로 옳은 것은?

> (가) 의 결과가 공식적으로 발표되기도 전에 국내 언론은 "미국은 한국의 즉시 독립을 제안한 반면, 소련은 최장 5년간 4개국이 통치할 것을 주장하였다."라고 잘못 보도하였다. 이후 결정을 지지하는 좌익 세력의 시위와 반대하는 우익 세력의 시위가 격렬하게 일어나 좌우의 갈등이 격화되었다.

① 남북 협상
② 좌우 합작 운동
③ 5·16 군사 정변
④ 미·소 공동 위원회
⑤ 모스크바 3국 외상 회의 — 좌익은 모스크바 3국 외상 회의의 결정을 총체적으로 지지하였으며, 우익은 신탁 통치 반대 운동을 전개하였다.

☑ 출제 의도 파악하기
제시된 자료가 신탁 통치를 둘러싼 좌우의 대립을 설명한 것임을 파악하고, 모스크바 3국 외상 회의의 결과를 이해한다.

★ 문제 해결 Point 쏙쏙
• 모스크바 3국 외상 회의(1945): 미·소 공동 위원회 설치, 한국인들로 구성되는 조선 임시 정부 수립, 미·소·영·중 4개국에 의한 최장 5년간의 신탁 통치 결정 → 신탁 통치 문제를 둘러싸고 좌우의 갈등 격화

☑ 선택지 바로 알기
① 남북 협상 (×)
→ 유엔 소총회에서 남한만의 단독 선거가 결정되자 김구와 김규식 등은 남북 협상을 추진하였다.
② 좌우 합작 운동 (×)
→ 제1차 미·소 공동 위원회가 결렬되고 이승만이 남한 단독 정부 수립을 주장하자 여운형 등의 중도 세력이 좌우 합작 운동을 벌였다.
③ 5·16 군사 정변 (×)
→ 1961년 박정희를 중심으로 한 일부 군인들이 5·16 군사 정변을 일으켜 권력을 장악하였다.
④ 미·소 공동 위원회 (×)
→ 모스크바 3국 외상 회의의 결정에 따라 두 차례 개최되었으나 모두 결렬되었다.
⑤ 모스크바 3국 외상 회의 (○)
→ 모스크바 3국 외상 회의의 결정이 국내에 알려지자 신탁 통치 문제를 두고 좌우 대립이 격화되었다.

08 통일 정부 수립을 위한 노력

(가), (나) 시기 사이에 있었던 사실로 옳은 것은?

(가)	(나)
한국사 신문 미국과 소련이 임시 민주 정부 수립을 위한 협의 대상에 참여할 정당과 사회단체의 범위를 놓고 대립함으로써 결국 제1차 미·소 공동 위원회가 결렬되었다. → 제1차 미·소 공동 위원회는 1946년 5월에 결렬되었다.	한국사 신문 미국과 소련의 견해 차이가 좁혀지지 않아 제2차 미·소 공동 위원회가 다시 결렬되었다. 이에 미국이 곧 한반도 문제를 유엔에 상정할 것이라는 전망이 나오고 있다. → 제2차 미·소 공동 위원회는 1947년 5월에 재개되었다가 10월에 결렬되었다.

① 대한민국 정부 수립이 선포되었다.
② 김구가 북한으로 가 남북 협상을 추진하였다.
③ 소련이 유엔 한국 임시 위원단의 입북을 거부하였다.
④ 3·15 부정 선거에 반발하여 4·19 혁명이 전개되었다.
⑤ 이승만이 정읍에서 남한 단독 정부 수립을 주장하였다.

☑ 출제 의도 파악하기
제1차 미·소 공동 위원회가 결렬된 후부터 제2차 미·소 공동 위원회가 결렬된 시기 사이에 전개된 통일 정부 수립 노력을 이해한다.

★ 문제 해결 Point 쏙쏙
제1차 미·소 공동 위원회(1946. 3. ~ 5.) → 이승만의 정읍 발언(1946. 6.), 좌우 합작 운동(1946~1947) → 제2차 미·소 공동 위원회(1947. 5. ~ 10.) → 한국 문제 유엔 이관 → 남북 협상(1948. 4.)

☑ 선택지 바로 알기
① 대한민국 정부 수립이 선포되었다. (×)
→ 1948년 8월 15일의 일이다.
② 김구가 북한으로 가 남북 협상을 추진하였다. (×)
→ 1948년 4월의 일이다.
③ 소련이 유엔 한국 임시 위원단의 입북을 거부하였다. (×)
→ 1947년 11월 유엔 총회는 남북 총선거 실시를 결정하고 유엔 한국 임시 위원단을 파견하였으나, 소련은 위원단의 입북을 거부하였다.
④ 3·15 부정 선거에 반발하여 4·19 혁명이 전개되었다. (×)
→ 1960년의 일이다.
⑤ 이승만이 정읍에서 남한 단독 정부 수립을 주장하였다. (○)
→ 제1차 미·소 공동 위원회가 결렬되자, 이승만은 남한만의 단독 정부 수립을 주장하였다.

09 6월 민주 항쟁

(가), (나) 시기 사이에 있었던 사실로 옳은 것만을 〈보기〉에서 고른 것은?

(가)

신군부의 정권 장악에 반대하여 일어난 '서울의 봄' → 1980년

↓

(나)

직선제 개헌을 요구하며 일어난 6월 민주 항쟁 → 1987년

─ • 보기 •
ㄱ. 3선 개헌이 단행되었다.
ㄴ. 12·12 군사 반란이 일어났다.
ㄷ. 정부가 4·13 호헌 조치를 발표하였다.
ㄹ. 박종철이 경찰의 고문으로 사망하였다.

① ㄱ, ㄴ ② ㄱ, ㄷ ③ ㄴ, ㄷ
④ ㄴ, ㄹ ⑤ ㄷ, ㄹ

☑ **출제 의도 파악하기**
신군부의 군사 반란부터 전두환 정부 시기에 있었던 민주주의의 발전 과정을 이해한다.

⭐ **문제 해결 Point 쏙쏙**
• **6월 민주 항쟁(1987)**: 4·13 호헌 조치, 박종철 고문치사 사건 축소·은폐 시도 발각 ➡ 민주 헌법 쟁취 국민운동 본부 조직 ➡ 이한열 최루탄 피격 ➡ 범국민적 민주화 운동으로 발전

☑ **선택지 바로 알기**
ㄱ. 3선 개헌이 단행되었다. (×)
 → 1969년 박정희 정부 시기의 일로, (가) 이전의 상황이다.
ㄴ. 12·12 군사 반란이 일어났다. (×)
 → 1979년에 일어난 일로, (가) 이전의 상황이다.
ㄷ. 정부가 4·13 호헌 조치를 발표하였다. (○)
 → 전두환 정부는 1987년 4·13 호헌 조치를 통해 간선제로 대통령을 선출할 것을 선언하였다.
ㄹ. 박종철이 경찰의 고문으로 사망하였다. (○)
 → 1987년 1월 박종철이 경찰의 고문으로 사망하자, 전두환 정부는 이를 축소·은폐하려 하였다.

10 김영삼 정부

(가) 정부 시기에 있었던 사실로 옳은 것은?

1992년에 시행된 대통령 선거에서 5·16 군사 정변 이후 30여 년 만에 민간인 출신인 ▢(가)▢ 이/가 대통령에 당선되었다. ▢(가)▢ 정부는 이러한 의미를 강조하여 문민정부라고 하였다. └ 김영삼

① 중국과 수교를 맺었다.
② 10월 유신을 단행하였다.
③ 금융 실명제를 시행하였다.
④ 발췌 개헌안을 통과시켰다.
⑤ 한·일 기본 조약을 체결하였다.

☑ **출제 의도 파악하기**
민간인 출신 대통령 당선, 문민정부 등을 통해 (가) 정부가 김영삼 정부임을 파악하고, 김영삼 정부 시기에 있었던 사실들을 이해한다.

⭐ **문제 해결 Point 쏙쏙**
• **노태우 정부**: 북방 외교 추진(사회주의 국가들과 수교), 서울 올림픽 개최
• **김영삼 정부**: 금융 실명제 단행, 지방 자치제 전면 실시, 역사 바로 세우기 추진, 경제 협력 개발 기구(OECD) 가입, 국제 통화 기금(IMF)에 구제 금융 신청

☑ **선택지 바로 알기**
① 중국과 수교를 맺었다. (×)
 → 노태우 정부 시기의 일이다.
② 10월 유신을 단행하였다. (×)
 → 박정희 정부 시기의 일이다.
③ 금융 실명제를 시행하였다. (○)
 → 김영삼 정부 시기의 일이다.
④ 발췌 개헌안을 통과시켰다. (×)
 → 이승만 정부 시기의 일이다.
⑤ 한·일 기본 조약을 체결하였다. (×)
 → 박정희 정부 시기의 일이다.

☑ **개념**
문민정부 1992년 12월에 치러진 제14대 대통령 선거에서 여당의 김영삼 후보가 당선되어 5·16 군사 정변 이후 처음으로 민간인 출신 대통령이 국정을 운영하게 되었다. 김영삼 정부는 문민정부를 표방하였다.

11 박정희 정부 시기의 경제

(가)에 들어갈 내용으로 가장 적절한 것은?

> 경제 개발 5개년 계획이 추진되면서 산업화와 도시화가 빠르
> 게 진행되었다. ┌─── 박정희 정부 시기인 1962년부터 추진
> 도시로 인구가 집중되어 주택난, 교통난, 실
> 업 등 여러 문제가 나타났다. 반면 농어촌의 인구는 크게 줄
> 었으며, 도시와 농촌의 소득 격차는 점점 커졌다. 이에 박정
> └─── 성장 위주의 공업화 정책과 저임금·저곡가 정책의 영향
> 희 정부는 1970년부터 농가의 소득을 증대하고 농촌의 환경
> 을 개선하기 위하여 _____ (가) _____

① 새마을 운동을 추진하였다.
② 금 모으기 운동을 전개하였다.
③ 국채 보상 운동을 주도하였다.
④ 경제 협력 개발 기구(OECD)에 가입하였다.
⑤ 미국과 자유 무역 협정(FTA)을 체결하였다.

☑ **출제 의도 파악하기**
박정희 정부 시기의 경제 정책을 이해한다.

> ★ **문제 해결 Point 쏙쏙**
> • **산업화와 도시화**: 경제 성장으로 인한 산업 구조 변화 ➡ 농촌 인구
> 가 일자리를 찾아 도시로 이동 ➡ 주거 문제, 빈민촌, 교통 문제 등
> 도시 문제 발생
> • **새마을 운동**: 산업화로 인한 도시와 농촌 간의 소득 격차 심화, 농촌
> 인구 감소 ➡ 농가 소득 증대와 농촌 환경 개선에 역점, 근면·자조·
> 협동 강조

☑ **선택지 바로 알기**
① 새마을 운동을 추진하였다. (○)
 → 박정희 정부는 1970년부터 농촌 생활 환경을 개선하기 위해 근
  면, 자조, 협동을 강조하며 새마을 운동을 추진하였다.
② 금 모으기 운동을 전개하였다. (×)
 → 김대중 정부 시기의 일이다.
③ 국채 보상 운동을 주도하였다. (×)
 → 국채 보상 운동은 1907년에 전개되었다.
④ 경제 협력 개발 기구(OECD)에 가입하였다. (×)
 → 김영삼 정부 시기의 일이다.
⑤ 미국과 자유 무역 협정(FTA)을 체결하였다. (×)
 → 노무현 정부 시기의 일이다.

☑ **개념**
새마을 운동 산업화로 도시와 농촌 간의 소득 격차가 더욱 벌어지고
농촌 인구가 감소하자, 박정희 정부는 1970년부터 농가의 소득 증대
와 농촌의 환경 개선에 역점을 둔 새마을 운동을 추진하였다. 근면, 자
조, 협동 정신을 강조한 새마을 운동은 도로 정비, 주택 개량 등 농촌의
생활 환경 개선에 기여하였다. 그러나 새마을 운동은 농민들의 실질적
인 권익보다는 유신 체제를 정당화하였다는 비판을 받기도 하였다.

12 노태우 정부의 통일 정책

다음 회담을 추진한 정부의 통일 정책으로 옳은 것은?

남북 고위급 회담에서
상호 체제 인정, 내정
불간섭, 무력 사용 금지를
명시한 남북 기본 합의서를
채택하였습니다.

남북 고위급 회담 진행

└─ 노태우 정부 시기인
 1991년에 합의한
 남북 사이의 화해와
 불가침 및 교류·협
 력에 관한 합의서

① 금강산 관광을 시작하였다.
② 개성 공단 조성에 합의하였다.
③ 남북한이 유엔에 동시 가입하였다.
④ 10·4 남북 정상 선언을 발표하였다.
⑤ 최초의 남북 정상 회담을 개최하였다.

☑ **출제 의도 파악하기**
남북 기본 합의서 채택이 노태우 정부 시기에 있었던 사실임을 파악하
고, 노태우 정부의 통일 정책을 이해한다.

> ★ **문제 해결 Point 쏙쏙**
> • **노태우 정부의 통일 정책**: 남북 고위급 회담 개최(1990) ➡ 남북한
> 유엔 동시 가입(1991) ➡ 남북 사이의 화해와 불가침 및 교류·협력
> 에 관한 합의서(남북 기본 합의서), 한반도 비핵화 공동 선언에 합의

☑ **선택지 바로 알기**
① 금강산 관광을 시작하였다. (×)
 → 김대중 정부 시기의 일이다.
② 개성 공단 조성에 합의하였다. (×)
 → 김대중 정부 시기의 일이다.
③ 남북한이 유엔에 동시 가입하였다. (○)
 → 노태우 정부 시기의 일이다.
④ 10·4 남북 정상 선언을 발표하였다. (×)
 → 노무현 정부 시기의 일이다.
⑤ 최초의 남북 정상 회담을 개최하였다. (×)
 → 김대중 정부 시기의 일이다.

13 물산 장려 운동의 전개

주요 내용 물산 장려 운동, 토산품 애용, 물가 상승, 사회주의 계열의 비판

다음을 읽고 물음에 답하시오.

> 실상 저들 자본가 중산 계급은 …… 그 이면에는 외래의 경제적 정복 계급을 축출하여 새로운 착취 계급으로서 자신들이 그 자리를 대신하려는 것이다. 이래서 저들은 민족적·애국적인 척하는 감상적 미사여구로 눈물을 흘리며 저들과 이해관계가 전혀 다른 노동 계급의 후원을 갈구하는 것이다.
> → 사회주의자들은 물산 장려 운동이 자본가와 상인들만을 위한 운동이라고 비판하였다.
> – 「동아일보」, 1923. 3. 20. –

(1) 위와 같은 비판을 받은 민족 운동을 쓰시오.

답 물산 장려 운동

(2) (1)의 민족 운동에서 내세운 구호와 주장을 두 가지 서술하시오.

예시 답안 물산 장려 운동에서는 '내 살림 내 것으로', '조선 사람 조선 것' 등의 구호를 내세우며 토산품 애용, 근검저축, 단주, 금연 등을 주장하였다.

☑ 출제 의도 파악하기
제시된 자료가 물산 장려 운동을 비판한 글임을 파악하고, 물산 장려 운동에 대하여 이해한다.

★ 문제 해결 Point 쏙쏙
- 물산 장려 운동
  – 배경: 회사령 폐지 이후 일본 기업의 한국 진출 본격화, 한·일 사이의 관세 철폐 움직임 → 규모가 영세했던 한국인 자본가들의 위기의식
  – 전개: 평양에서 조만식 등이 조선 물산 장려회 조직(1920), 물산 장려 운동 전개 → 서울에서 조선 물산 장려회 조직(1923) → 전국으로 확산
  – 구호: '내 살림 내 것으로', '조선 사람 조선 것' 등
  – 목적: 민족 산업의 보호와 육성을 통한 경제적 실력 양성 → 토산품 애용, 근검저축, 금주, 단연 등 주장
  – 결과: 늘어난 수요를 생산이 뒷받침하지 못해 상품 가격 상승, 일부 상인의 폭리 추구 → 사회주의자의 비판

채점 기준	배점
물산 장려 운동을 쓰고, 물산 장려 운동의 구호와 주장을 두 가지 모두 바르게 서술한 경우	상
물산 장려 운동을 쓰고, 물산 장려 운동의 구호와 주장을 한 가지만 바르게 서술한 경우	중
물산 장려 운동만 쓴 경우	하

14 미쓰야 협정의 영향

주요 내용 미쓰야 협정, 국외 무장 투쟁, 만주 군벌, 3부 통합 운동

다음 그래프를 보고 물음에 답하시오.

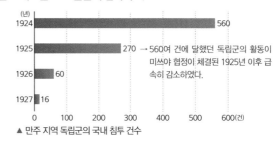

→ 560여 건에 달했던 독립군의 활동이 미쓰야 협정이 체결된 1925년 이후 급속히 감소하였다.

▲ 만주 지역 독립군의 국내 침투 건수

(1) 위 그래프와 같은 변화가 나타나게 된 배경을 서술하시오.

예시 답안 1925년 일제가 만주 군벌과 미쓰야 협정을 체결하면서 독립군은 일본 군경뿐만 아니라 만주 군벌의 감시와 탄압을 피해야 했기 때문에 만주 지역 독립군의 활동이 크게 위축되었다.

(2) 위 상황에 대한 만주 지역 독립운동 세력의 대응을 서술하시오.

예시 답안 미쓰야 협정 등으로 활동이 위축된 만주 지역의 독립운동 세력은 민족 유일당 운동의 일환으로 3부 통합 운동을 전개하여 국민부와 혁신 의회를 수립하였다.

☑ 출제 의도 파악하기
1925년을 기준으로 독립군의 활동이 크게 위축되었음을 이해한다.

★ 문제 해결 Point 쏙쏙
- 3부의 성립과 통합: 3부 성립(참의부, 정의부, 신민부) → 미쓰야 협정 체결(1925) → 만주 지역 독립군 활동 위축 → 3부 통합 운동 전개(민족 유일당 운동의 영향) → 3부를 국민부와 혁신 의회로 재편

(1)

채점 기준	배점
미쓰야 협정 체결, 독립군의 활동 위축을 모두 포함하여 바르게 서술한 경우	상
독립군의 활동 위축만 쓴 경우	하

(2)

채점 기준	배점
민족 유일당 운동, 3부 통합 운동, 국민부와 혁신 의회를 모두 포함하여 바르게 서술한 경우	상
민족 유일당 운동, 3부 통합 운동, 국민부와 혁신 의회 중 두 가지를 포함하여 바르게 서술한 경우	중
3부 통합 운동만 쓴 경우	하

15 사사오입 개헌

주요 내용 이승만 정부, 사사오입 개헌

다음을 읽고 물음에 답하시오.

제53조 ① 대통령과 부통령은 국민의 보통, 평등, 직접, 비밀 투표에 의하여 각각 선거한다.
제55조 ① 대통령과 부통령의 임기는 4년으로 한다. 단, 재선에 의하여 1차 중임할 수 있다.
부칙 3호 이 헌법 공포 당시 대통령에 대하여는 제55조 ①항 단서의 제한을 적용하지 아니한다. → 이승만 대통령에 한하여 중임 제한 철폐

(1) 위의 개헌을 가리키는 명칭을 쓰시오.

답 사사오입 개헌

(2) 위의 개헌을 단행하는 과정에서 나타난 절차적 문제점을 서술하시오.

예시 답안 개헌안은 국회의 표결 결과 1표가 부족하여 부결되었으나, 이승만 정부는 사사오입(반올림)의 억지 논리를 내세워 부결된 개헌안을 통과시켰다.

☑ 출제 의도 파악하기

부칙 3호의 내용이 이승만 정부 시기에 단행된 사사오입 개헌과 관련된 것임을 파악하고, 사사오입 개헌의 문제점을 이해한다.

문제 해결 Point 쏙쏙

- 이승만 정부의 개헌
  - 발췌 개헌(1952): 1950년 제2대 국회 의원 선거 결과 이승만 지지 세력 급감 ➡ 집권 연장을 위해 대통령 직선제 개헌 추진 ➡ 부산 정치 파동으로 야당 인사 탄압 ➡ 개헌안 가결, 이승만 재선 성공
  - 사사오입 개헌(1954): 개헌 당시 대통령(이승만)에 한해 중임 제한 철폐 추진 ➡ 1표 차이로 개헌안 부결 ➡ 사사오입(반올림)의 논리를 내세워 개헌안 통과 선포

채점 기준	배점
사사오입 개헌을 쓰고, 헌법 개정의 절차적 문제점을 이승만 정부, 사사오입(반올림)의 억지 논리를 모두 포함하여 바르게 서술한 경우	상
사사오입 개헌을 쓰고, 헌법 개정의 절차적 문제점을 이승만 정부, 사사오입(반올림)의 억지 논리 중 한 가지만 포함하여 바르게 서술한 경우	중
사사오입 개헌만 쓴 경우	하

16 유신 체제

주요 내용 유신 헌법, 긴급 조치권, 국회 해산, 법관 인사권

다음을 읽고 물음에 답하시오.

제40조 ① 통일 주체 국민 회의는 국회 의원 정수의 3분의 1에 해당하는 수의 국회 의원을 선거한다. → 유신 헌법에 의해 설치된 기관
제40조 ② ①항의 국회 의원 후보자는 대통령이 일괄 추천하며, 후보자 전체에 대한 찬반 투표에 부쳐 …… 당선을 결정한다.

(1) 위 헌법의 명칭을 쓰시오.

답 유신 헌법

(2) 위 헌법에 따라 대통령에게 부여된 권한을 세 가지 서술하시오.

예시 답안 대통령은 국회를 해산할 수 있었으며, 국회 의원 3분의 1 추천권과 법관 인사권을 행사할 수 있었다. 또한 긴급 조치권을 부여받아 헌법에 보장된 국민의 기본권을 제약할 수 있었다.

☑ 출제 의도 파악하기

제시된 자료가 유신 헌법임을 파악하고, 유신 헌법으로 대통령의 권한이 극대화되었음을 이해한다.

문제 해결 Point 쏙쏙

- 유신 체제의 성립
  - 과정: 국가 안보 위기를 구실로 국가 비상사태 선언 ➡ 비상계엄 선포 ➡ 국회 해산, 일부 헌법 조항의 효력 정지 ➡ 유신 헌법 제정 (1972. 10.)
  - 유신 헌법의 주요 내용: 중임 횟수 제한 철폐, 통일 주체 국민 회의에서 간접 선거로 대통령 선출(박정희 영구 집권 가능), 대통령에게 국회 의원의 3분의 1 추천권·국회 해산권·법원 인사 개입·긴급 조치권 부여

채점 기준	배점
유신 헌법을 쓰고, 국회 해산, 국회 의원 3분의 1 추천권, 법관 인사권, 긴급 조치권을 모두 포함하여 바르게 서술한 경우	상
유신 헌법을 쓰고, 국회 해산, 국회 의원 3분의 1 추천권, 법관 인사권, 긴급 조치권 중 두 가지를 포함하여 바르게 서술한 경우	중
유신 헌법만 쓴 경우	하

고등 사회 자기주도학습 기본서

개념을 잡아주는 자율학습 기본서

셀파 사회 시리즈

혼자서도 OK

짜임새 있는 내용 정리와
쉽고 친절한 첨삭을 통해
자기 주도 학습 완벽 성공!

풍부한 내용 구성

중단원별 핵심 주제와 고득점 Tip,
다양한 자료로 구성된 '특강 코너'
'시험 대비집'까지 알차고 풍부한 구성!

내신·수능 정복

전국 교과서 핵심 개념과
수능화 되어가는 최근 기출 분석으로
내신도 수능도 완/전/정/복!

사회의 셀프 파트너, 셀파! 고1~3(통합사회/한국사/생활과 윤리/사회문화/한국지리/동아시아사/세계지리/정치와 법/윤리와 사상)

정답은
이안에
있어!